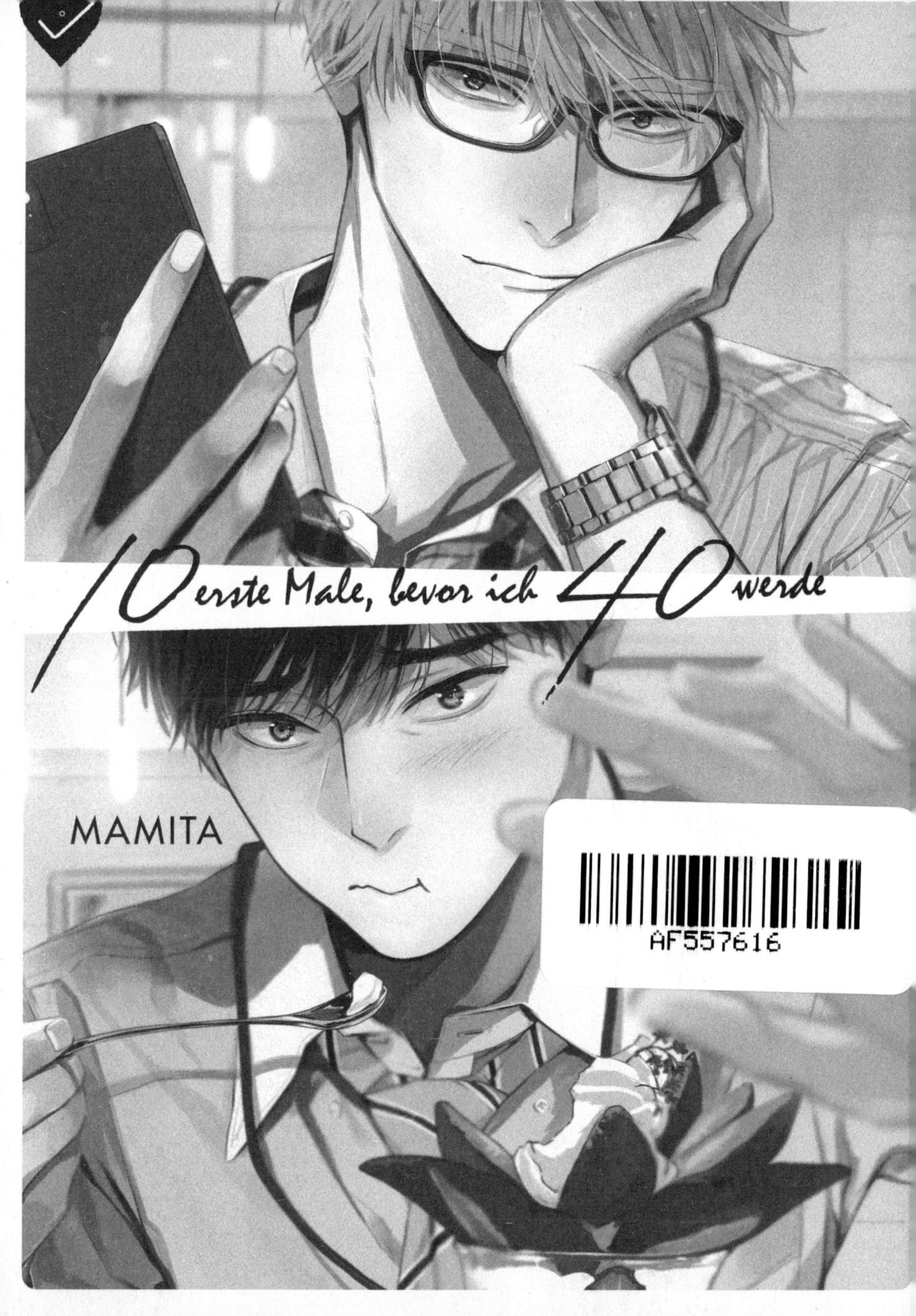
10 erste Male, bevor ich 40 werde
MAMITA
AF557616

Story & Zeichnungen
MAMITA

Übersetzung
DOROTHEA KLEPPER

Lettering
ASTARTE DESIGN

# 10 erste Male, bevor ich 40 werde

Inhalt

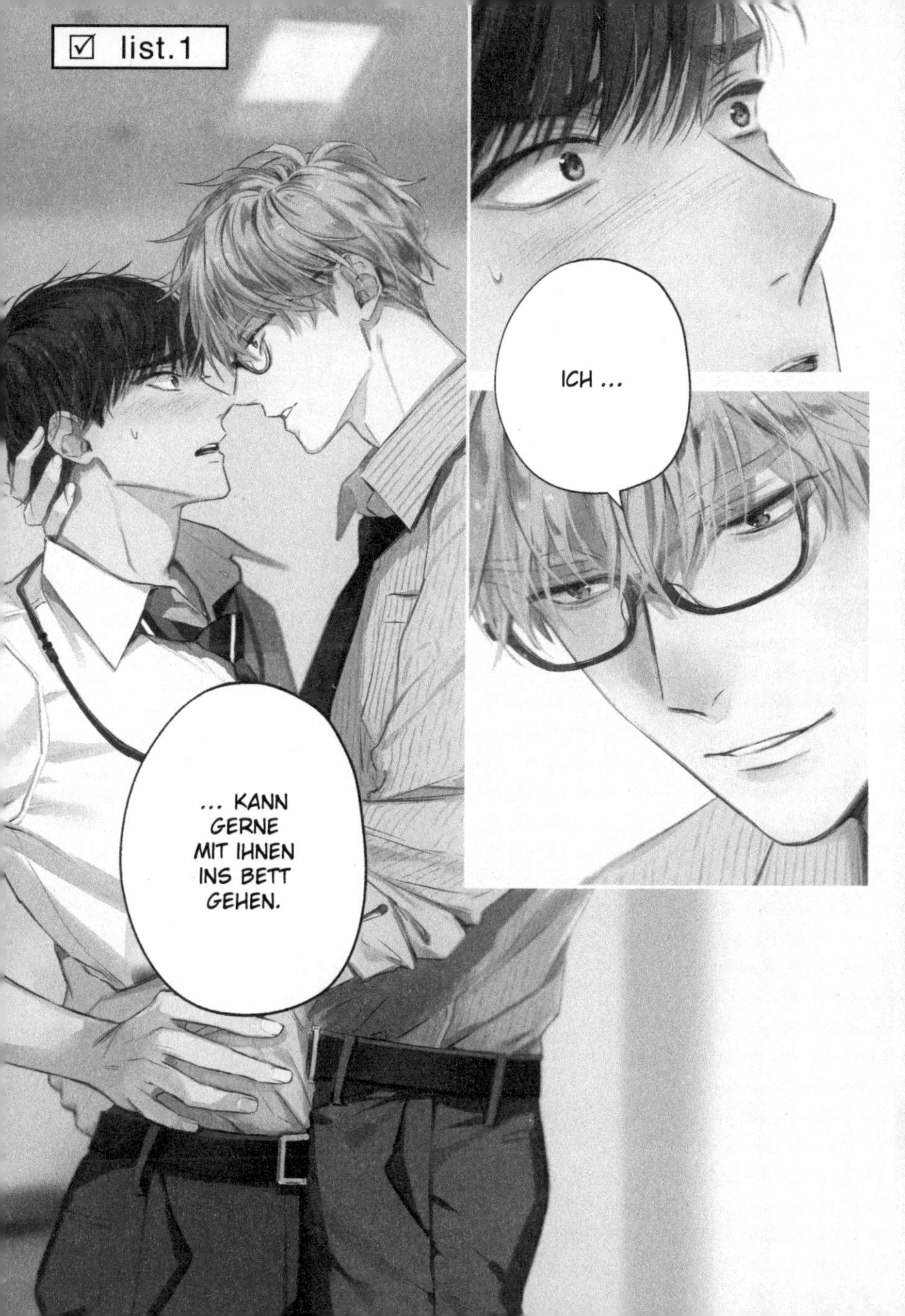
☑ list.1
ICH ...
... KANN GERNE MIT IHNEN INS BETT GEHEN.

# 10 erste Male, bevor ich 40 werde

☑ list.1

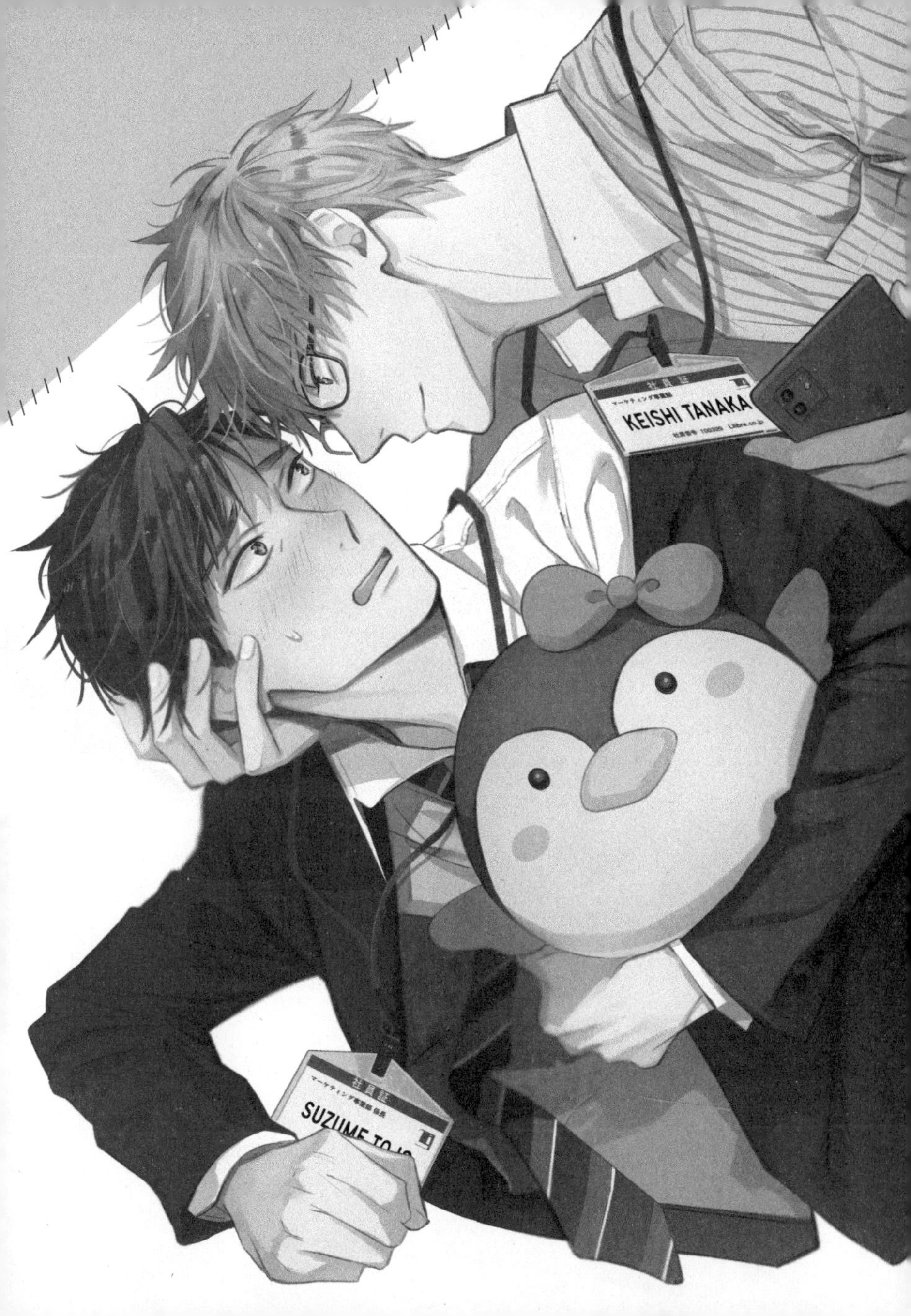
社員証
KEISHI TANAKA
社員証
SUZUME

10 erste Male,
bevor ich 40 werde

MEINEN 39. GEBURTSTAG HABE ICH ALLEINE VERBRACHT.

THEMA HEUTE

WIR ERSTELLEN EINE LISTE VON 10 DINGEN, DIE WIR VOR UNSEREM TOD NOCH TUN WOLLEN!

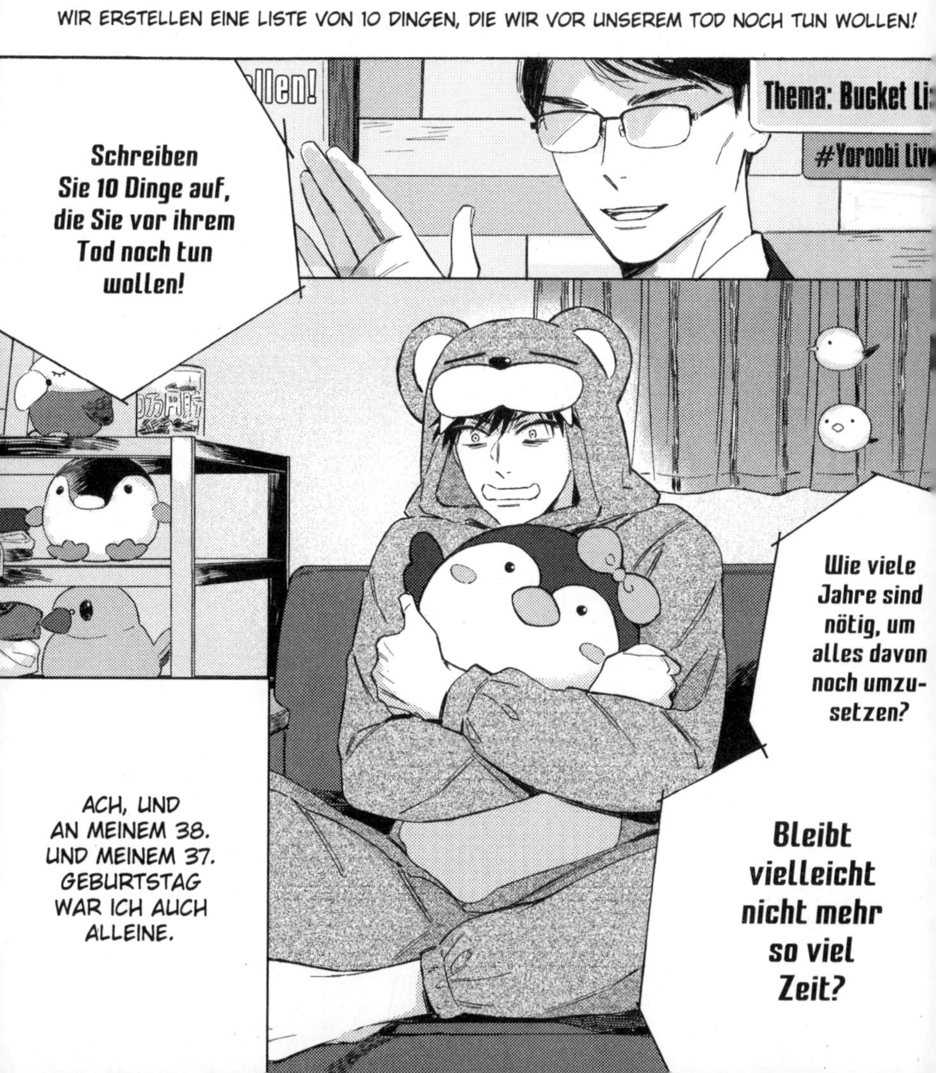

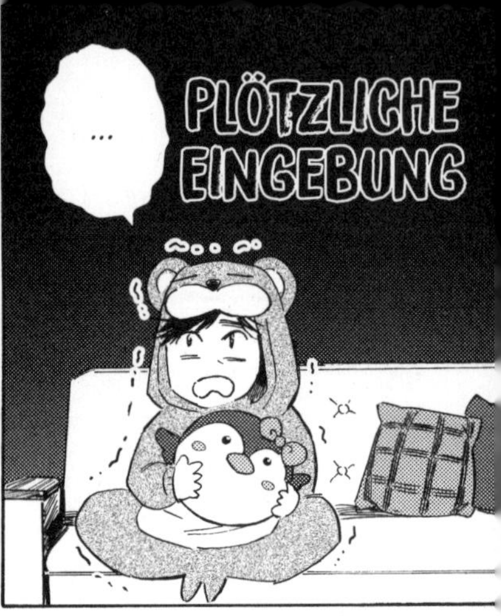


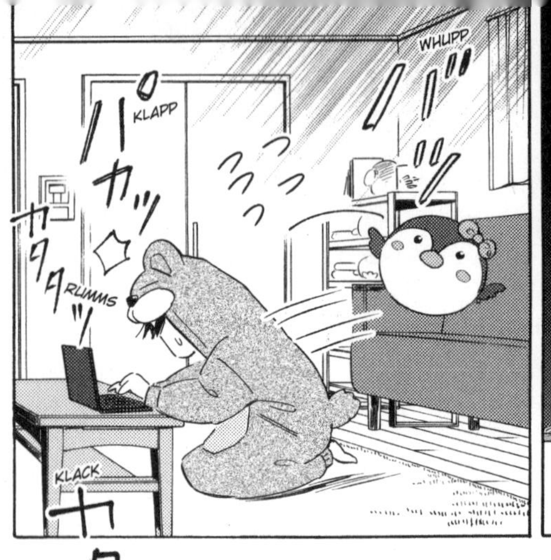


KLACK

LISTE VON DINGEN, DIE ICH VOR MEINEM TOD NOCH TUN WILL

KLACK

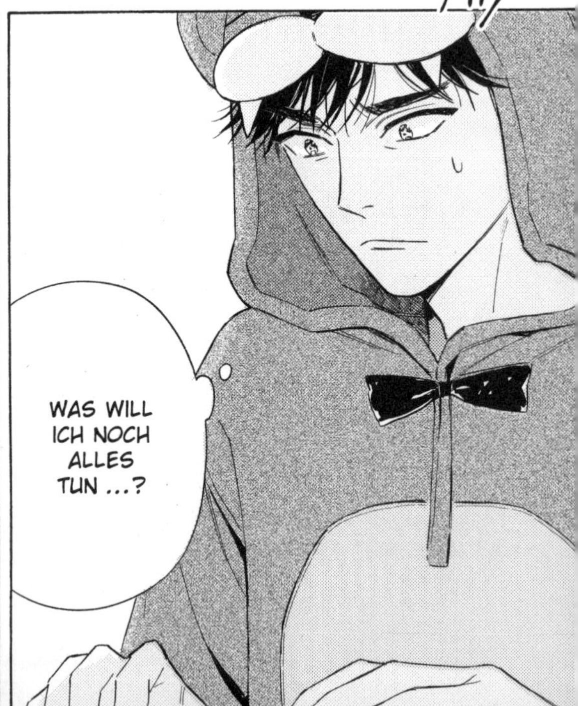


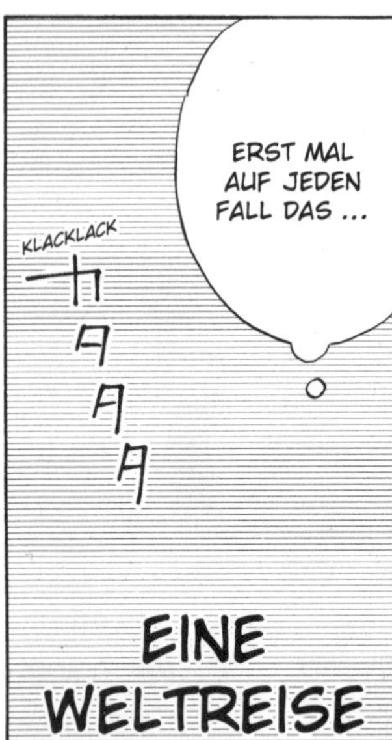

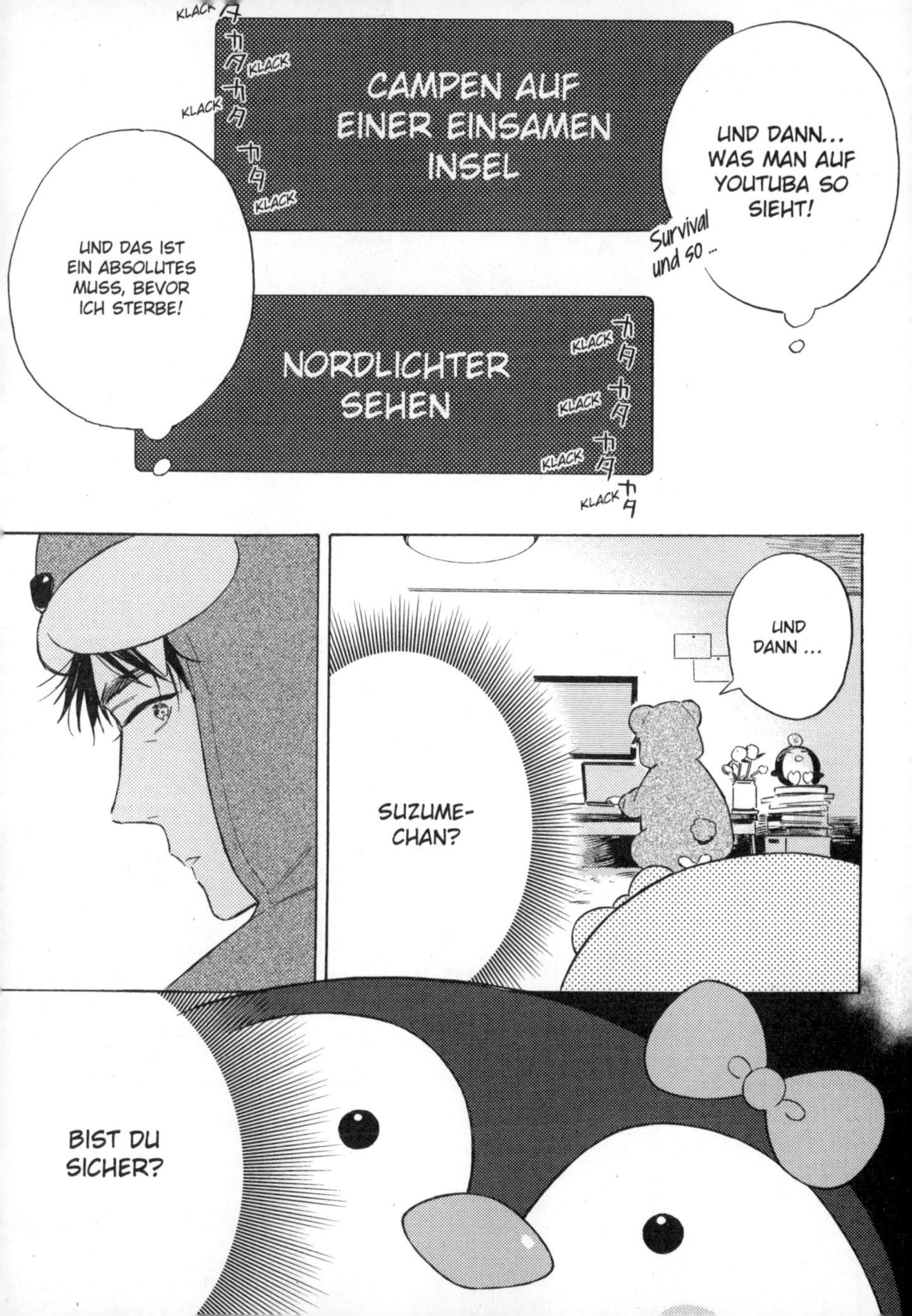
Und dann… was man auf YouTuba so sieht!
Survival und so …
KLACK
KLACK
KLACK
KLACK
CAMPEN AUF EINER EINSAMEN INSEL
Und das ist ein absolutes Muss, bevor ich sterbe!
NORDLICHTER SEHEN
KLACK
KLACK
KLACK
KLACK
Und dann …
Suzume-chan?
Bist du sicher?

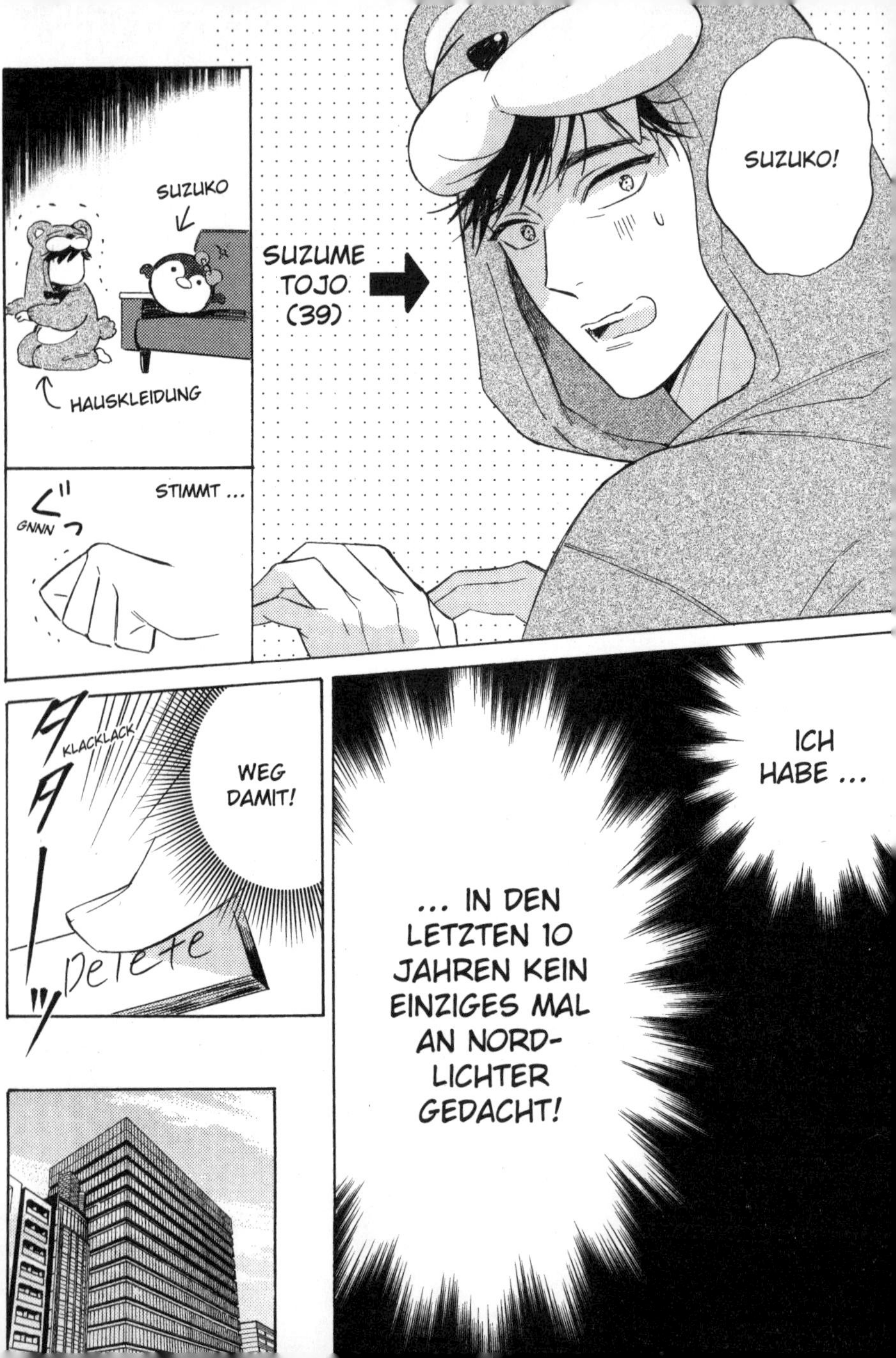

SUZUKO!

SUZUME TOJO (39)

SUZUKO

HAUSKLEIDUNG

STIMMT …

GNNN

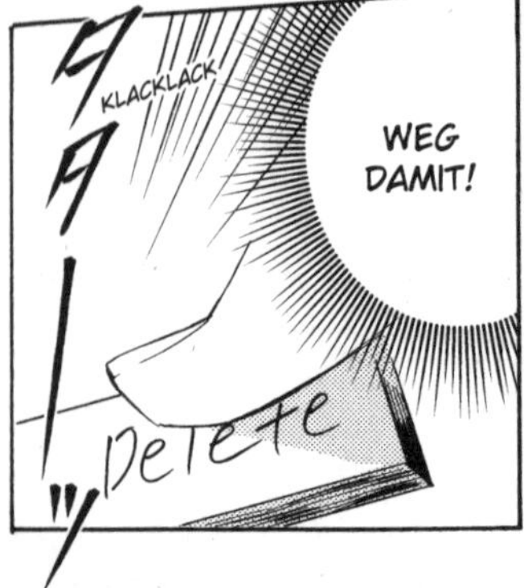


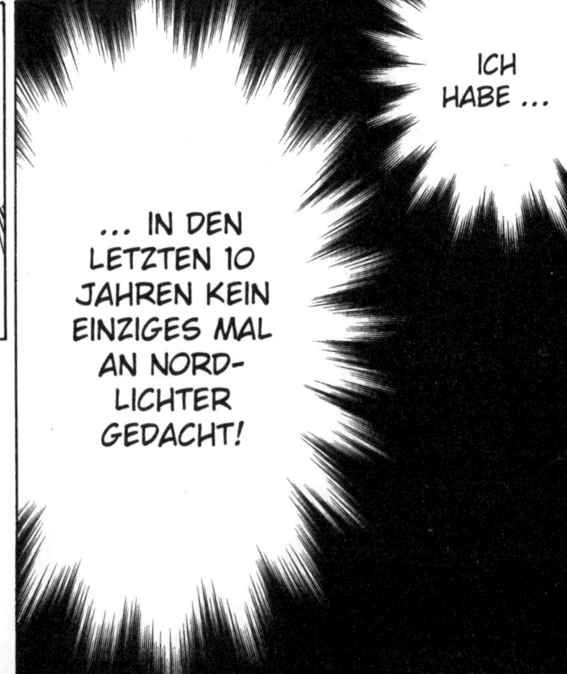


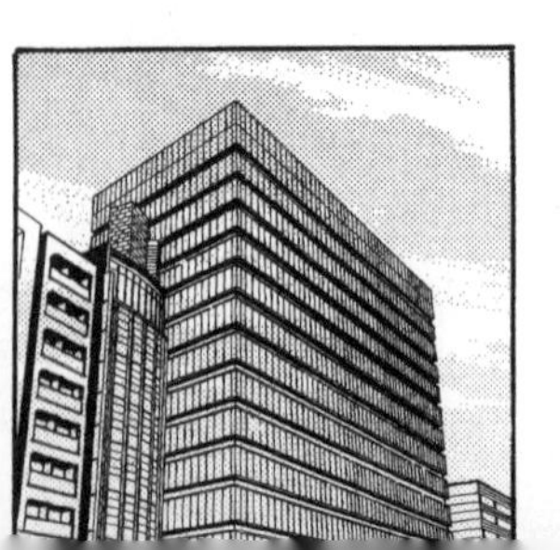

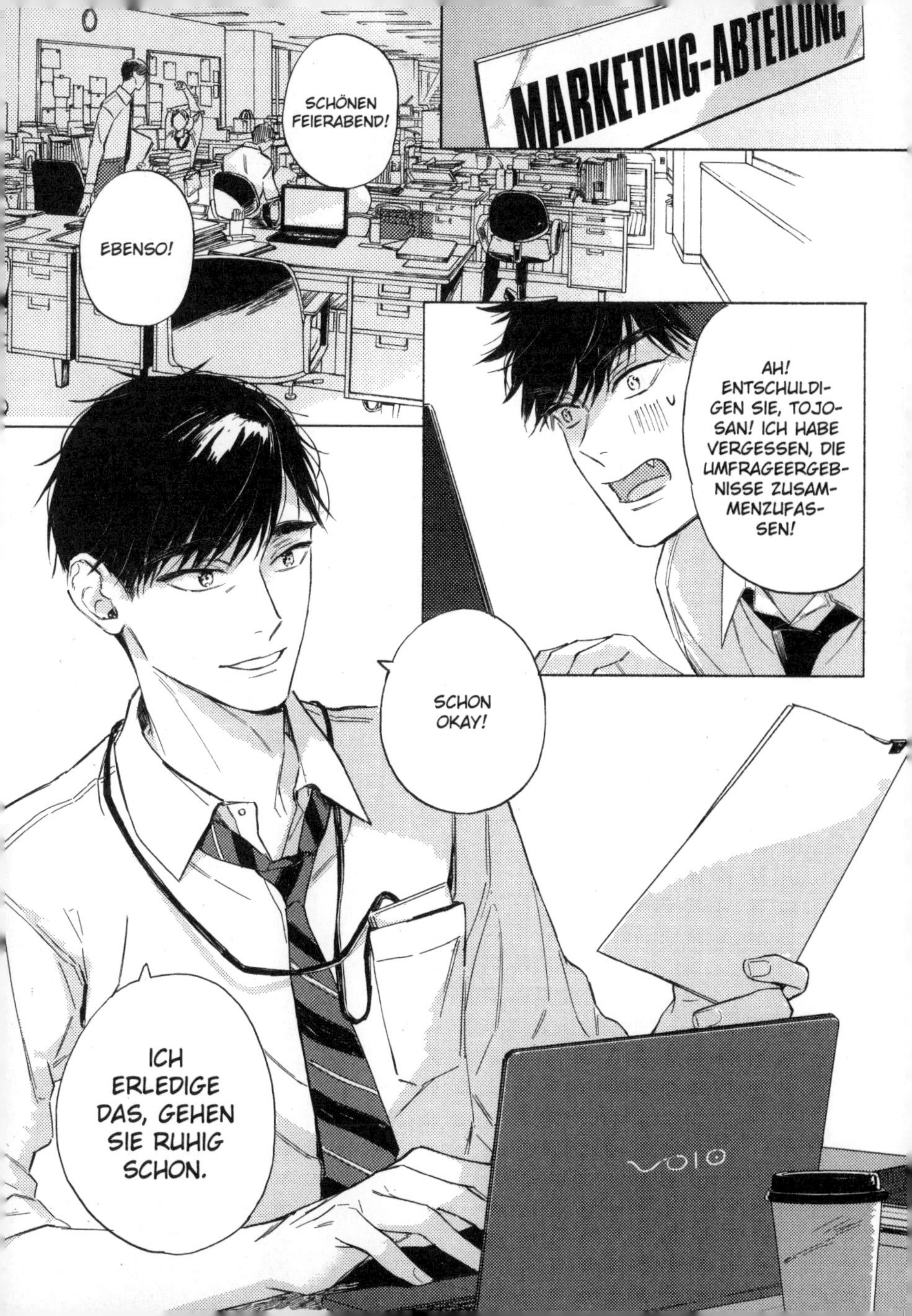
MARKETING-ABTEILUNG
SCHÖNEN FEIERABEND!
EBENSO!
AH! ENTSCHULDIGEN SIE, TOJO-SAN! ICH HABE VERGESSEN, DIE UMFRAGEERGEBNISSE ZUSAMMENZUFASSEN!
SCHON OKAY!
ICH ERLEDIGE DAS, GEHEN SIE RUHIG SCHON.
VAIO

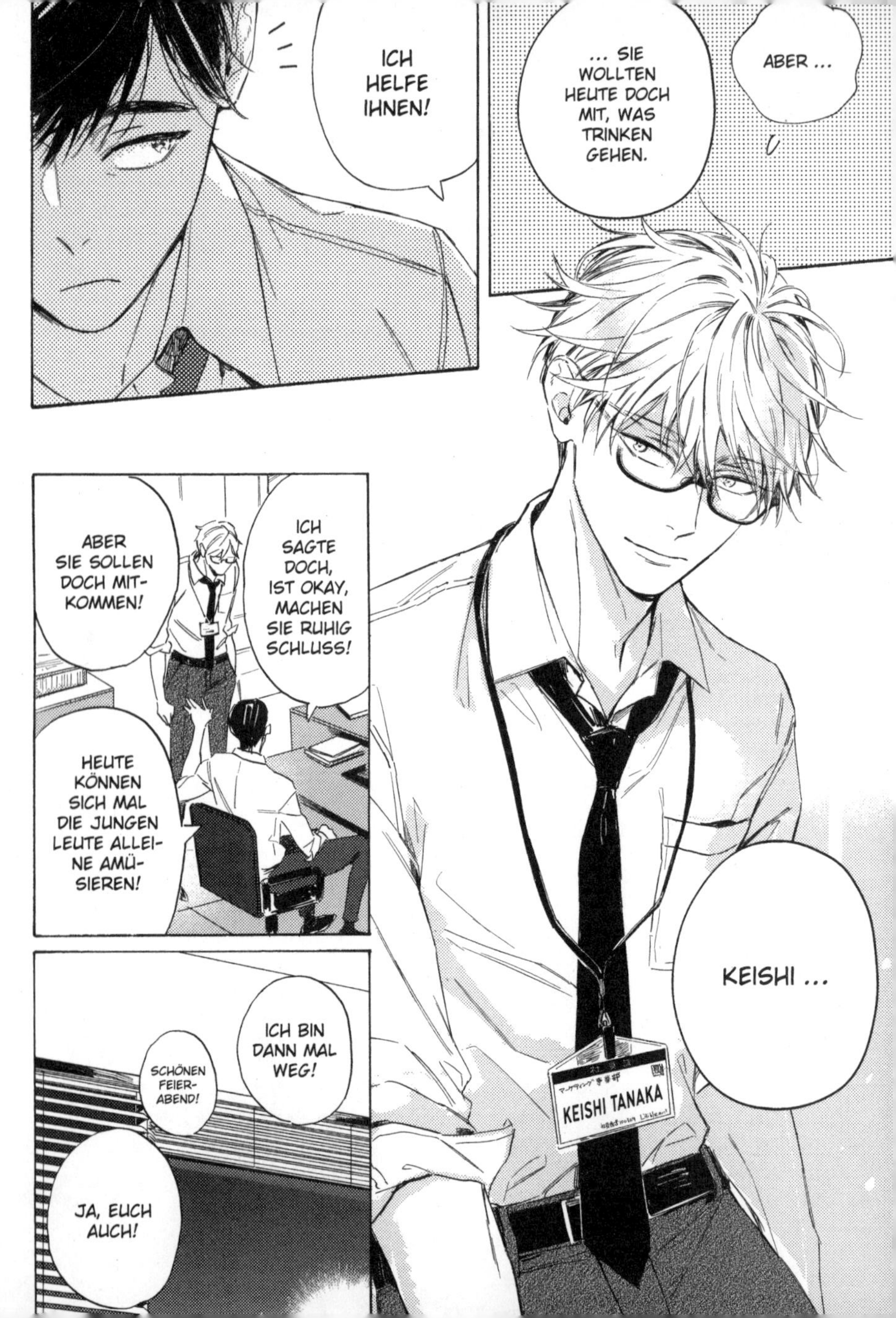
ABER …
… SIE WOLLTEN HEUTE DOCH MIT, WAS TRINKEN GEHEN.
ICH HELFE IHNEN!
KEISHI …
ICH SAGTE DOCH, IST OKAY, MACHEN SIE RUHIG SCHLUSS!
ABER SIE SOLLEN DOCH MIT-KOMMEN!
HEUTE KÖNNEN SICH MAL DIE JUNGEN LEUTE ALLEI-NE AMÜ-SIEREN!
KEISHI TANAKA
ICH BIN DANN MAL WEG!
SCHÖNEN FEIER-ABEND!
JA, EUCH AUCH!

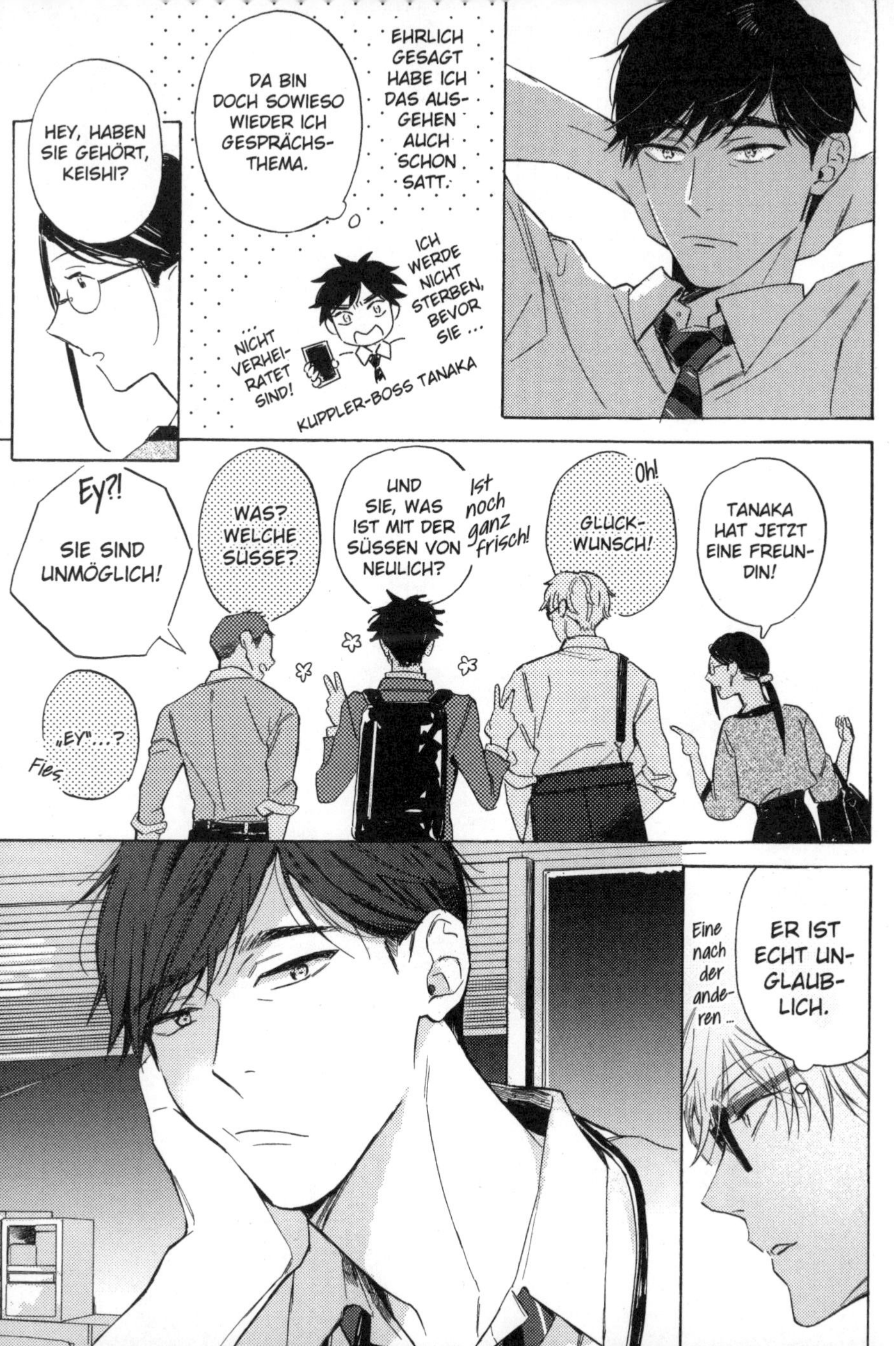
EHRLICH GESAGT HABE ICH DAS AUSGEHEN AUCH SCHON SATT.
DA BIN DOCH SOWIESO WIEDER ICH GESPRÄCHSTHEMA.
HEY, HABEN SIE GEHÖRT, KEISHI?
ICH WERDE NICHT STERBEN, BEVOR SIE …
… NICHT VERHEIRATET SIND!
KUPPLER-BOSS TANAKA
TANAKA HAT JETZT EINE FREUNDIN!
Oh!
GLÜCKWUNSCH!
Ist noch ganz frisch!
UND SIE, WAS IST MIT DER SÜSSEN VON NEULICH?
WAS? WELCHE SÜSSE?
Ey?!
SIE SIND UNMÖGLICH!
„EY"…?
Fies.
ER IST ECHT UNGLAUBLICH.
Eine nach der anderen …

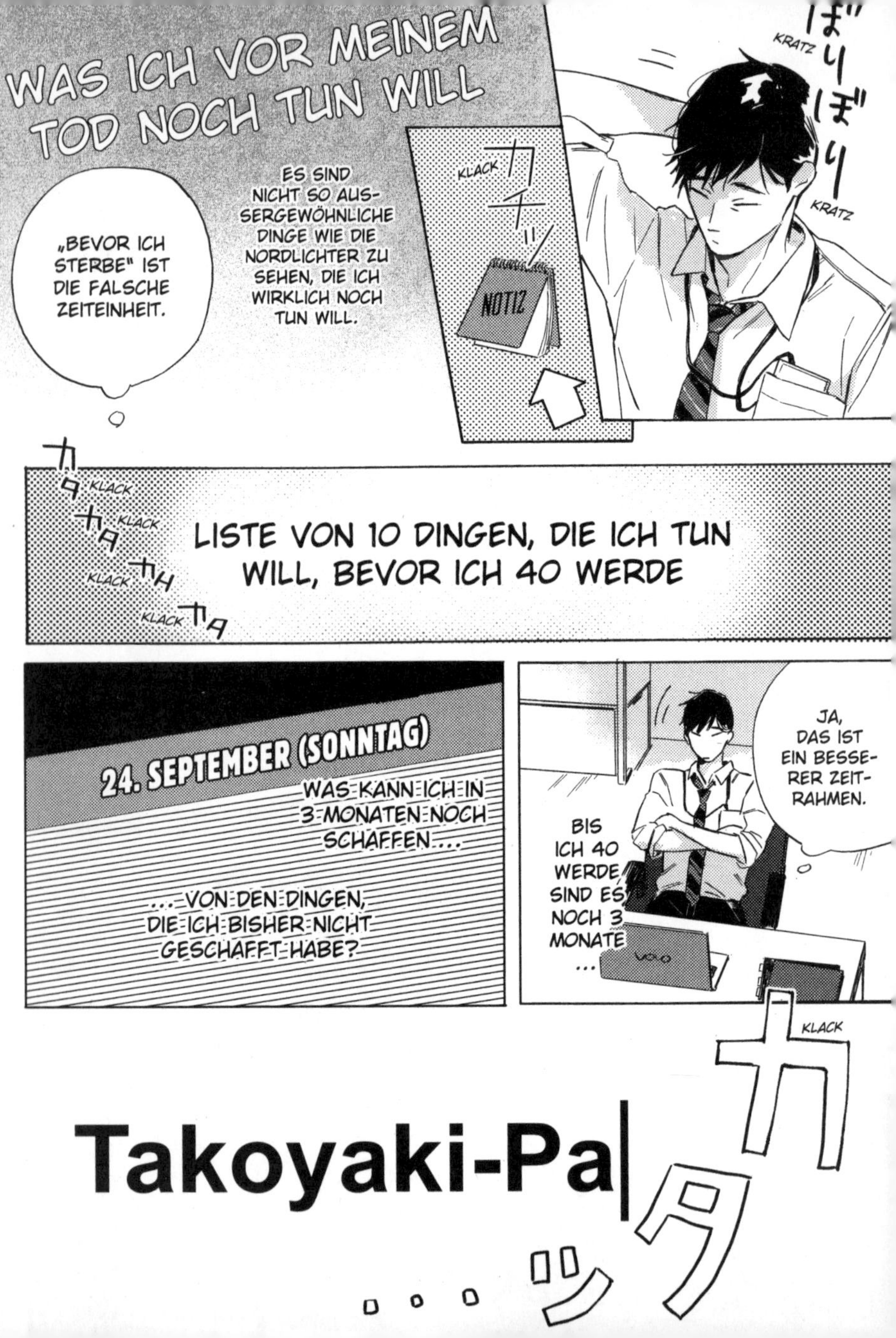

WAS ICH VOR MEINEM TOD NOCH TUN WILL

KRATZ

KRATZ

KLACK

NOTIZ

ES SIND NICHT SO AUS-SERGEWÖHNLICHE DINGE WIE DIE NORDLICHTER ZU SEHEN, DIE ICH WIRKLICH NOCH TUN WILL.

„BEVOR ICH STERBE" IST DIE FALSCHE ZEITEINHEIT.

KLACK

KLACK

KLACK

KLACK

LISTE VON 10 DINGEN, DIE ICH TUN WILL, BEVOR ICH 40 WERDE

JA, DAS IST EIN BESSE-RER ZEIT-RAHMEN.

BIS ICH 40 WERDE SIND ES NOCH 3 MONATE ...

24. SEPTEMBER (SONNTAG)

WAS KANN ICH IN 3 MONATEN NOCH SCHAFFEN ...

... VON DEN DINGEN, DIE ICH BISHER NICHT GESCHAFFT HABE?

KLACK

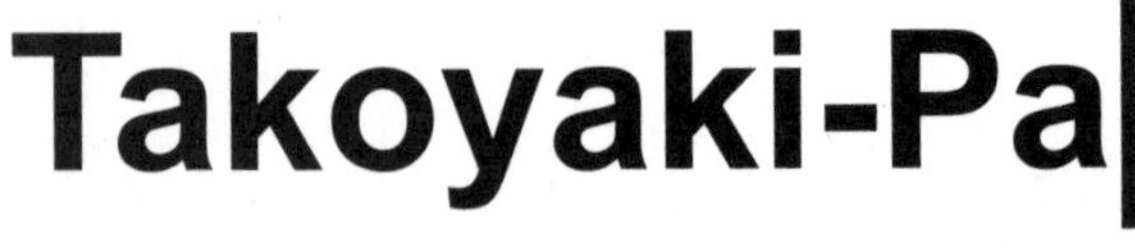

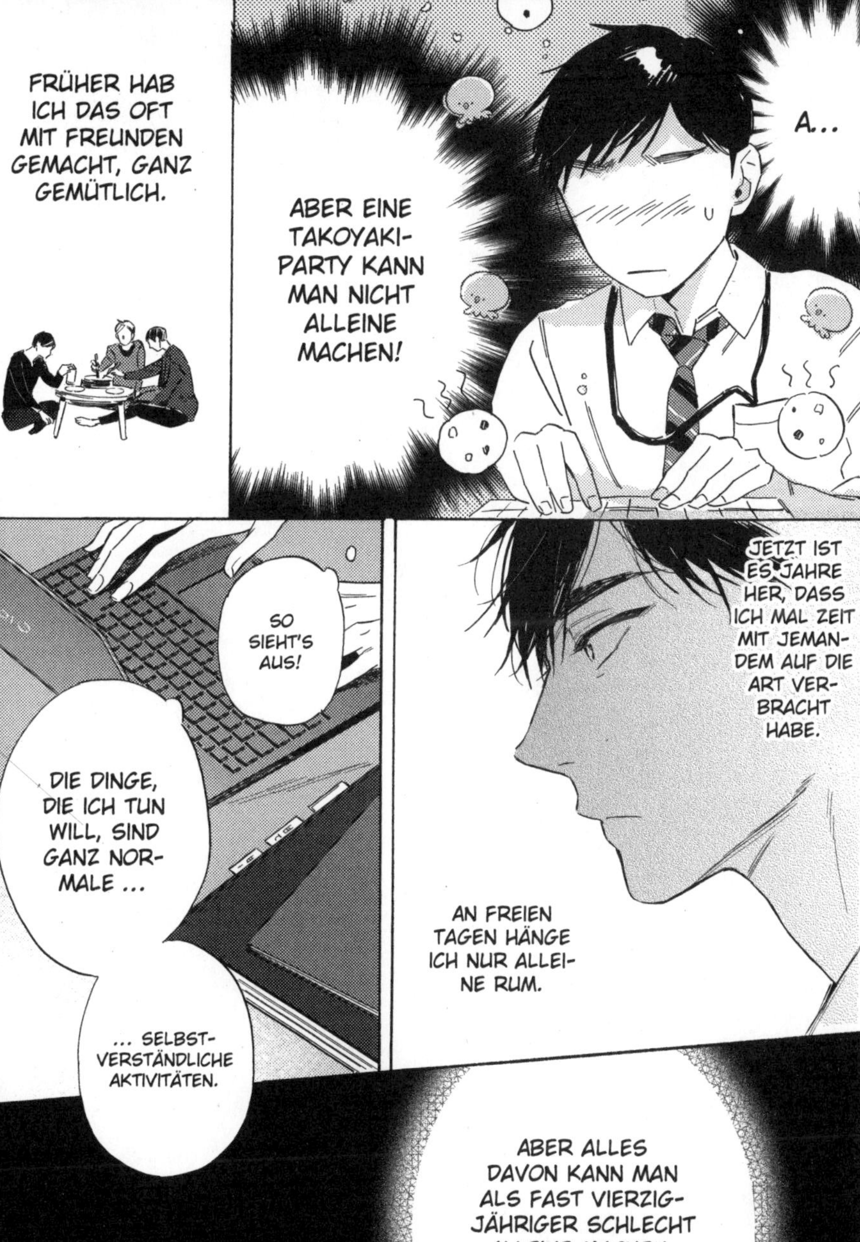
A…
ABER EINE TAKOYAKI-PARTY KANN MAN NICHT ALLEINE MACHEN!
FRÜHER HAB ICH DAS OFT MIT FREUNDEN GEMACHT, GANZ GEMÜTLICH.
JETZT IST ES JAHRE HER, DASS ICH MAL ZEIT MIT JEMANDEM AUF DIE ART VERBRACHT HABE.
AN FREIEN TAGEN HÄNGE ICH NUR ALLEINE RUM.
SO SIEHT'S AUS!
DIE DINGE, DIE ICH TUN WILL, SIND GANZ NORMALE …
… SELBSTVERSTÄNDLICHE AKTIVITÄTEN.
ABER ALLES DAVON KANN MAN ALS FAST VIERZIGJÄHRIGER SCHLECHT ALLEINE MACHEN.

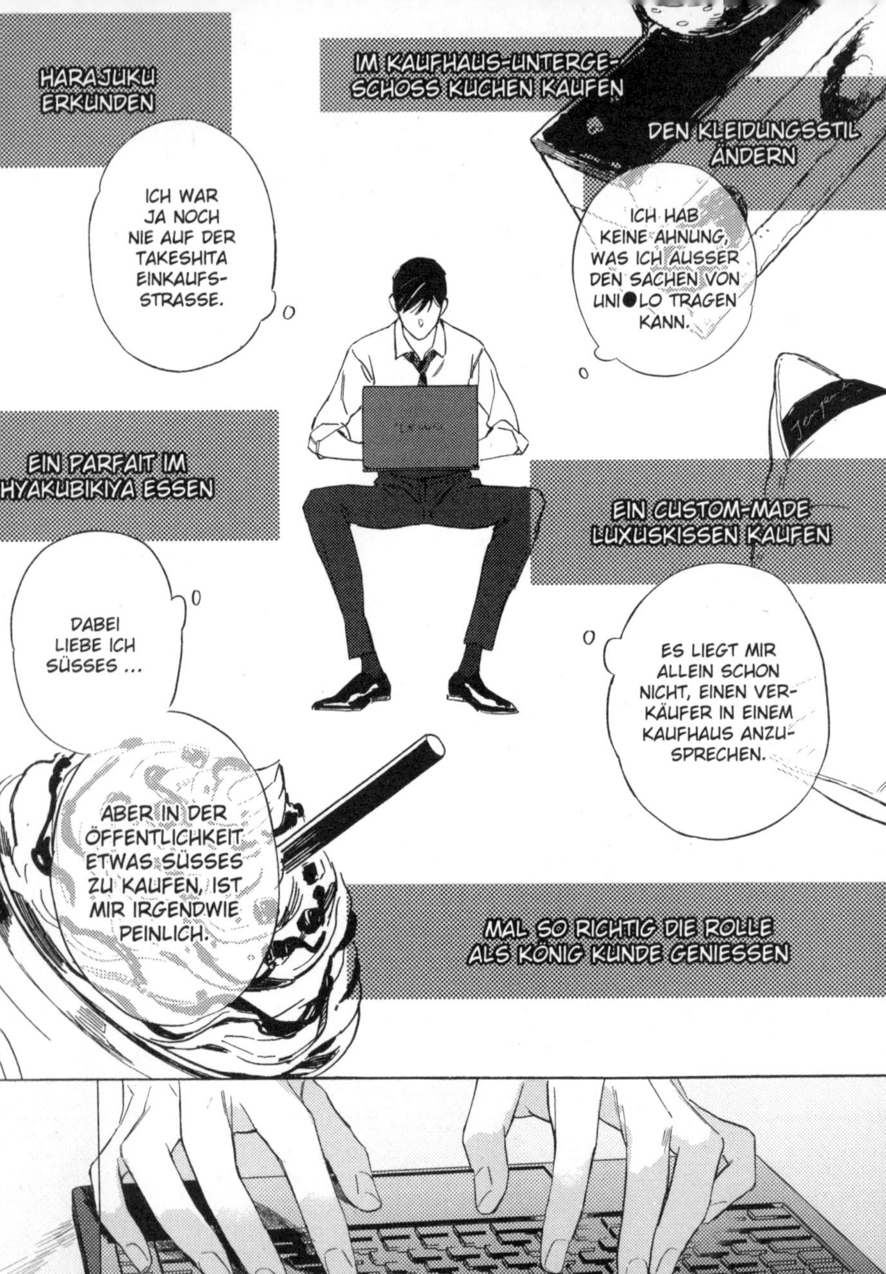

IM KAUFHAUS-UNTERGE-SCHOSS KUCHEN KAUFEN
HARAJUKU ERKUNDEN
ICH WAR JA NOCH NIE AUF DER TAKESHITA EINKAUFS-STRASSE.
DEN KLEIDUNGSSTIL ÄNDERN
ICH HAB KEINE AHNUNG, WAS ICH AUSSER DEN SACHEN VON UNI●LO TRAGEN KANN.
EIN CUSTOM-MADE LUXUSKISSEN KAUFEN
ES LIEGT MIR ALLEIN SCHON NICHT, EINEN VER-KÄUFER IN EINEM KAUFHAUS ANZU-SPRECHEN.
EIN PARFAIT IM HYAKUBIKIYA ESSEN
DABEI LIEBE ICH SÜSSES ...
ABER IN DER ÖFFENTLICHKEIT ETWAS SÜSSES ZU KAUFEN, IST MIR IRGENDWIE PEINLICH.
MAL SO RICHTIG DIE ROLLE ALS KÖNIG KUNDE GENIESSEN

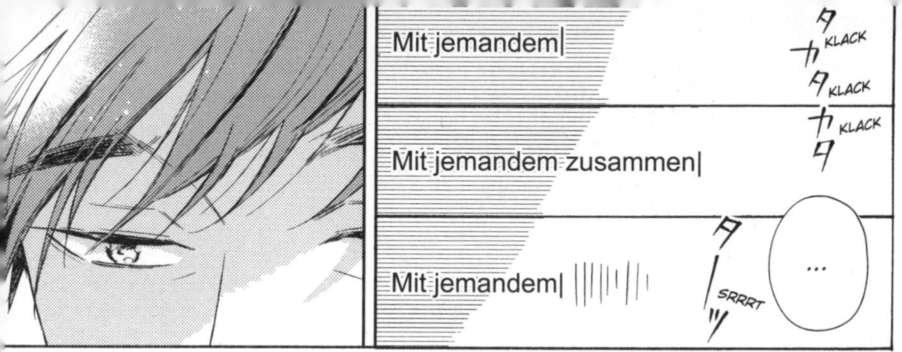


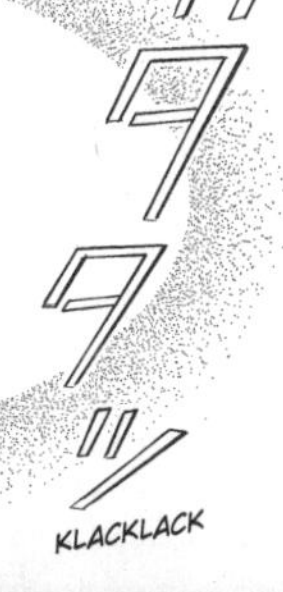


EINEN LIEBHABER FINDEN.

ICH HABE AN HEILIGABEND GEBURTSTAG. ALS ICH JUNG WAR, HABE ICH DA IMMER MIT FREUNDEN GEFEIERT.

INZWISCHEN BELASSE ICH ES DABEI, MIR EIN BIER UND EIN ÜBRIG GEBLIEBENES STÜCK KUCHEN AUS DEM CONBINI ZU HOLEN.

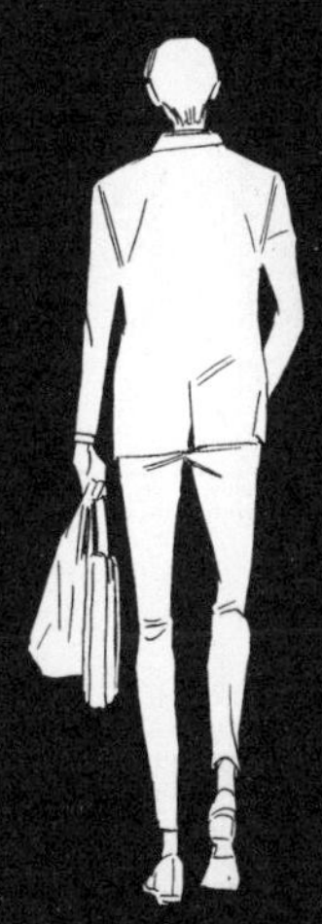

ICH WÜRDE SO GERNE KNUT-SCHEN ...

KLACK

KNUTSCHEN

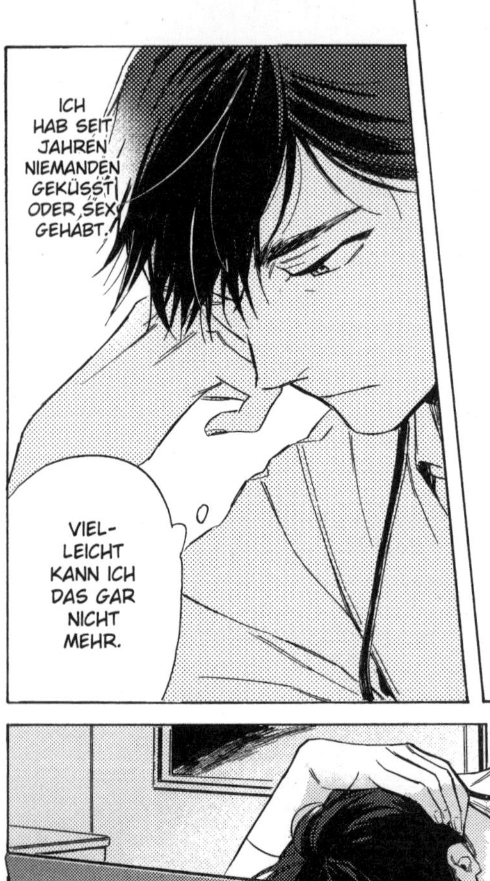


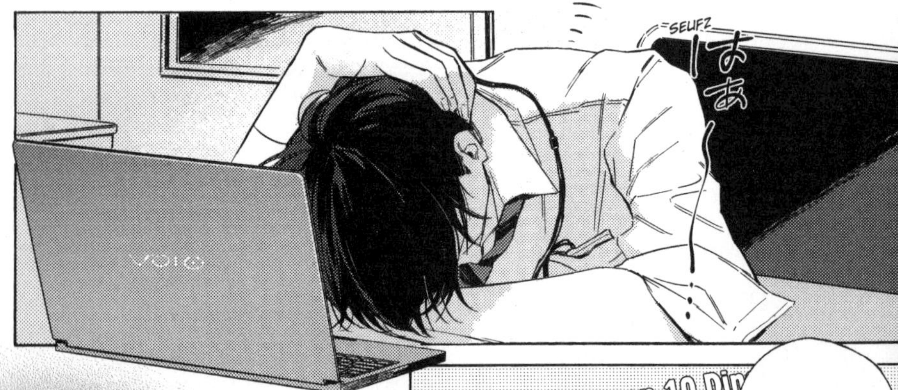

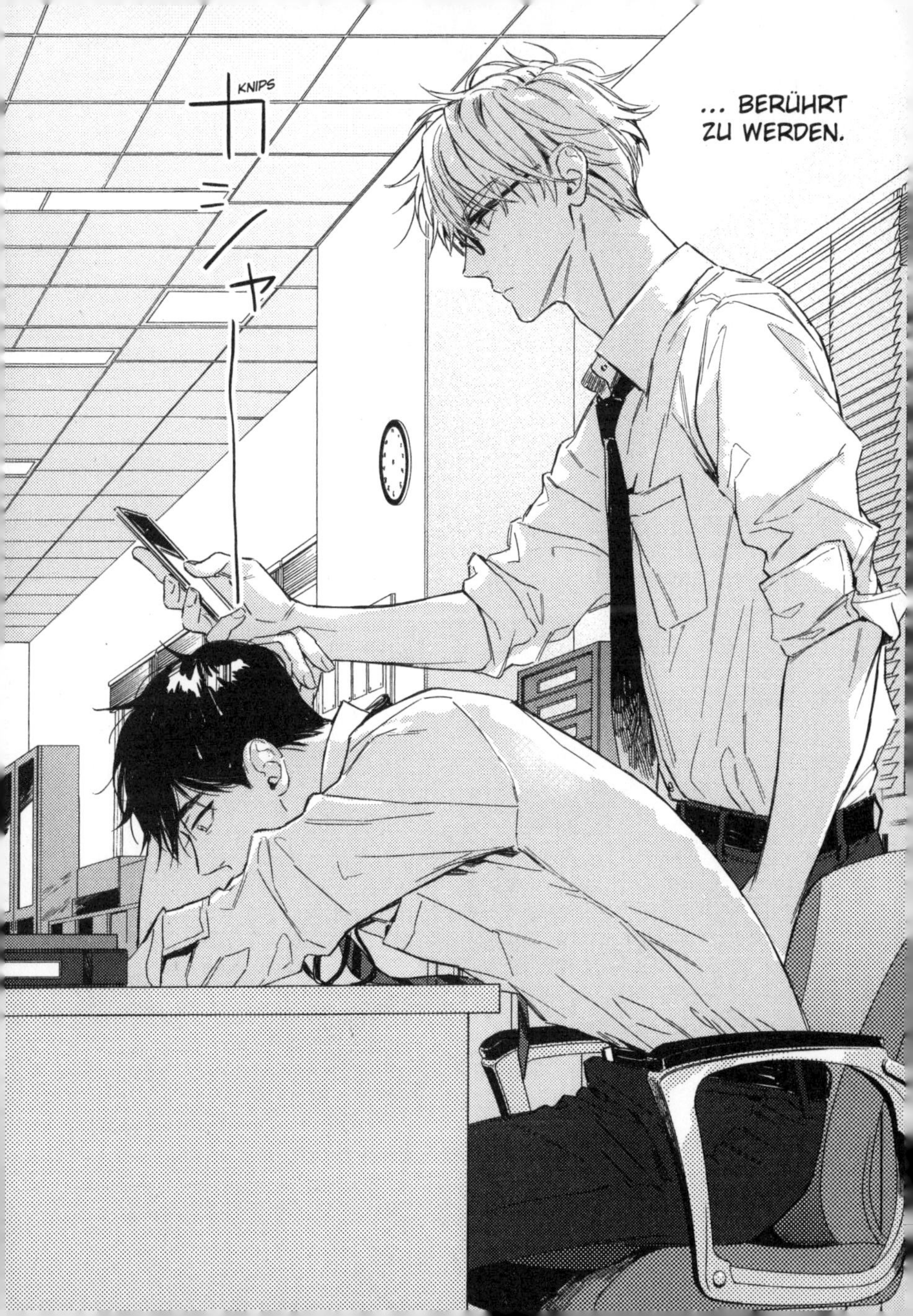
... BERÜHRT ZU WERDEN.
KNIPS
カシャー

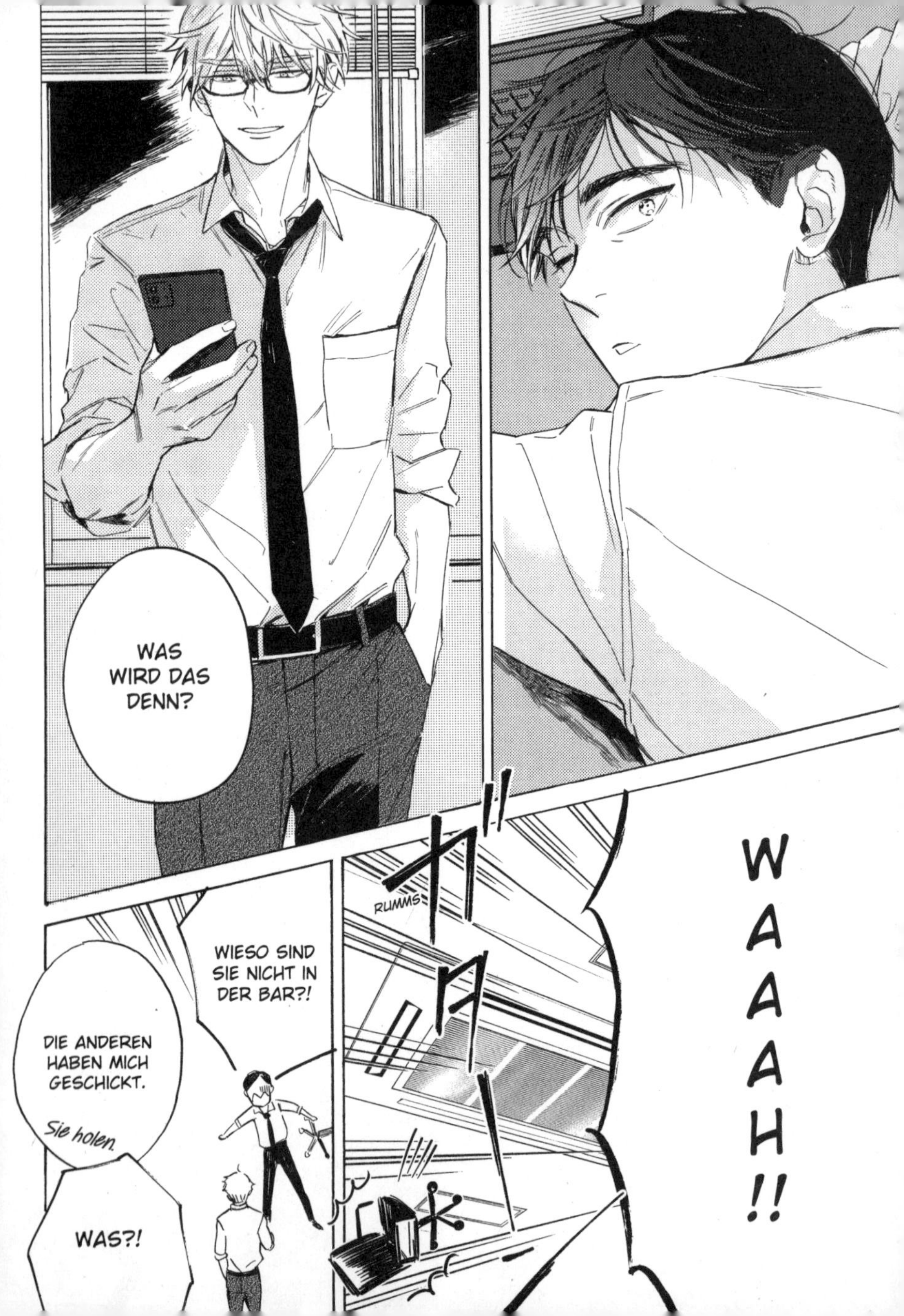
WAS WIRD DAS DENN?
WAAAAH!!
RUMMS
WIESO SIND SIE NICHT IN DER BAR?!
DIE ANDEREN HABEN MICH GESCHICKT.
Sie holen.
WAS?!

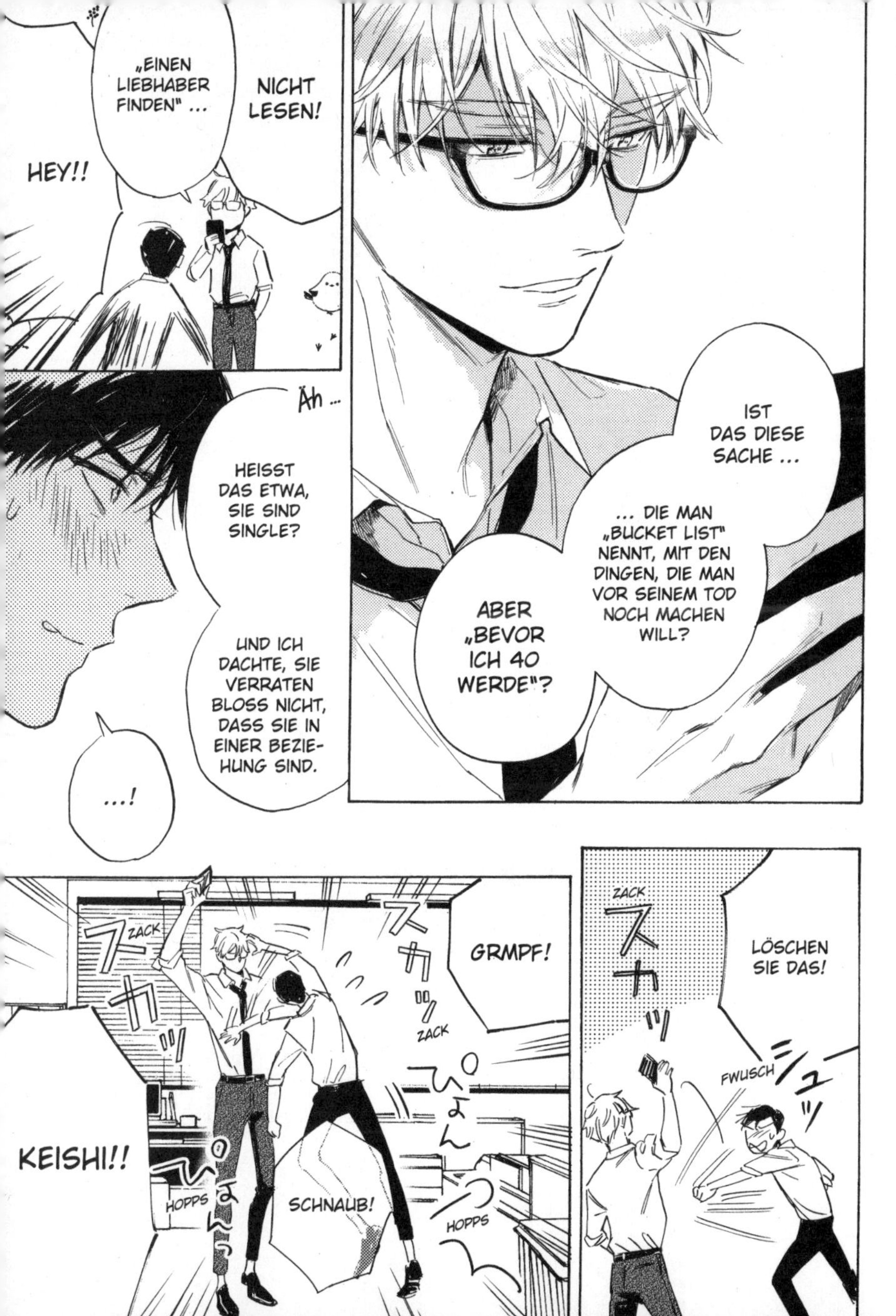
„EINEN LIEBHABER FINDEN“ …
NICHT LESEN!
HEY!!
IST DAS DIESE SACHE …
… DIE MAN „BUCKET LIST“ NENNT, MIT DEN DINGEN, DIE MAN VOR SEINEM TOD NOCH MACHEN WILL?
ABER „BEVOR ICH 40 WERDE“?
Äh …
HEISST DAS ETWA, SIE SIND SINGLE?
UND ICH DACHTE, SIE VERRATEN BLOSS NICHT, DASS SIE IN EINER BEZIE-HUNG SIND.
…!
ZACK
LÖSCHEN SIE DAS!
FWUSCH
GRMPF!
ZACK
ZACK
KEISHI!!
HOPPS
SCHNAUB!
HOPPS

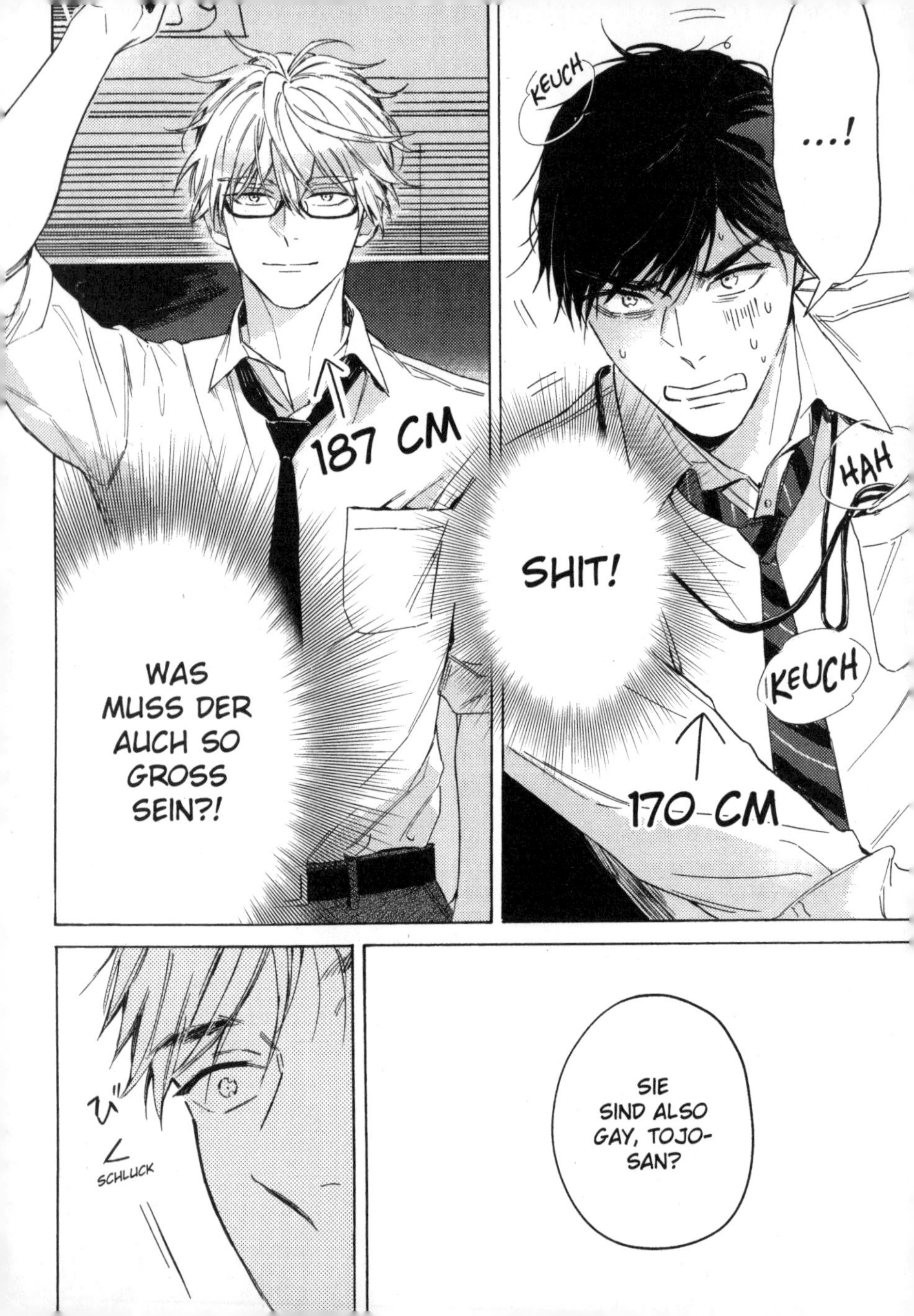

KEUCH
...!
HAH
KEUCH
SHIT!
170 CM
187 CM
WAS MUSS DER AUCH SO GROSS SEIN?!

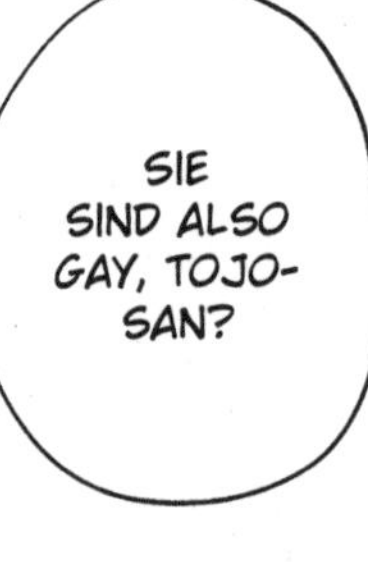


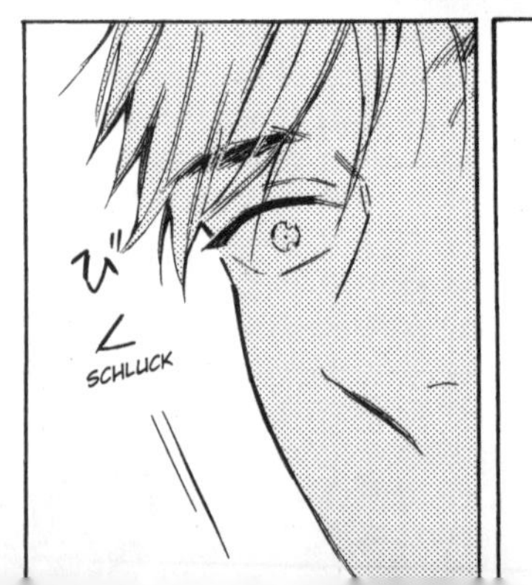

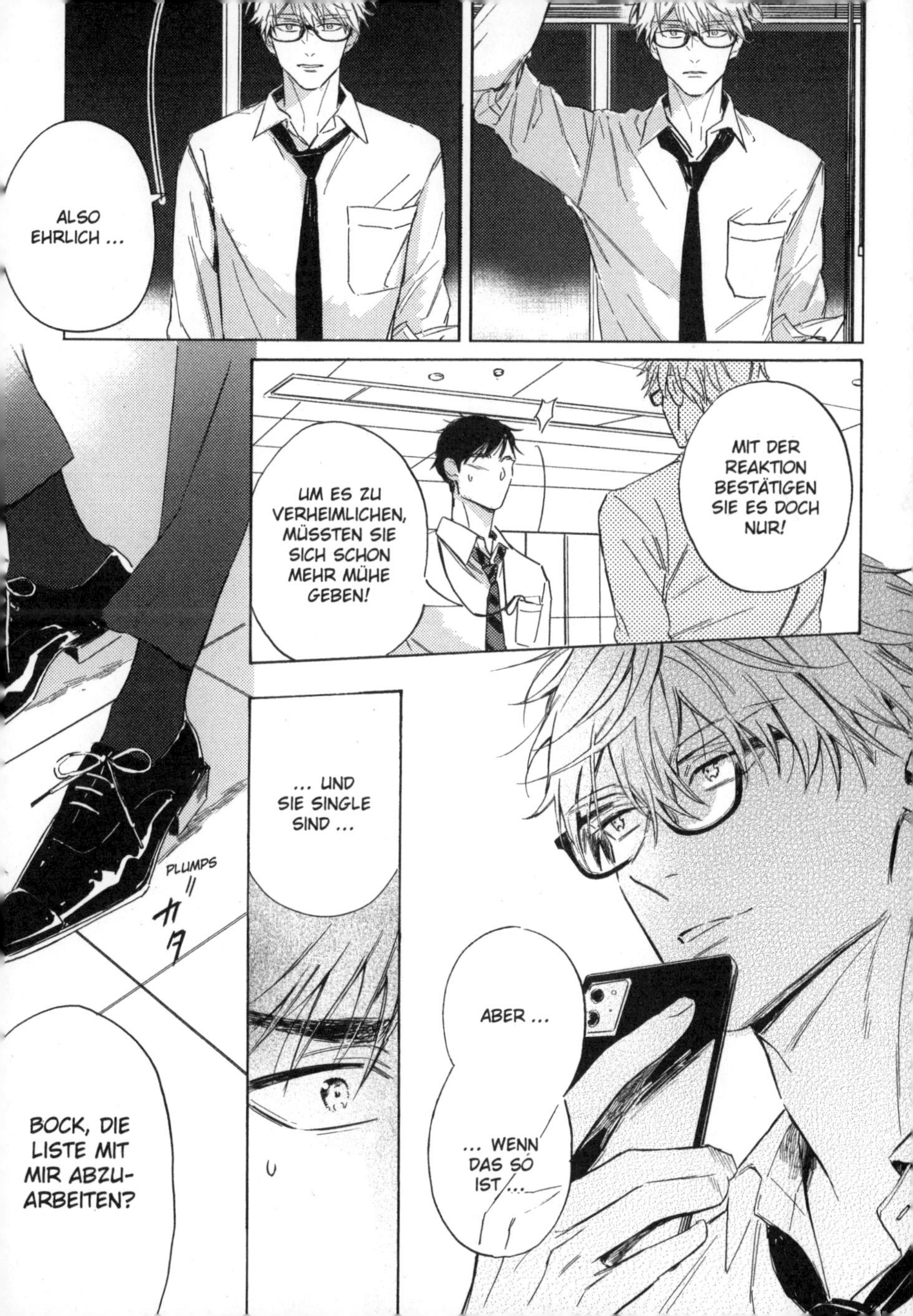
ALSO EHRLICH …
MIT DER REAKTION BESTÄTIGEN SIE ES DOCH NUR!
UM ES ZU VERHEIMLICHEN, MÜSSTEN SIE SICH SCHON MEHR MÜHE GEBEN!
… UND SIE SINGLE SIND …
PLUMPS
カタ
ABER …
… WENN DAS SO IST …
BOCK, DIE LISTE MIT MIR ABZU-ARBEITEN?

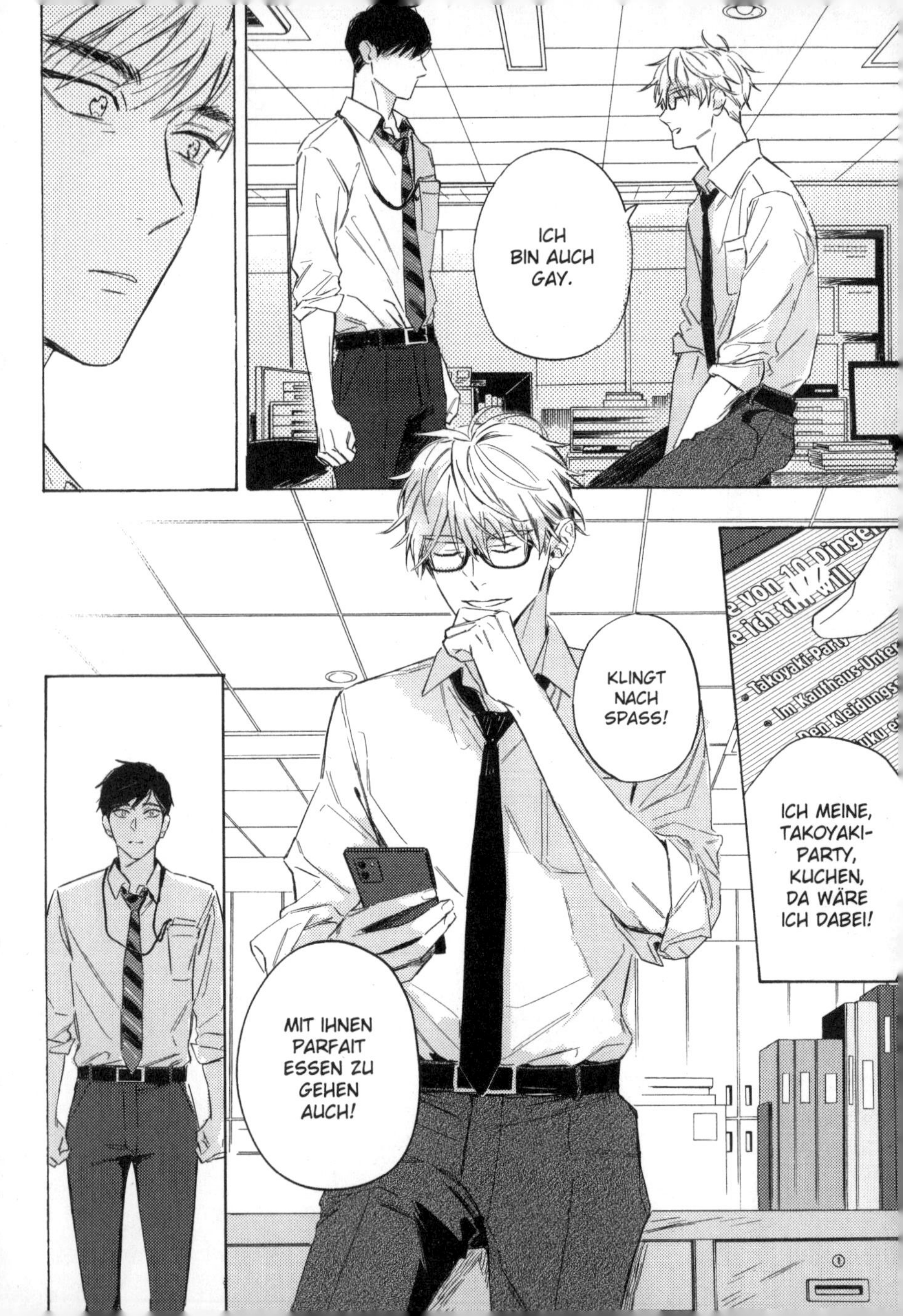
ICH BIN AUCH GAY.
• Takoyaki-Party
KLINGT NACH SPASS!
ICH MEINE, TAKOYAKI-PARTY, KUCHEN, DA WÄRE ICH DABEI!
MIT IHNEN PARFAIT ESSEN ZU GEHEN AUCH!

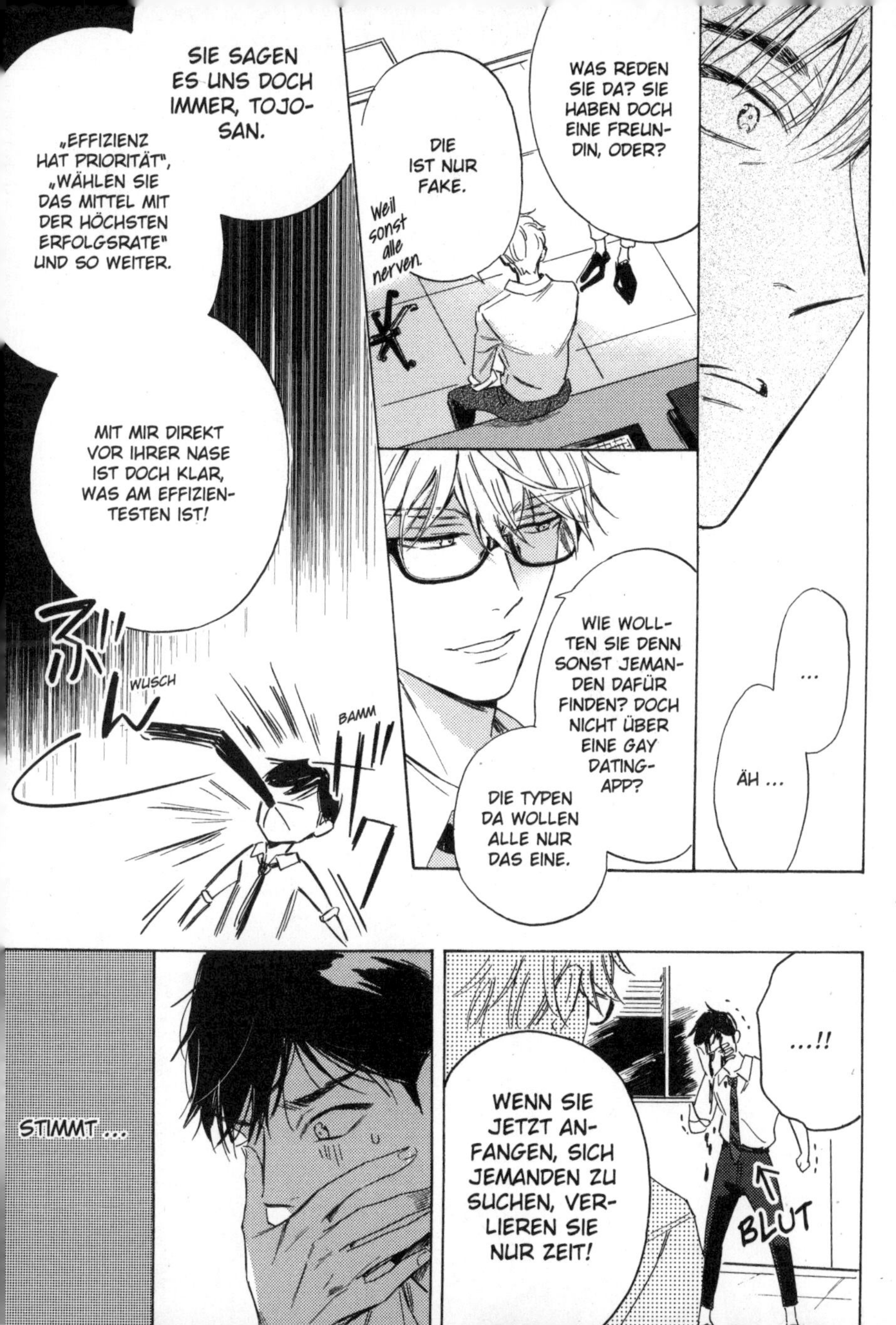
WAS REDEN SIE DA? SIE HABEN DOCH EINE FREUNDIN, ODER?
DIE IST NUR FAKE.
Weil sonst alle nerven.
...
ÄH ...
WIE WOLLTEN SIE DENN SONST JEMANDEN DAFÜR FINDEN? DOCH NICHT ÜBER EINE GAY DATING-APP?
DIE TYPEN DA WOLLEN ALLE NUR DAS EINE.
SIE SAGEN ES UNS DOCH IMMER, TOJO-SAN.
„EFFIZIENZ HAT PRIORITÄT", „WÄHLEN SIE DAS MITTEL MIT DER HÖCHSTEN ERFOLGSRATE" UND SO WEITER.
MIT MIR DIREKT VOR IHRER NASE IST DOCH KLAR, WAS AM EFFIZIENTESTEN IST!
WUSCH
BAMM
...!!
WENN SIE JETZT ANFANGEN, SICH JEMANDEN ZU SUCHEN, VERLIEREN SIE NUR ZEIT!
BLUT
STIMMT ...

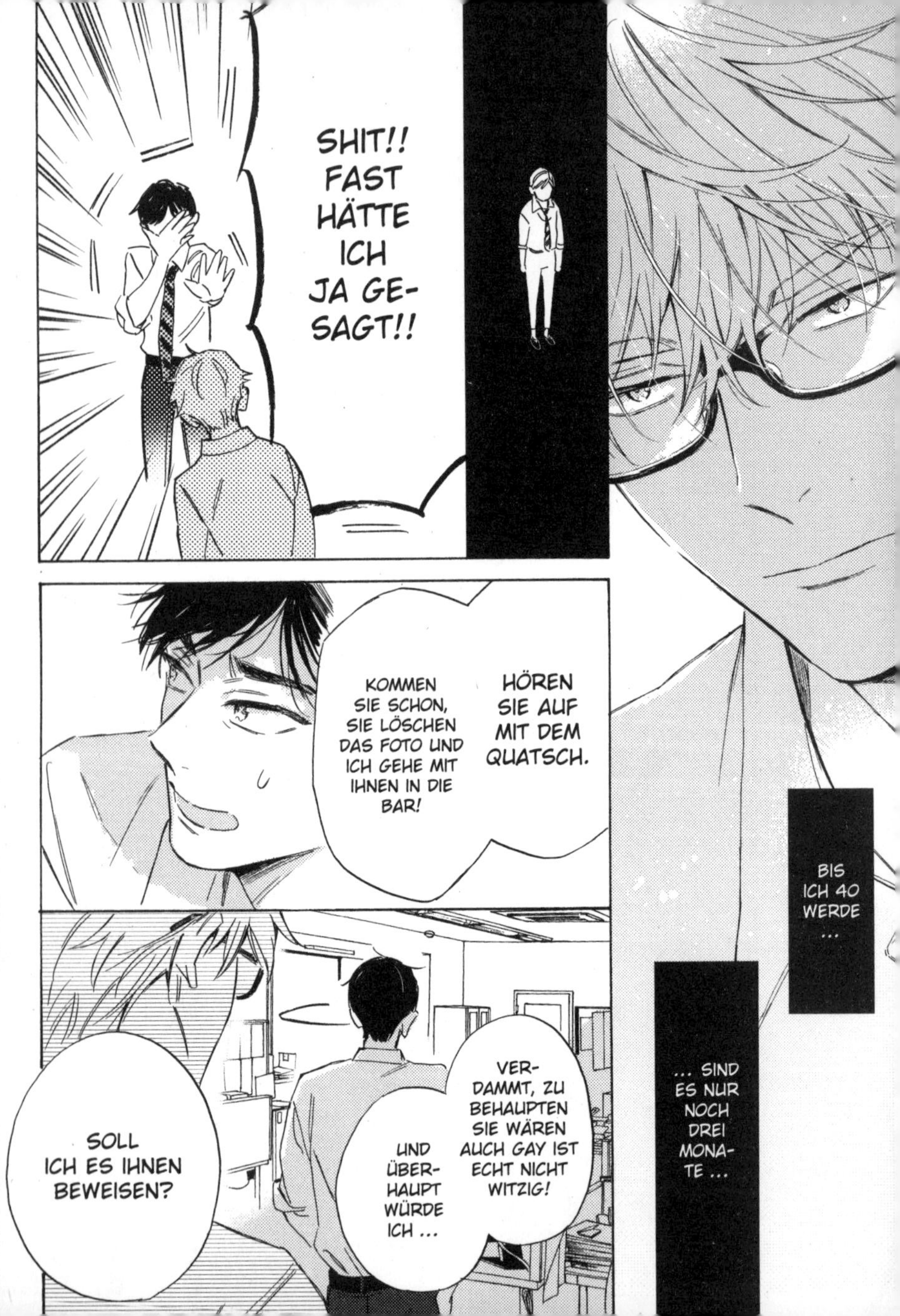
BIS ICH 40 WERDE ...
... SIND ES NUR NOCH DREI MONATE ...
SHIT!! FAST HÄTTE ICH JA GESAGT!!
HÖREN SIE AUF MIT DEM QUATSCH.
KOMMEN SIE SCHON, SIE LÖSCHEN DAS FOTO UND ICH GEHE MIT IHNEN IN DIE BAR!
VERDAMMT, ZU BEHAUPTEN SIE WÄREN AUCH GAY IST ECHT NICHT WITZIG!
UND ÜBERHAUPT WÜRDE ICH ...
SOLL ICH ES IHNEN BEWEISEN?

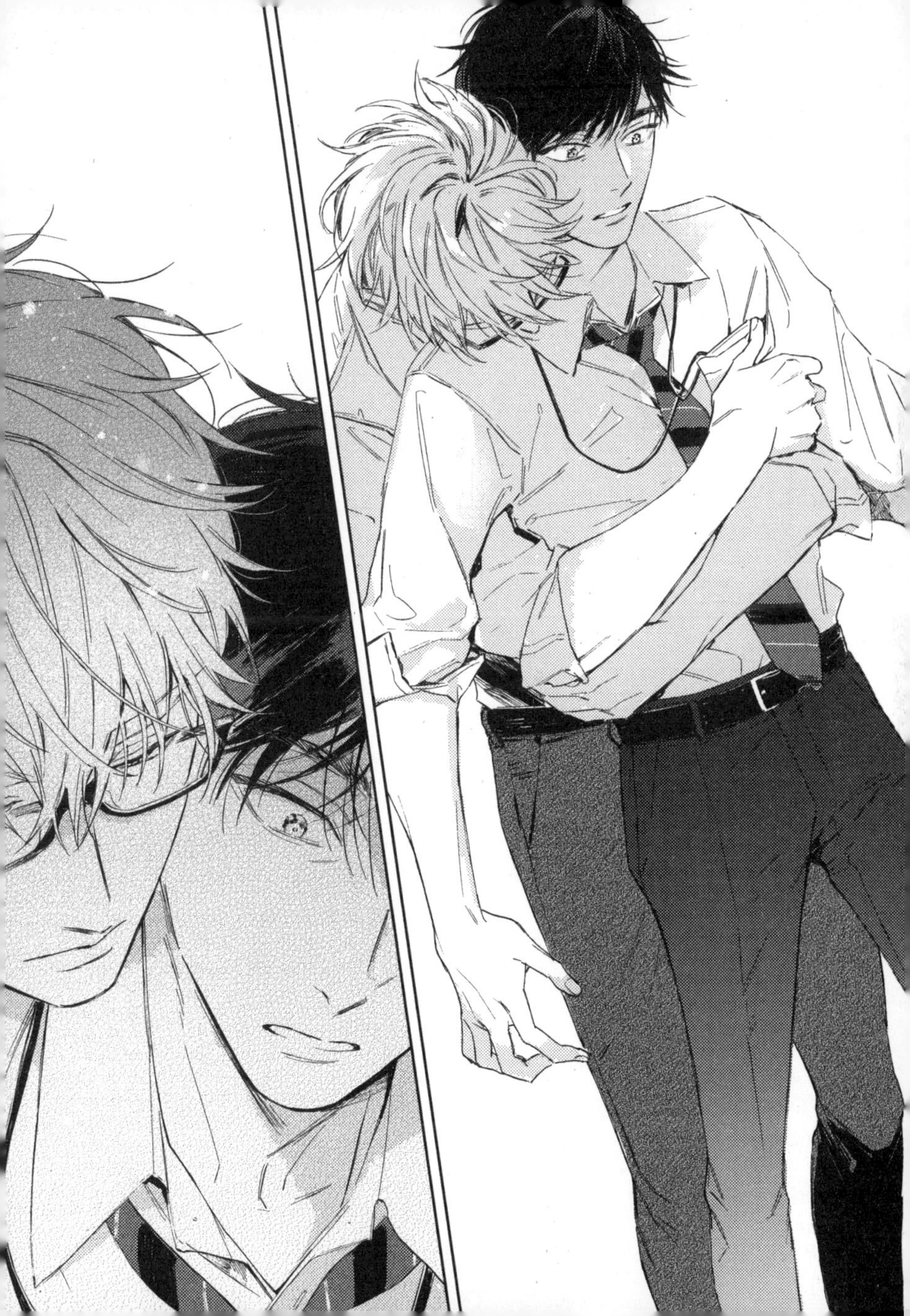

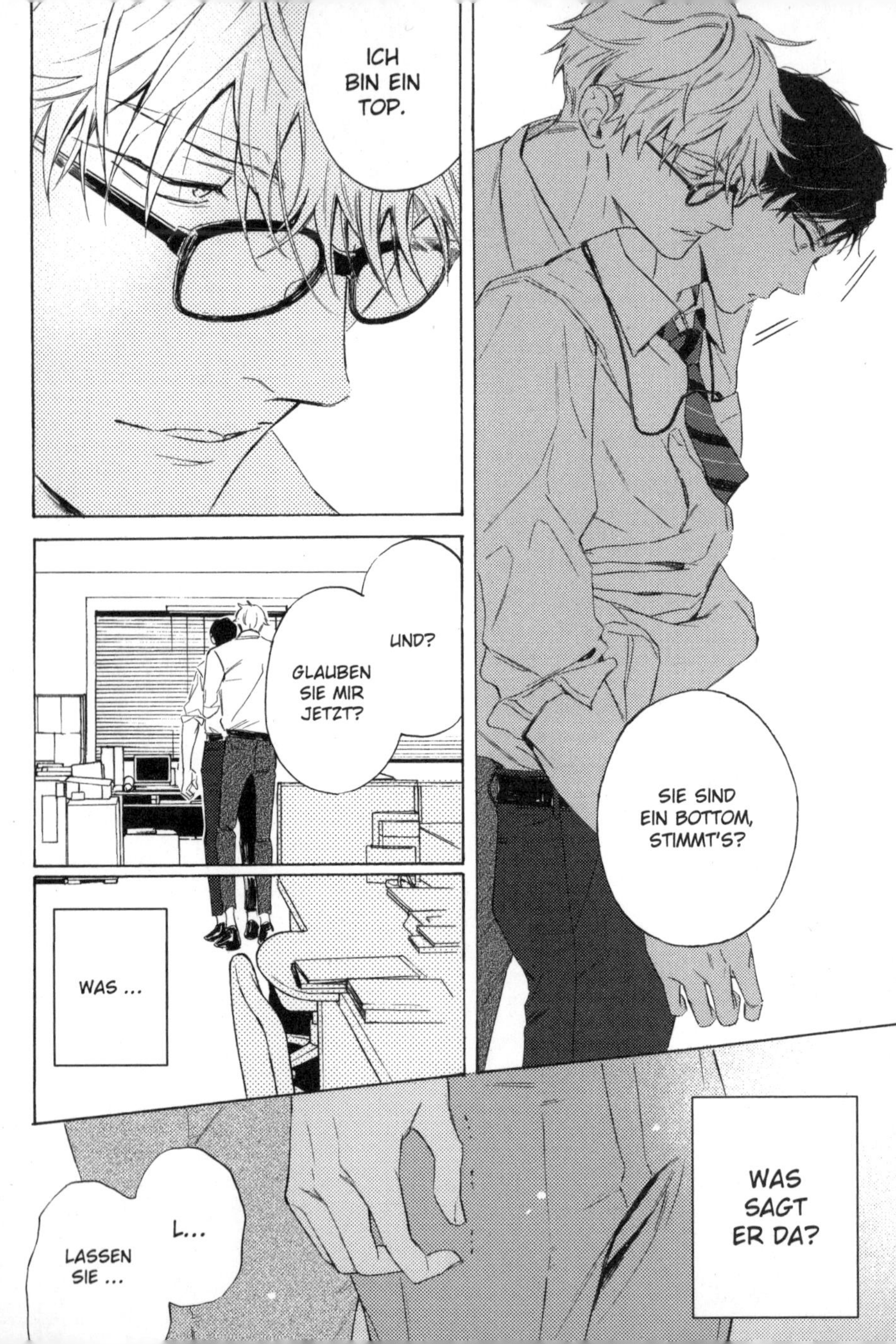
SIE SIND EIN BOTTOM, STIMMT'S?
ICH BIN EIN TOP.
UND?
GLAUBEN SIE MIR JETZT?
WAS SAGT ER DA?
WAS ...
L...
LASSEN SIE ...

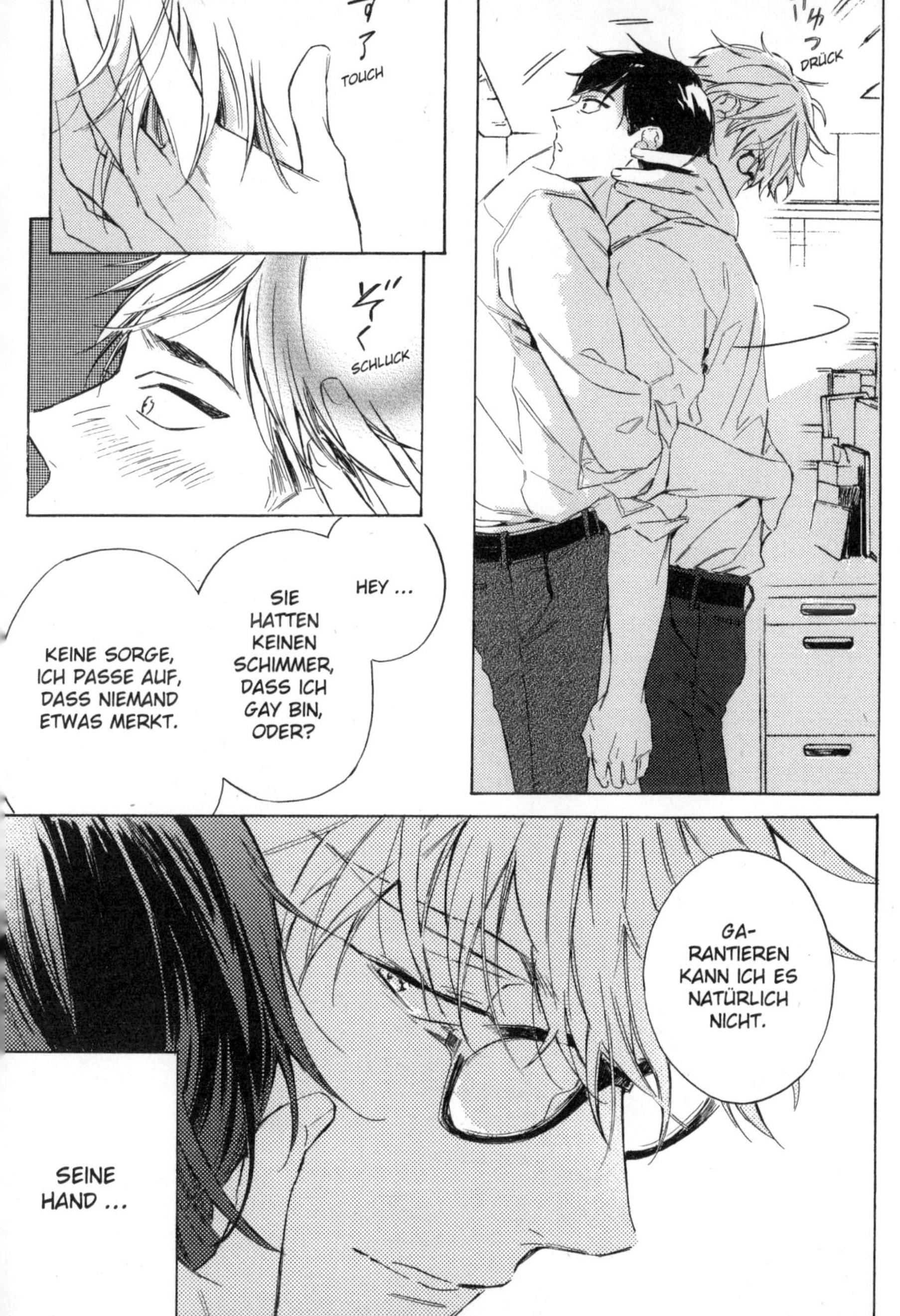
DRÜCK
TOUCH
SCHLUCK
HEY …
SIE HATTEN KEINEN SCHIMMER, DASS ICH GAY BIN, ODER?
KEINE SORGE, ICH PASSE AUF, DASS NIEMAND ETWAS MERKT.
GA-RANTIEREN KANN ICH ES NATÜRLICH NICHT.
SEINE HAND …

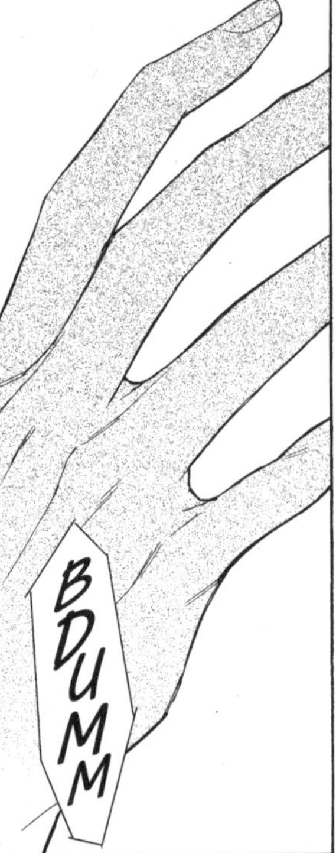
SEINE HAND IN MEINEN HAAREN …
BDUMM

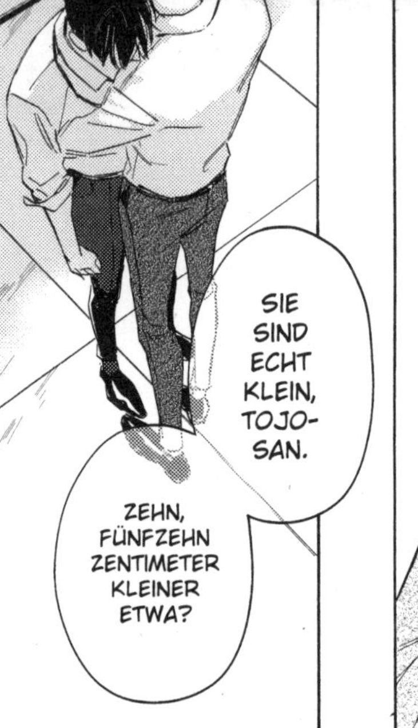

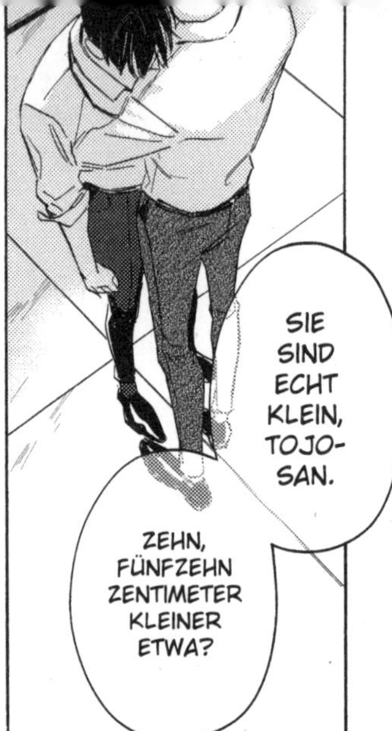
SIE SIND ECHT KLEIN, TOJO-SAN.
ZEHN, FÜNFZEHN ZENTIMETER KLEINER ETWA?

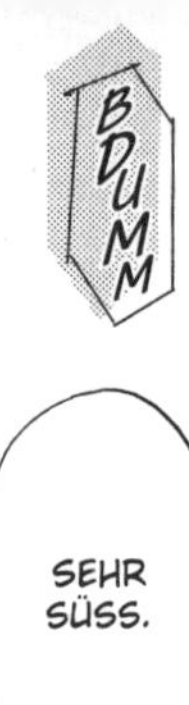
BDUMM
SEHR SÜSS.
WIE LANGE HAT DAS NIEMAND MEHR BEI MIR GEMACHT?

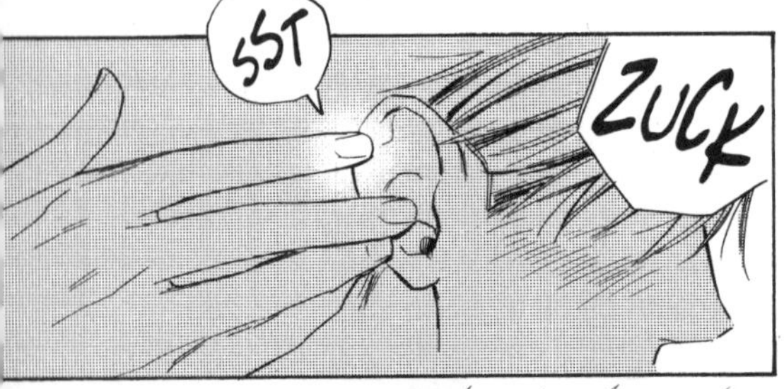
ZUCK
SST

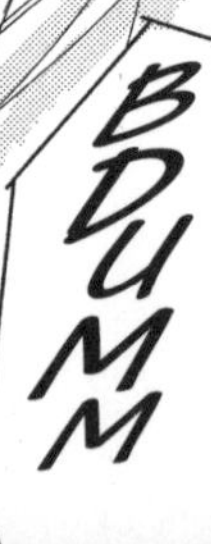
BDUMM
WILL ER …

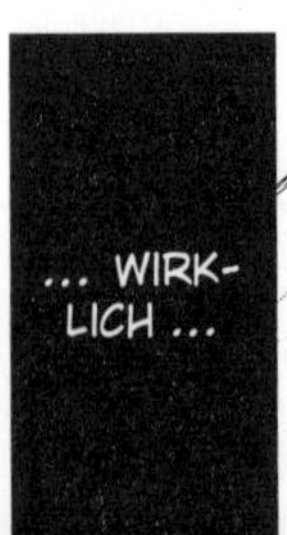
… WIRKLICH …

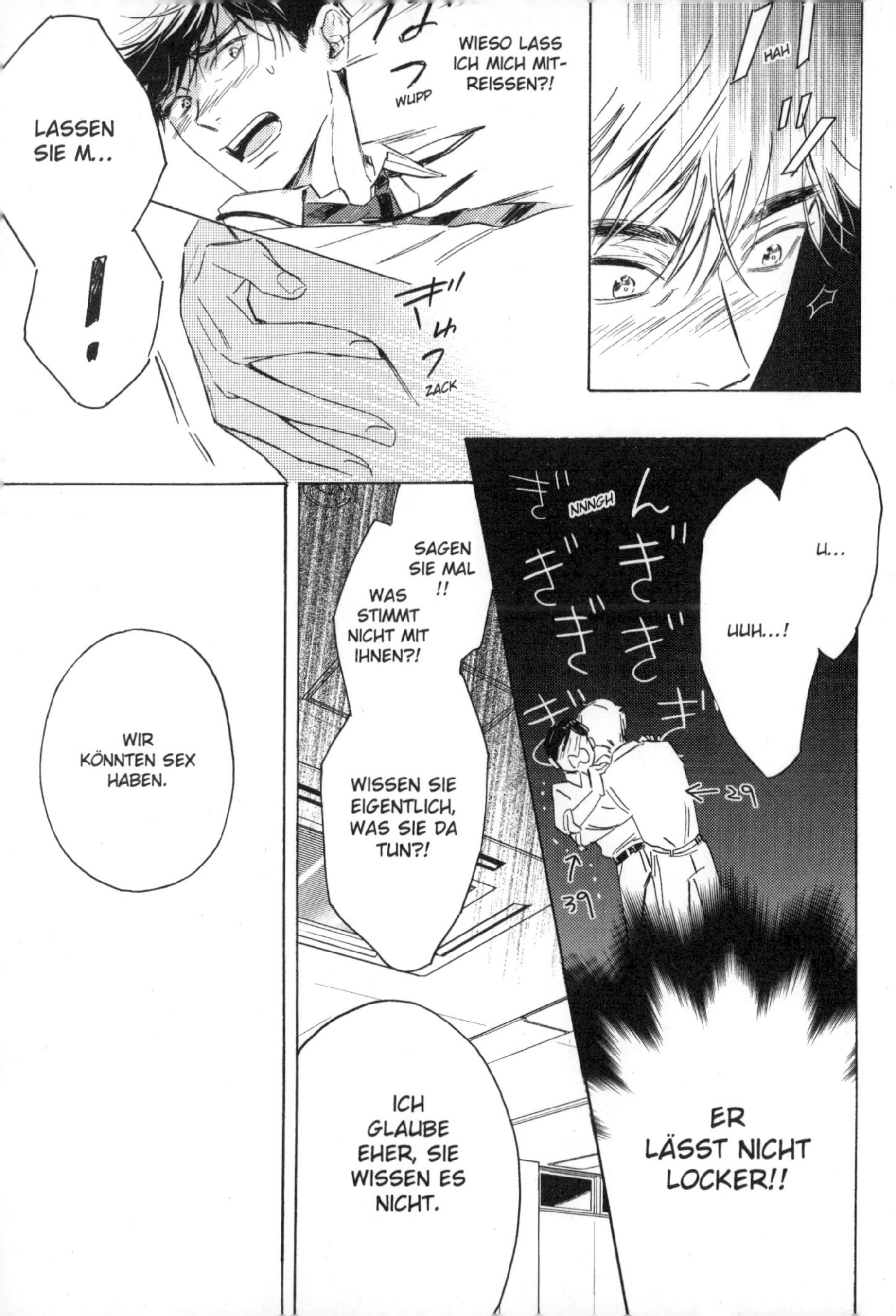
WIESO LASS ICH MICH MITREISSEN?!
HAH
WUPP
LASSEN SIE M...
!
ZACK
NNNGH
U...
UUH...!
SAGEN SIE MAL!!
WAS STIMMT NICHT MIT IHNEN?!
WISSEN SIE EIGENTLICH, WAS SIE DA TUN?!
29
39
WIR KÖNNTEN SEX HABEN.
ER LÄSST NICHT LOCKER!!
ICH GLAUBE EHER, SIE WISSEN ES NICHT.

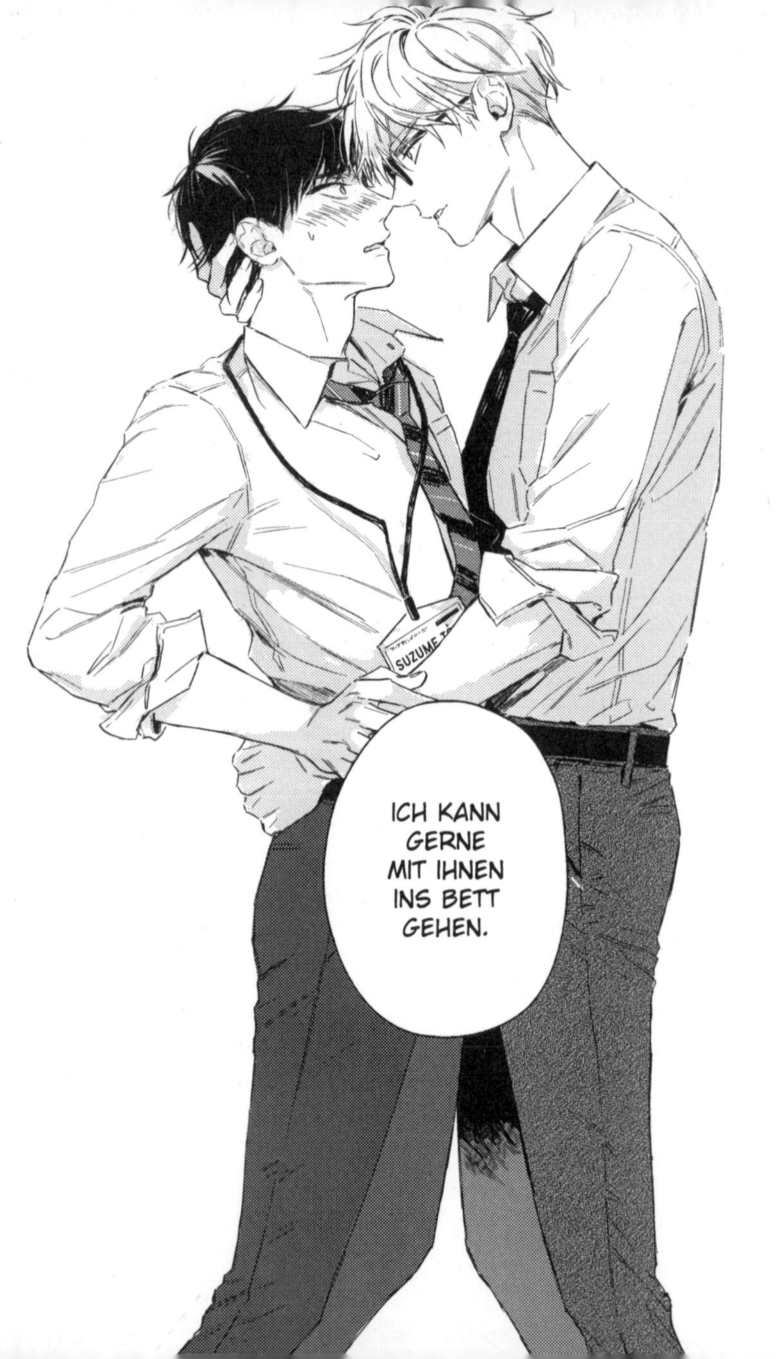
ICH KANN GERNE MIT IHNEN INS BETT GEHEN.

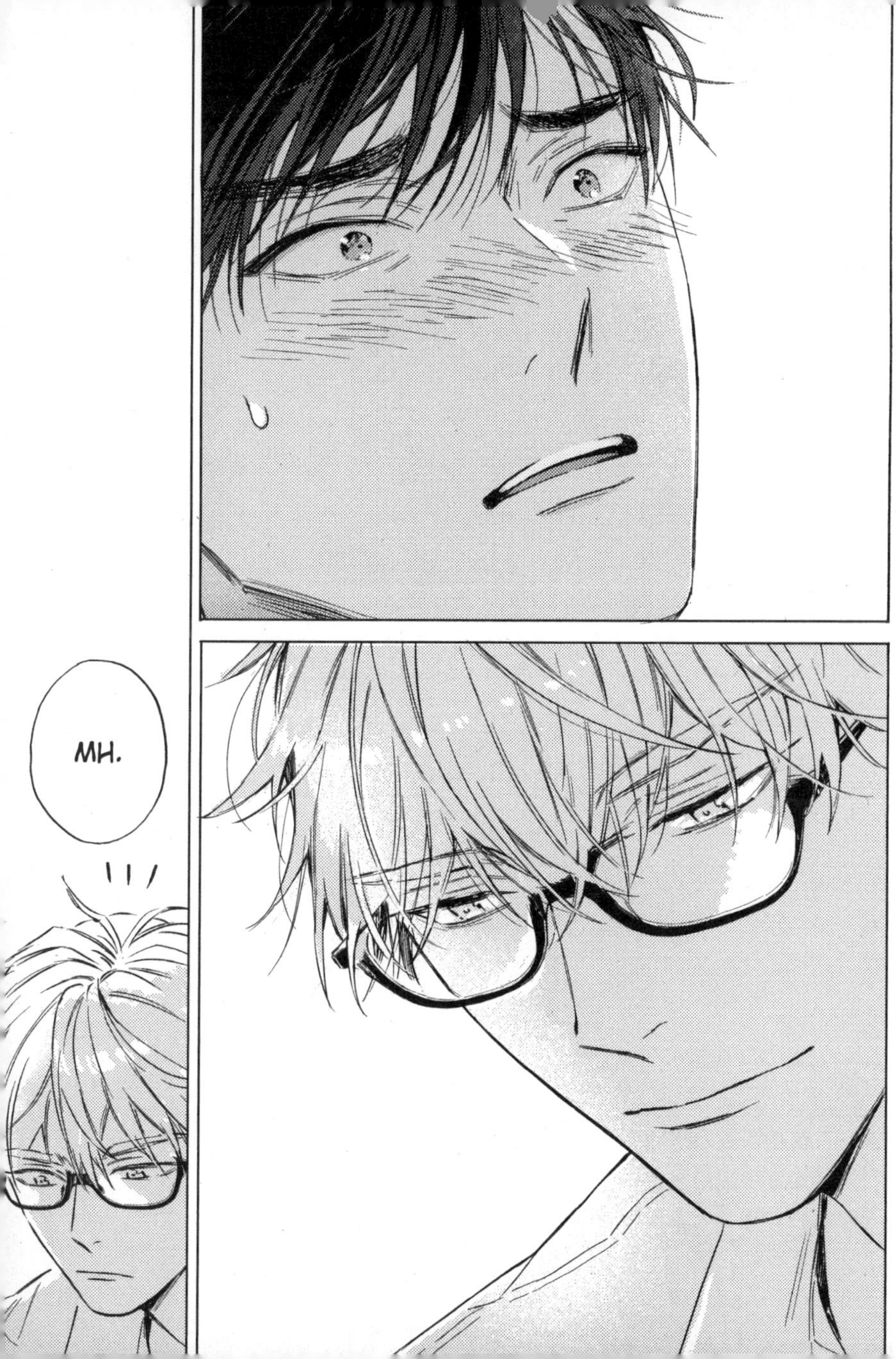

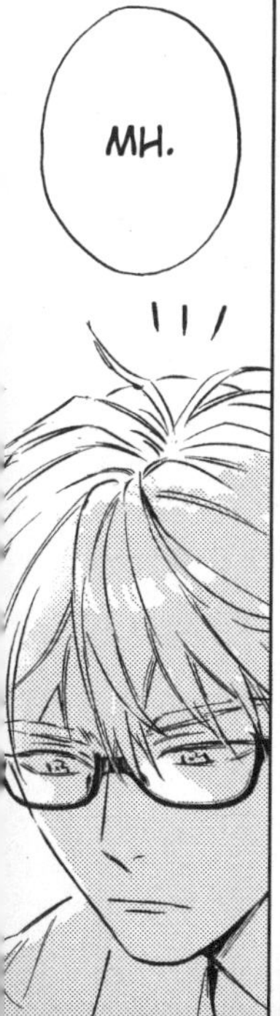
MH.

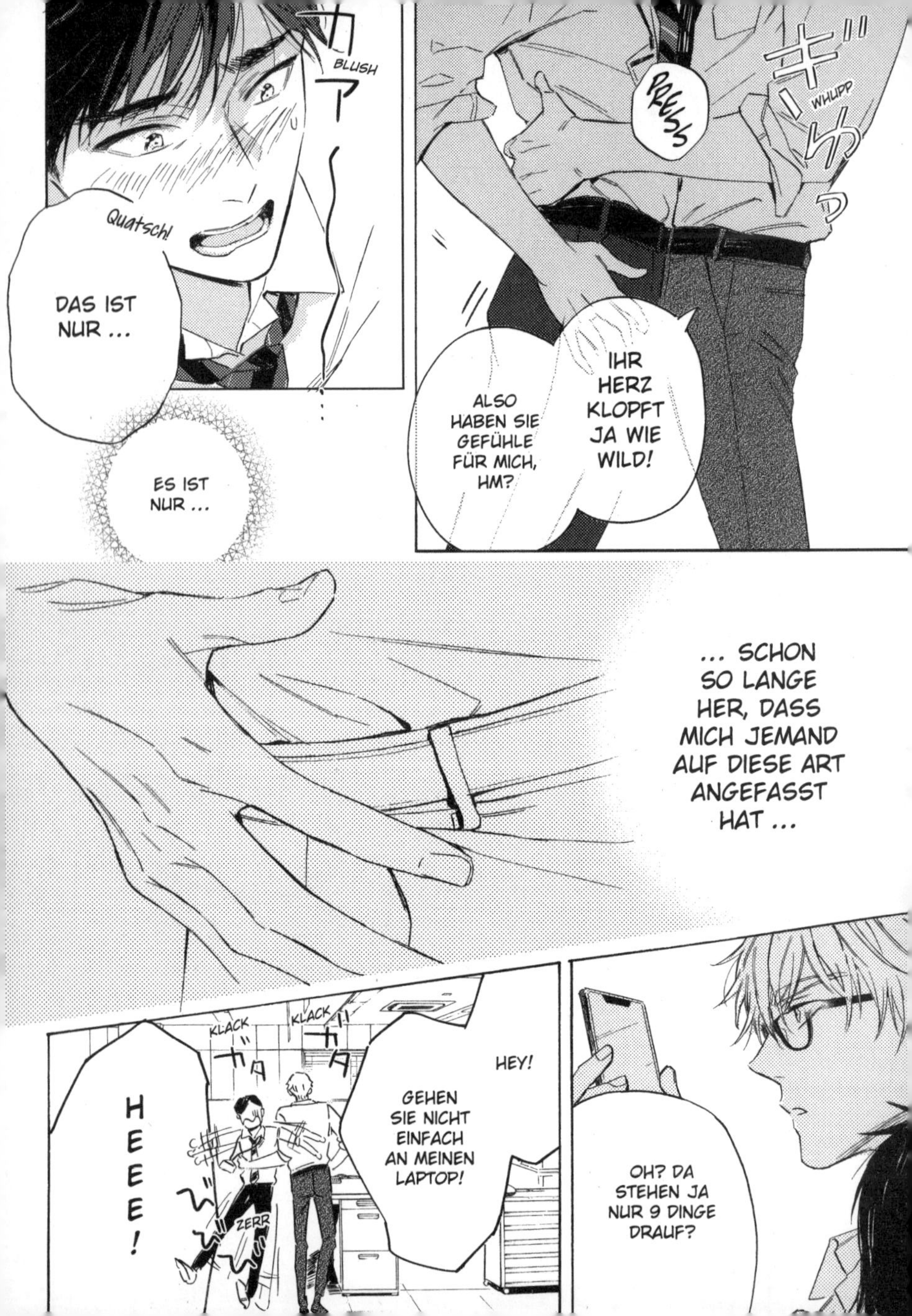
BLUSH
Quatsch!
DAS IST NUR ...
ES IST NUR ...
WHUPP
PRESS
IHR HERZ KLOPFT JA WIE WILD!
ALSO HABEN SIE GEFÜHLE FÜR MICH, HM?
... SCHON SO LANGE HER, DASS MICH JEMAND AUF DIESE ART ANGEFASST HAT ...
OH? DA STEHEN JA NUR 9 DINGE DRAUF?
HEY!
GEHEN SIE NICHT EINFACH AN MEINEN LAPTOP!
KLACK
KLACK
HEEEE!
ZERR

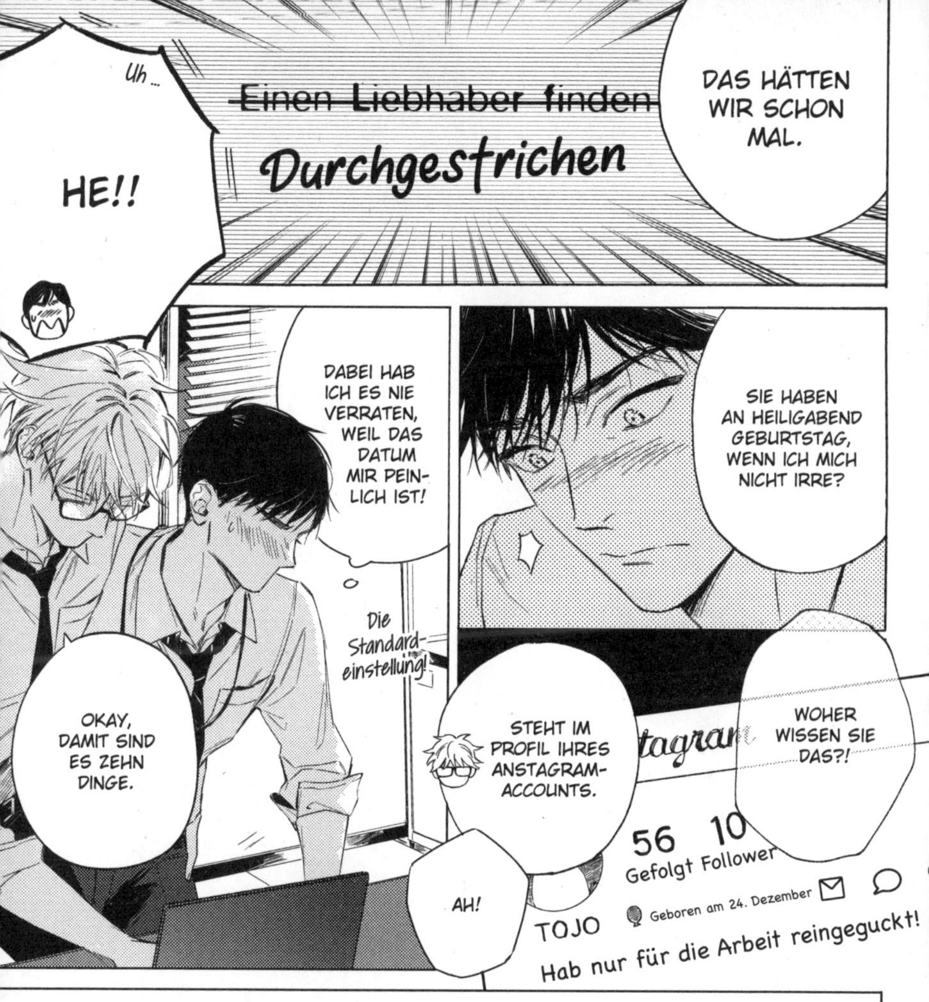


MEINEN GEBURTSTAG MIT MEINEM LIEBHABER VERBRINGEN

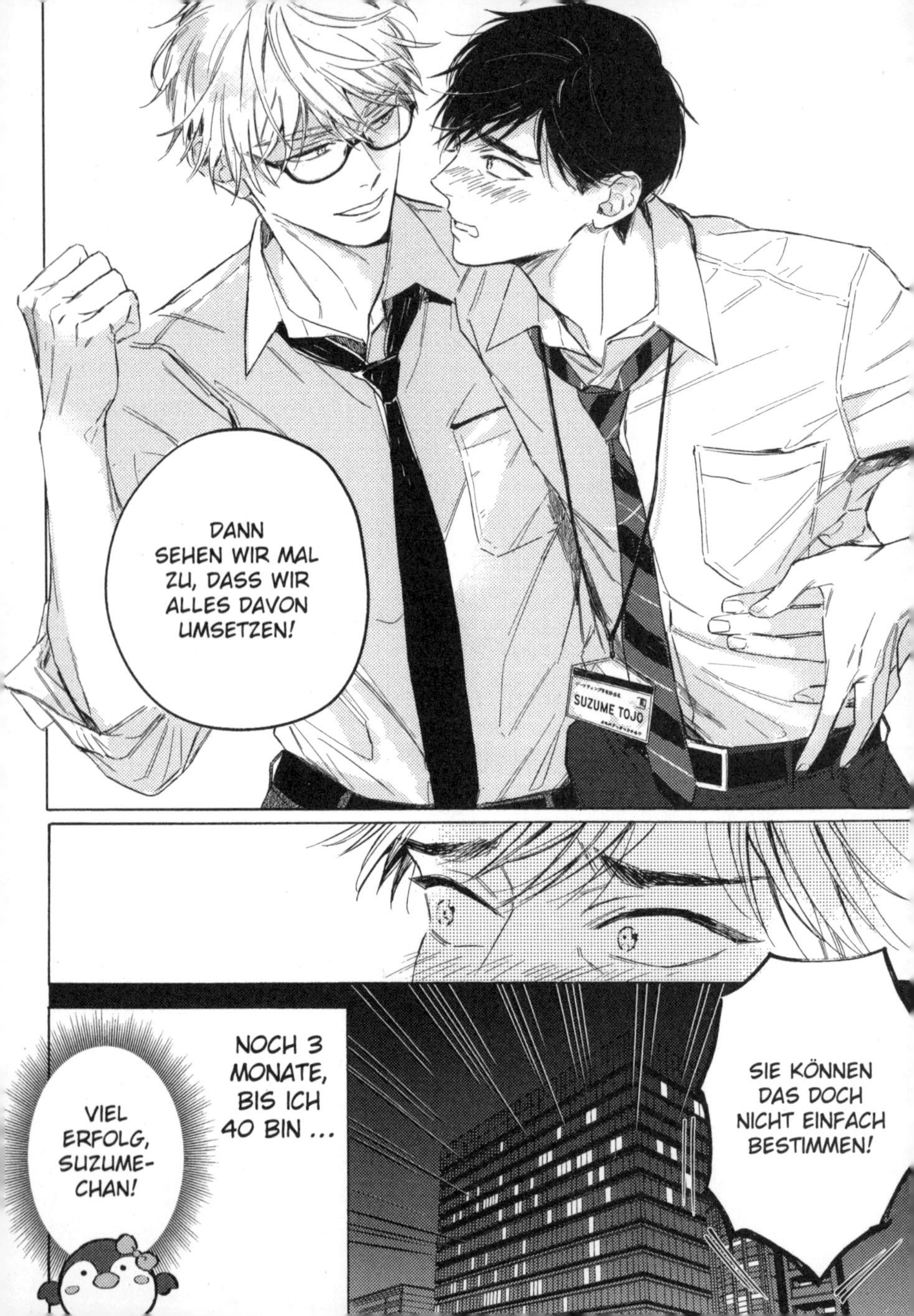
DANN SEHEN WIR MAL ZU, DASS WIR ALLES DAVON UMSETZEN!
SUZUME TOJO
SIE KÖNNEN DAS DOCH NICHT EINFACH BESTIMMEN!
NOCH 3 MONATE, BIS ICH 40 BIN …
VIEL ERFOLG, SUZUME-CHAN!

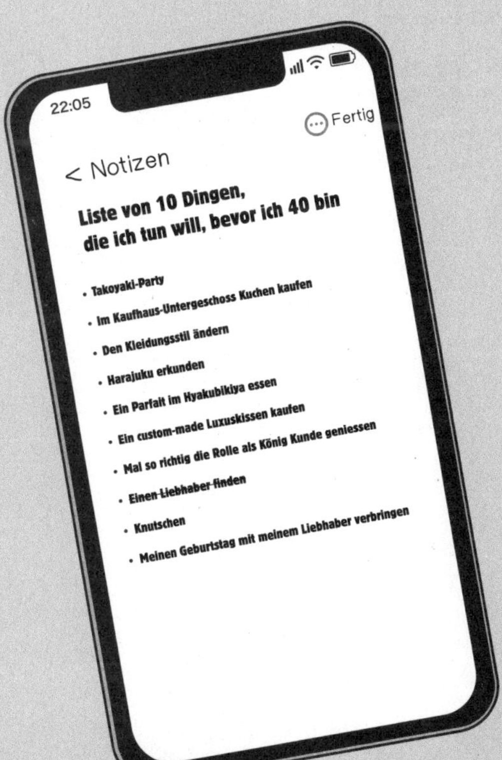
22:05
Fertig
< Notizen
Liste von 10 Dingen,
die ich tun will, bevor ich 40 bin
• Takoyaki-Party
• Im Kaufhaus-Untergeschoss Kuchen kaufen
• Den Kleidungsstil ändern
• Harajuku erkunden
• Ein Parfait im Hyakubikiya essen
• Ein custom-made Luxuskissen kaufen
• Mal so richtig die Rolle als König Kunde geniessen
• ~~Einen Liebhaber finden~~
• Knutschen
• Meinen Geburtstag mit meinem Liebhaber verbringen

# 10 erste Male, bevor ich 40 werde

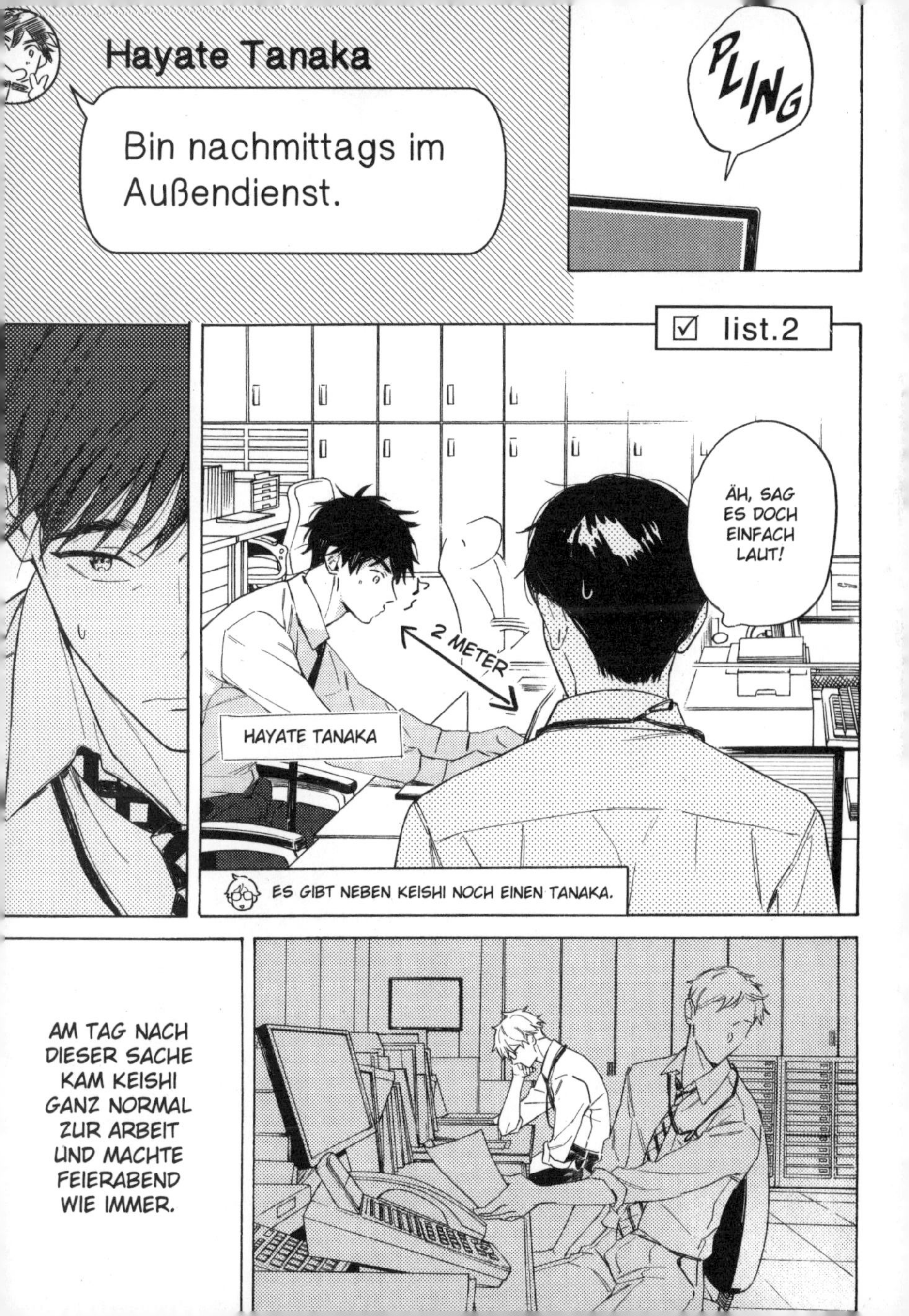

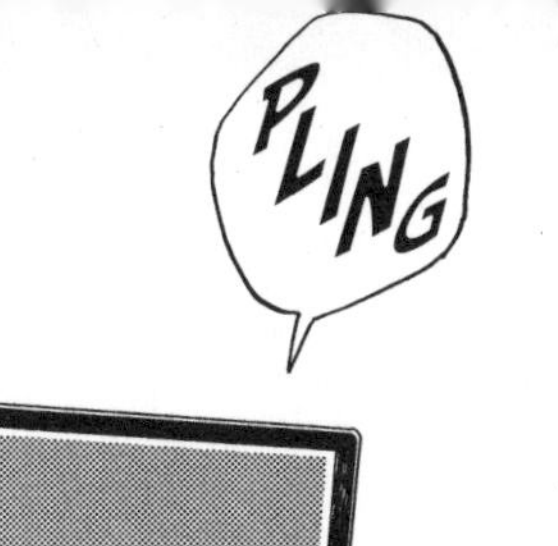


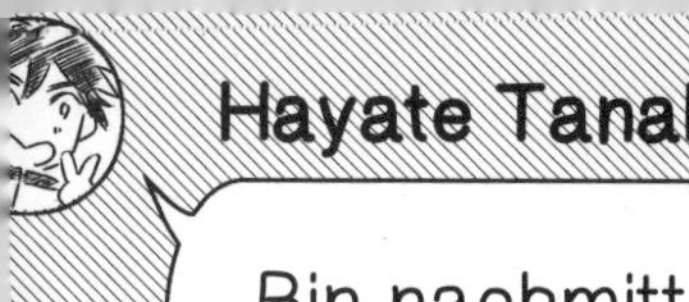


Bin nachmittags im Außendienst.

☑ list.2

ÄH, SAG ES DOCH EINFACH LAUT!

2 METER

HAYATE TANAKA

ES GIBT NEBEN KEISHI NOCH EINEN TANAKA.

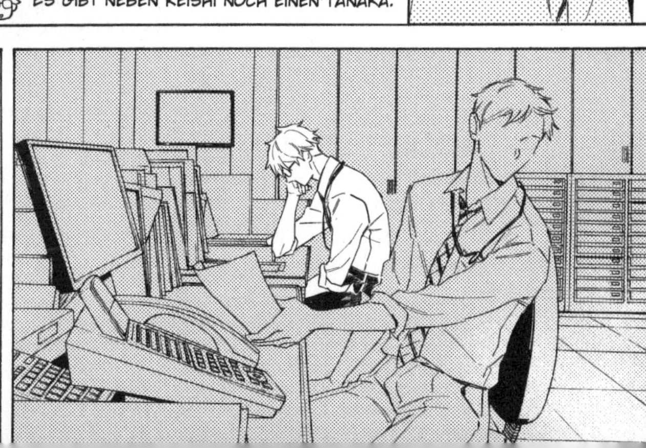

AM TAG NACH DIESER SACHE KAM KEISHI GANZ NORMAL ZUR ARBEIT UND MACHTE FEIERABEND WIE IMMER.

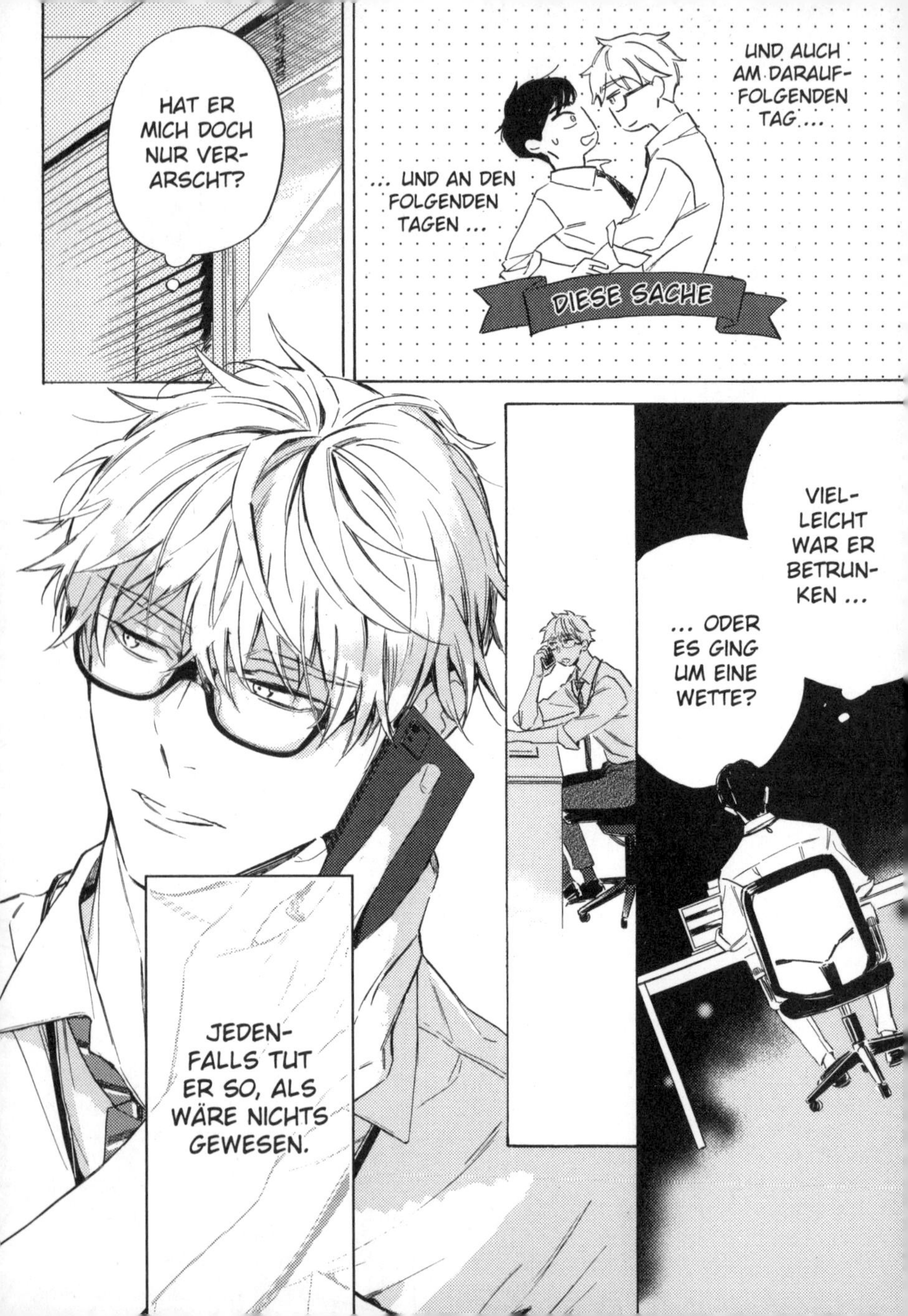
UND AUCH AM DARAUF-FOLGENDEN TAG ...
... UND AN DEN FOLGENDEN TAGEN ...
DIESE SACHE
HAT ER MICH DOCH NUR VER-ARSCHT?
VIEL-LEICHT WAR ER BETRUN-KEN ...
... ODER ES GING UM EINE WETTE?
JEDEN-FALLS TUT ER SO, ALS WÄRE NICHTS GEWESEN.

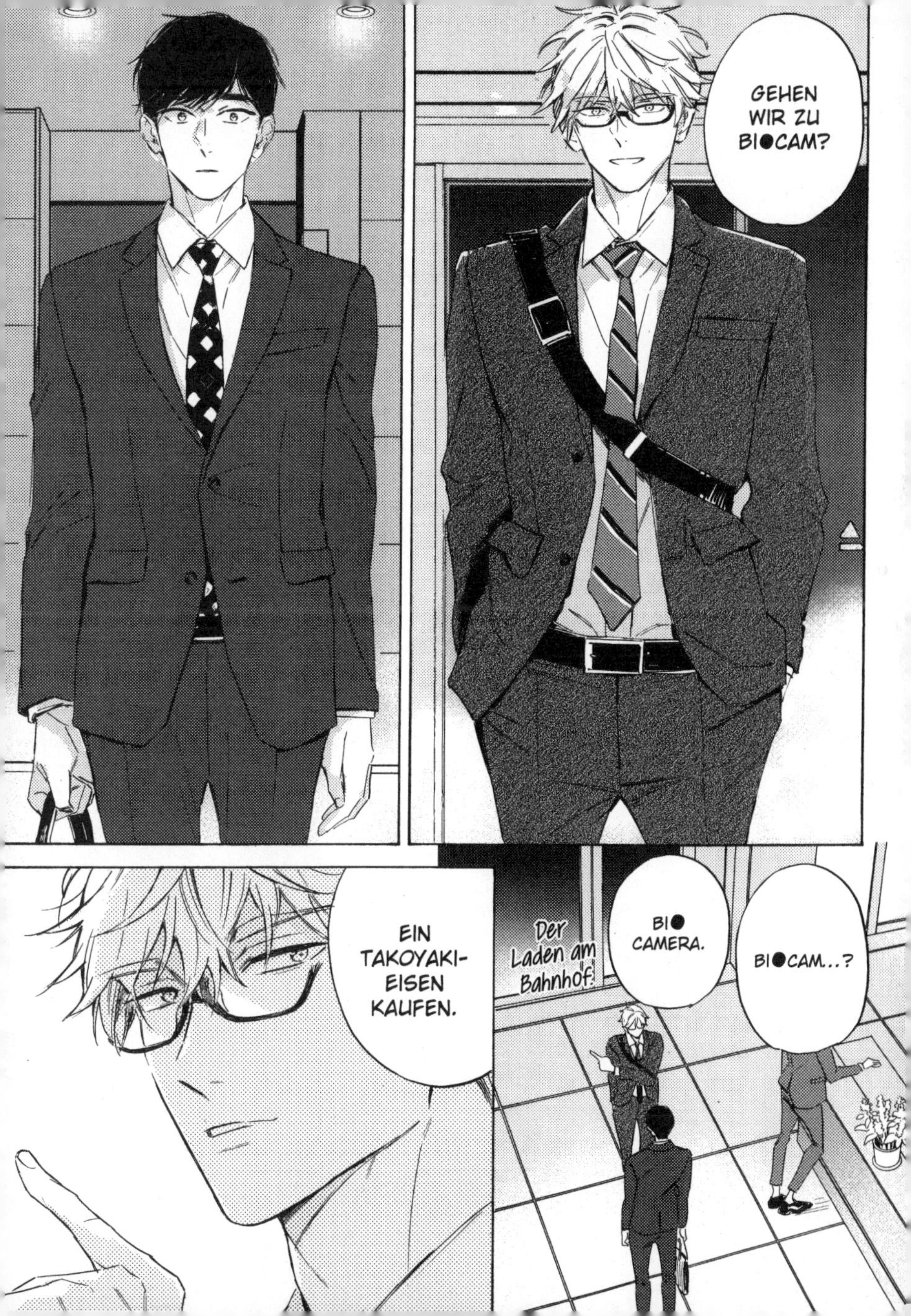
GEHEN WIR ZU BI●CAM?
BI●CAM...?
BI● CAMERA.
Der Laden am Bahnhof.
EIN TAKOYAKI-EISEN KAUFEN.

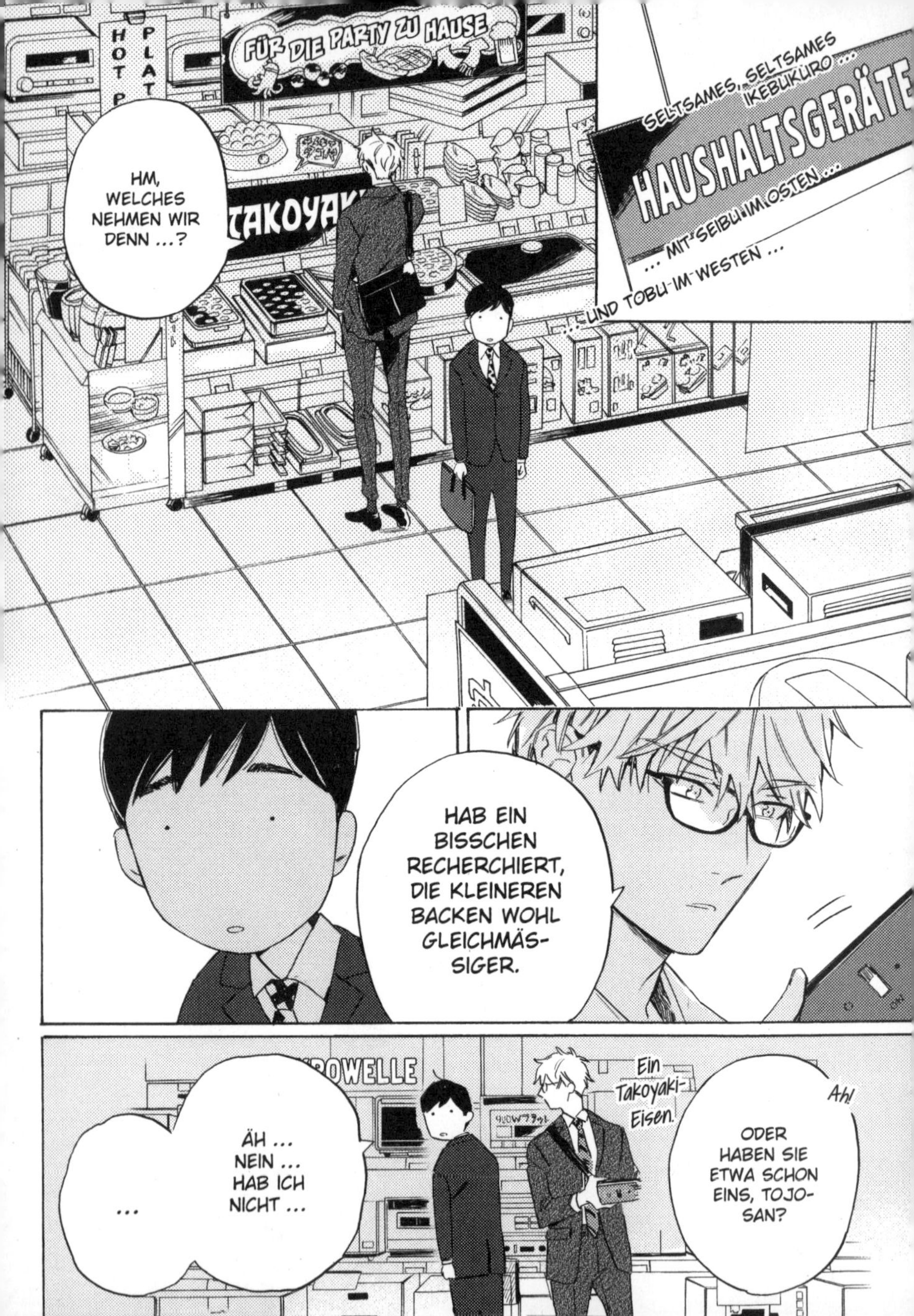

HOT PLAT
FÜR DIE PARTY ZU HAUSE
TAKOYAKI
HAUSHALTSGERÄTE
SELTSAMES, SELTSAMES IKEBUKURO ...
... MIT SEIBU IM OSTEN ...
... UND TOBU IM WESTEN ...
HM, WELCHES NEHMEN WIR DENN ...?
HAB EIN BISSCHEN RECHERCHIERT, DIE KLEINEREN BACKEN WOHL GLEICHMÄS-SIGER.
Ah!
ODER HABEN SIE ETWA SCHON EINS, TOJO-SAN?
Ein Takoyaki-Eisen.
ÄH ... NEIN ... HAB ICH NICHT ...
...
ROWELLE

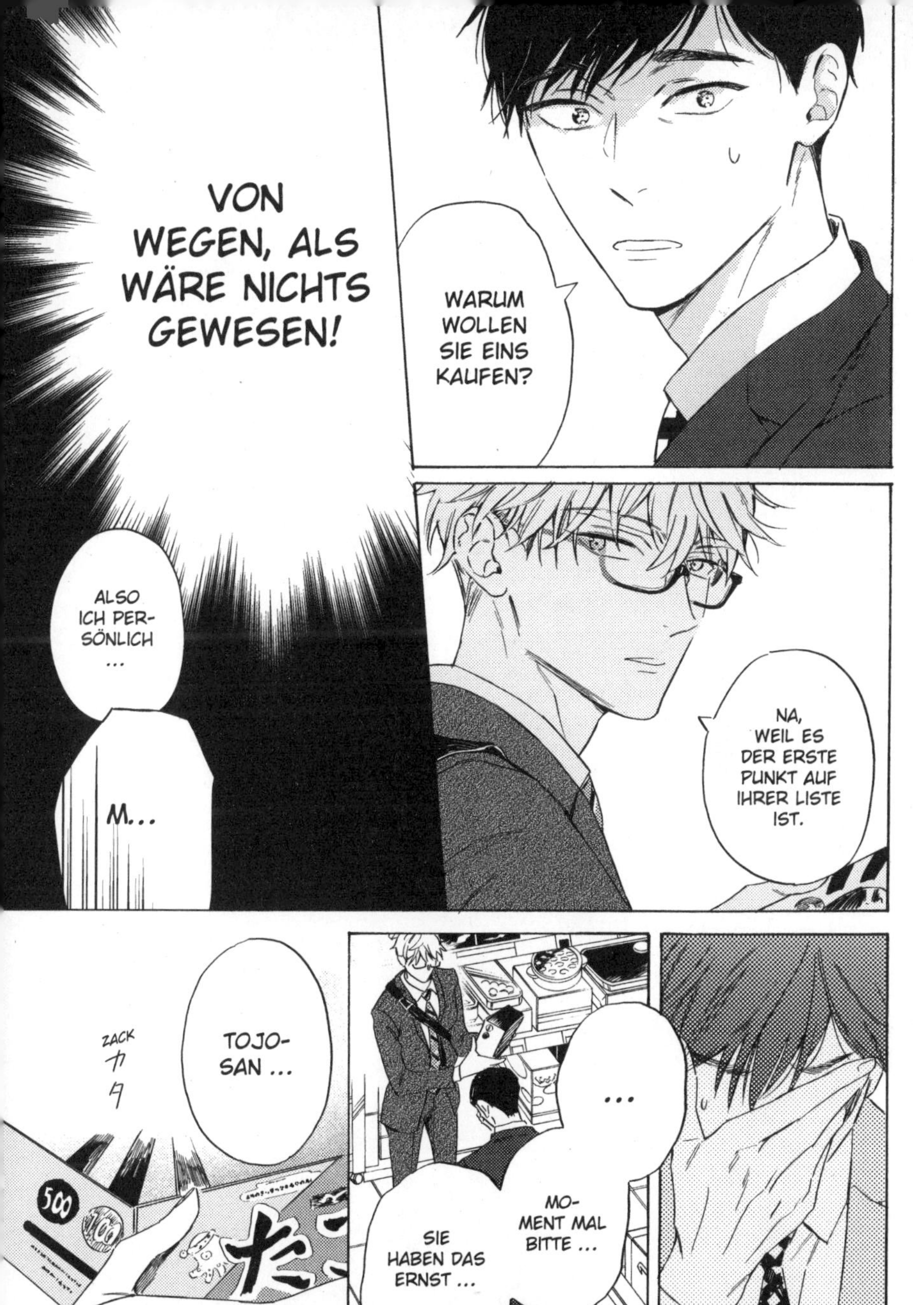
WARUM WOLLEN SIE EINS KAUFEN?
VON WEGEN, ALS WÄRE NICHTS GEWESEN!
NA, WEIL ES DER ERSTE PUNKT AUF IHRER LISTE IST.
ALSO ICH PER-SÖNLICH …
M…
MO-MENT MAL BITTE …
SIE HABEN DAS ERNST …
…
TOJO-SAN …
ZACK
カタ
500
100

... SIE HABEN EINE LISTE AN DINGEN, DIE SIE NOCH TUN WOLLEN, BEVOR SIE 40 WERDEN.

ABER OHNE EINEN PARTNER DAFÜR WIRD DAS NICHTS.

ICH HABE MICH DAZU BEREIT ERKLÄRT UND ES KOSTET SIE NICHTS.

ICH BIN DIE ANTWORT AUF IHR PROBLEM.

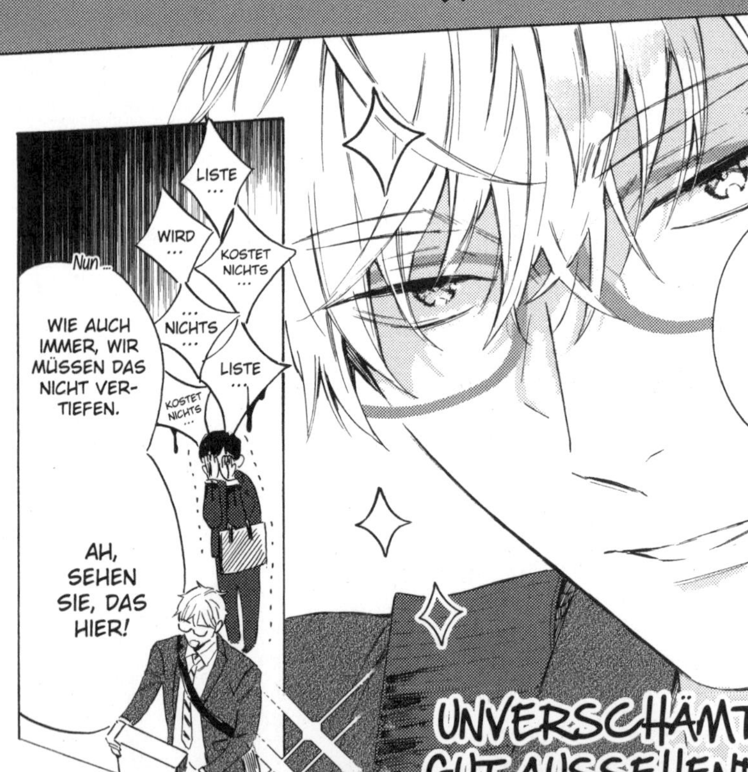

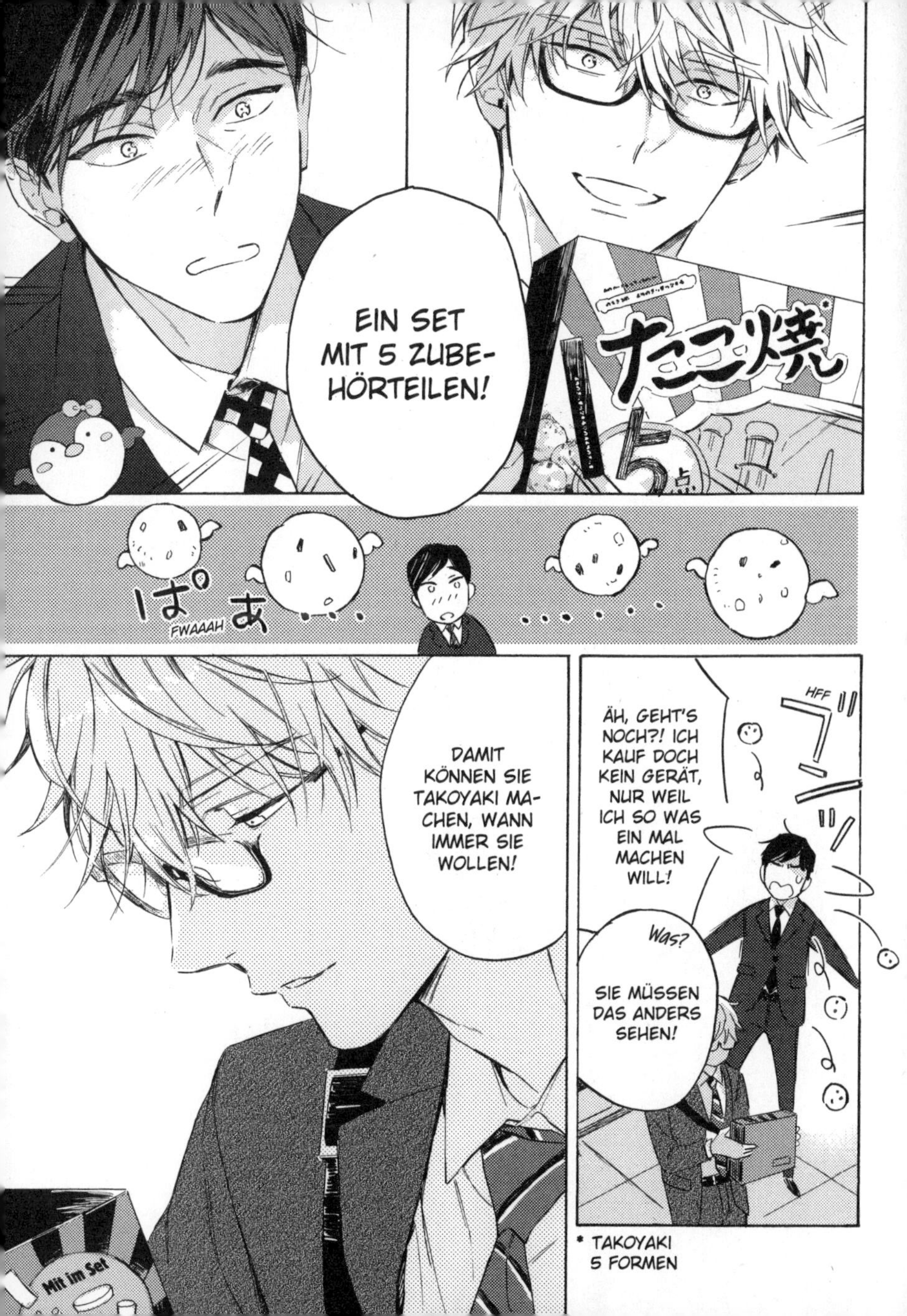


* TAKOYAKI 5 FORMEN

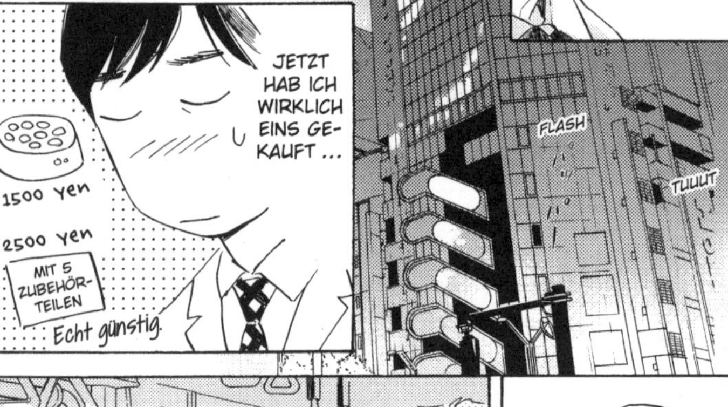
TUUUT
BIG CAMERA
FLASH
TUUUT

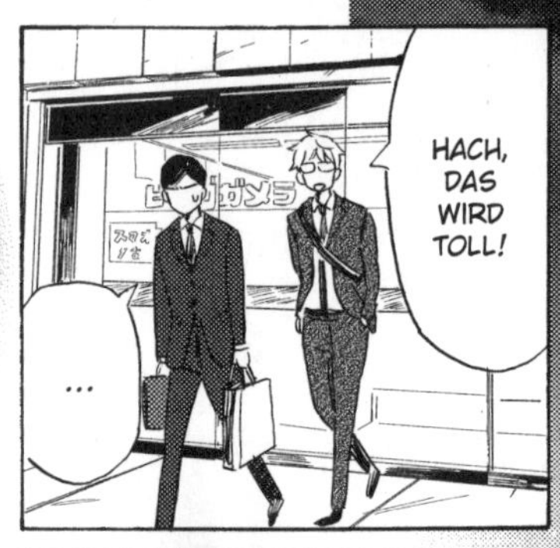
HACH, DAS WIRD TOLL!
...

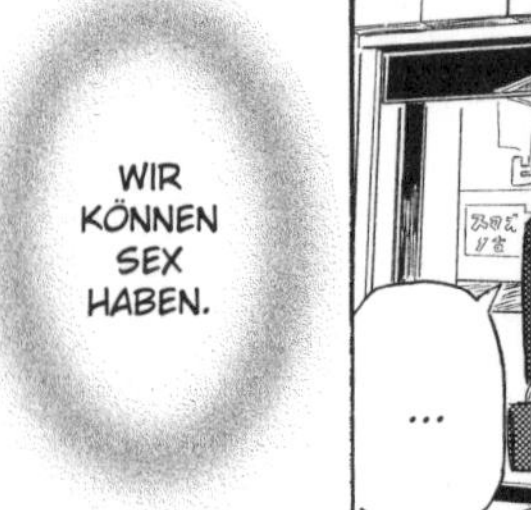
WIR KÖNNEN SEX HABEN.

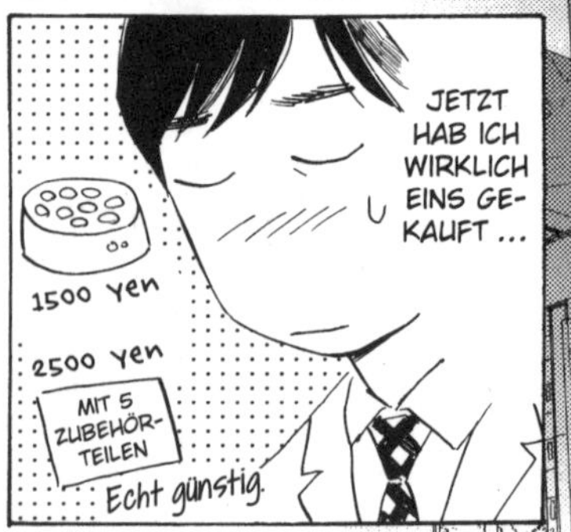
JETZT HAB ICH WIRKLICH EINS GE-KAUFT ...
1500 Yen
2500 Yen
MIT 5 ZUBEHÖR-TEILEN
Echt günstig.

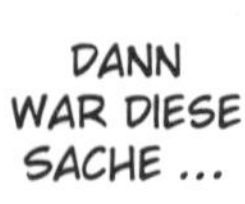
DANN WAR DIESE SACHE ...

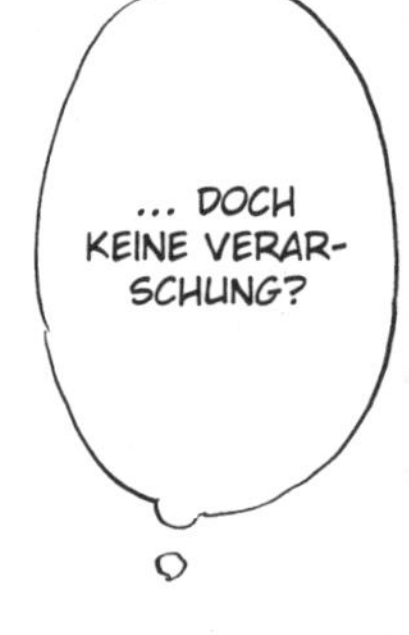
... DOCH KEINE VERAR-SCHUNG?

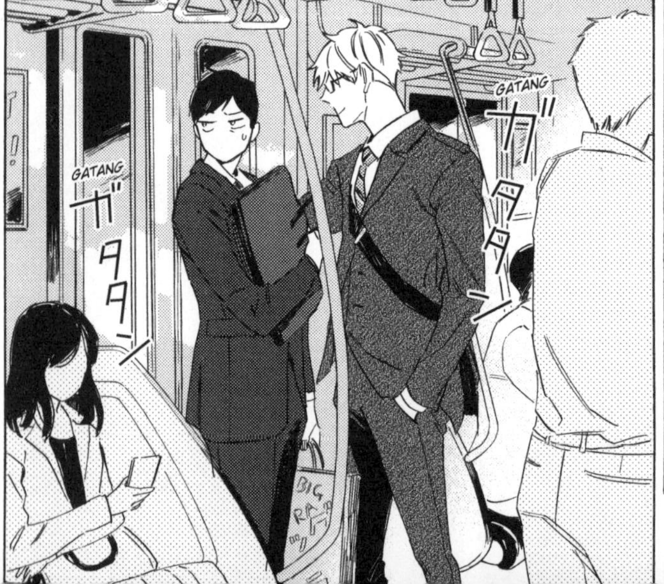
GATANG
GATANG

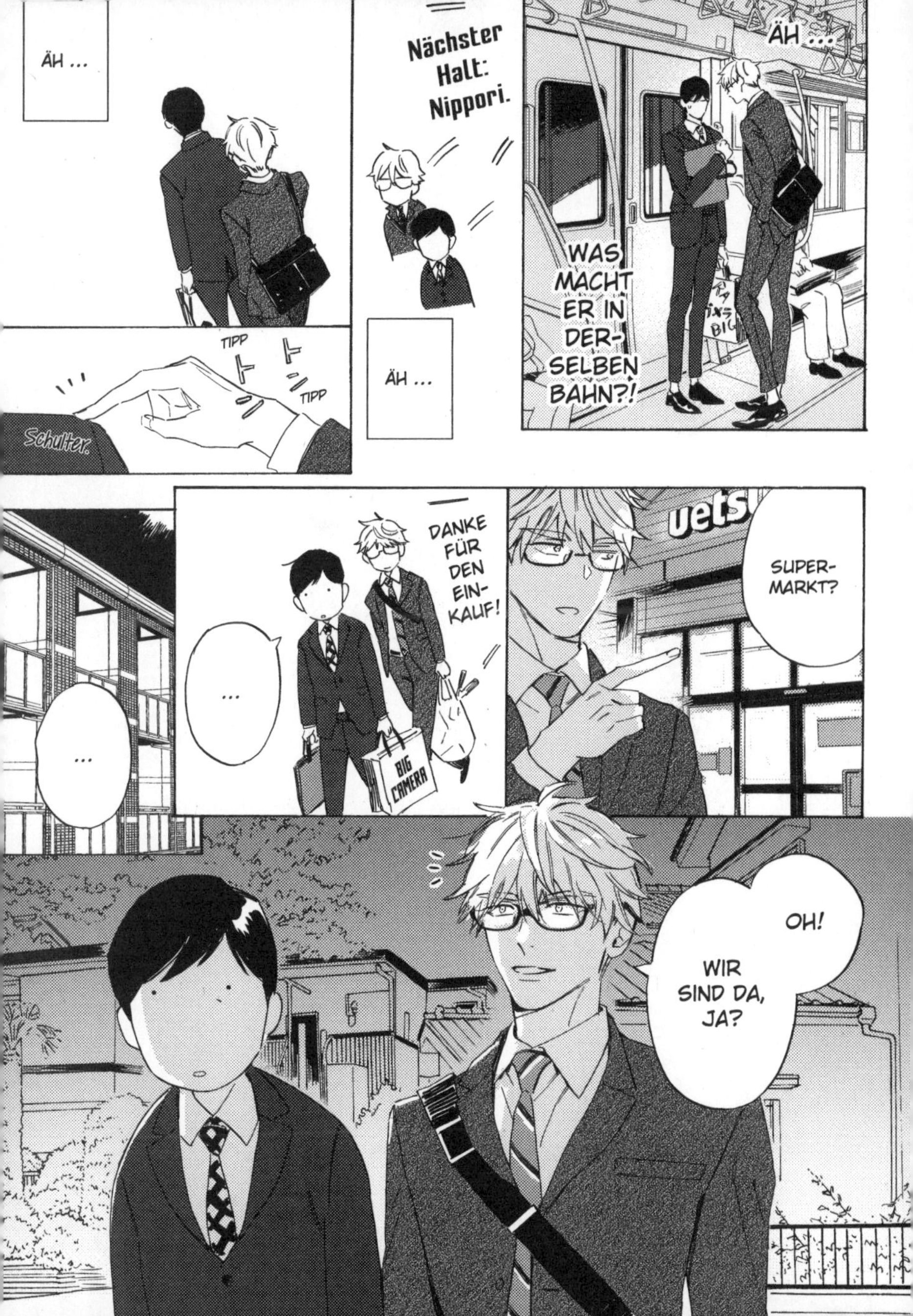
ÄH …
WAS MACHT ER IN DER-SELBEN BAHN?!
Nächster Halt: Nippori.
ÄH …
ÄH …
TIPP
TIPP
Schulter.
SUPER-MARKT?
uets
DANKE FÜR DEN EIN-KAUF!
BIG CAMERA
…
…
OH!
WIR SIND DA, JA?

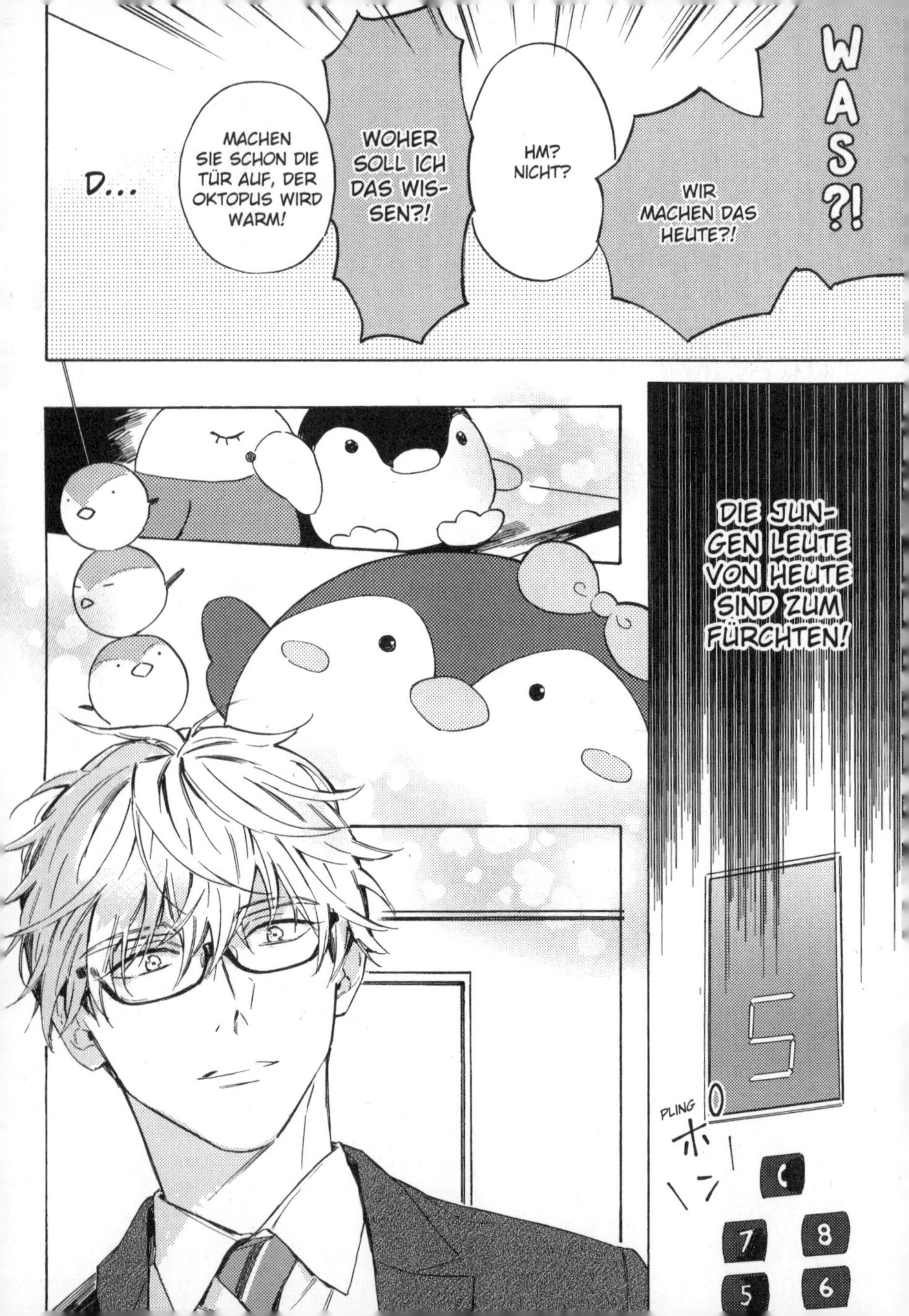

WAS?!

WIR MACHEN DAS HEUTE?!

HM? NICHT?

WOHER SOLL ICH DAS WISSEN?!

MACHEN SIE SCHON DIE TÜR AUF, DER OKTOPUS WIRD WARM!

D...

DIE JUNGEN LEUTE VON HEUTE SIND ZUM FÜRCHTEN!

PLING

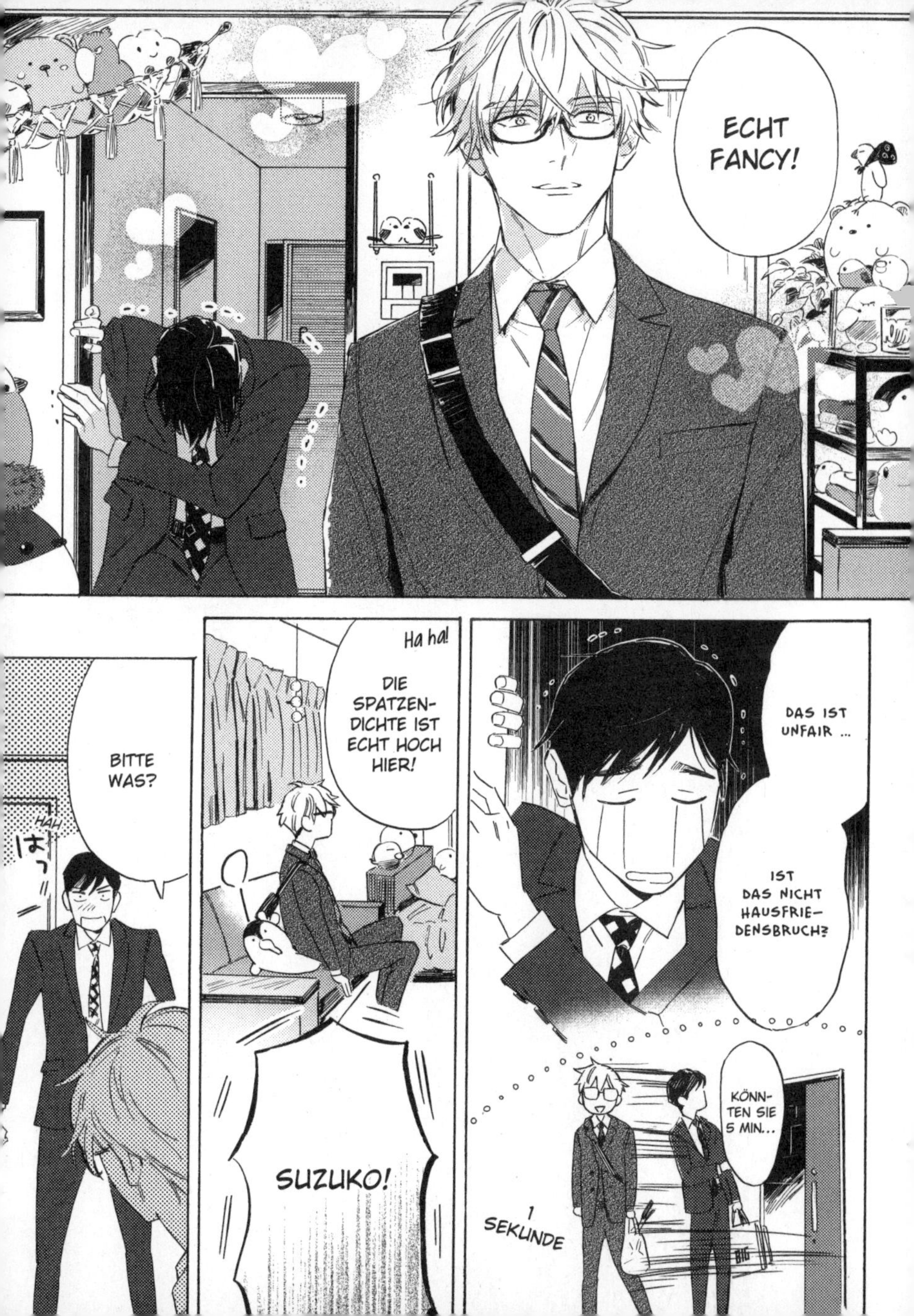

ECHT FANCY!

DAS IST UNFAIR ...

IST DAS NICHT HAUSFRIEDENSBRUCH?

KÖNNTEN SIE 5 MIN...

1 SEKUNDE

Ha ha!

DIE SPATZENDICHTE IST ECHT HOCH HIER!

SUZUKO!

BITTE WAS?

HAH
はっ

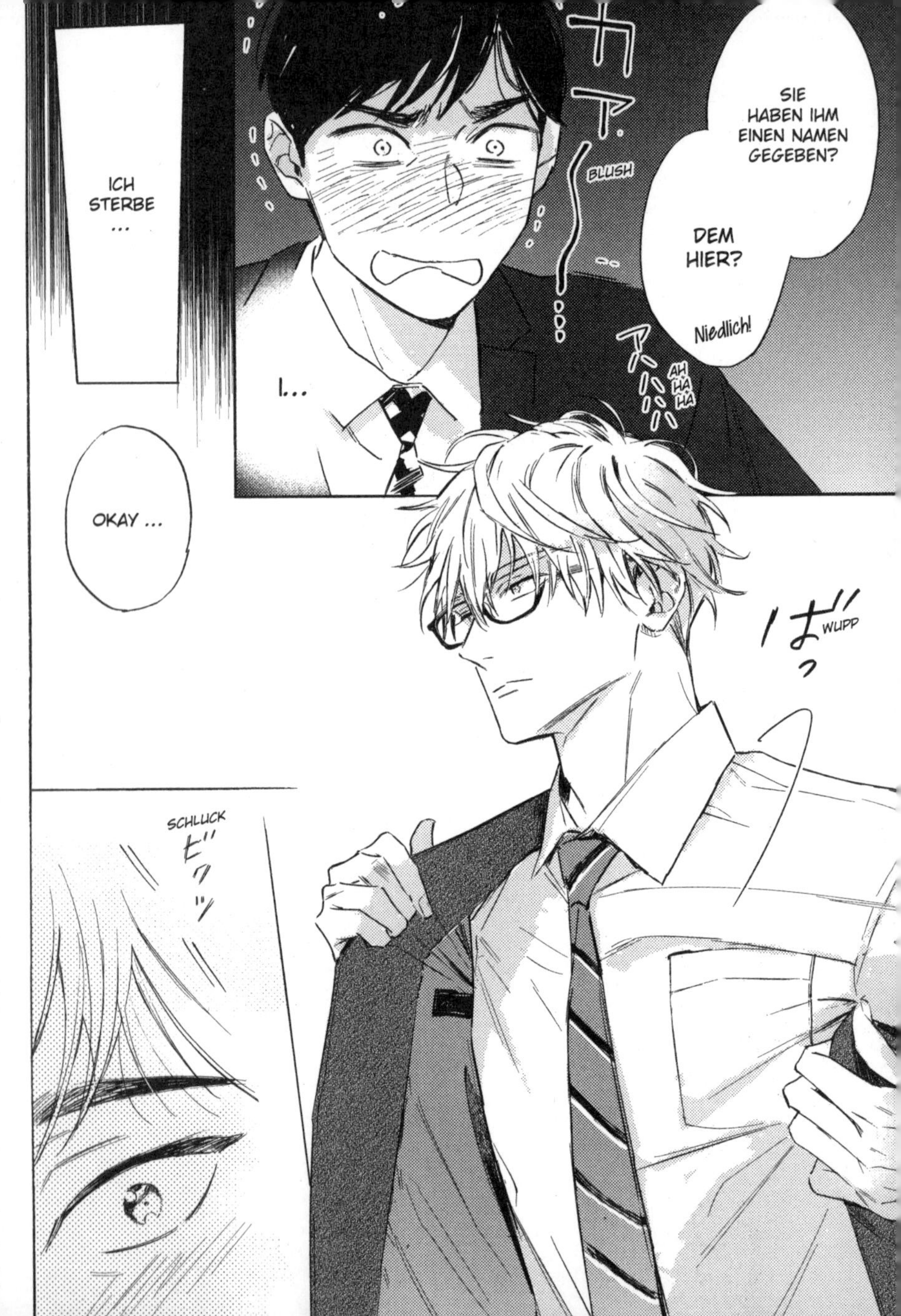SIE HABEN IHM EINEN NAMEN GEGEBEN?
DEM HIER?
Niedlich!
AH HA HA
BLUSH
ICH STERBE ...
I...
OKAY ...
WUPP
SCHLUCK

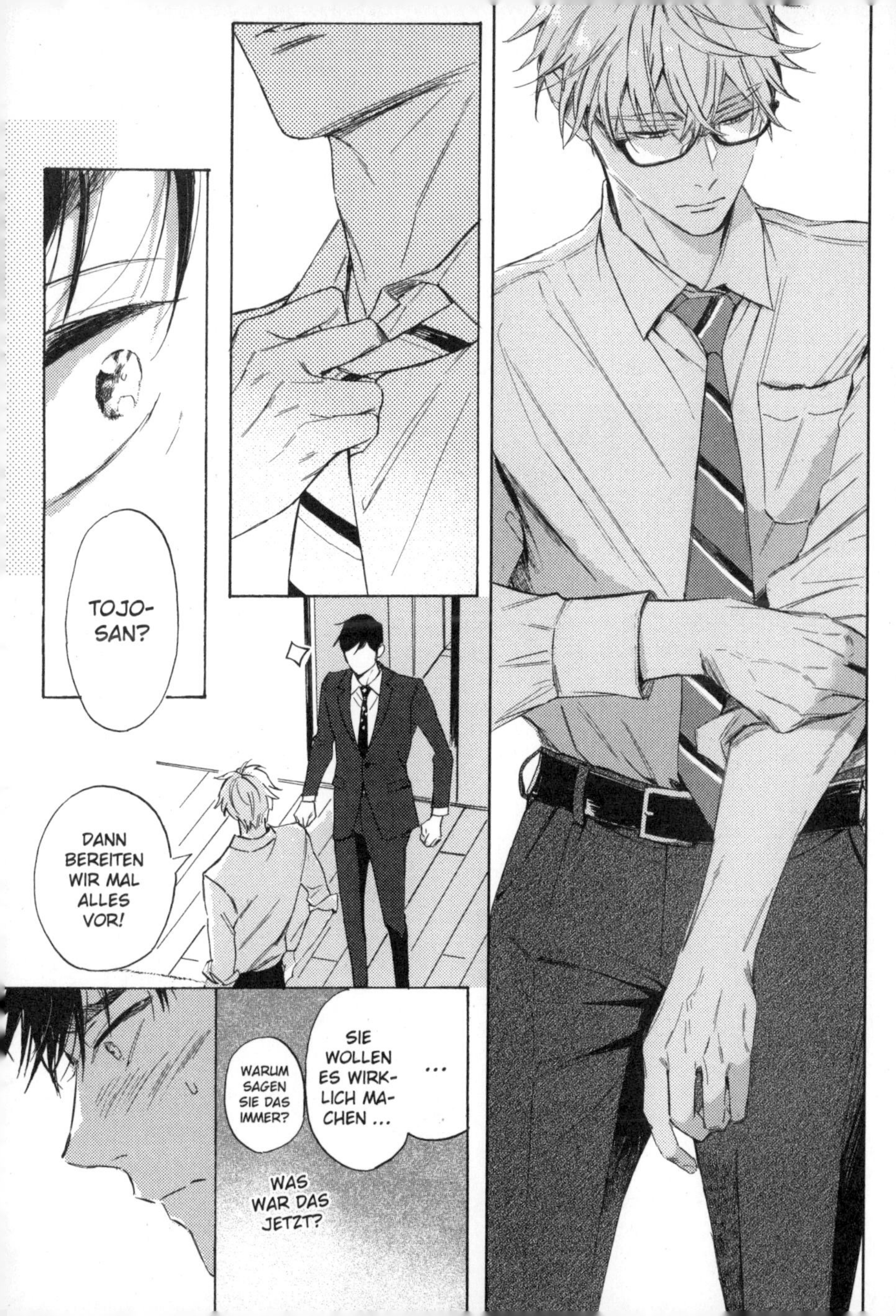
TOJO-SAN?
DANN BEREITEN WIR MAL ALLES VOR!
…
SIE WOLLEN ES WIRK-LICH MA-CHEN …
WARUM SAGEN SIE DAS IMMER?
WAS WAR DAS JETZT?

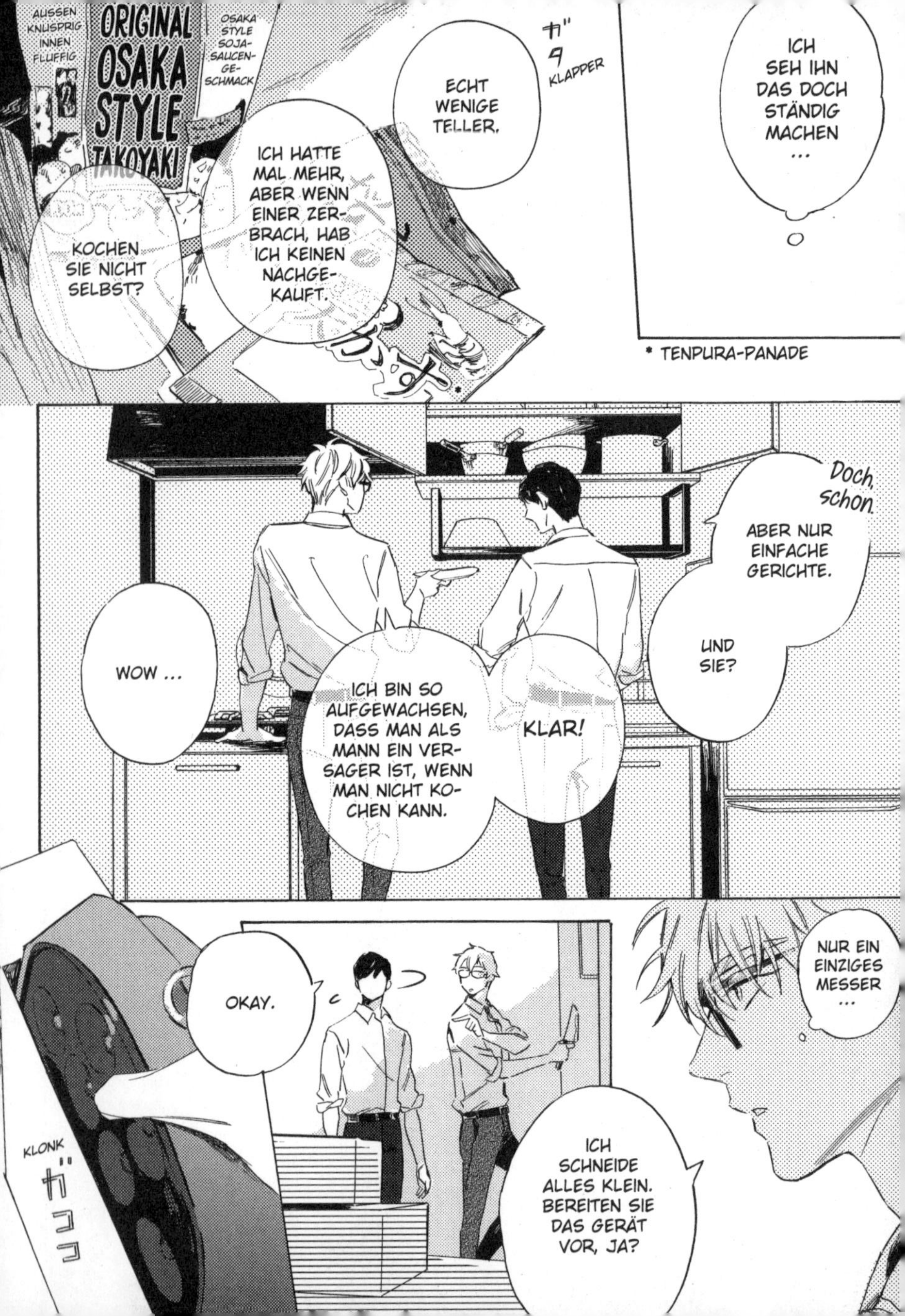
ICH SEH IHN DAS DOCH STÄNDIG MACHEN …
カタ KLAPPER
ECHT WENIGE TELLER.
ICH HATTE MAL MEHR, ABER WENN EINER ZERBRACH, HAB ICH KEINEN NACHGEKAUFT.
KOCHEN SIE NICHT SELBST?
ORIGINAL OSAKA STYLE TAKOYAKI
AUSSEN KNUSPRIG INNEN FLUFFIG
OSAKA STYLE SOJA-SAUCEN-GESCHMACK
* TENPURA-PANADE
Doch, schon.
ABER NUR EINFACHE GERICHTE.
UND SIE?
KLAR!
ICH BIN SO AUFGEWACHSEN, DASS MAN ALS MANN EIN VERSAGER IST, WENN MAN NICHT KOCHEN KANN.
WOW …
NUR EIN EINZIGES MESSER …
ICH SCHNEIDE ALLES KLEIN. BEREITEN SIE DAS GERÄT VOR, JA?
OKAY.
ガコ KLONK

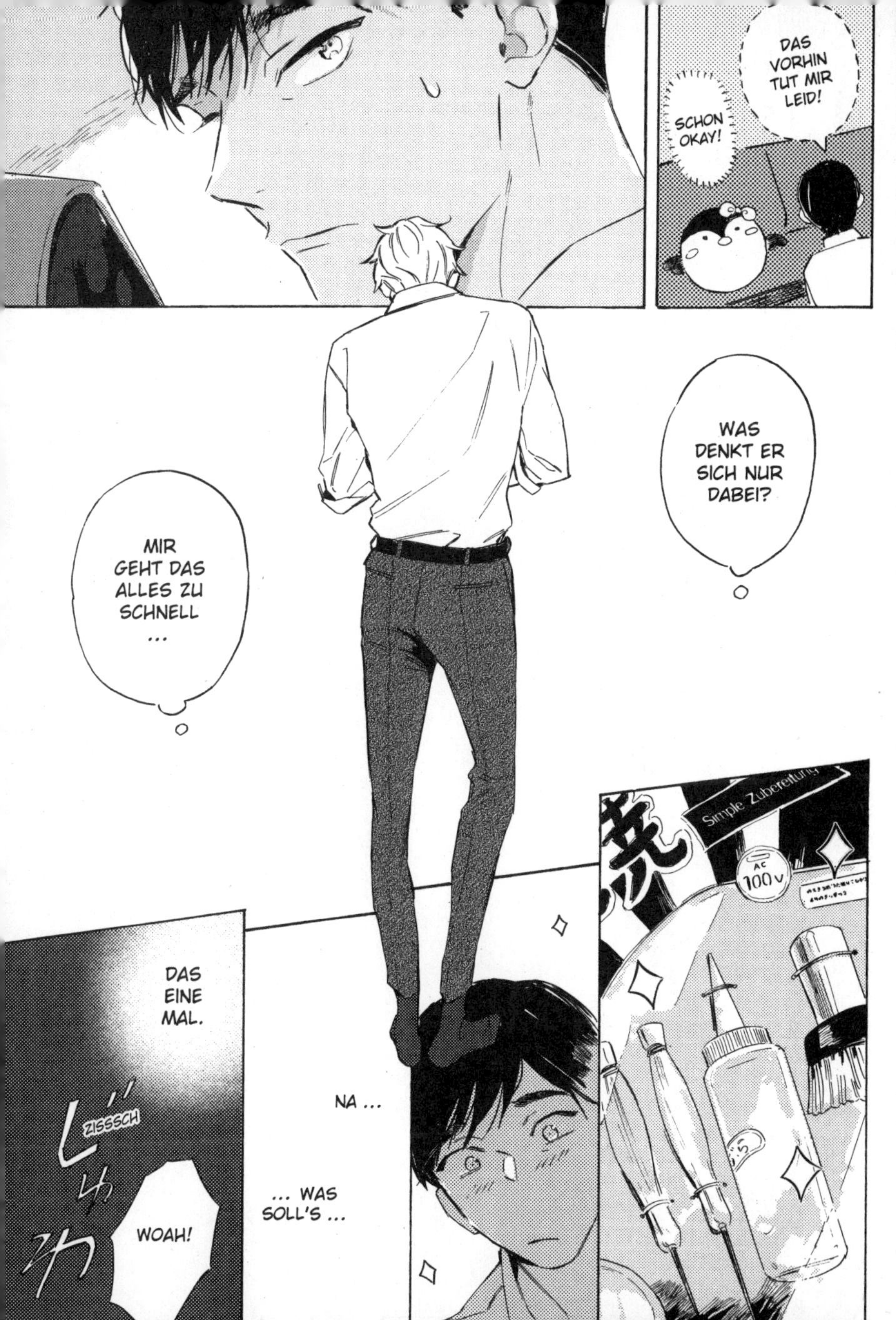
DAS VORHIN TUT MIR LEID!
SCHON OKAY!
WAS DENKT ER SICH NUR DABEI?
MIR GEHT DAS ALLES ZU SCHNELL ...
Simple Zubereitung
AC 100V
NA ...
... WAS SOLL'S ...
DAS EINE MAL.
ZISSSCH
WOAH!

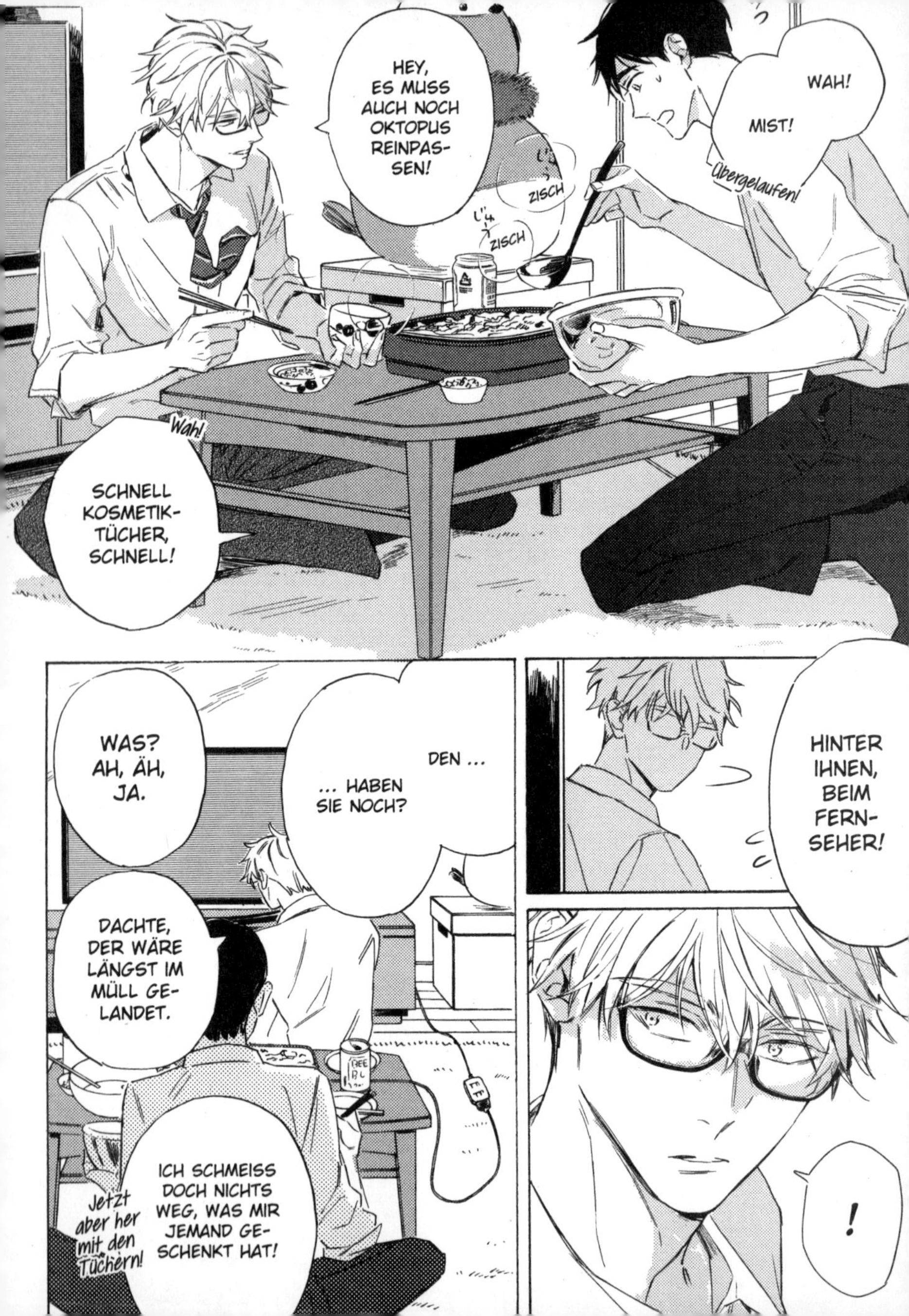
WAH!
MIST!
Übergelaufen!
HEY, ES MUSS AUCH NOCH OKTOPUS REINPASSEN!
ZISCH
ZISCH
Wah!
SCHNELL KOSMETIKTÜCHER, SCHNELL!
HINTER IHNEN, BEIM FERNSEHER!
DEN …
… HABEN SIE NOCH?
WAS? AH, ÄH, JA.
DACHTE, DER WÄRE LÄNGST IM MÜLL GELANDET.
ICH SCHMEISS DOCH NICHTS WEG, WAS MIR JEMAND GESCHENKT HAT!
Jetzt aber her mit den Tüchern!
!

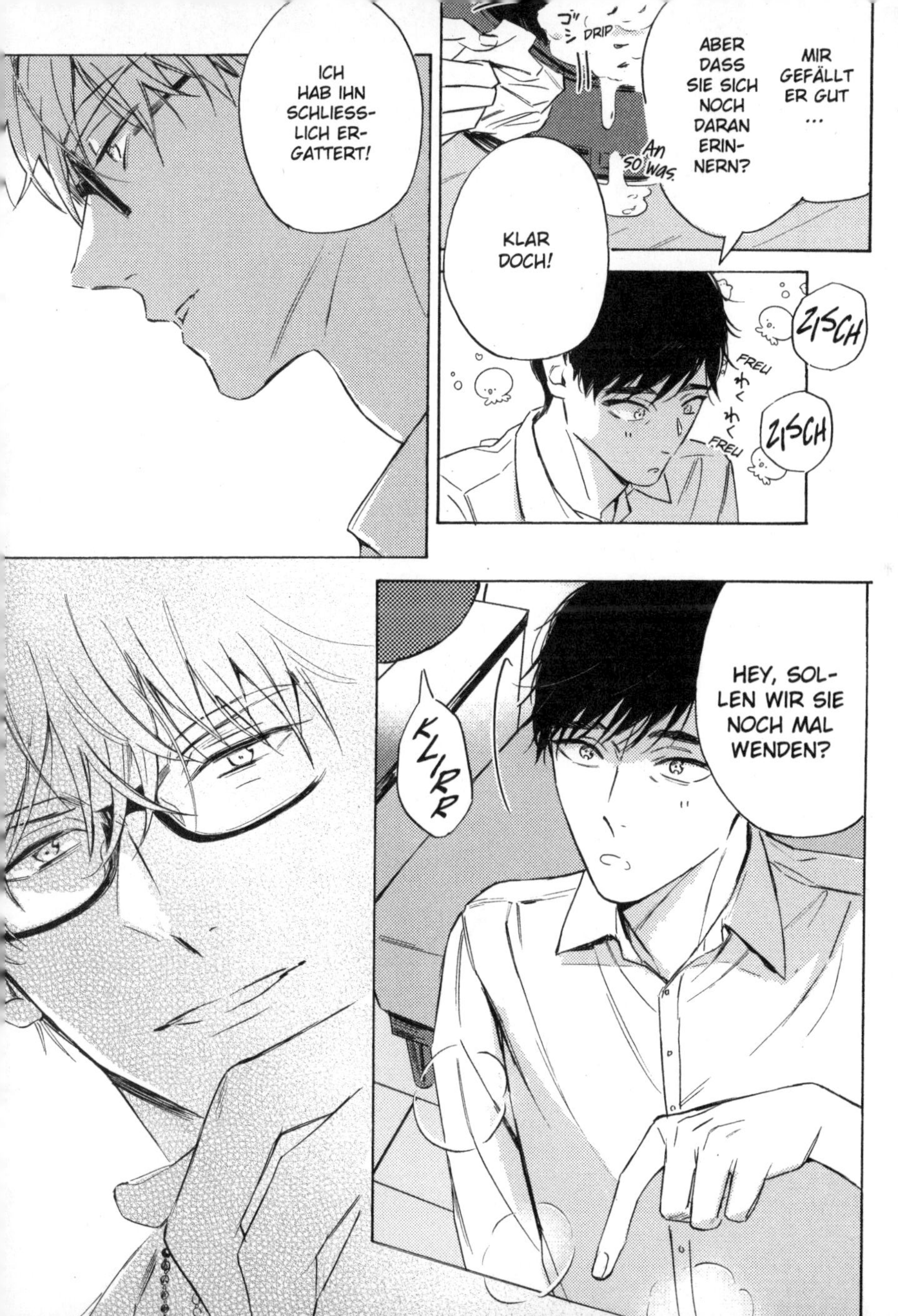
MIR GEFÄLLT ER GUT …
ゴシ
DRIP
ABER DASS SIE SICH NOCH DARAN ERINNERN?
An so was.
KLAR DOCH!
ZISCH
FREU
わくわく
FREU
ZISCH
ICH HAB IHN SCHLIESSLICH ERGATTERT!
HEY, SOLLEN WIR SIE NOCH MAL WENDEN?
KLIRR

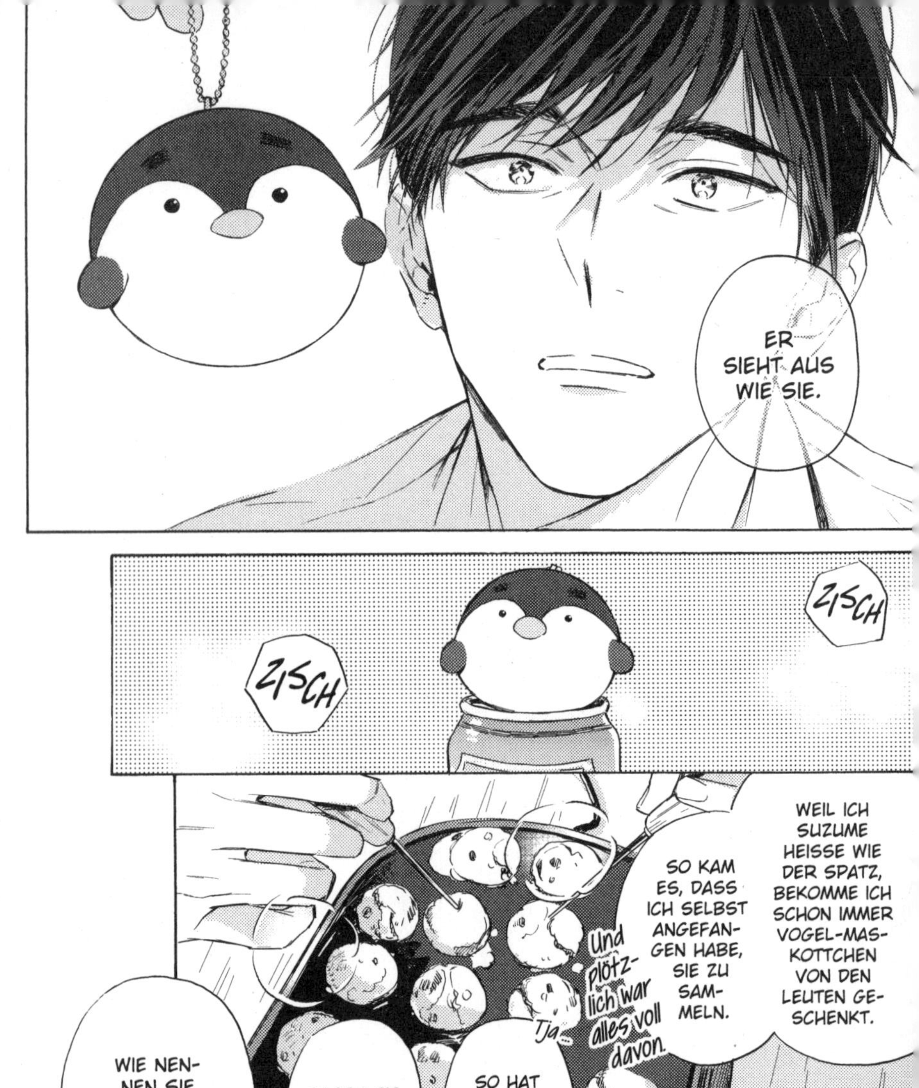
ER SIEHT AUS WIE SIE.
ZISCH
ZISCH
WEIL ICH SUZUME HEISSE WIE DER SPATZ, BEKOMME ICH SCHON IMMER VOGEL-MASKOTTCHEN VON DEN LEUTEN GESCHENKT.
SO KAM ES, DASS ICH SELBST ANGEFANGEN HABE, SIE ZU SAMMELN.
Und plötzlich war alles voll davon.
Tja...
SO HAT JEDER SEINE GESCHICHTE, HM?
SAGEN SIE DAS BLOSS KEINEM IM BÜRO!
WIE NENNEN SIE DEN VON VORHIN?

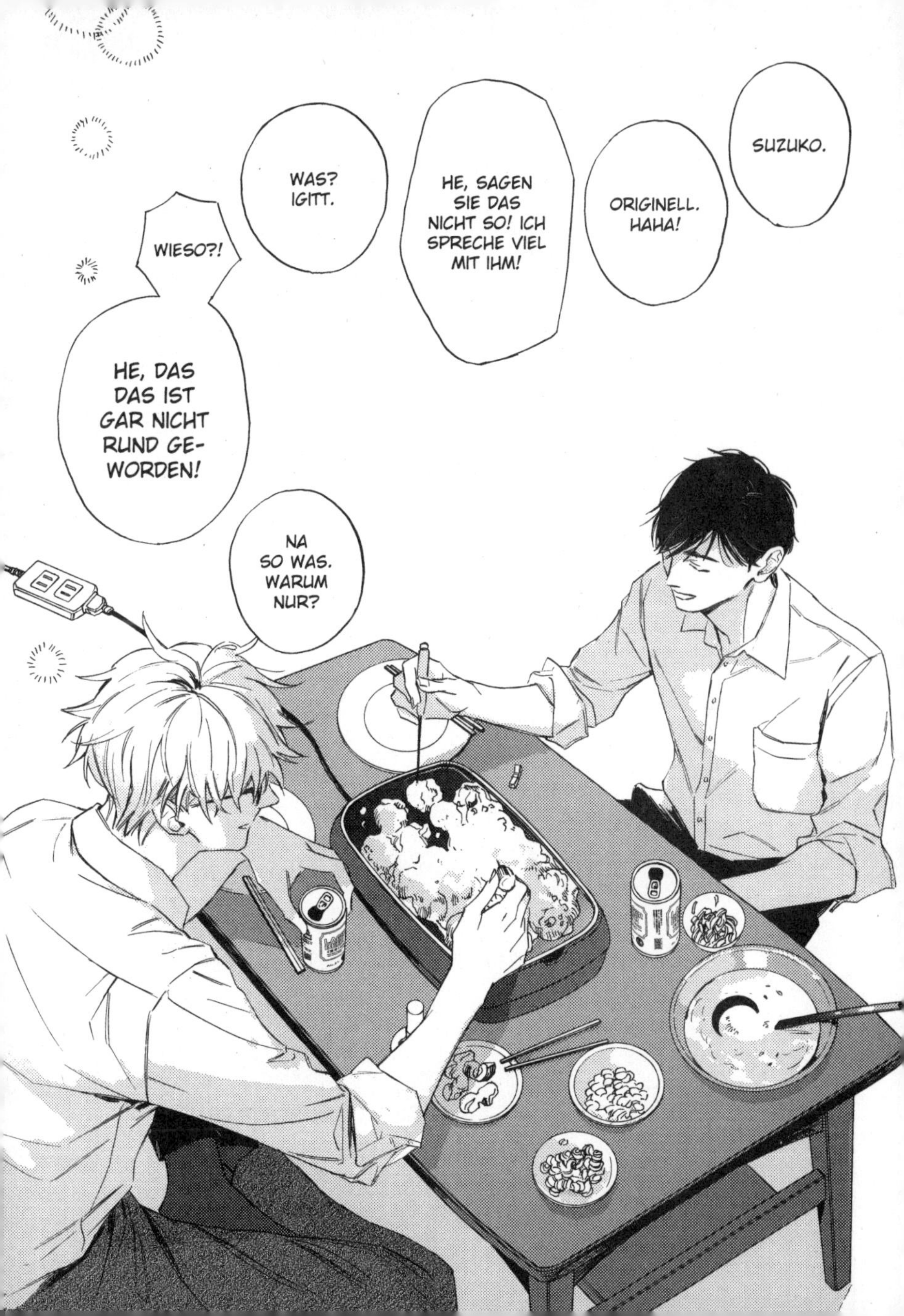
SUZUKO.
ORIGINELL. HAHA!
HE, SAGEN SIE DAS NICHT SO! ICH SPRECHE VIEL MIT IHM!
WAS? IGITT.
WIESO?!
HE, DAS DAS IST GAR NICHT RUND GE-WORDEN!
NA SO WAS. WARUM NUR?

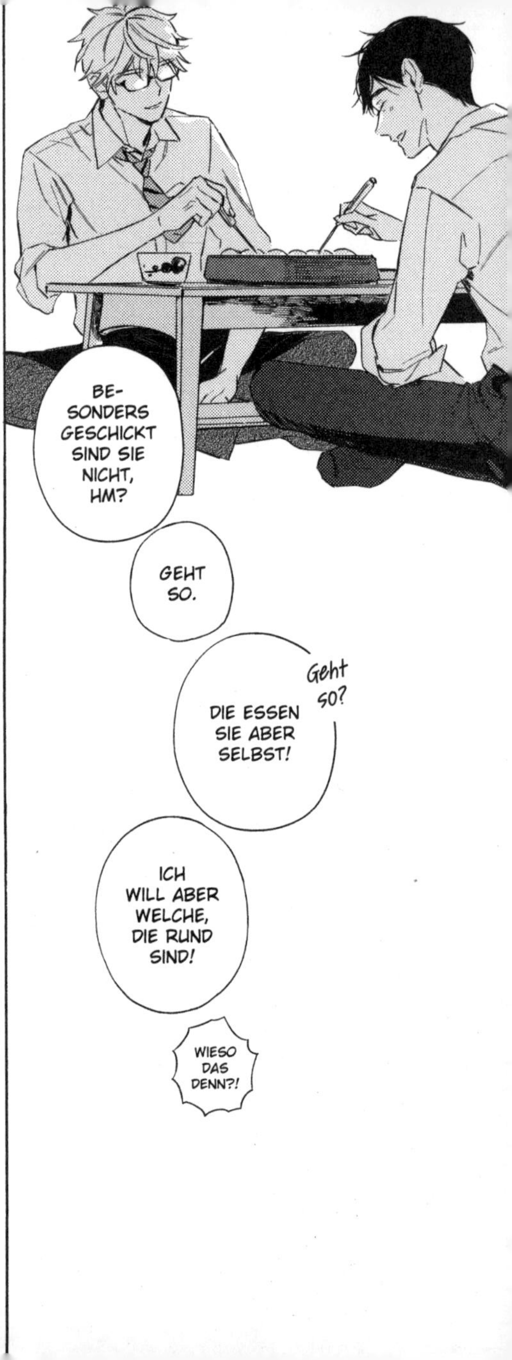

BESONDERS GESCHICKT SIND SIE NICHT, HM?

GEHT SO.

Geht so?

DIE ESSEN SIE ABER SELBST!

ICH WILL ABER WELCHE, DIE RUND SIND!

WIESO DAS DENN?!

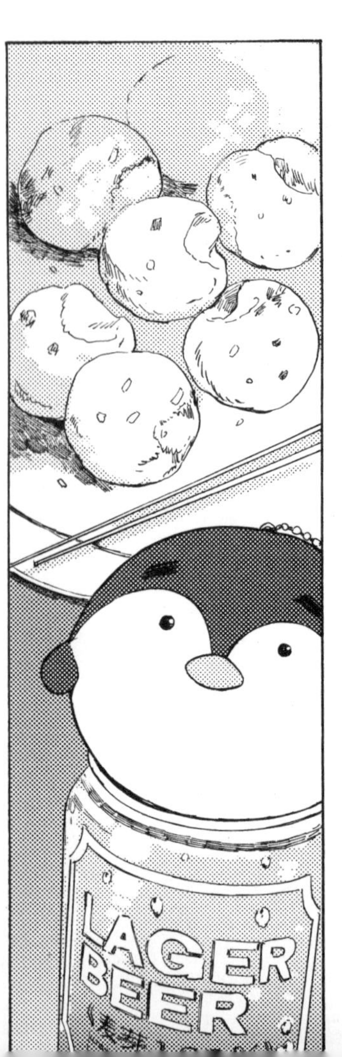

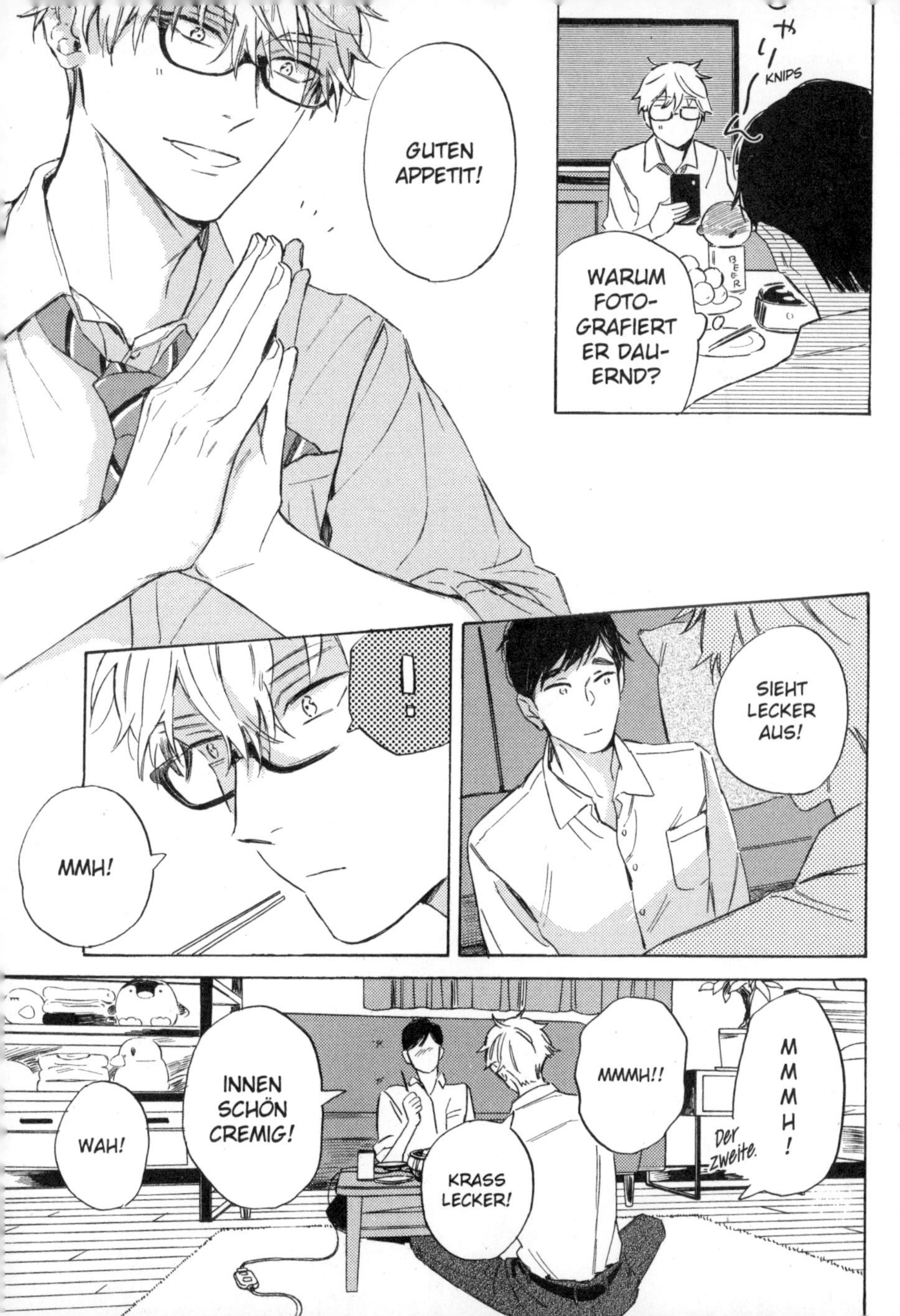
KNIPS
WARUM FOTOGRAFIERT ER DAUERND?
GUTEN APPETIT!
SIEHT LECKER AUS!
!
MMH!
MMMH!
Der zweite.
MMMH!!
KRASS LECKER!
INNEN SCHÖN CREMIG!
WAH!

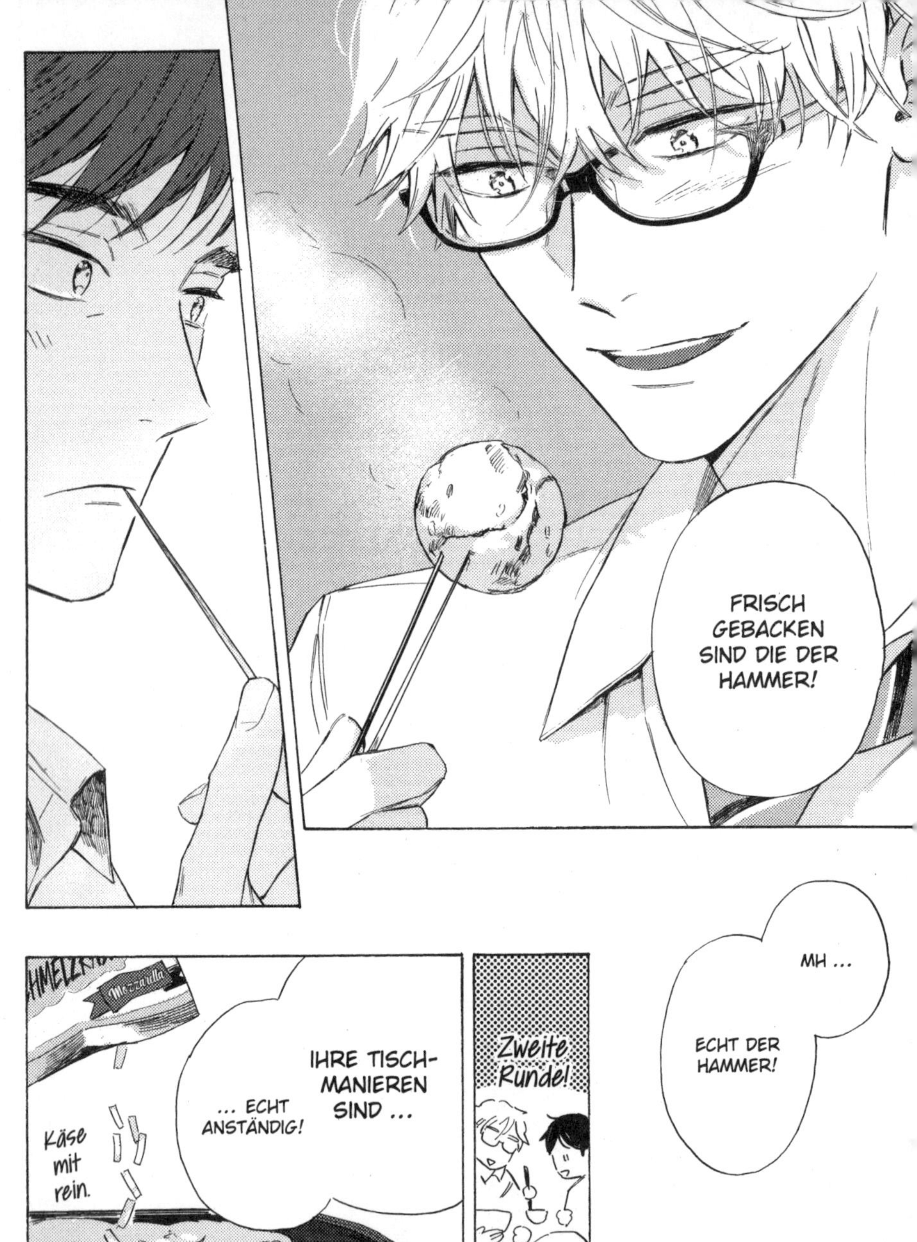
FRISCH GEBACKEN SIND DIE DER HAMMER!
MH …
ECHT DER HAMMER!
Zweite Runde!
ZISCH
IHRE TISCH-MANIEREN SIND …
… ECHT ANSTÄNDIG!
Mozzarella
Käse mit rein.

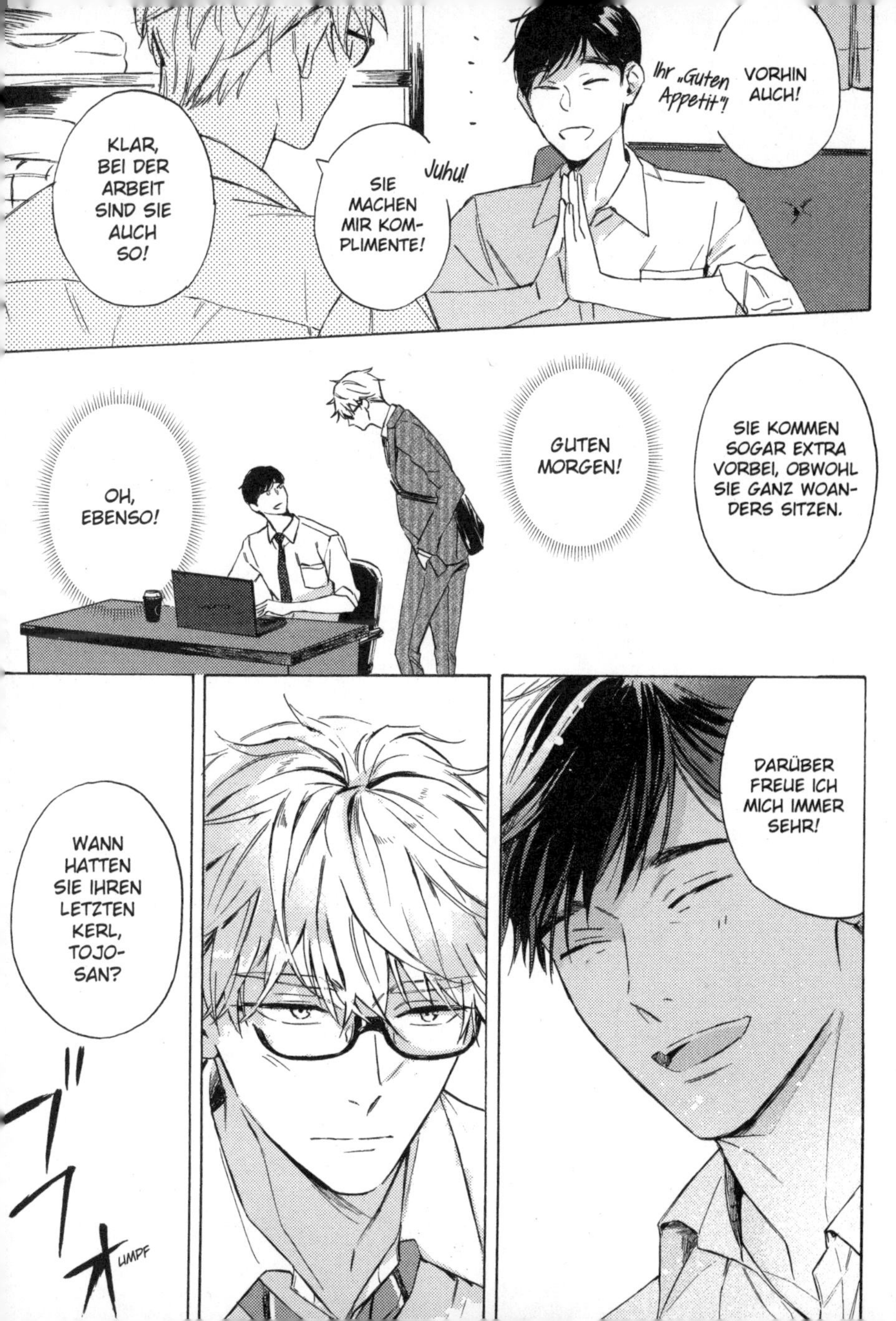
VORHIN AUCH!
Ihr „Guten Appetit"!
...
SIE MACHEN MIR KOMPLIMENTE!
Juhu!
KLAR, BEI DER ARBEIT SIND SIE AUCH SO!
SIE KOMMEN SOGAR EXTRA VORBEI, OBWOHL SIE GANZ WOANDERS SITZEN.
GUTEN MORGEN!
OH, EBENSO!
DARÜBER FREUE ICH MICH IMMER SEHR!
WANN HATTEN SIE IHREN LETZTEN KERL, TOJO-SAN?
UMPF

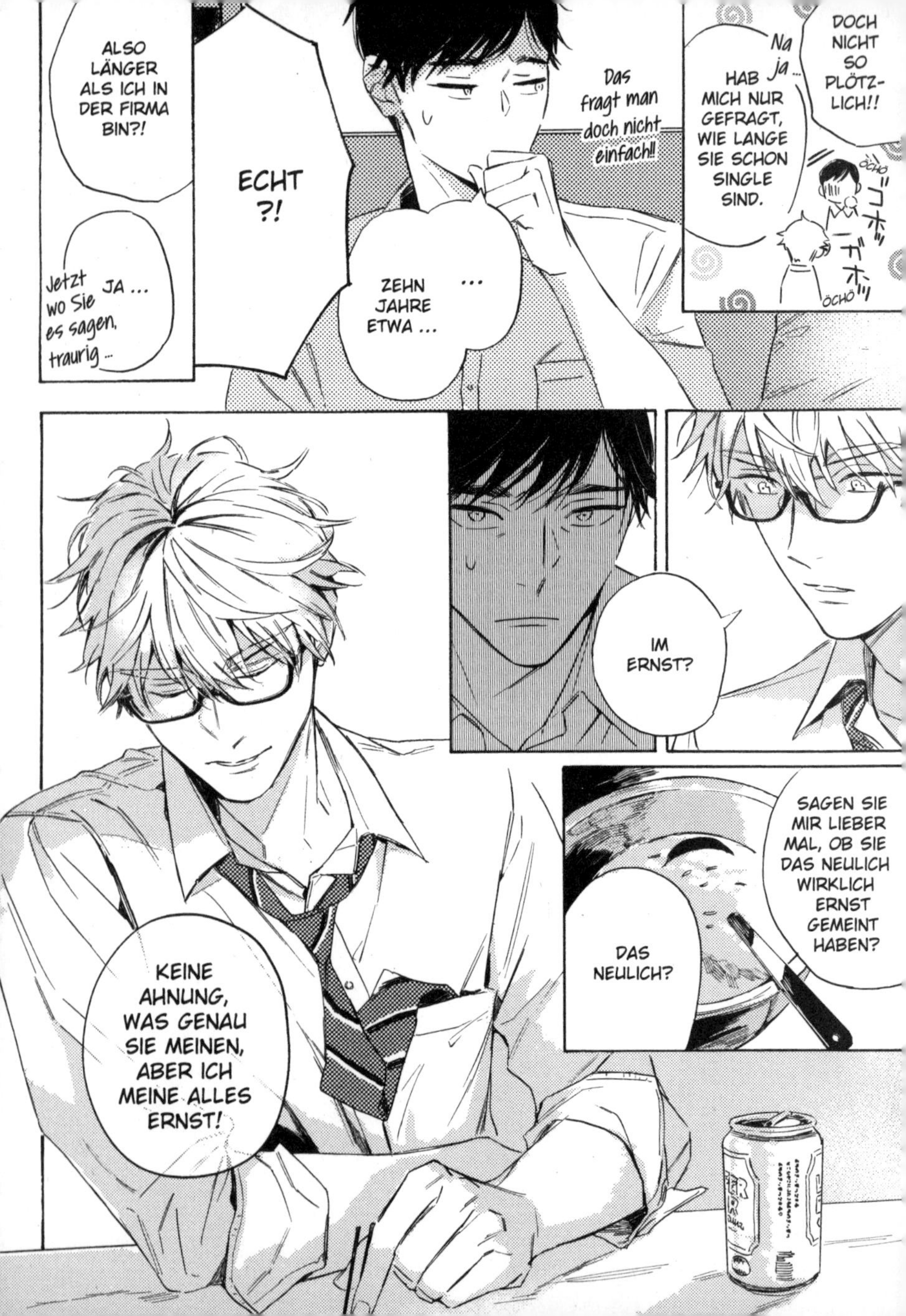
DOCH NICHT SO PLÖTZLICH!!
Na ja ...
HAB MICH NUR GEFRAGT, WIE LANGE SIE SCHON SINGLE SIND.
ÖCHÖ
ゴホッ
ÖCHÖ
ガホッ
Das fragt man doch nicht einfach!!
...
ZEHN JAHRE ETWA ...
ECHT ?!
ALSO LÄNGER ALS ICH IN DER FIRMA BIN?!
JA ...
Jetzt wo Sie es sagen, traurig ...
IM ERNST?
SAGEN SIE MIR LIEBER MAL, OB SIE DAS NEULICH WIRKLICH ERNST GEMEINT HABEN?
DAS NEULICH?
KEINE AHNUNG, WAS GENAU SIE MEINEN, ABER ICH MEINE ALLES ERNST!

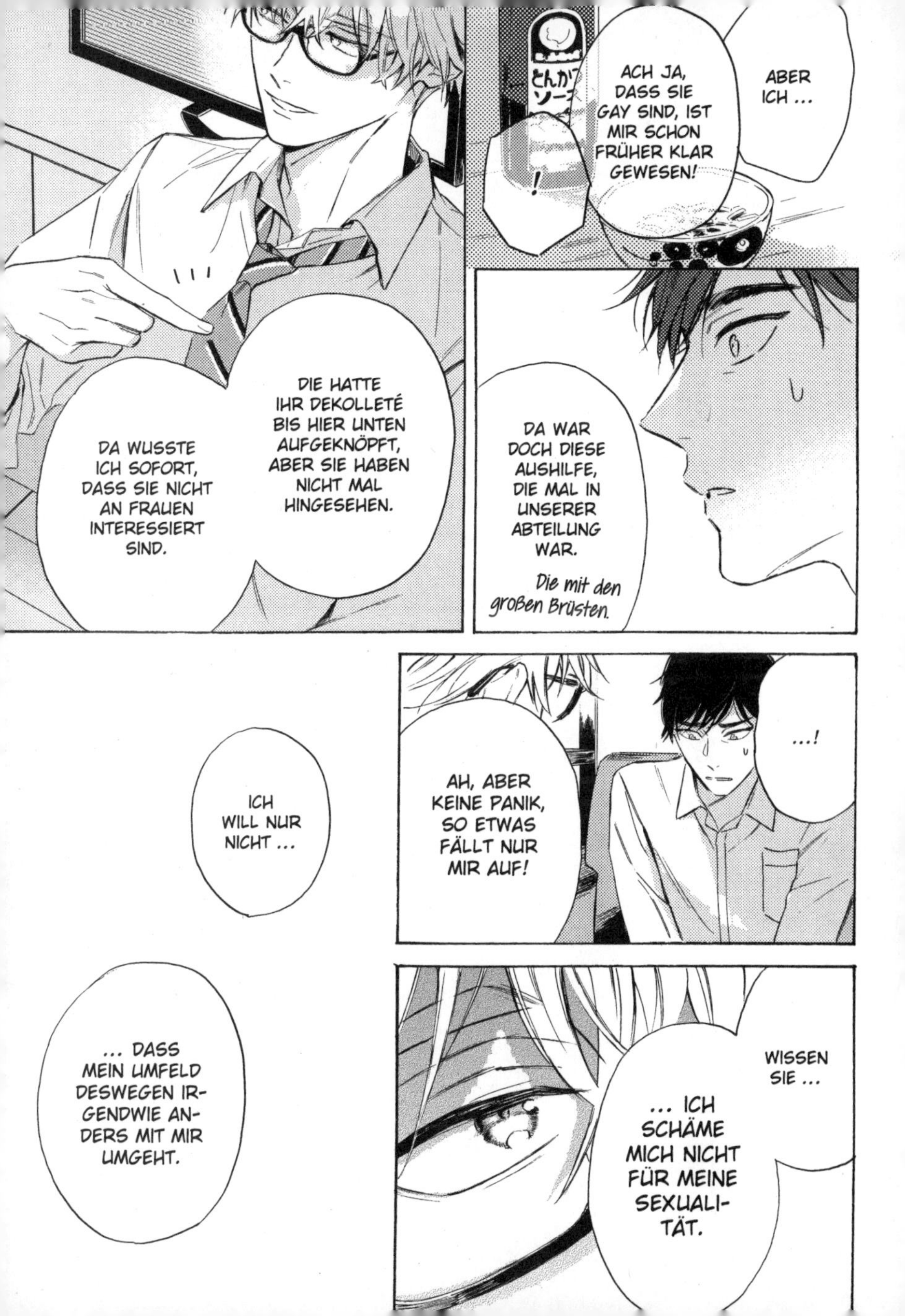

ABER ICH …

ACH JA, DASS SIE GAY SIND, IST MIR SCHON FRÜHER KLAR GEWESEN!

!

DA WAR DOCH DIESE AUSHILFE, DIE MAL IN UNSERER ABTEILUNG WAR.

*Die mit den großen Brüsten.*

DIE HATTE IHR DEKOLLETÉ BIS HIER UNTEN AUFGEKNÖPFT, ABER SIE HABEN NICHT MAL HINGESEHEN.

DA WUSSTE ICH SOFORT, DASS SIE NICHT AN FRAUEN INTERESSIERT SIND.

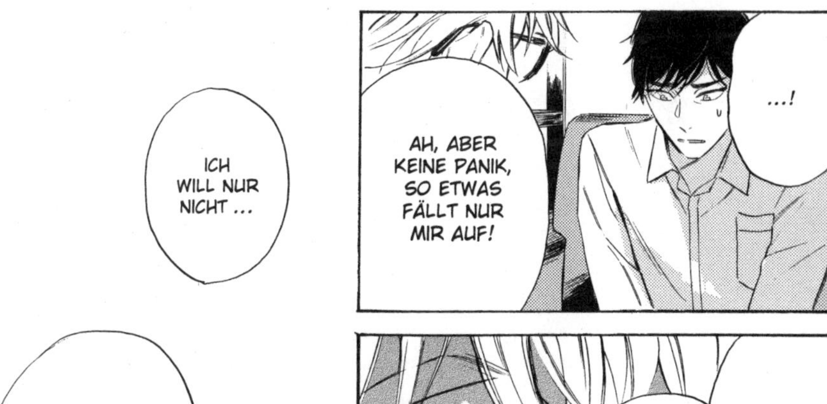


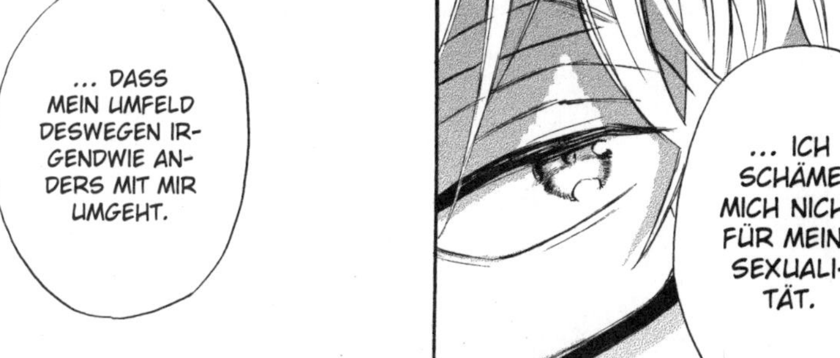

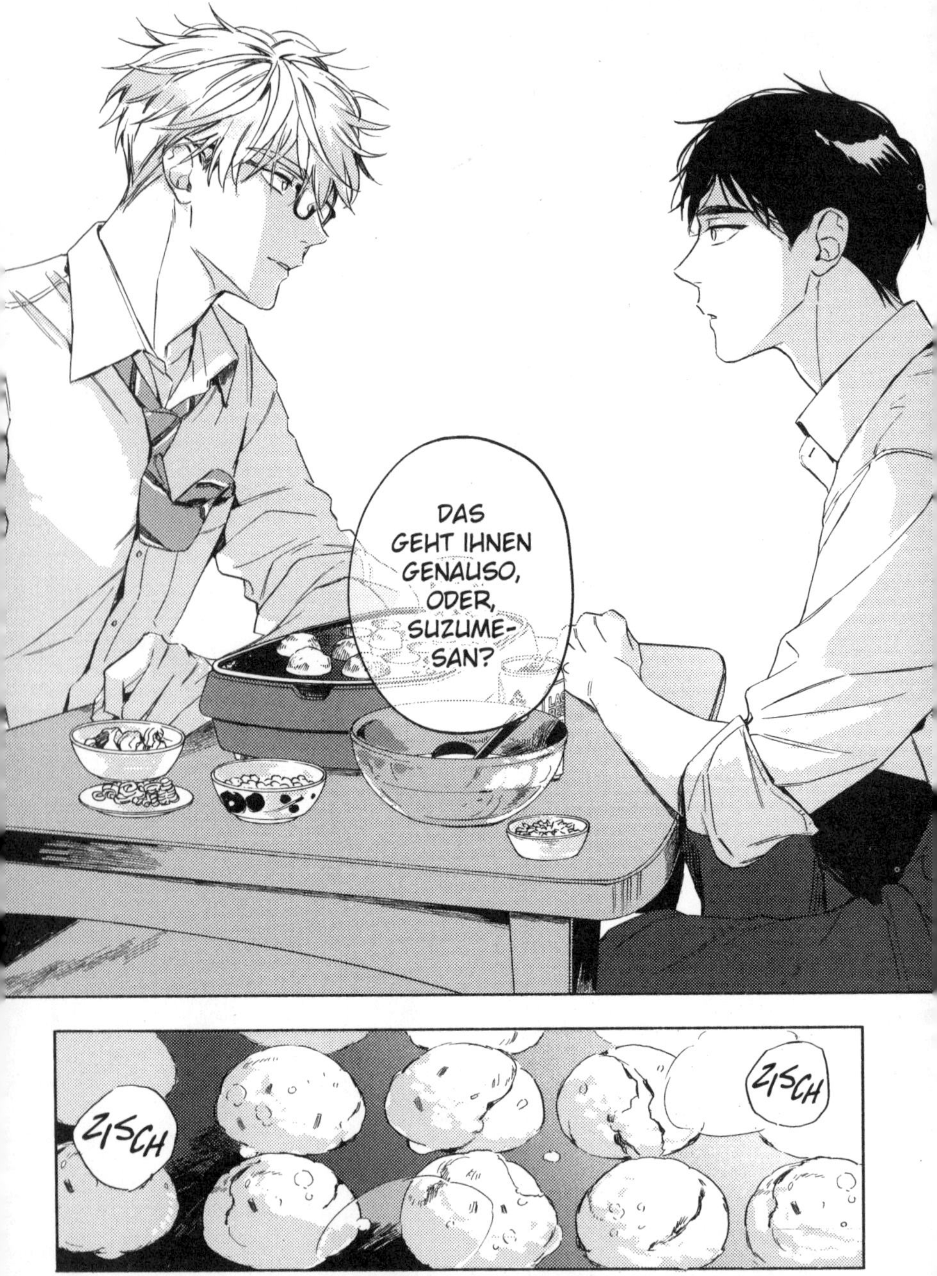

DAS GEHT IHNEN GENAUSO, ODER, SUZUME-SAN?

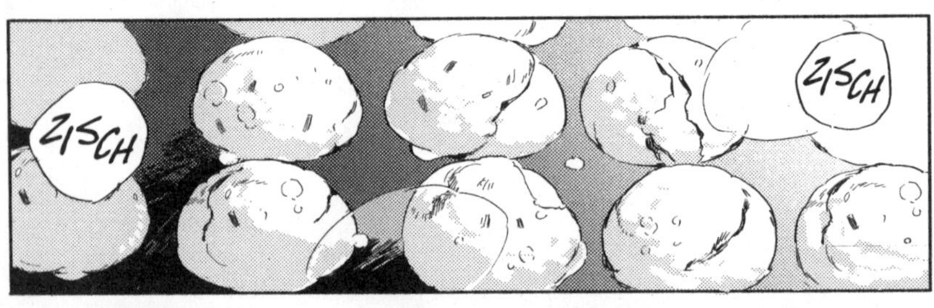

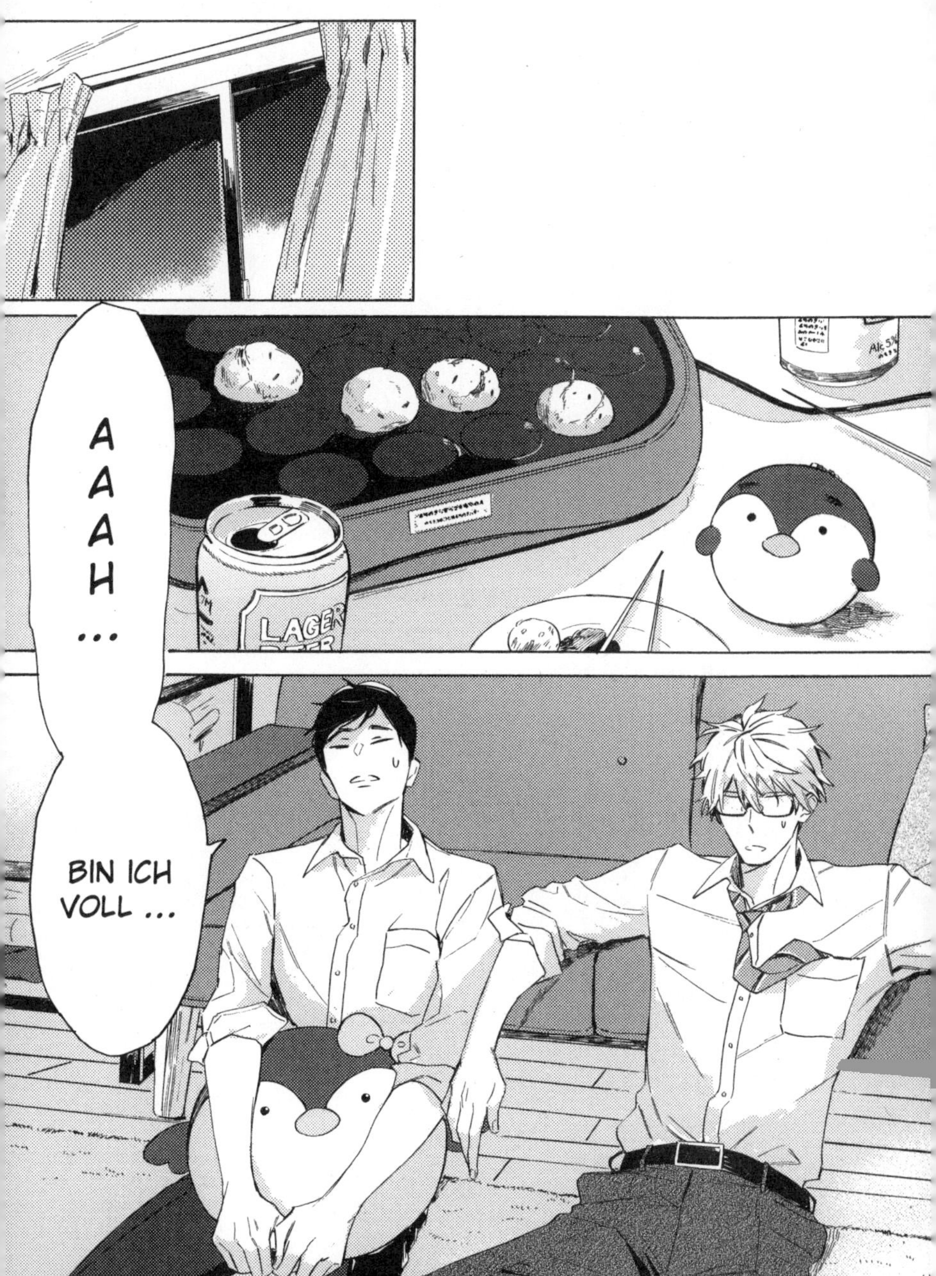
AAAAH …
BIN ICH VOLL …
LAGER

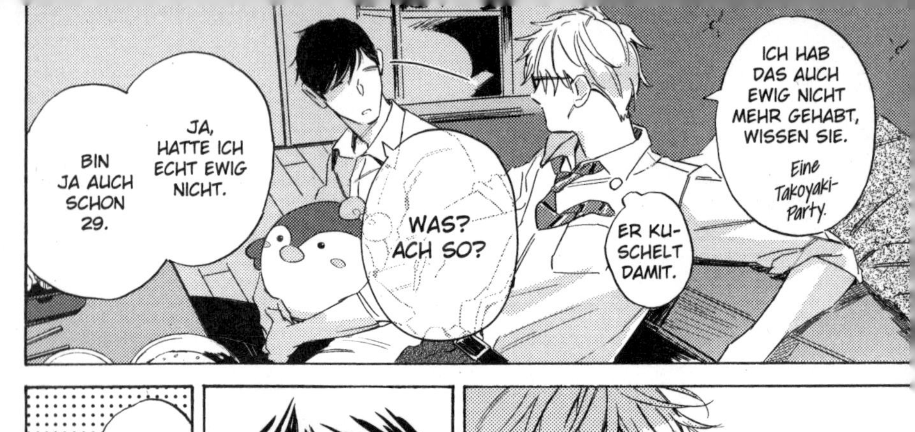

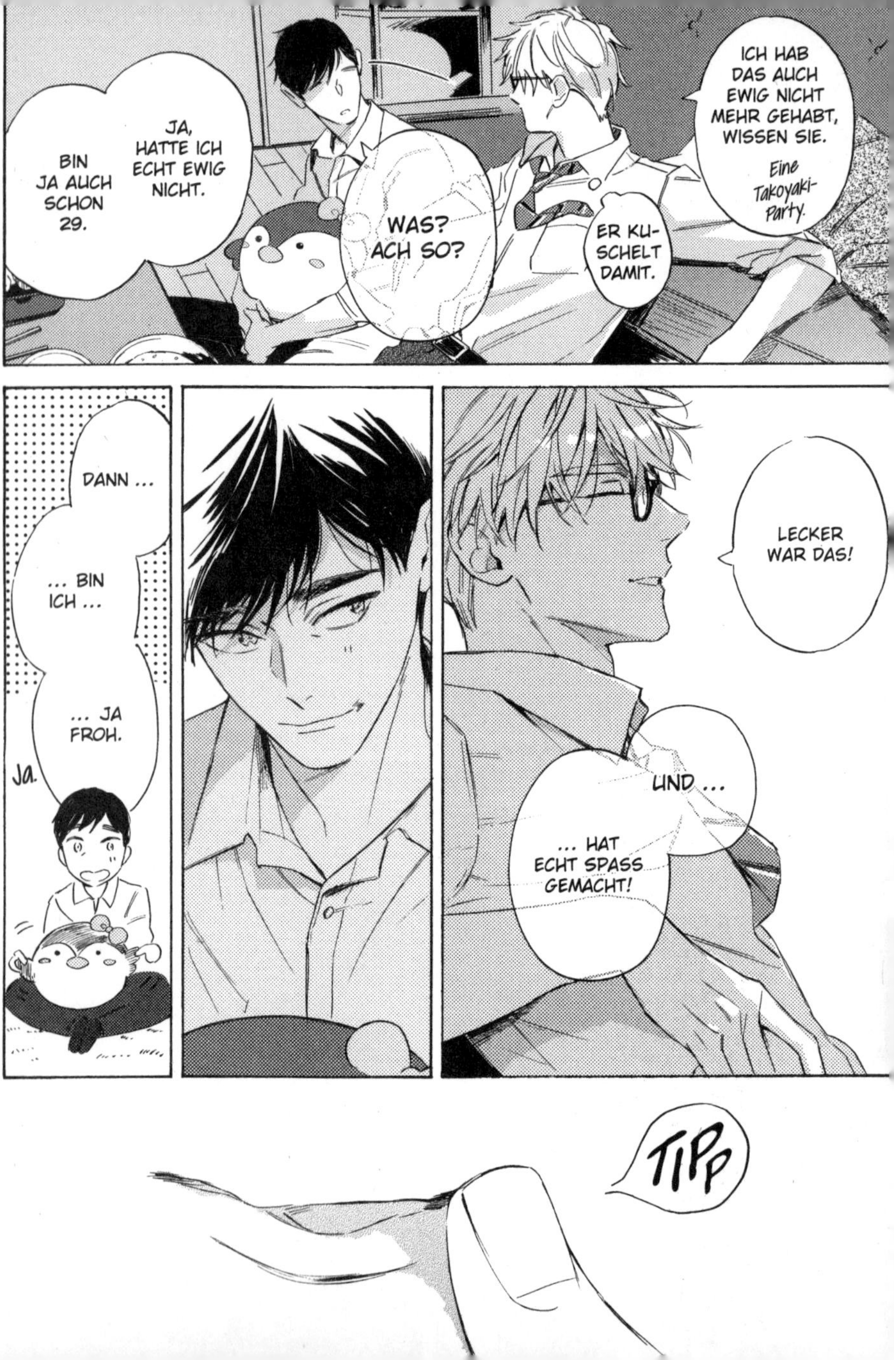

ICH HAB DAS AUCH EWIG NICHT MEHR GEHABT, WISSEN SIE.
Eine Takoyaki-Party.
ER KU-SCHELT DAMIT.
WAS? ACH SO?
JA, HATTE ICH ECHT EWIG NICHT.
BIN JA AUCH SCHON 29.


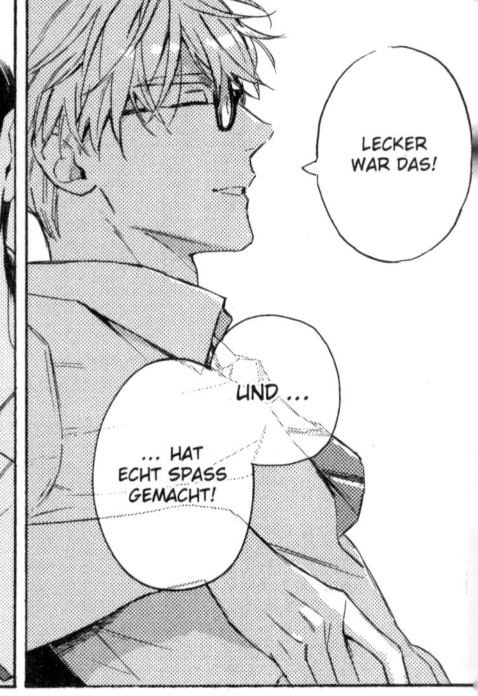

LECKER WAR DAS!
UND …
… HAT ECHT SPASS GEMACHT!
DANN …
… BIN ICH …
… JA FROH.
Ja.


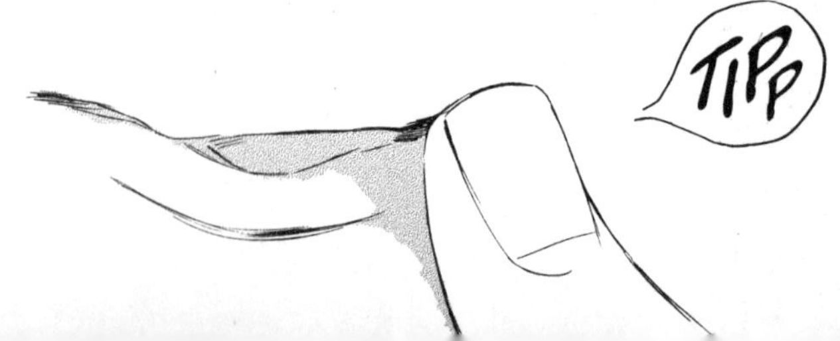

TIPP

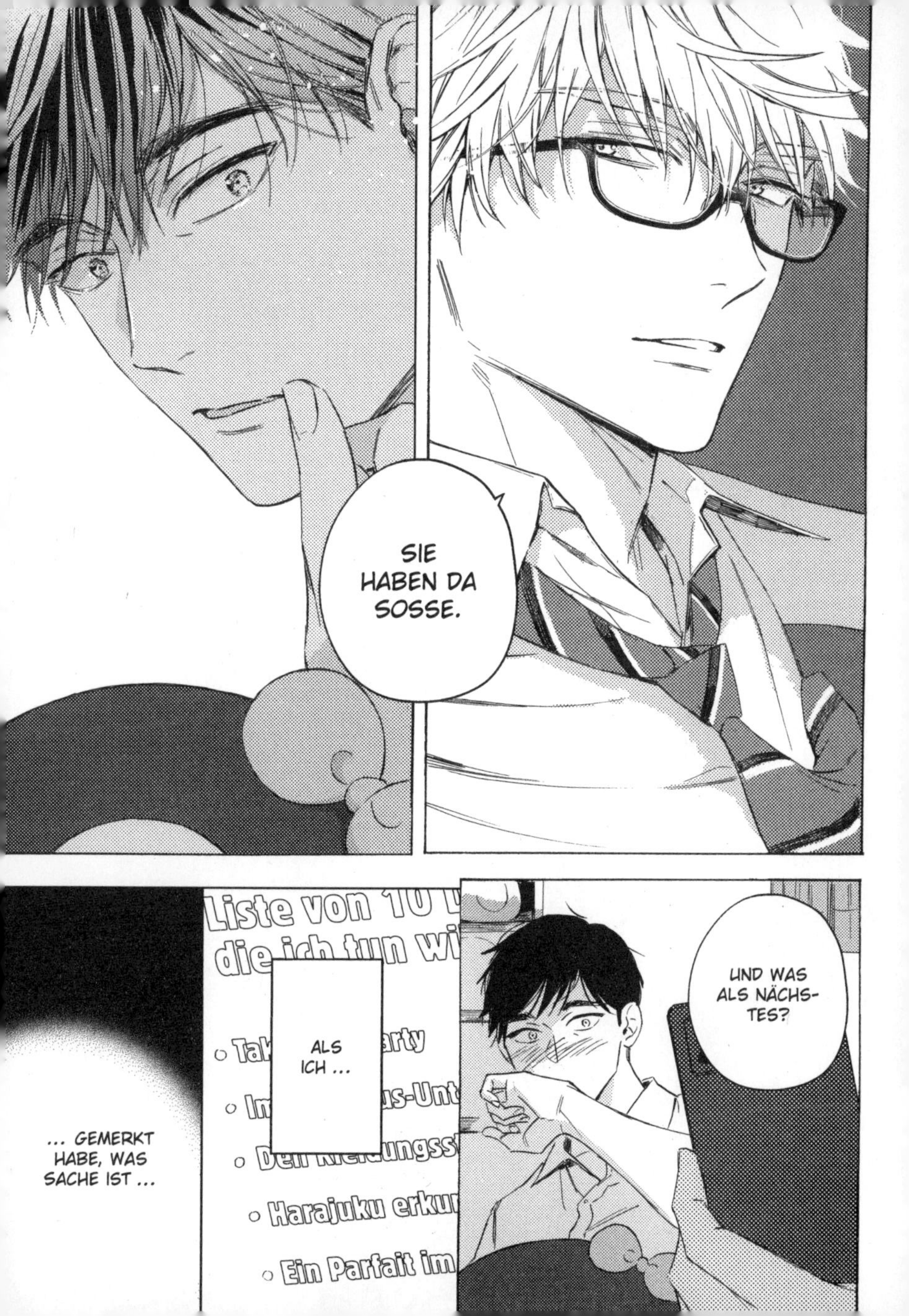

SIE HABEN DA SOSSE.

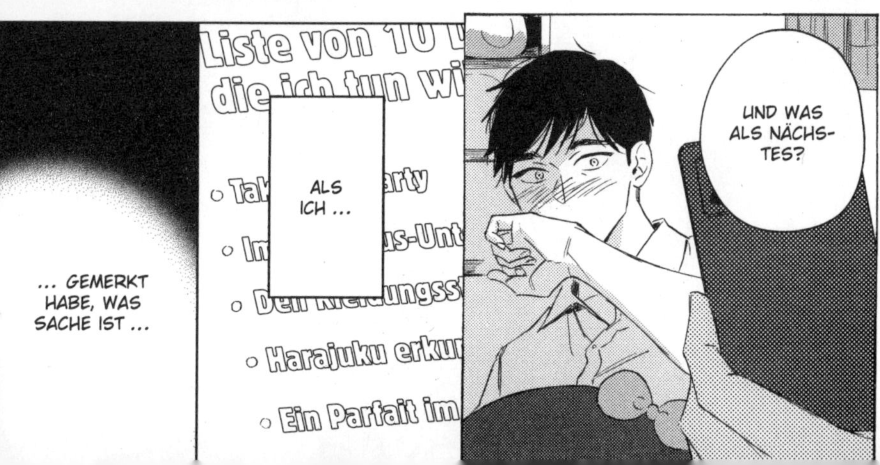

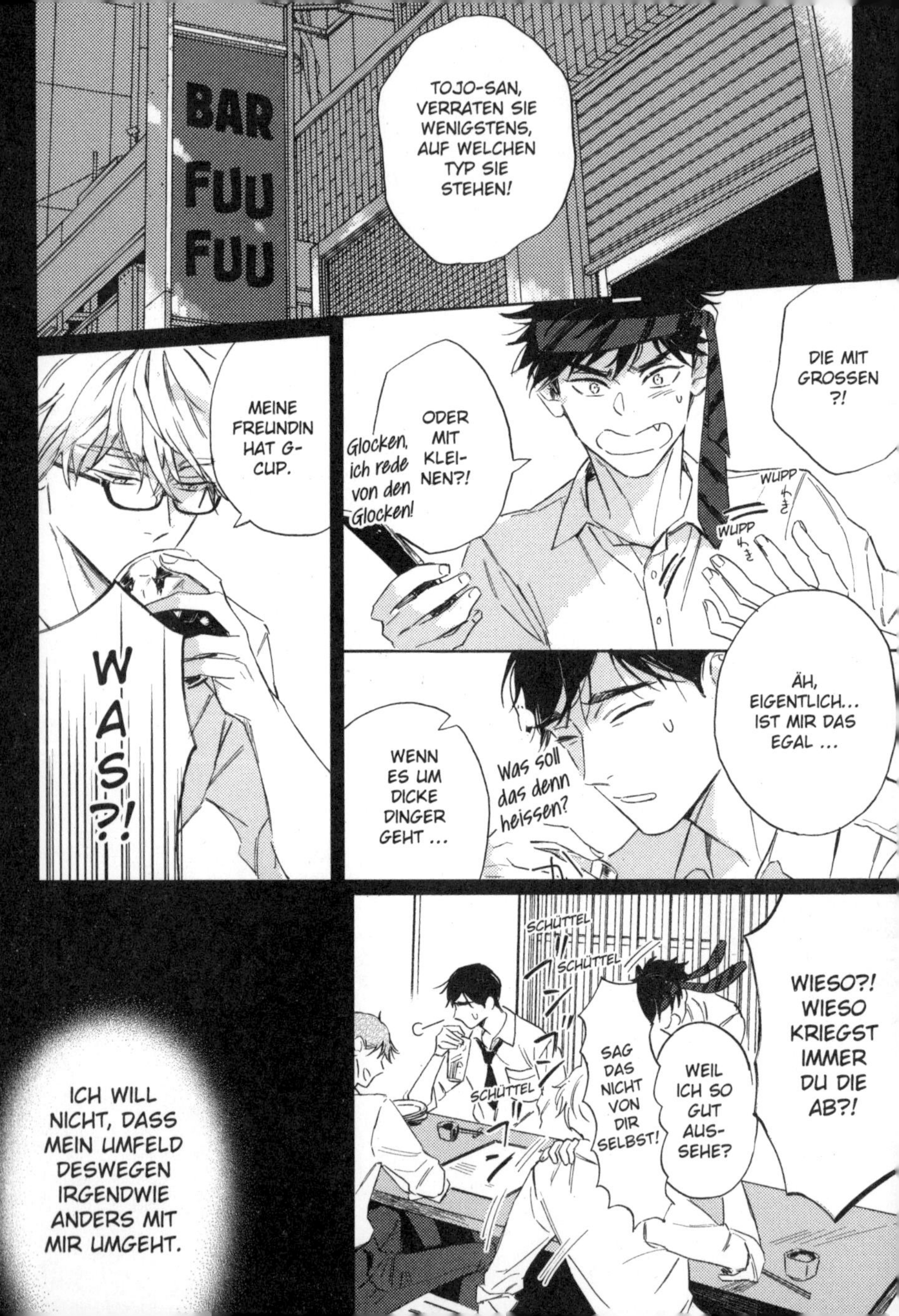
BAR FUU FUU
TOJO-SAN, VERRATEN SIE WENIGSTENS, AUF WELCHEN TYP SIE STEHEN!
DIE MIT GROSSEN ?!
ODER MIT KLEI-NEN?!
Glocken, ich rede von den Glocken!
WUPP
WUPP
MEINE FREUNDIN HAT G-CUP.
WAS?!
ÄH, EIGENTLICH… IST MIR DAS EGAL …
Was soll das denn heissen?
WENN ES UM DICKE DINGER GEHT …
WIESO?! WIESO KRIEGST IMMER DU DIE AB?!
WEIL ICH SO GUT AUS-SEHE?
SAG DAS NICHT VON DIR SELBST!
SCHÜTTEL
SCHÜTTEL
SCHÜTTEL
ICH WILL NICHT, DASS MEIN UMFELD DESWEGEN IRGENDWIE ANDERS MIT MIR UMGEHT.

KANN SEIN, DAS WAR ...

DAS GEHT IHNEN GENAU-SO, ODER, SUZUME-SAN?

... NUR EINER VON VIELEN ANDE-REN GRÜN-DEN.

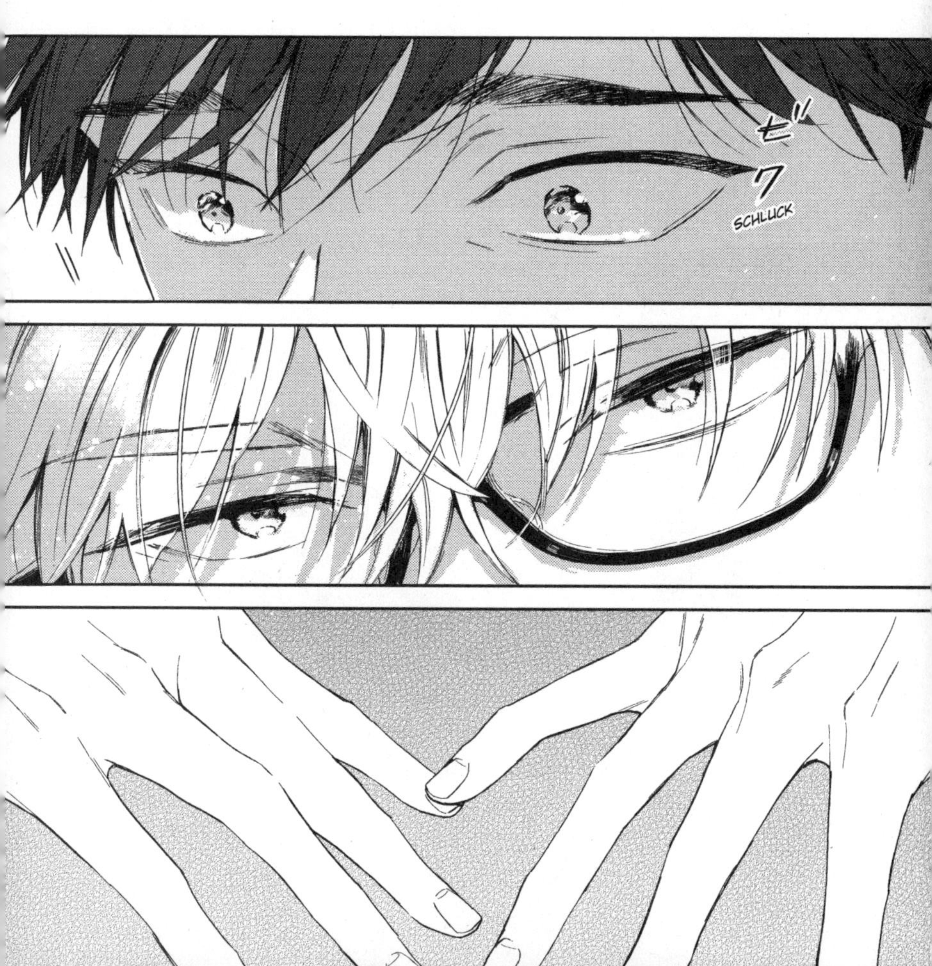

ER IST AUFDRING-LICH …

… ICH BIN SEIN CHEF …

… UND ICH WEISS NICHT, WAS ER SICH EIGENTLICH DABEI DENKT, ABER …

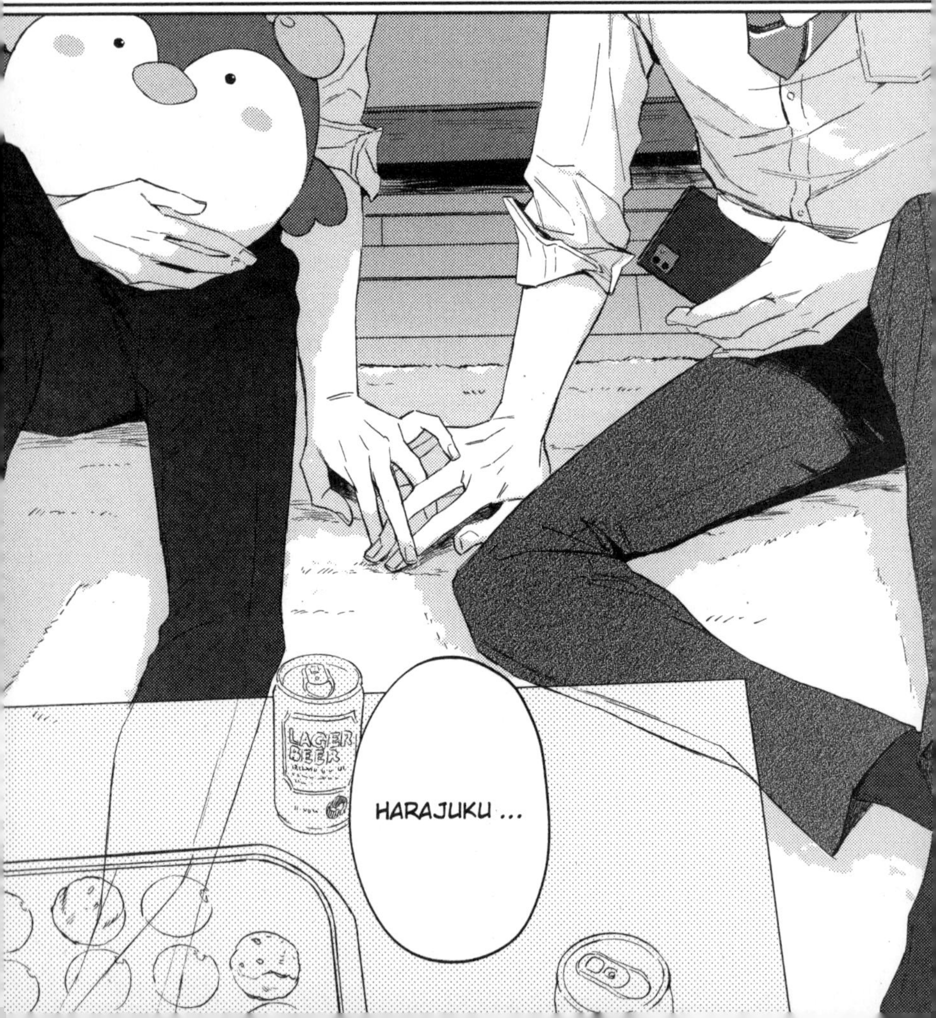

10 erste Male,
bevor ich 40 werde

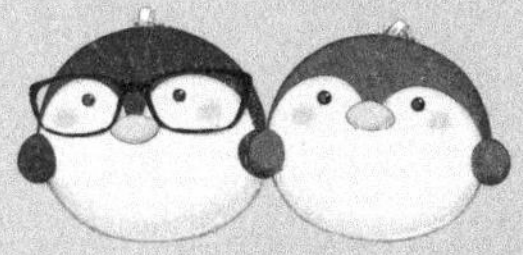

# 10 erste Male, bevor ich 40 werde

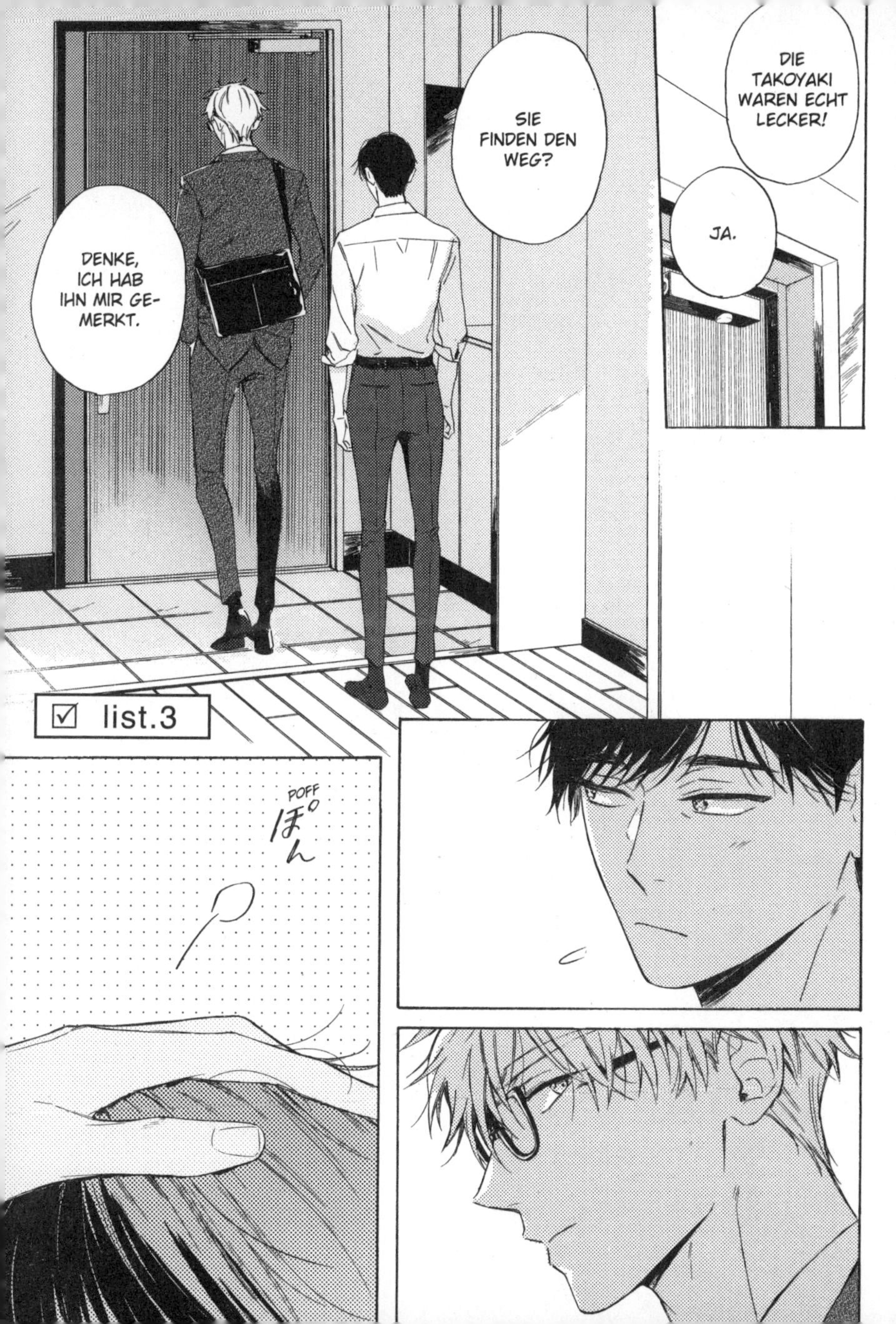
DIE TAKOYAKI WAREN ECHT LECKER!
JA.
SIE FINDEN DEN WEG?
DENKE, ICH HAB IHN MIR GE-MERKT.
list.3
POFF
ぽん

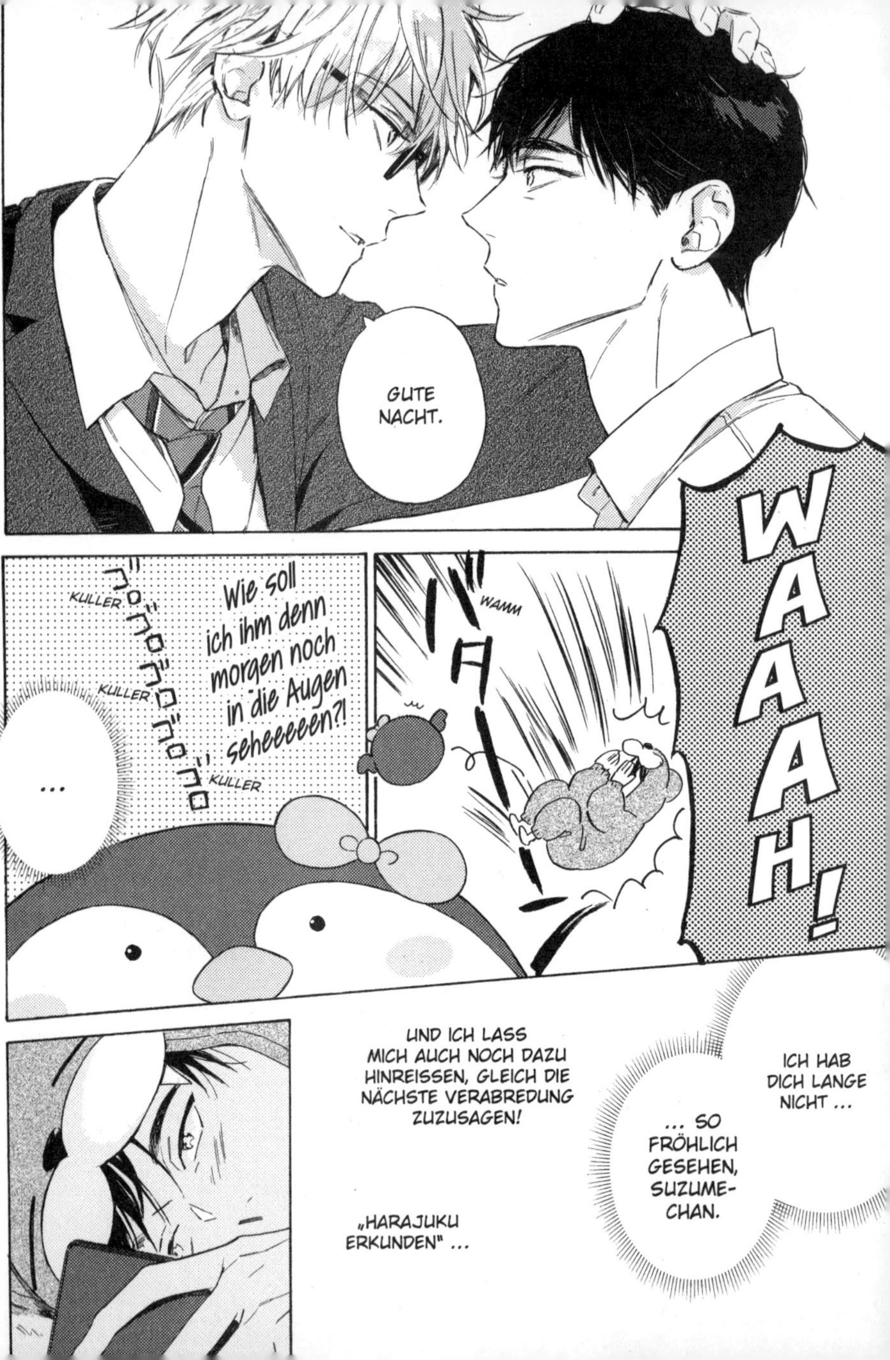

GUTE NACHT.

WAMM

WAAAAH!

Wie soll ich ihm denn morgen noch in die Augen seheeeeen?!

KULLER

KULLER

KULLER

…

ICH HAB DICH LANGE NICHT …

… SO FRÖHLICH GESEHEN, SUZUME-CHAN.

UND ICH LASS MICH AUCH NOCH DAZU HINREISSEN, GLEICH DIE NÄCHSTE VERABREDUNG ZUZUSAGEN!

„HARAJUKU ERKUNDEN" …

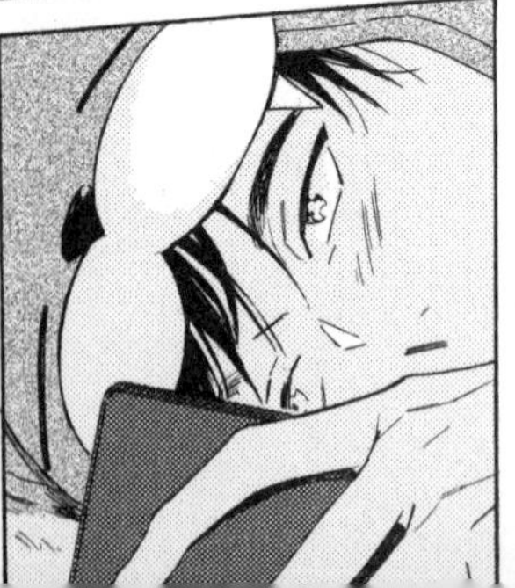

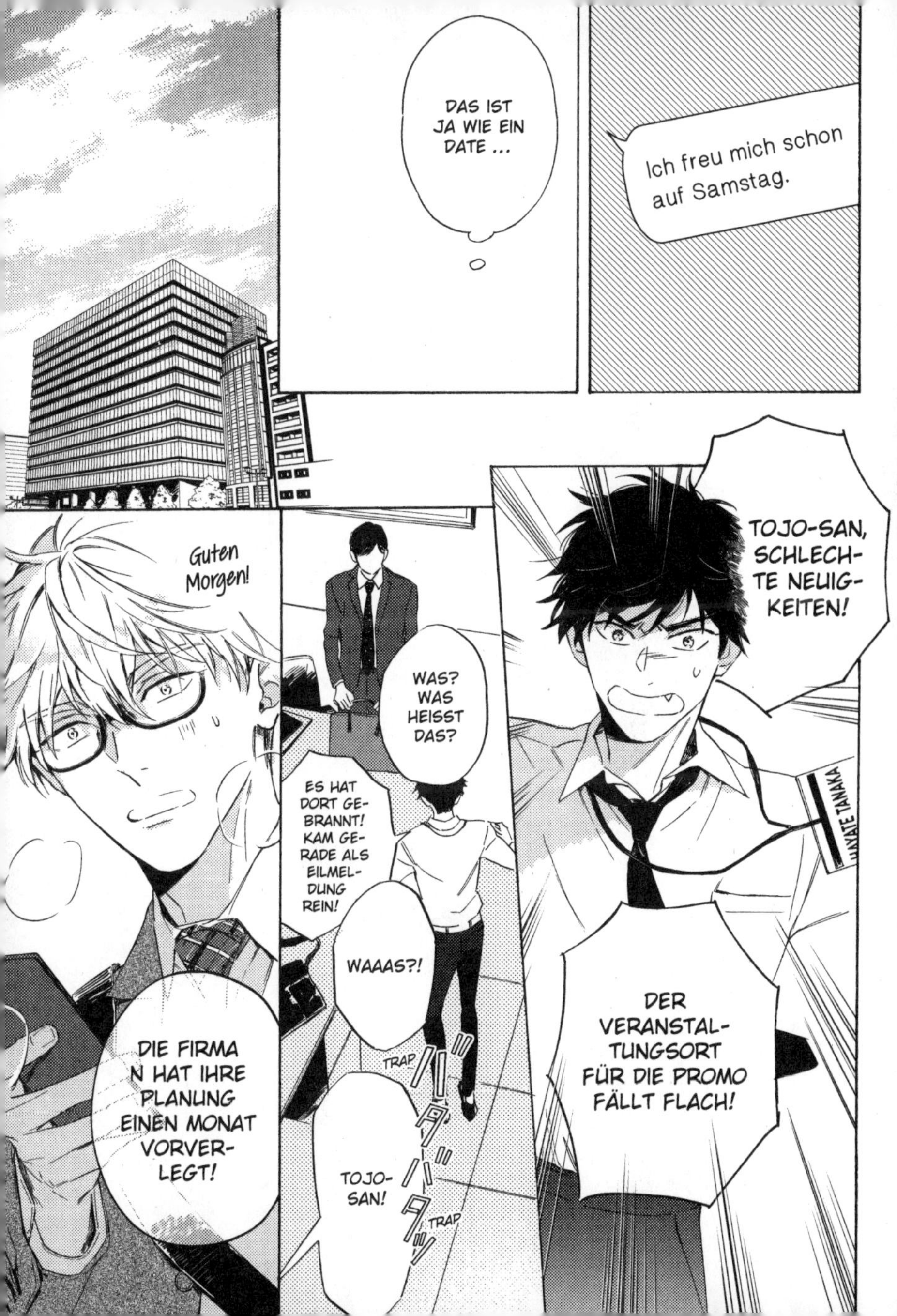

Ich freu mich schon auf Samstag.
DAS IST JA WIE EIN DATE ...
TOJO-SAN, SCHLECHTE NEUIGKEITEN!
HAYATE TANAKA
DER VERANSTALTUNGSORT FÜR DIE PROMO FÄLLT FLACH!
WAS? WAS HEISST DAS?
ES HAT DORT GEBRANNT! KAM GERADE ALS EILMELDUNG REIN!
WAAAS?!
TRAP
TOJO-SAN!
TRAP
Guten Morgen!
DIE FIRMA N HAT IHRE PLANUNG EINEN MONAT VORVERLEGT!

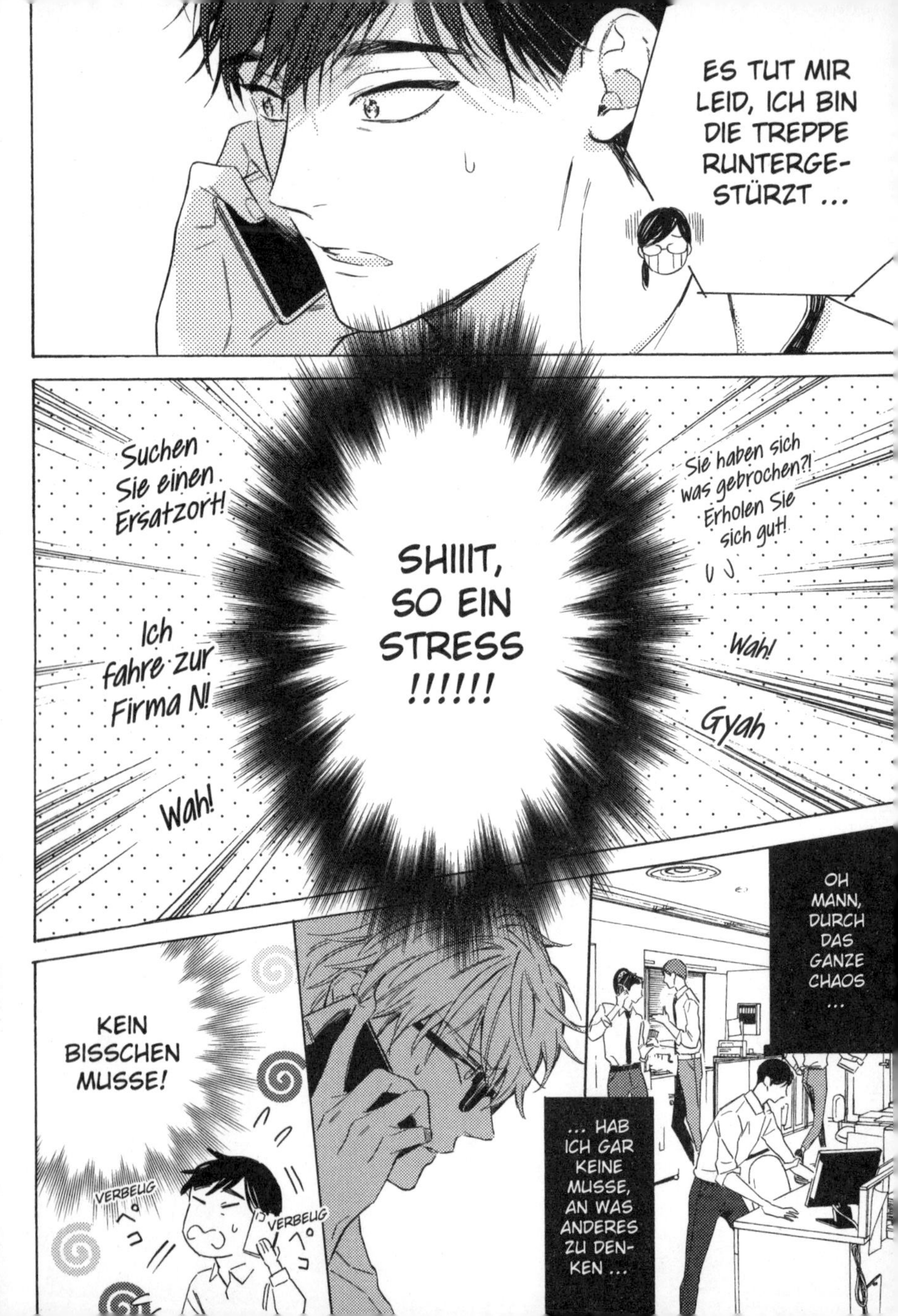
ES TUT MIR LEID, ICH BIN DIE TREPPE RUNTERGE- STÜRZT …
Sie haben sich was gebrochen?! Erholen Sie sich gut!
Suchen Sie einen Ersatzort!
SHIIIT, SO EIN STRESS !!!!!!
Wah!
Ich fahre zur Firma N!
Gyah
Wah!
OH MANN, DURCH DAS GANZE CHAOS …
KEIN BISSCHEN MUSSE!
… HAB ICH GAR KEINE MUSSE, AN WAS ANDERES ZU DEN- KEN …
VERBEUG
VERBEUG

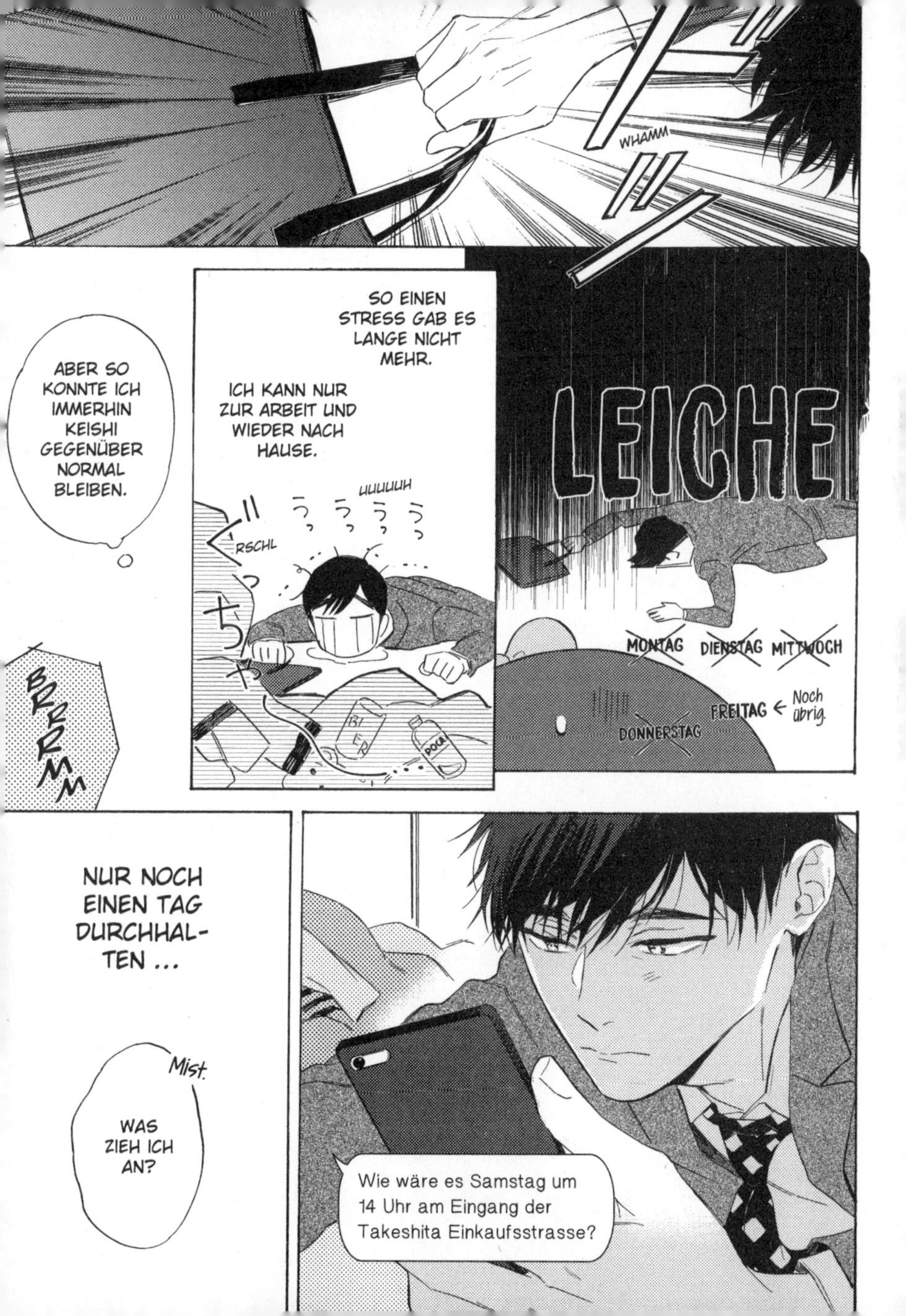

WHAMM

LEICHE

MONTAG DIENSTAG MITTWOCH

DONNERSTAG

FREITAG ← Noch übrig.

SO EINEN STRESS GAB ES LANGE NICHT MEHR.

ICH KANN NUR ZUR ARBEIT UND WIEDER NACH HAUSE.

UUUUUH

RSCHL

ABER SO KONNTE ICH IMMERHIN KEISHI GEGENÜBER NORMAL BLEIBEN.

BRRRMM

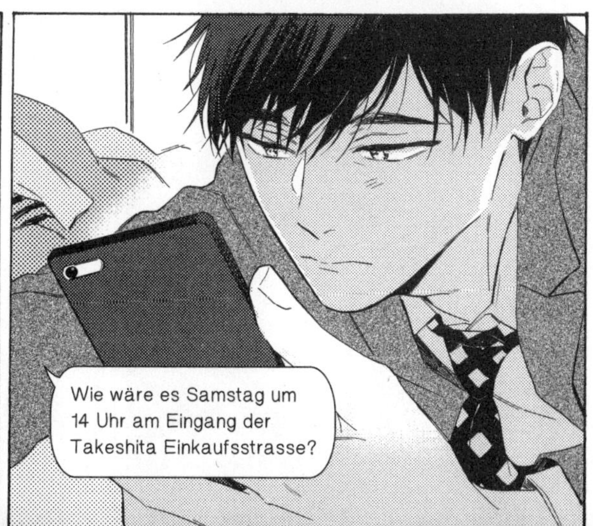


NUR NOCH EINEN TAG DURCHHAL-TEN ...

Mist.

WAS ZIEH ICH AN?

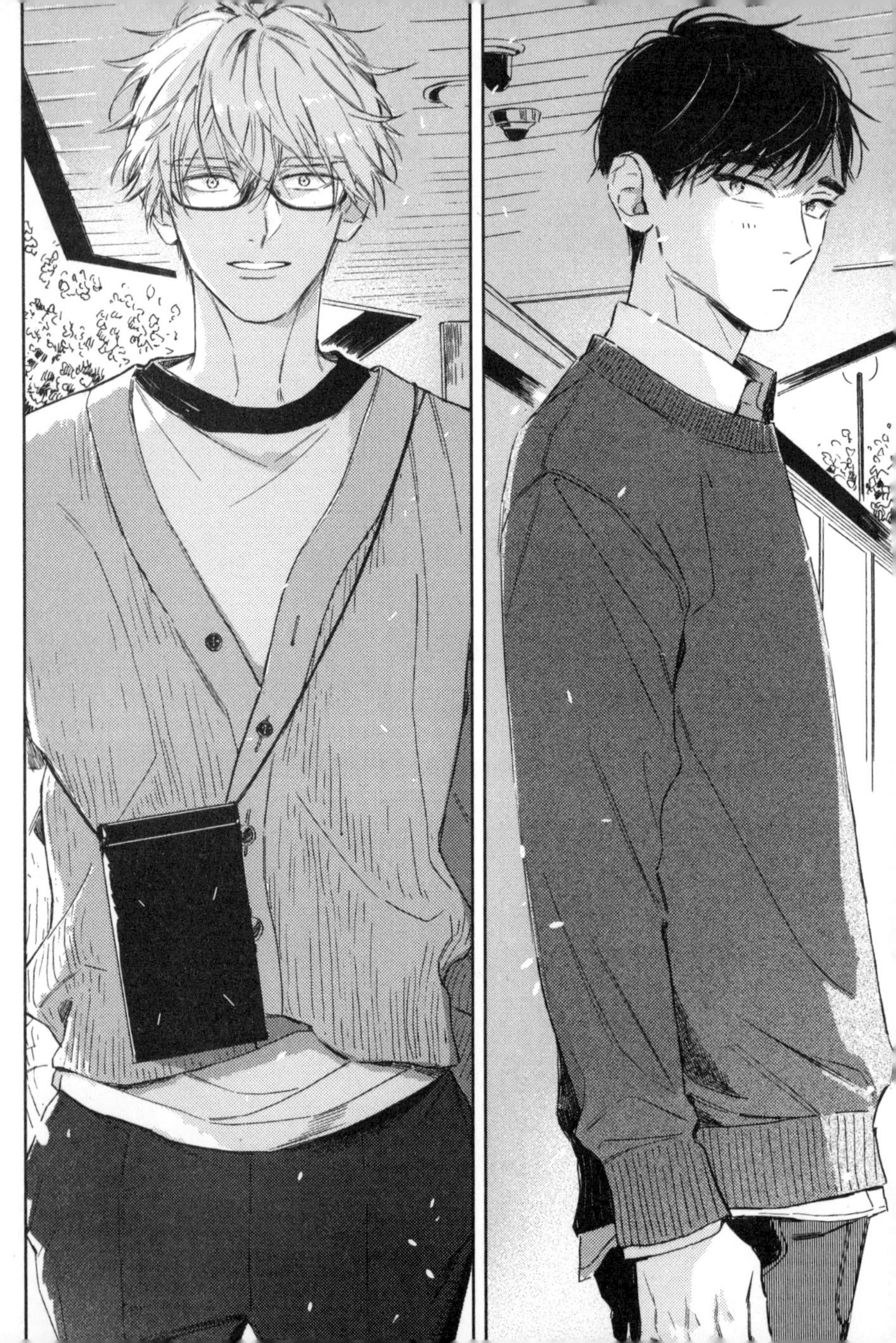

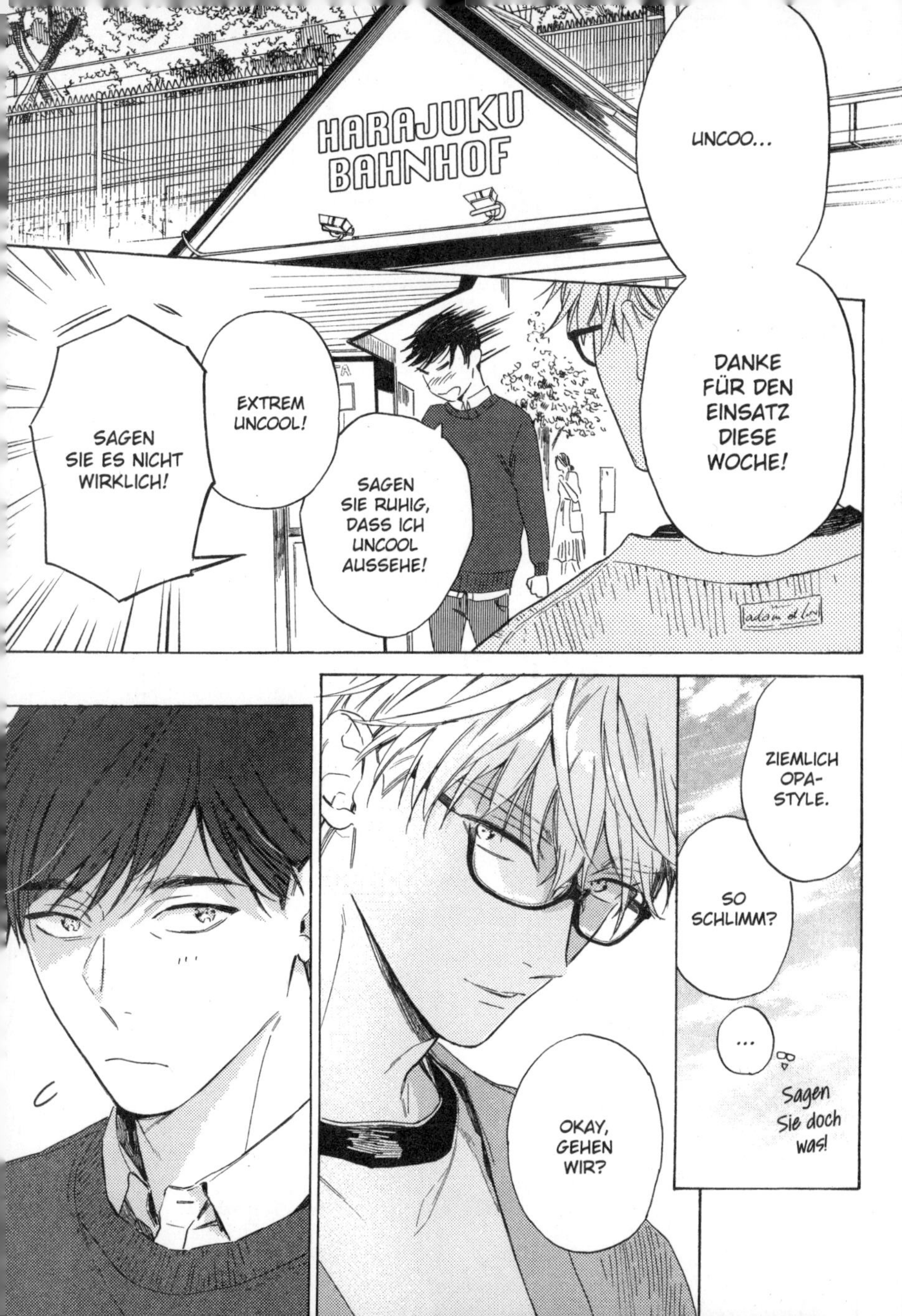
HARAJUKU BAHNHOF
UNCOO...
DANKE FÜR DEN EINSATZ DIESE WOCHE!
SAGEN SIE RUHIG, DASS ICH UNCOOL AUSSEHE!
EXTREM UNCOOL!
SAGEN SIE ES NICHT WIRKLICH!
ZIEMLICH OPA-STYLE.
SO SCHLIMM?
...
Sagen Sie doch was!
OKAY, GEHEN WIR?

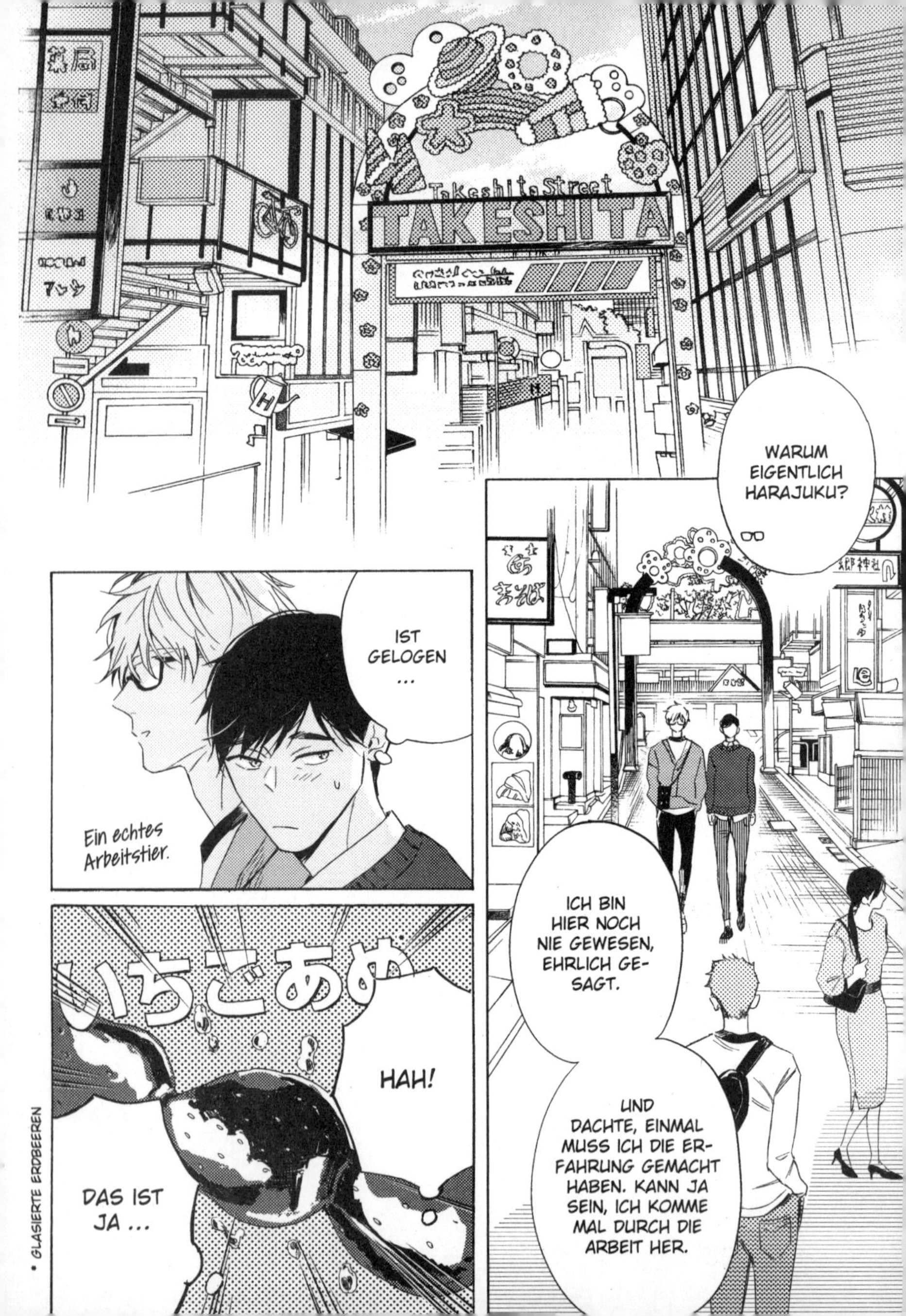
Takeshita Street
TAKESHITA
WARUM EIGENTLICH HARAJUKU?
ICH BIN HIER NOCH NIE GEWESEN, EHRLICH GE-SAGT.
UND DACHTE, EINMAL MUSS ICH DIE ER-FAHRUNG GEMACHT HABEN. KANN JA SEIN, ICH KOMME MAL DURCH DIE ARBEIT HER.
IST GELOGEN …
Ein echtes Arbeitstier.
HAH!
いちごあめ
DAS IST JA …
• GLASIERTE ERDBEEREN

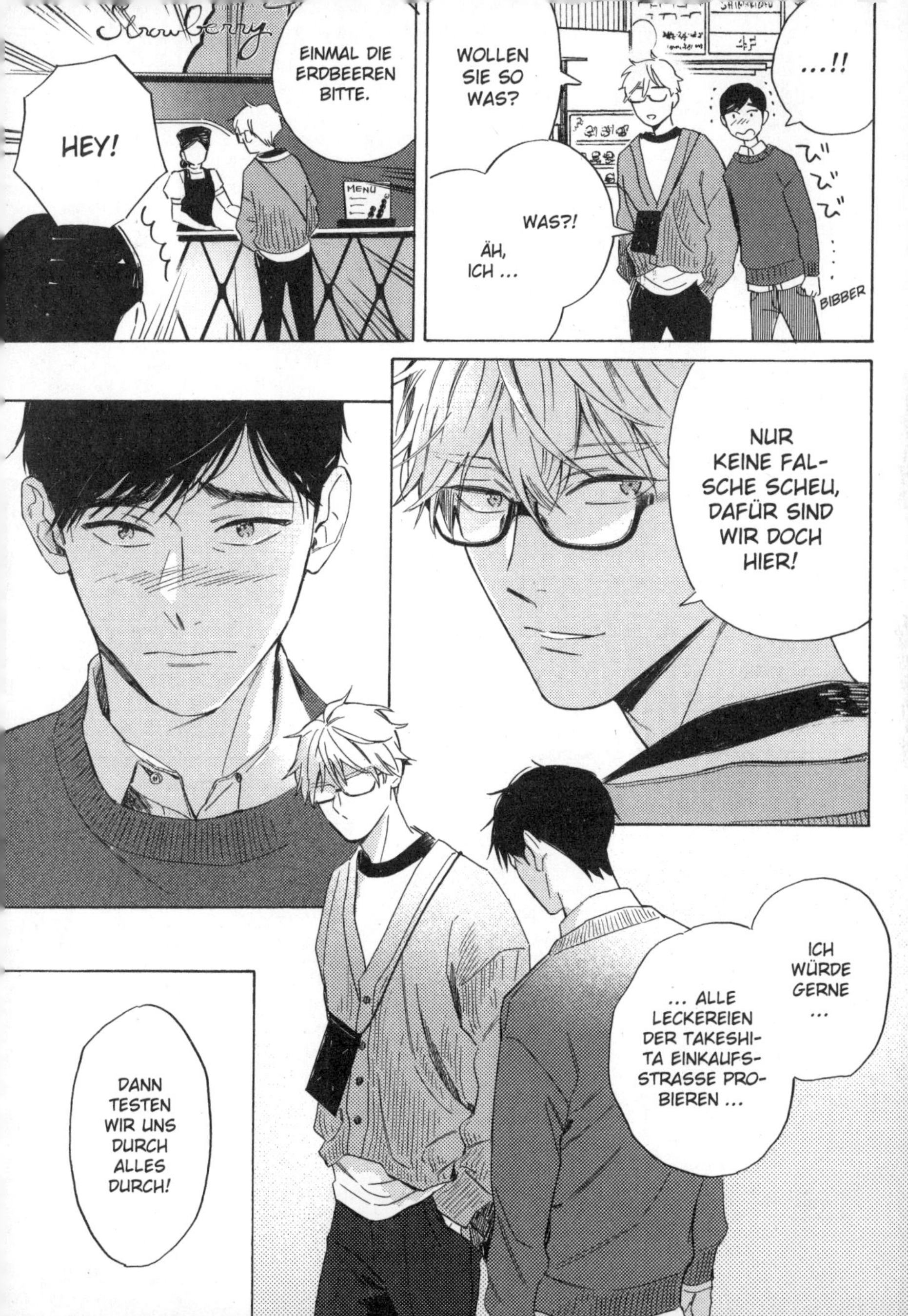
WOLLEN SIE SO WAS?
...!!
びびび…
BIBBER
ÄH, ICH ...
WAS?!
Strawberry
MENU
EINMAL DIE ERDBEEREN BITTE.
HEY!
NUR KEINE FALSCHE SCHEU, DAFÜR SIND WIR DOCH HIER!
ICH WÜRDE GERNE ...
... ALLE LECKEREIEN DER TAKESHITA EINKAUFSSTRASSE PROBIEREN ...
DANN TESTEN WIR UNS DURCH ALLES DURCH!

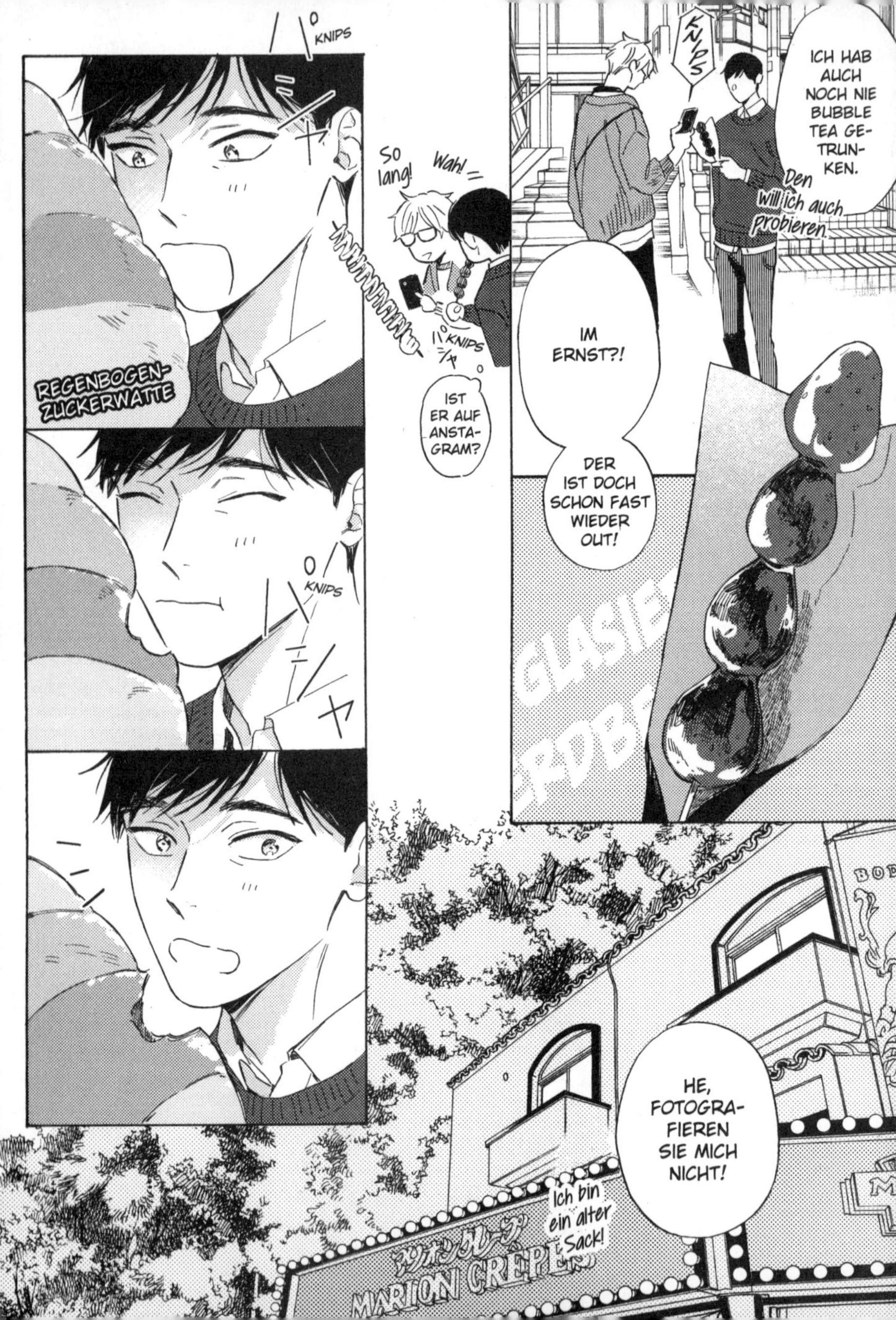

KNIPS
ICH HAB AUCH NOCH NIE BUBBLE TEA GETRUNKEN.
Den will ich auch probieren.
IM ERNST?!
DER IST DOCH SCHON FAST WIEDER OUT!
GLASIE
ERDBE
KNIPS
REGENBOGEN-ZUCKERWATTE
Wah!
So lang!
KNIPS
IST ER AUF ANSTAGRAM?
KNIPS
HE, FOTOGRAFIEREN SIE MICH NICHT!
Ich bin ein alter Sack!
MARION CREPES

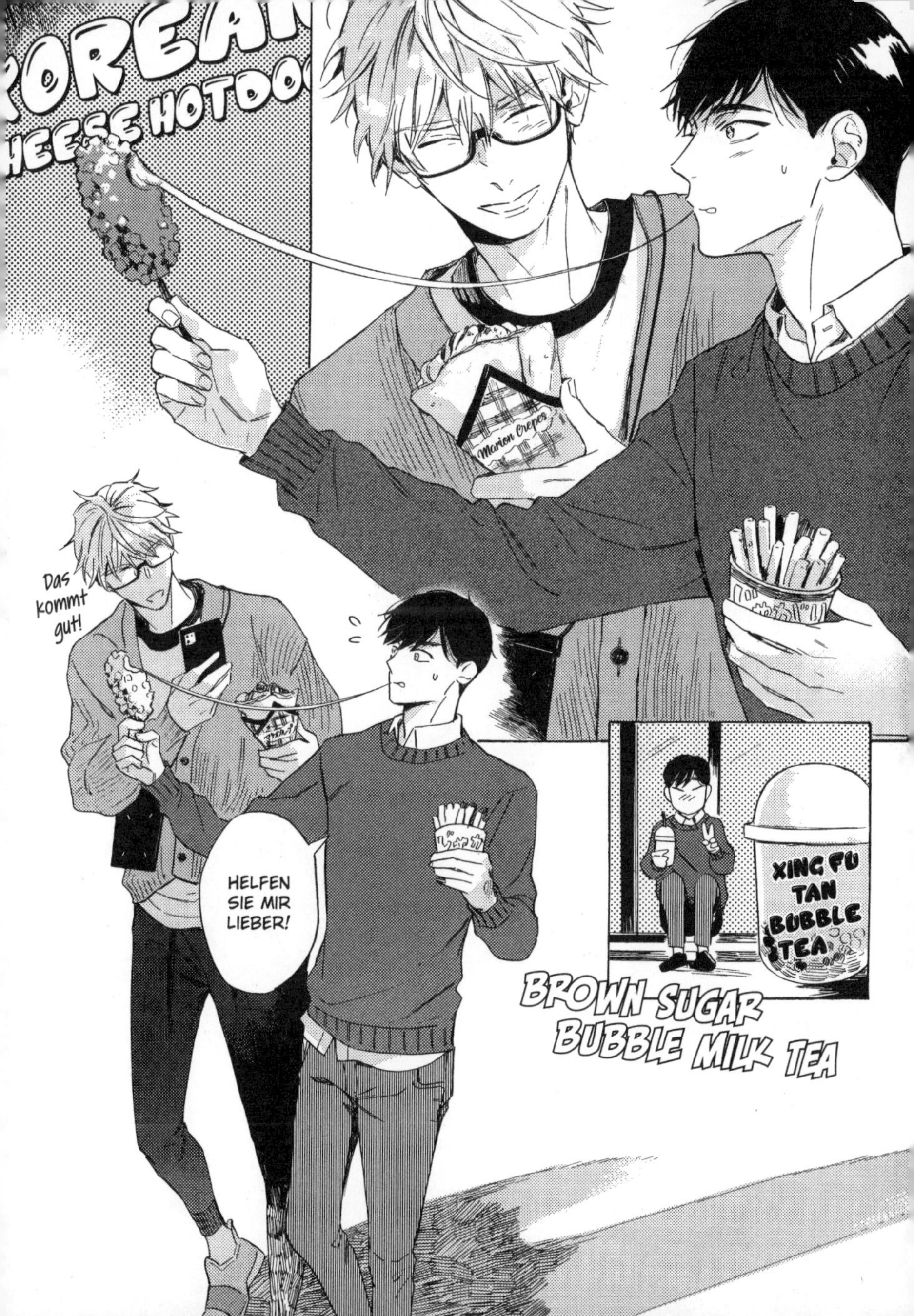
OREAN
HEESE HOTDO
Marion Crepes
Das kommt gut!
HELFEN SIE MIR LIEBER!
XING FU TAN BUBBLE TEA
BROWN SUGAR BUBBLE MILK TEA

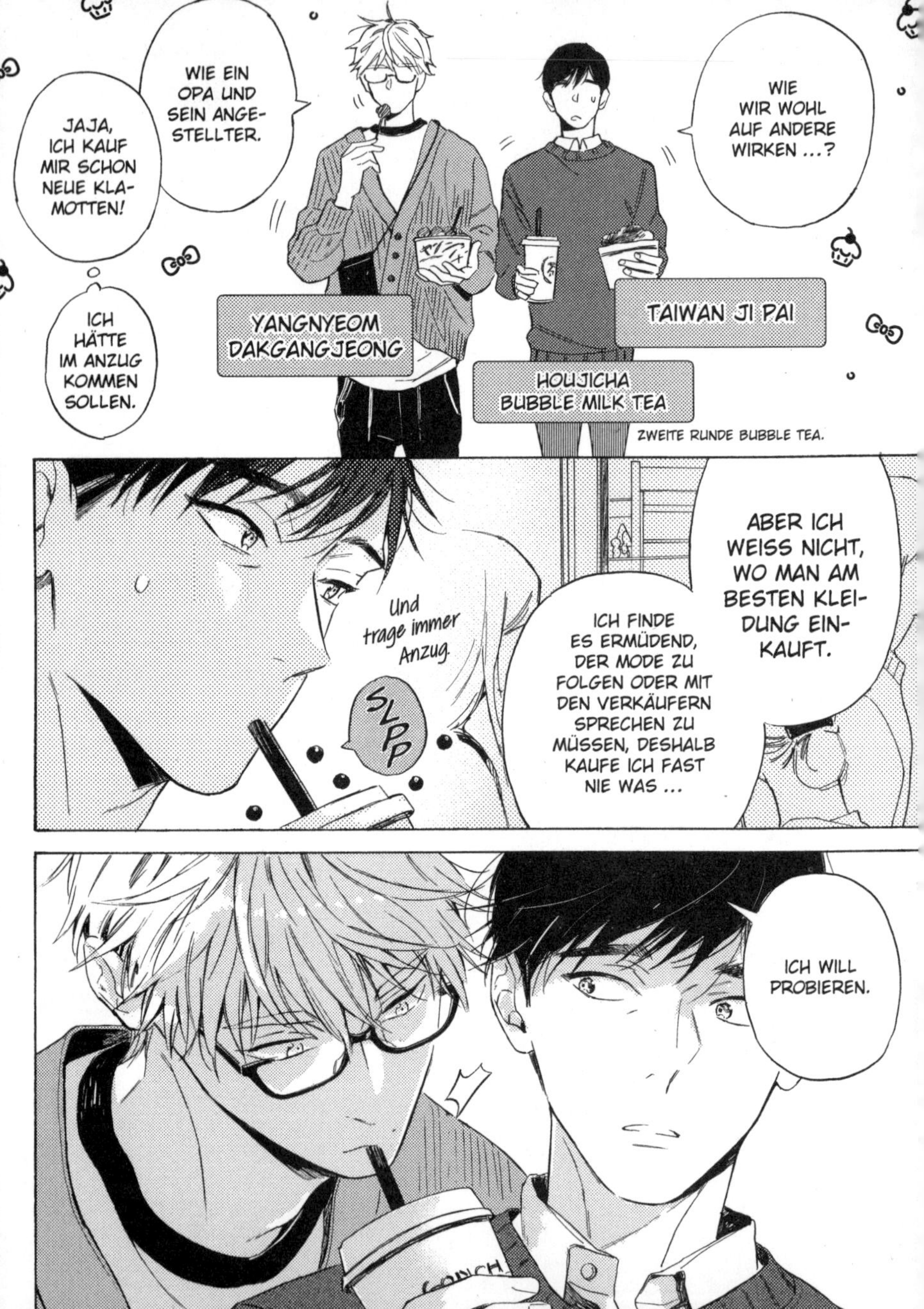
WIE WIR WOHL AUF ANDERE WIRKEN …?
WIE EIN OPA UND SEIN ANGE-STELLTER.
JAJA, ICH KAUF MIR SCHON NEUE KLA-MOTTEN!
ICH HÄTTE IM ANZUG KOMMEN SOLLEN.
TAIWAN JI PAI
HOUJICHA BUBBLE MILK TEA
YANGNYEOM DAKGANGJEONG
ZWEITE RUNDE BUBBLE TEA.
ABER ICH WEISS NICHT, WO MAN AM BESTEN KLEI-DUNG EIN-KAUFT.
ICH FINDE ES ERMÜDEND, DER MODE ZU FOLGEN ODER MIT DEN VERKÄUFERN SPRECHEN ZU MÜSSEN, DESHALB KAUFE ICH FAST NIE WAS …
Und trage immer Anzug.
SLPP
ICH WILL PROBIEREN.

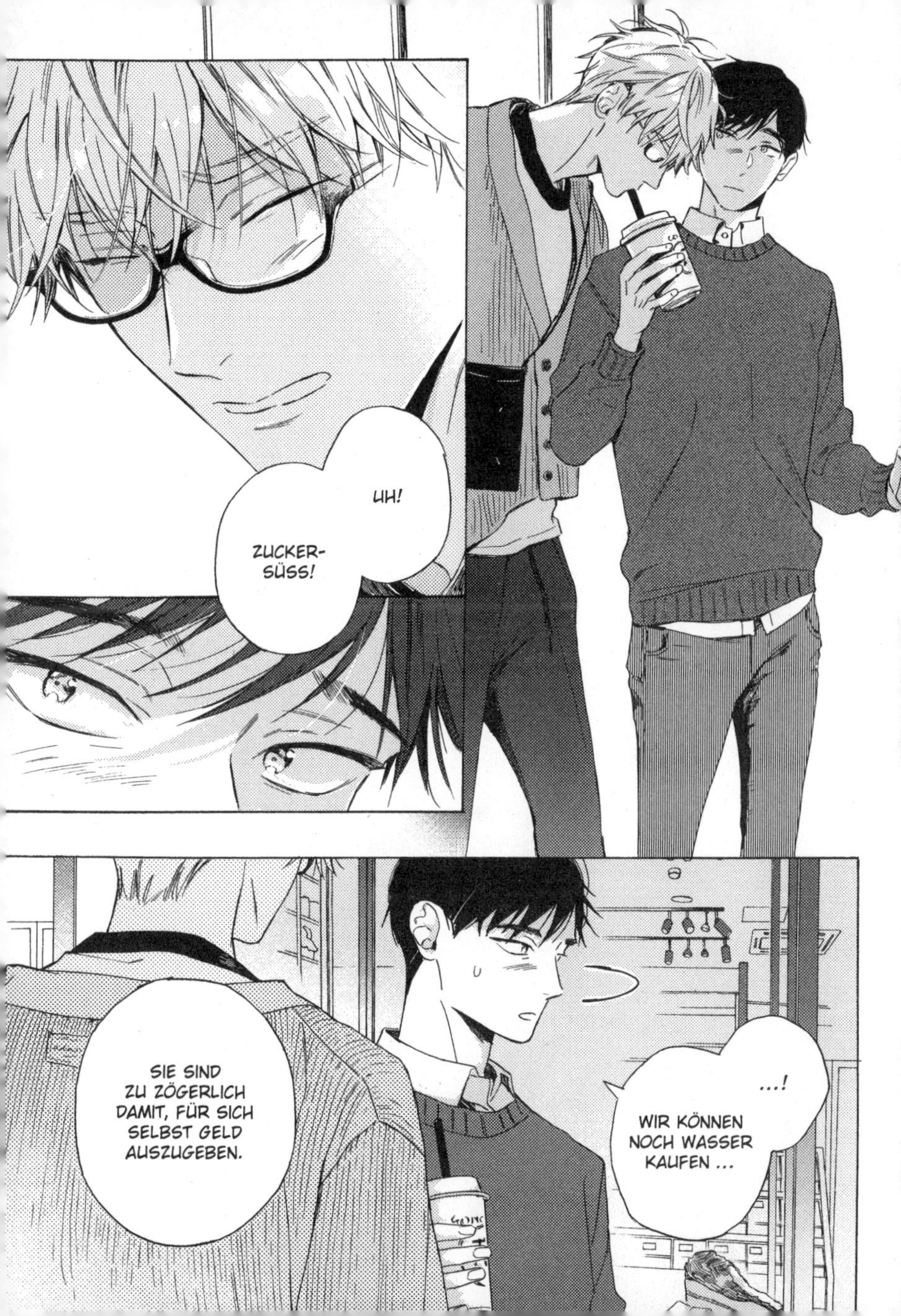
UH!
ZUCKER-
SÜSS!
...!
WIR KÖNNEN
NOCH WASSER
KAUFEN ...
SIE SIND
ZU ZÖGERLICH
DAMIT, FÜR SICH
SELBST GELD
AUSZUGEBEN.

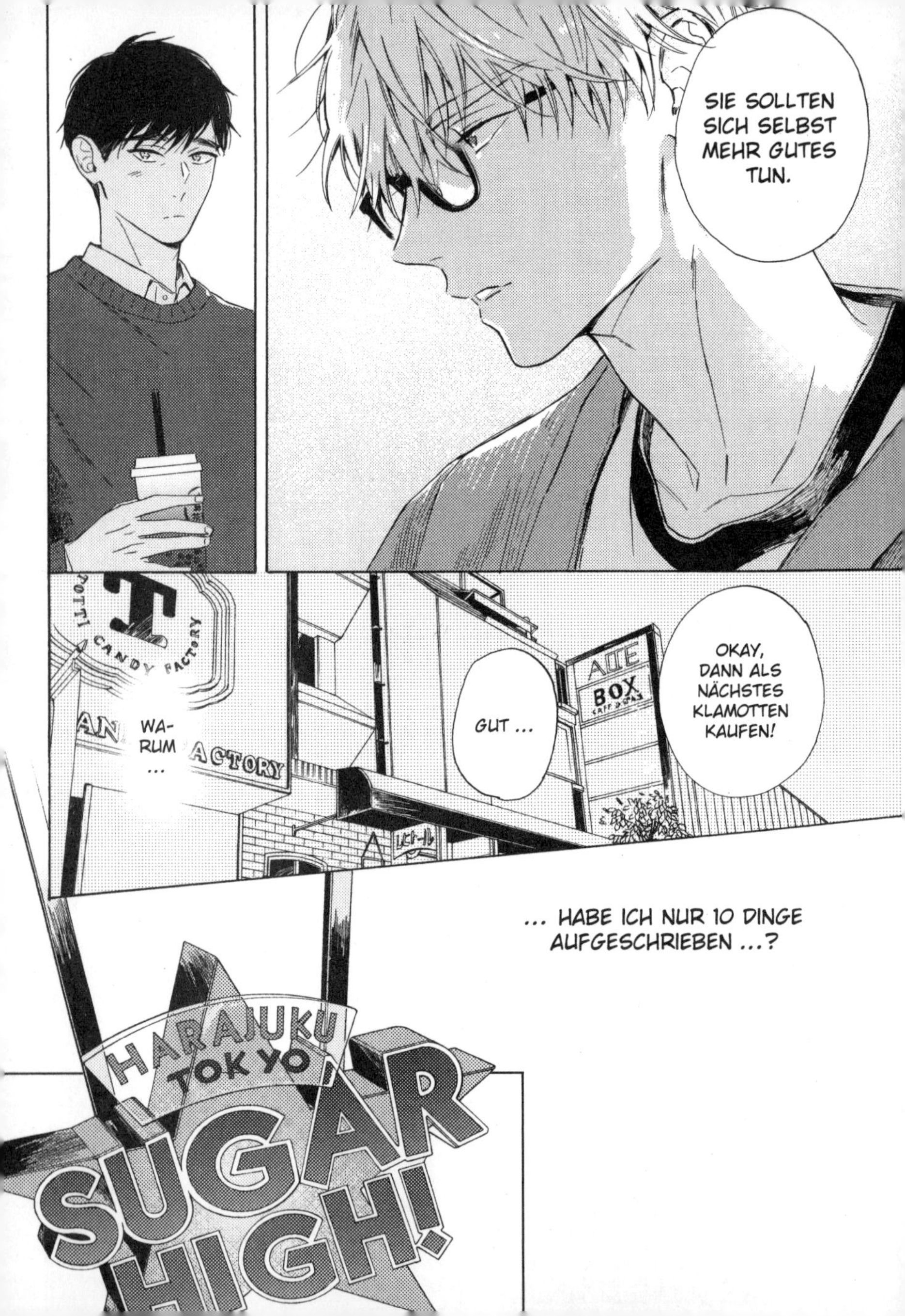
SIE SOLLTEN SICH SELBST MEHR GUTES TUN.
OKAY, DANN ALS NÄCHSTES KLAMOTTEN KAUFEN!
BOX
GUT …
TOTTI CANDY FACTORY
WA-RUM …
FACTORY
… HABE ICH NUR 10 DINGE AUFGESCHRIEBEN …?
HARAJUKU TOKYO SUGAR HIGH!

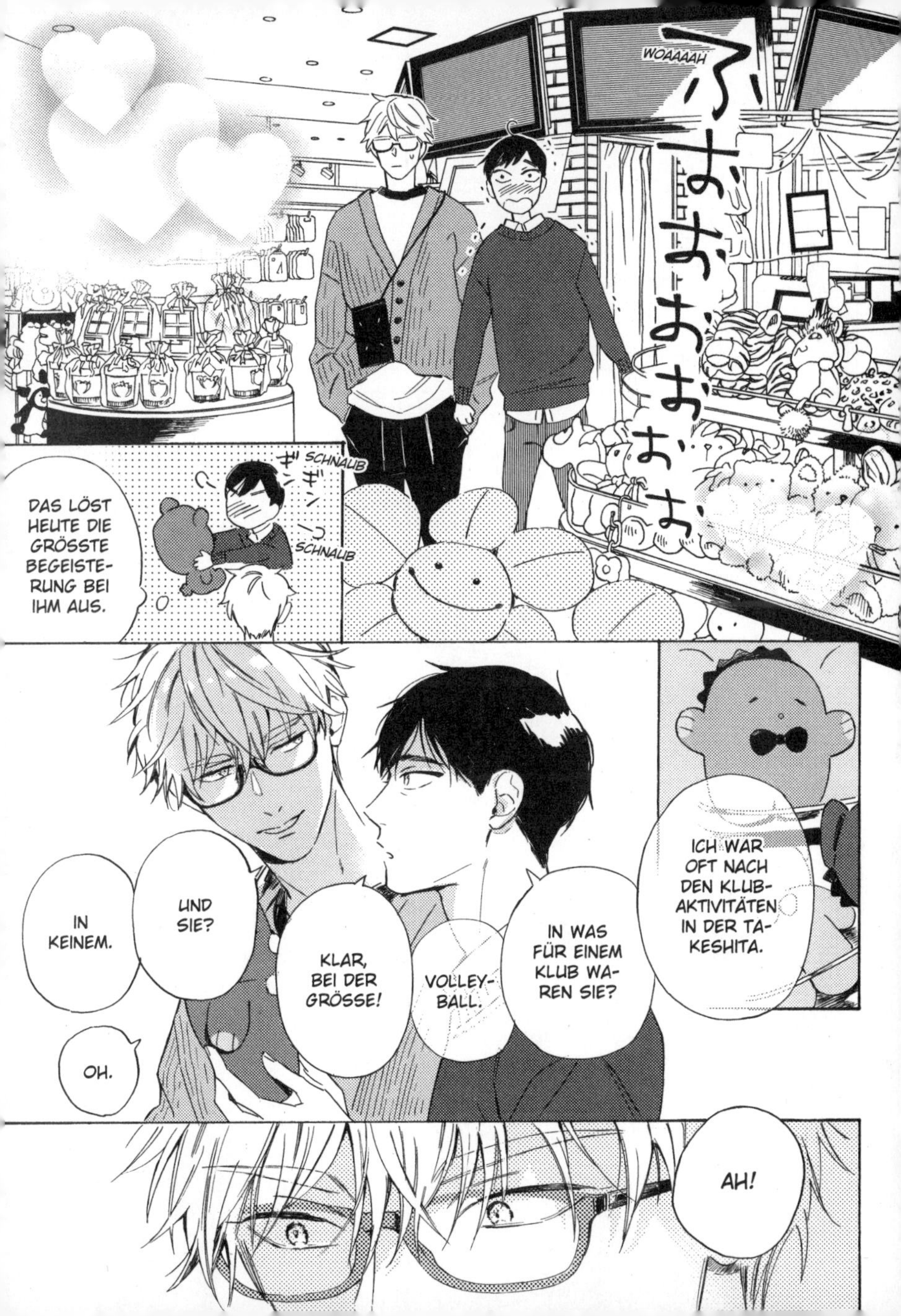

WOAAAAAH
ふおおおおおお
SCHNAUB
SCHNAUB
DAS LÖST HEUTE DIE GRÖSSTE BEGEISTE-RUNG BEI IHM AUS.
ICH WAR OFT NACH DEN KLUB-AKTIVITÄTEN IN DER TA-KESHITA.
IN WAS FÜR EINEM KLUB WA-REN SIE?
VOLLEY-BALL.
KLAR, BEI DER GRÖSSE!
UND SIE?
IN KEINEM.
OH.
AH!

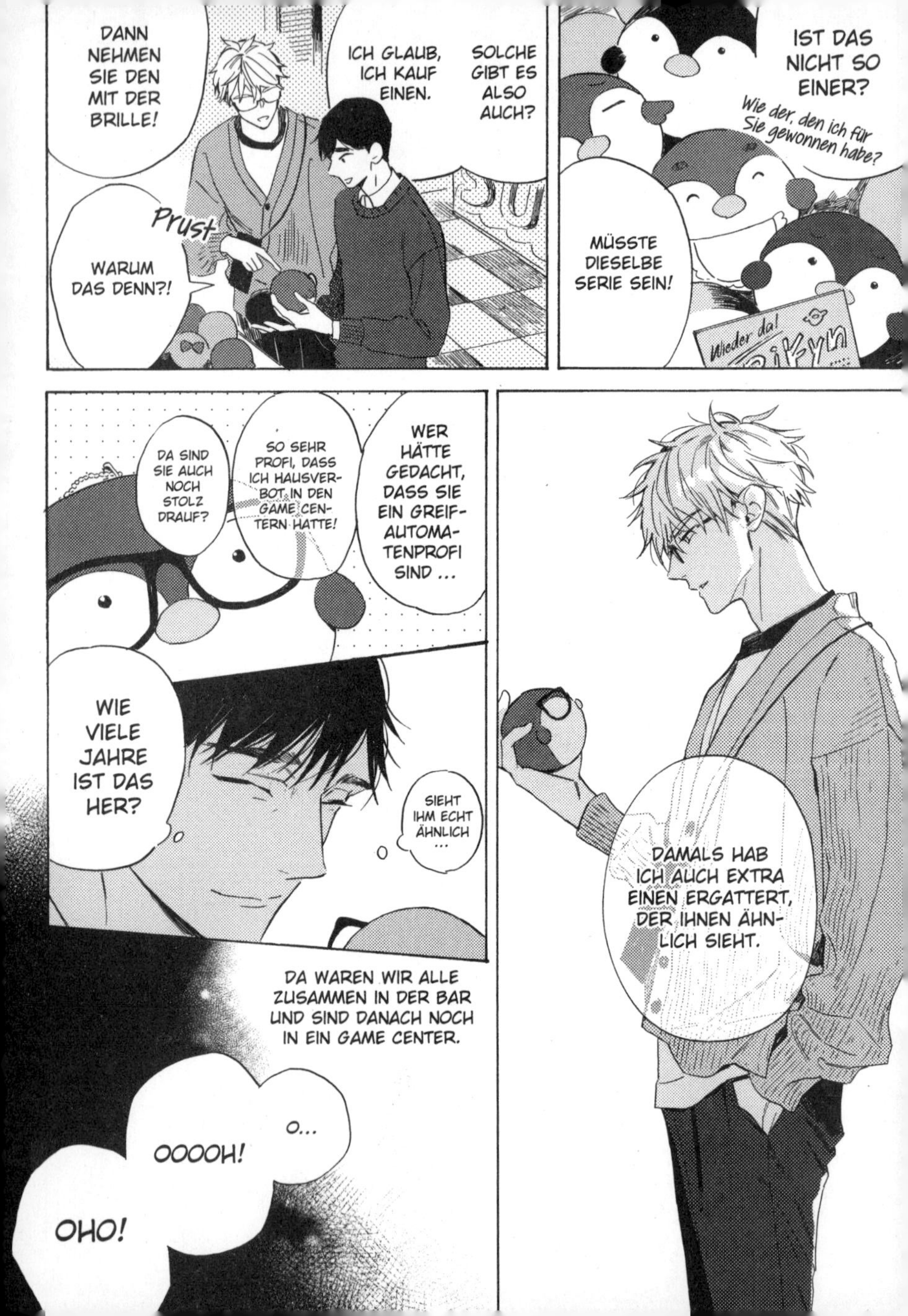

IST DAS NICHT SO EINER?
Wie der, den ich für Sie gewonnen habe?
MÜSSTE DIESELBE SERIE SEIN!
Wieder da!
SOLCHE GIBT ES ALSO AUCH?
ICH GLAUB, ICH KAUF EINEN.
DANN NEHMEN SIE DEN MIT DER BRILLE!
Prust
WARUM DAS DENN?!
DAMALS HAB ICH AUCH EXTRA EINEN ERGATTERT, DER IHNEN ÄHNLICH SIEHT.
WER HÄTTE GEDACHT, DASS SIE EIN GREIFAUTOMATENPROFI SIND …
SO SEHR PROFI, DASS ICH HAUSVERBOT IN DEN GAME CENTERN HATTE!
DA SIND SIE AUCH NOCH STOLZ DRAUF?
WIE VIELE JAHRE IST DAS HER?
SIEHT IHM ECHT ÄHNLICH …
DA WAREN WIR ALLE ZUSAMMEN IN DER BAR UND SIND DANACH NOCH IN EIN GAME CENTER.
O…
OOOOH!
OHO!

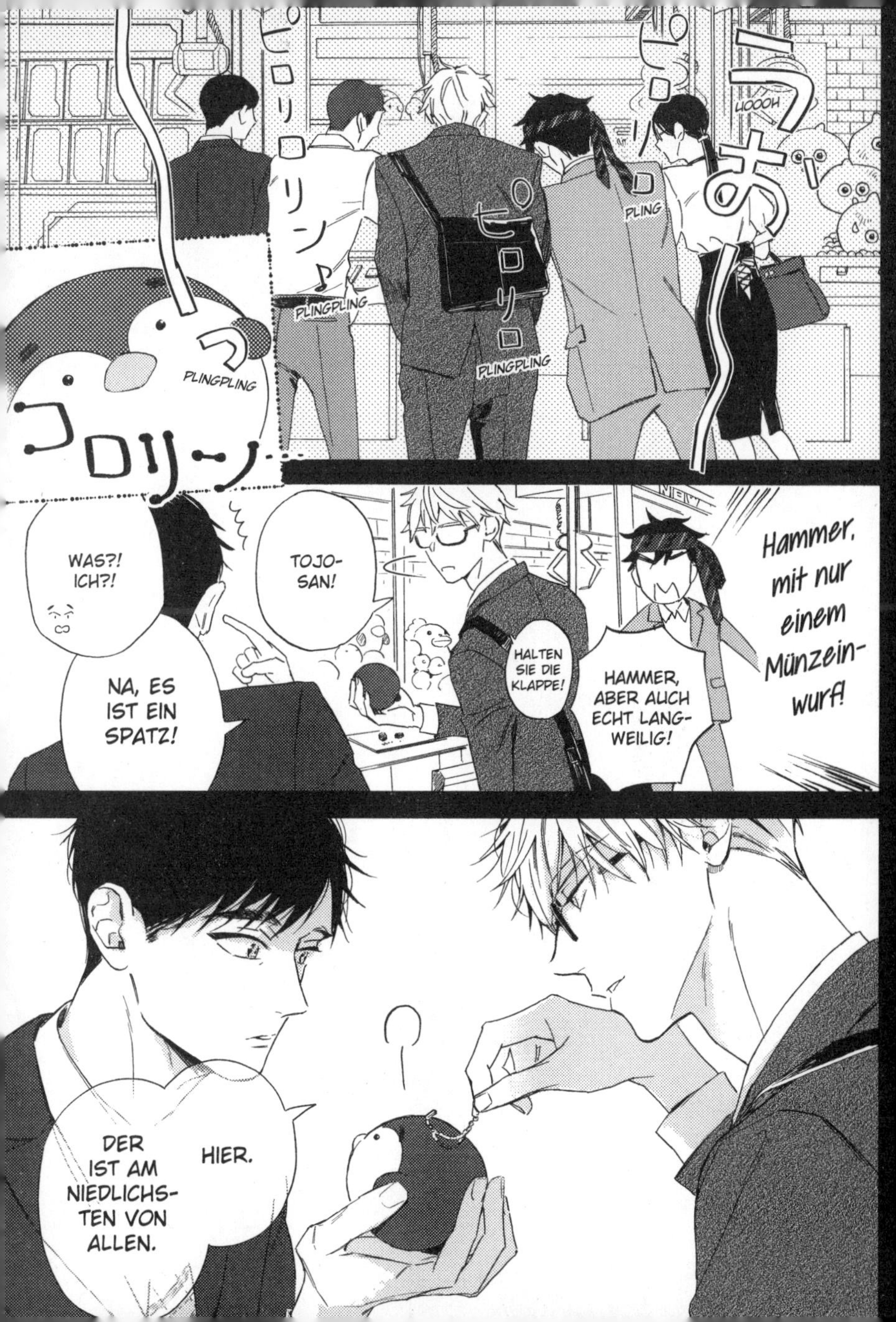
UOOOH
PLING
PLINGPLING
PLINGPLING
PLINGPLING
Hammer, mit nur einem Münzeinwurf!
HAMMER, ABER AUCH ECHT LANGWEILIG!
HALTEN SIE DIE KLAPPE!
TOJO-SAN!
WAS?! ICH?!
NA, ES IST EIN SPATZ!
HIER.
DER IST AM NIEDLICHSTEN VON ALLEN.

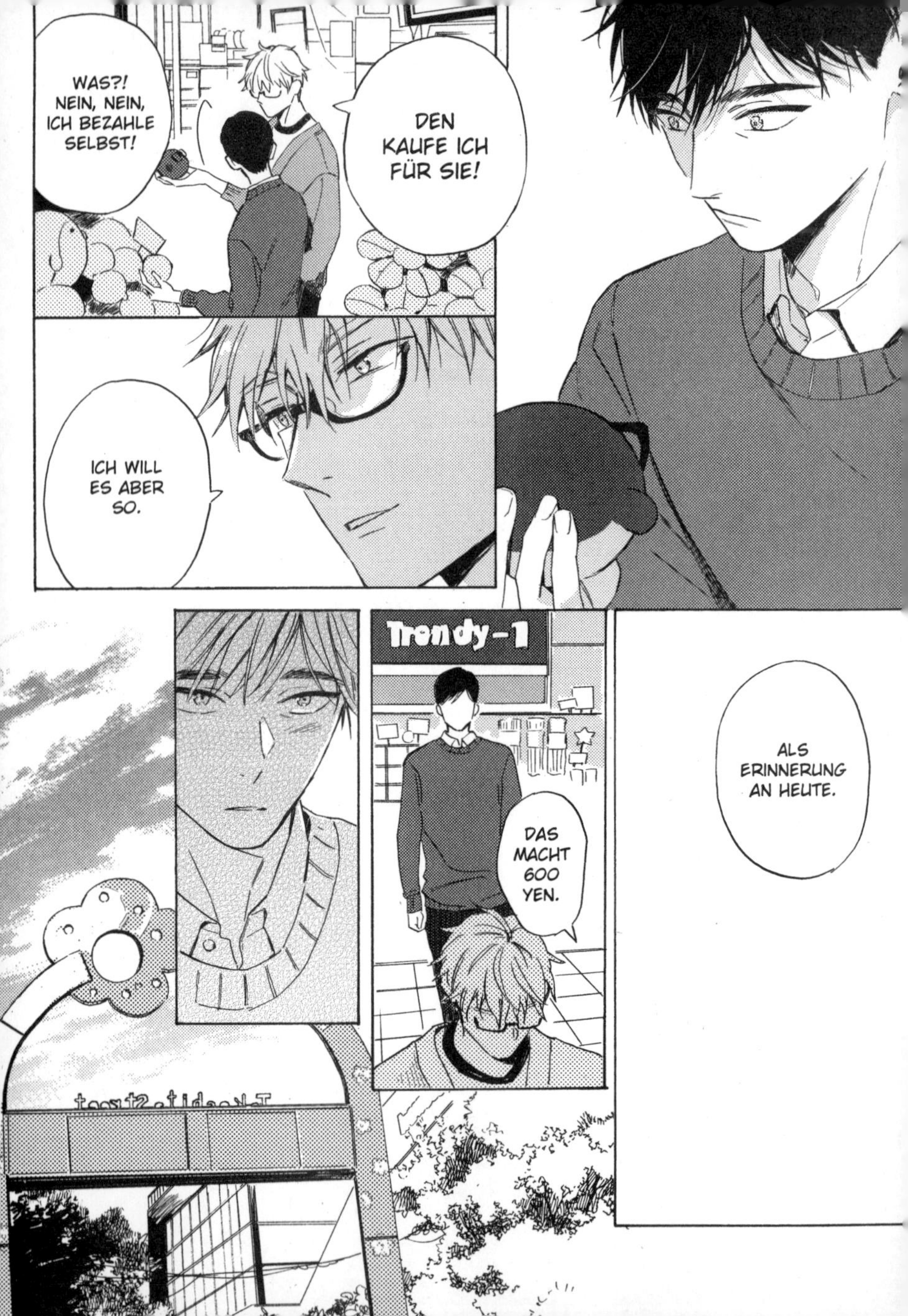
DEN KAUFE ICH FÜR SIE!
WAS?! NEIN, NEIN, ICH BEZAHLE SELBST!
ICH WILL ES ABER SO.
ALS ERINNERUNG AN HEUTE.
Trendy-1
DAS MACHT 600 YEN.

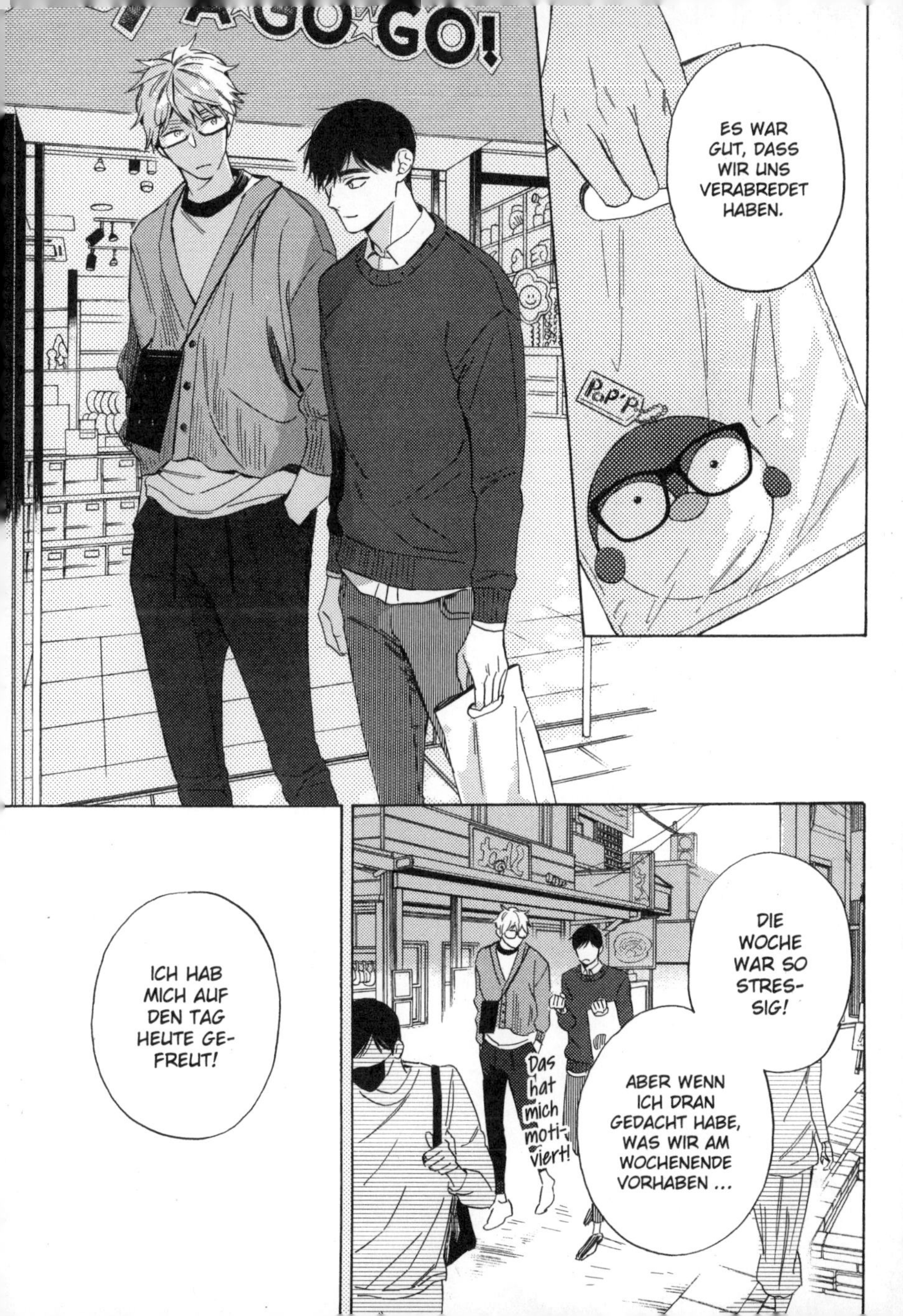
ES WAR GUT, DASS WIR UNS VERABREDET HABEN.
A GO GO!
DIE WOCHE WAR SO STRES-SIG!
ABER WENN ICH DRAN GEDACHT HABE, WAS WIR AM WOCHENENDE VORHABEN …
Das hat mich moti-viert!
ICH HAB MICH AUF DEN TAG HEUTE GE-FREUT!

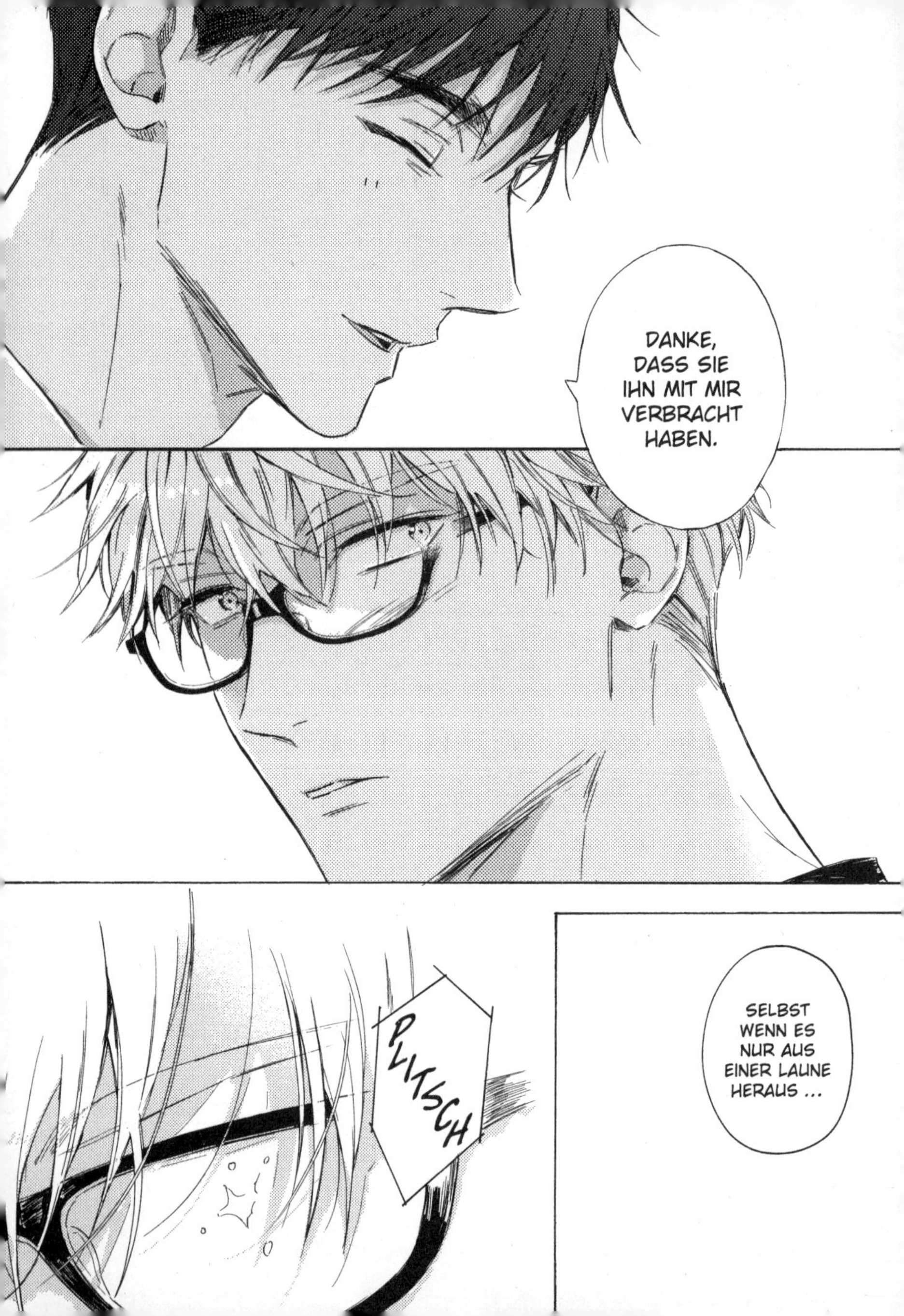
DANKE, DASS SIE IHN MIT MIR VERBRACHT HABEN.
SELBST WENN ES NUR AUS EINER LAUNE HERAUS ...
PLITSCH

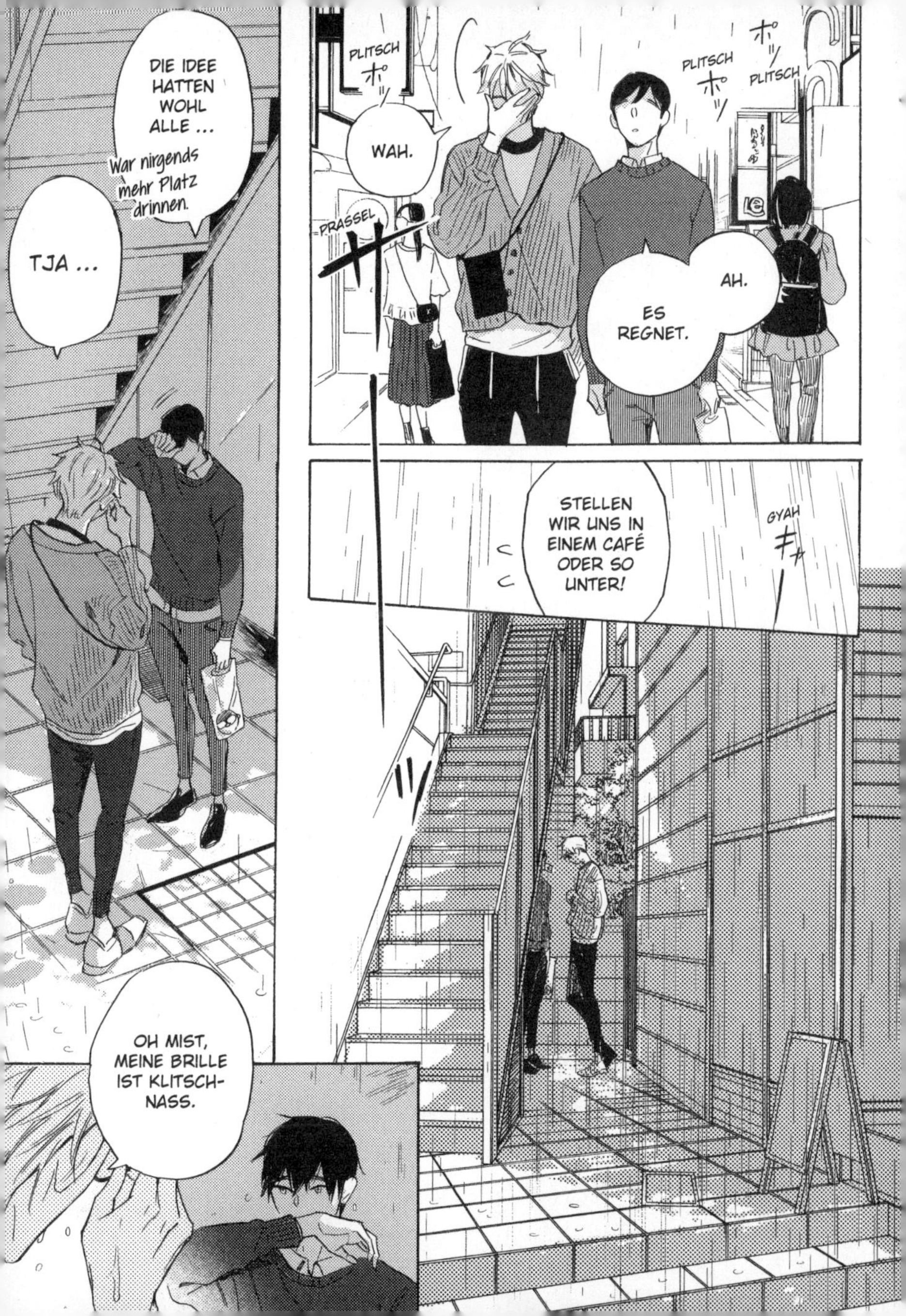
PLITSCH
PLITSCH
PLITSCH
AH.
ES REGNET.
PLITSCH
WAH.
PRASSEL
STELLEN WIR UNS IN EINEM CAFÉ ODER SO UNTER!
GYAH
DIE IDEE HATTEN WOHL ALLE ...
War nirgends mehr Platz drinnen.
TJA ...
OH MIST, MEINE BRILLE IST KLITSCHNASS.

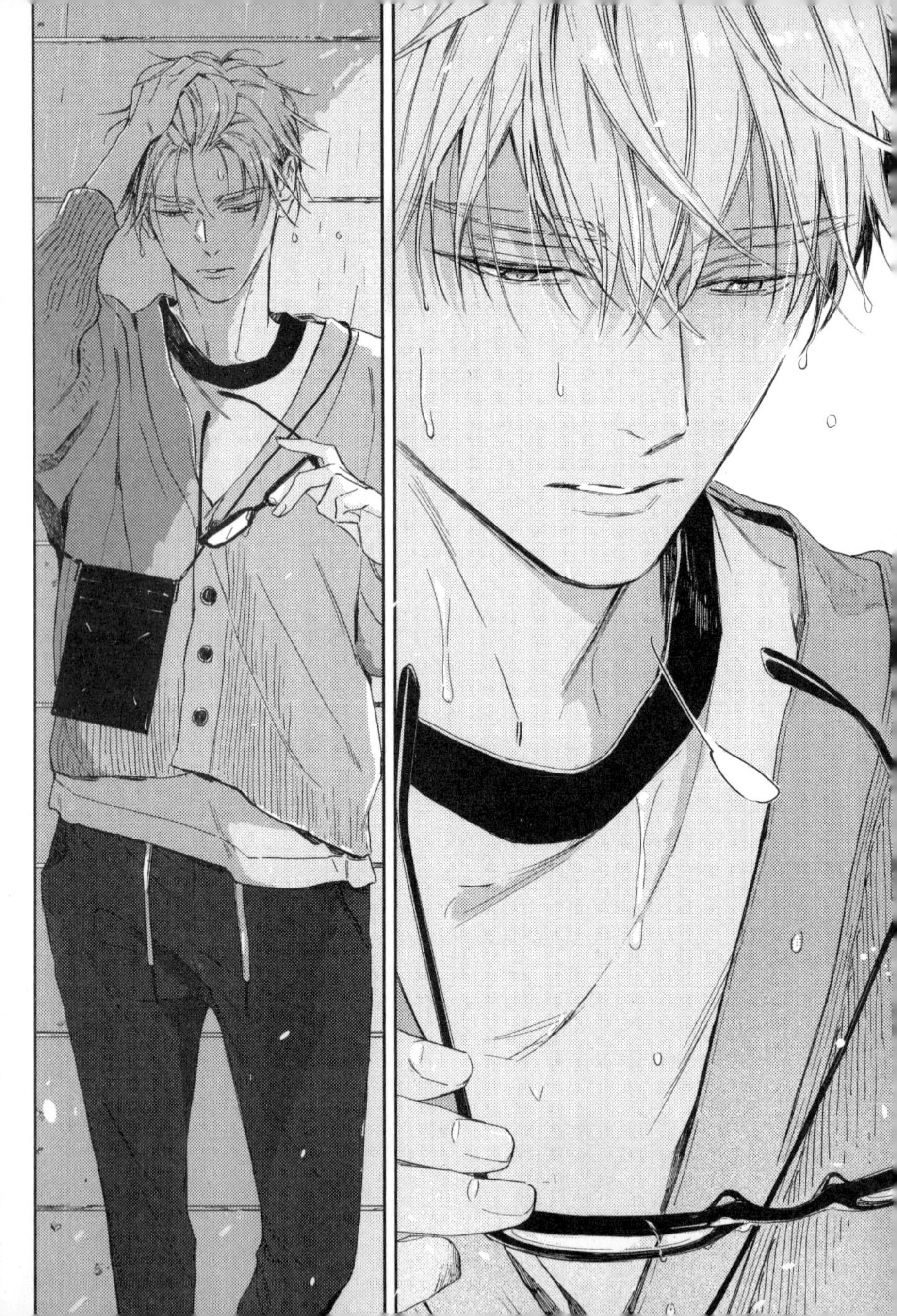

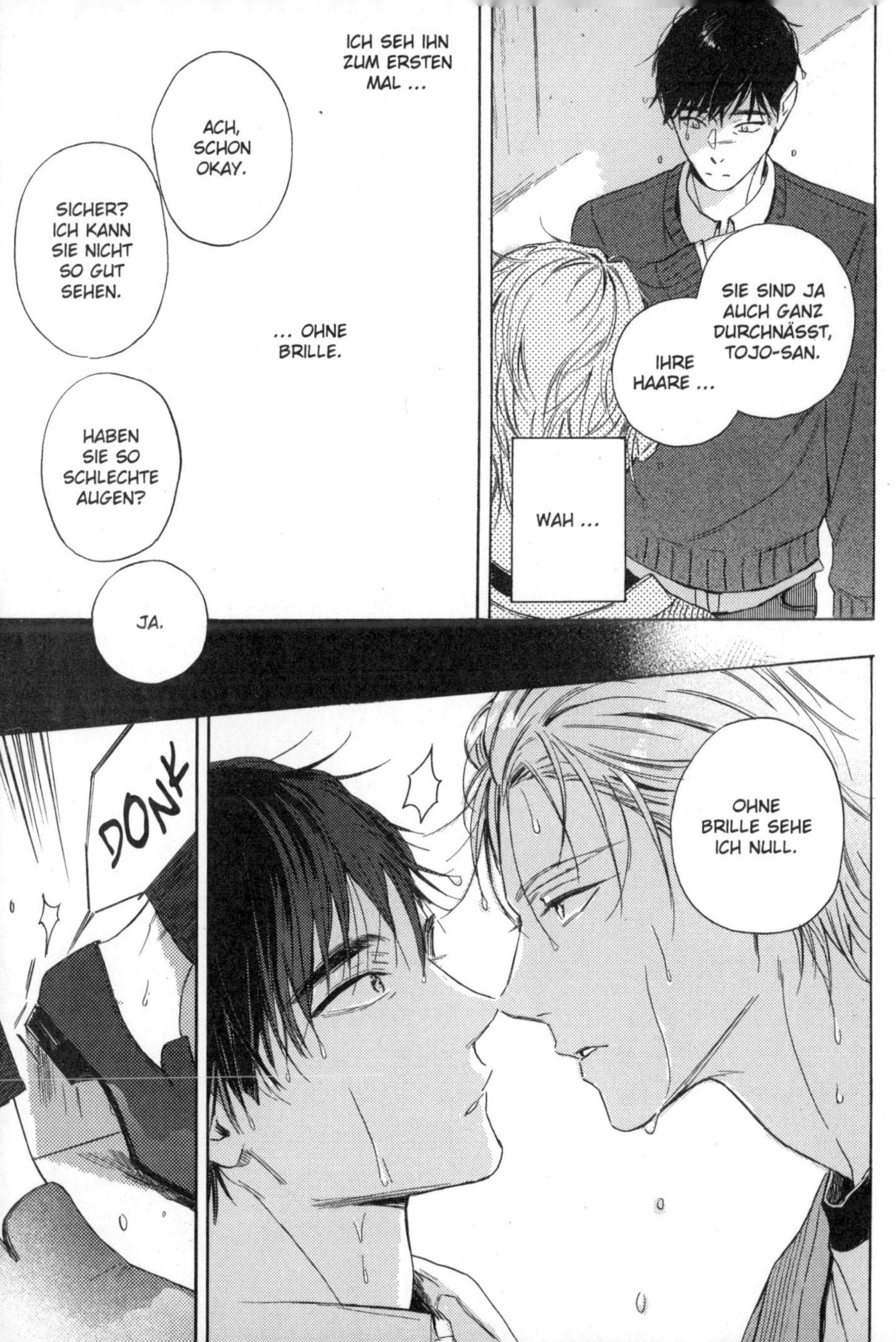
SIE SIND JA AUCH GANZ DURCHNÄSST, TOJO-SAN.
IHRE HAARE ...
WAH ...
ICH SEH IHN ZUM ERSTEN MAL ...
... OHNE BRILLE.
ACH, SCHON OKAY.
SICHER? ICH KANN SIE NICHT SO GUT SEHEN.
HABEN SIE SO SCHLECHTE AUGEN?
JA.
OHNE BRILLE SEHE ICH NULL.
DONK

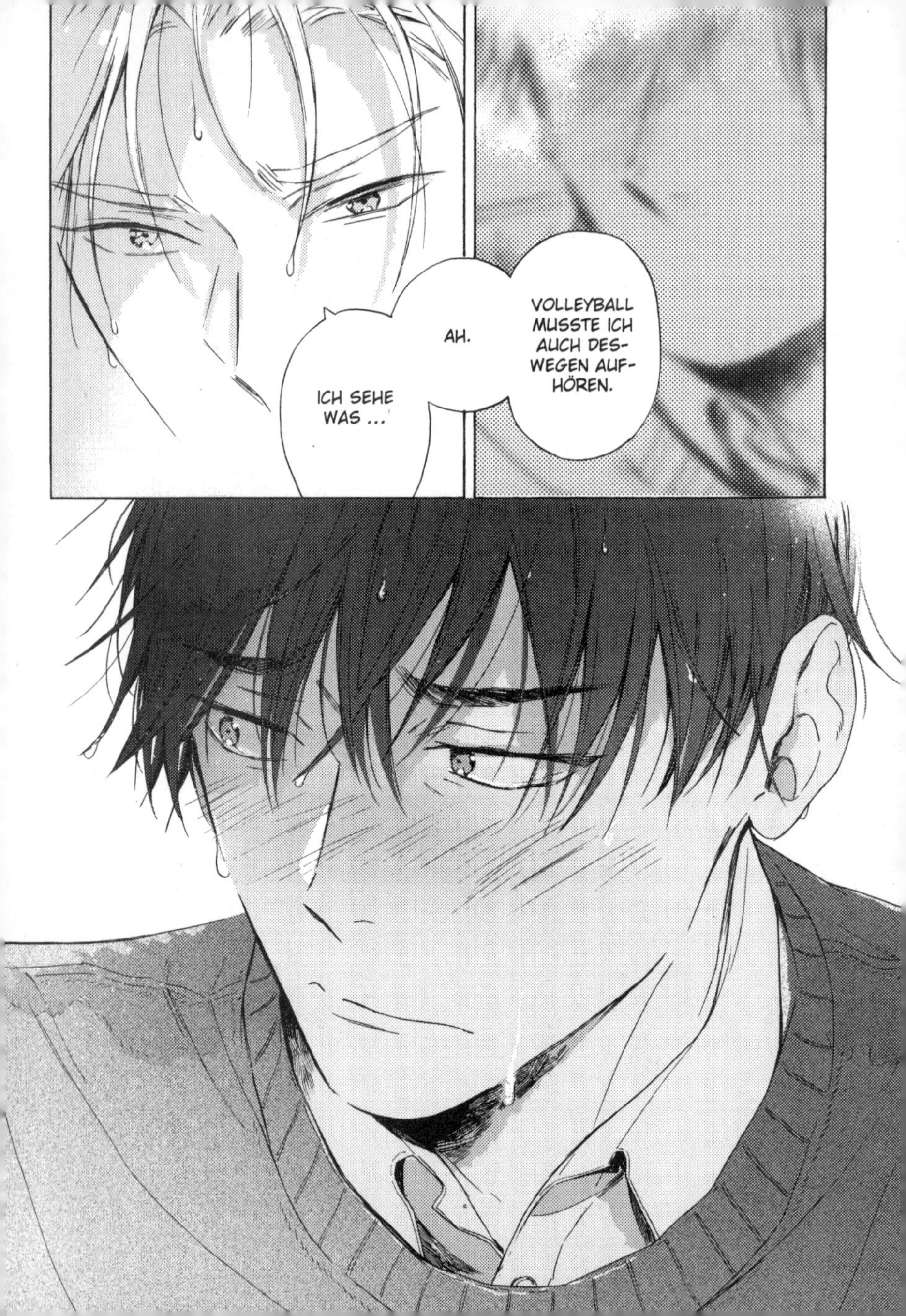
VOLLEYBALL MUSSTE ICH AUCH DES-WEGEN AUF-HÖREN.
AH.
ICH SEHE WAS …

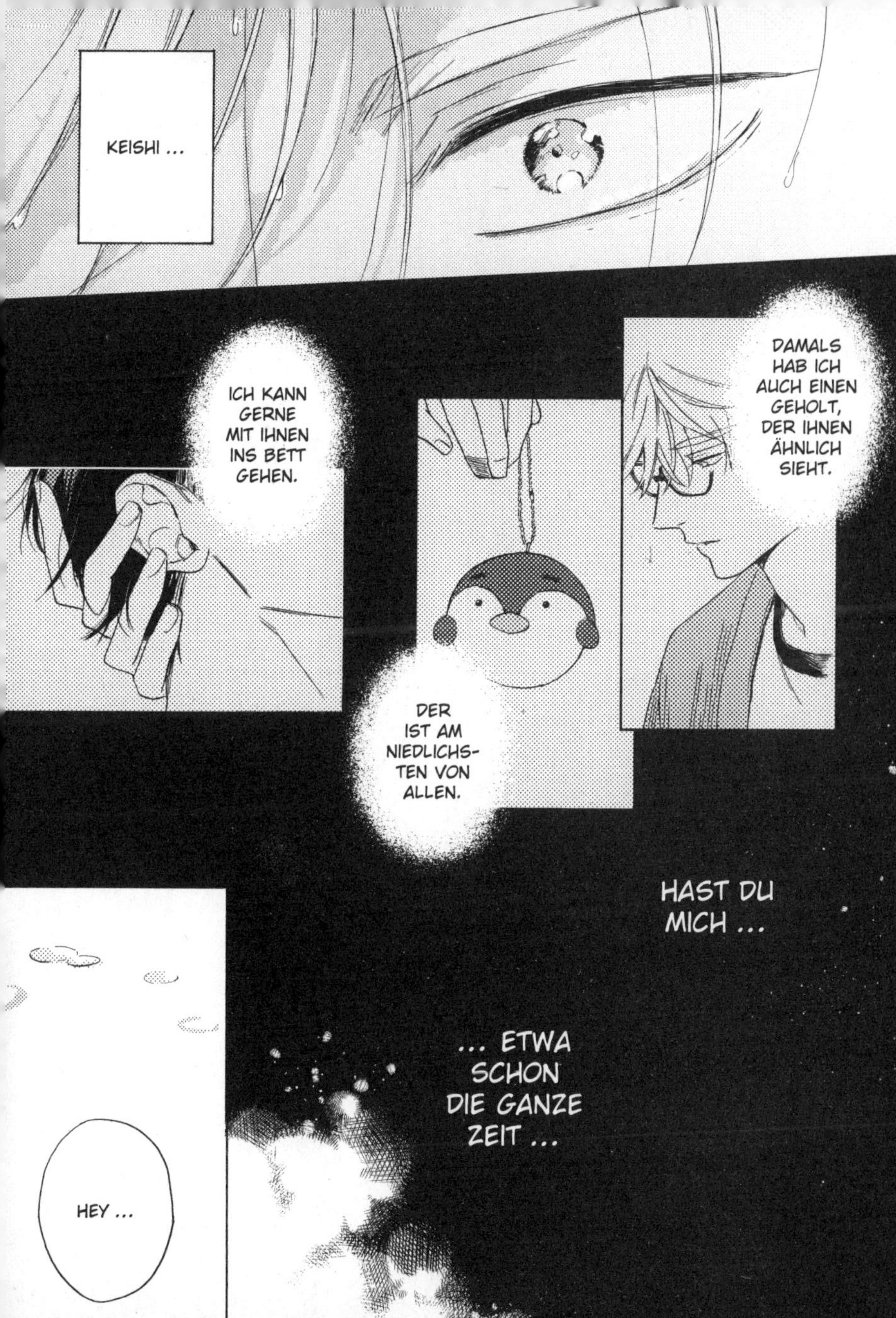
KEISHI …
DAMALS HAB ICH AUCH EINEN GEHOLT, DER IHNEN ÄHNLICH SIEHT.
DER IST AM NIEDLICHS-TEN VON ALLEN.
ICH KANN GERNE MIT IHNEN INS BETT GEHEN.
HAST DU MICH …
… ETWA SCHON DIE GANZE ZEIT …
HEY …

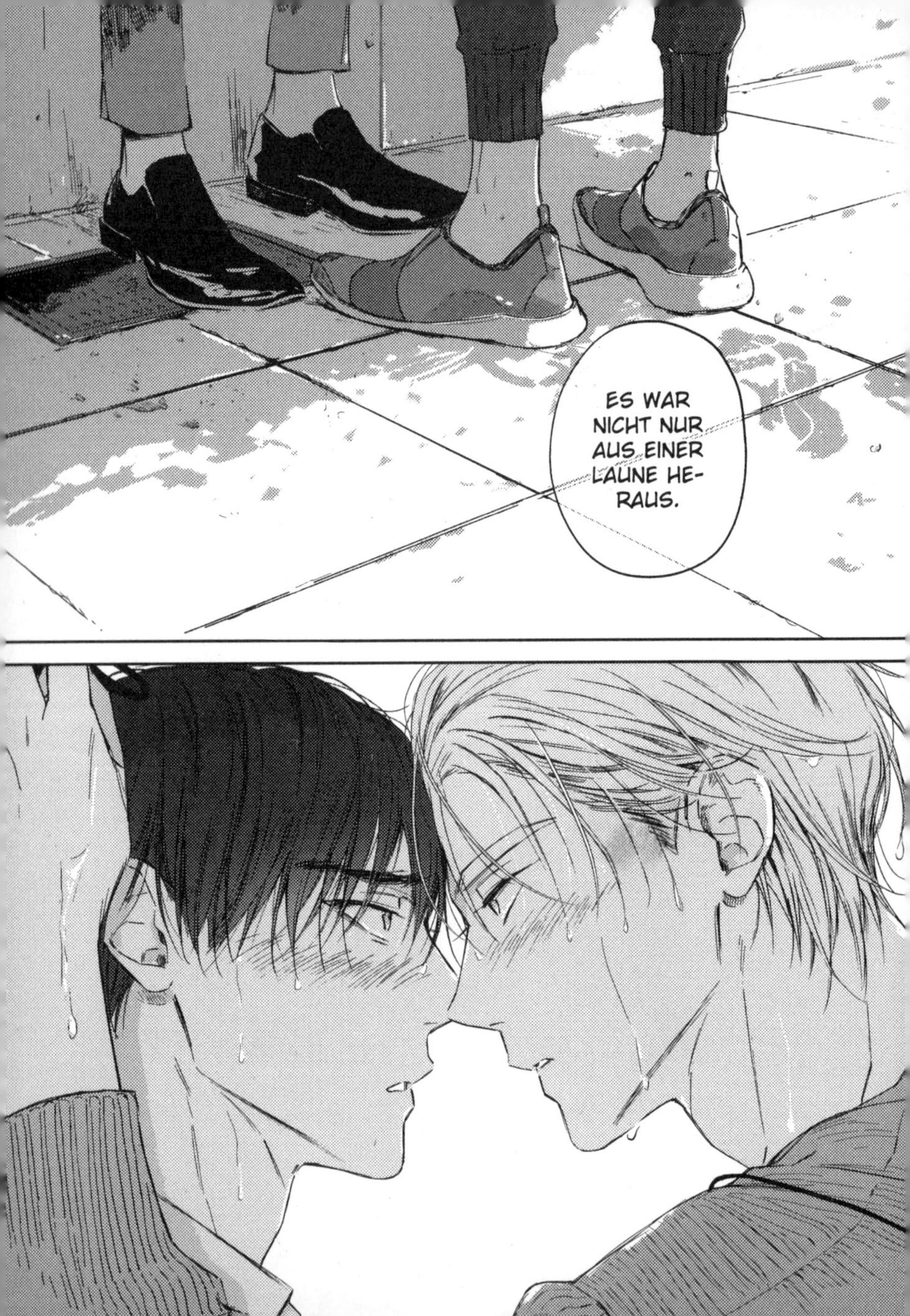
ES WAR
NICHT NUR
AUS EINER
LAUNE HE-
RAUS.

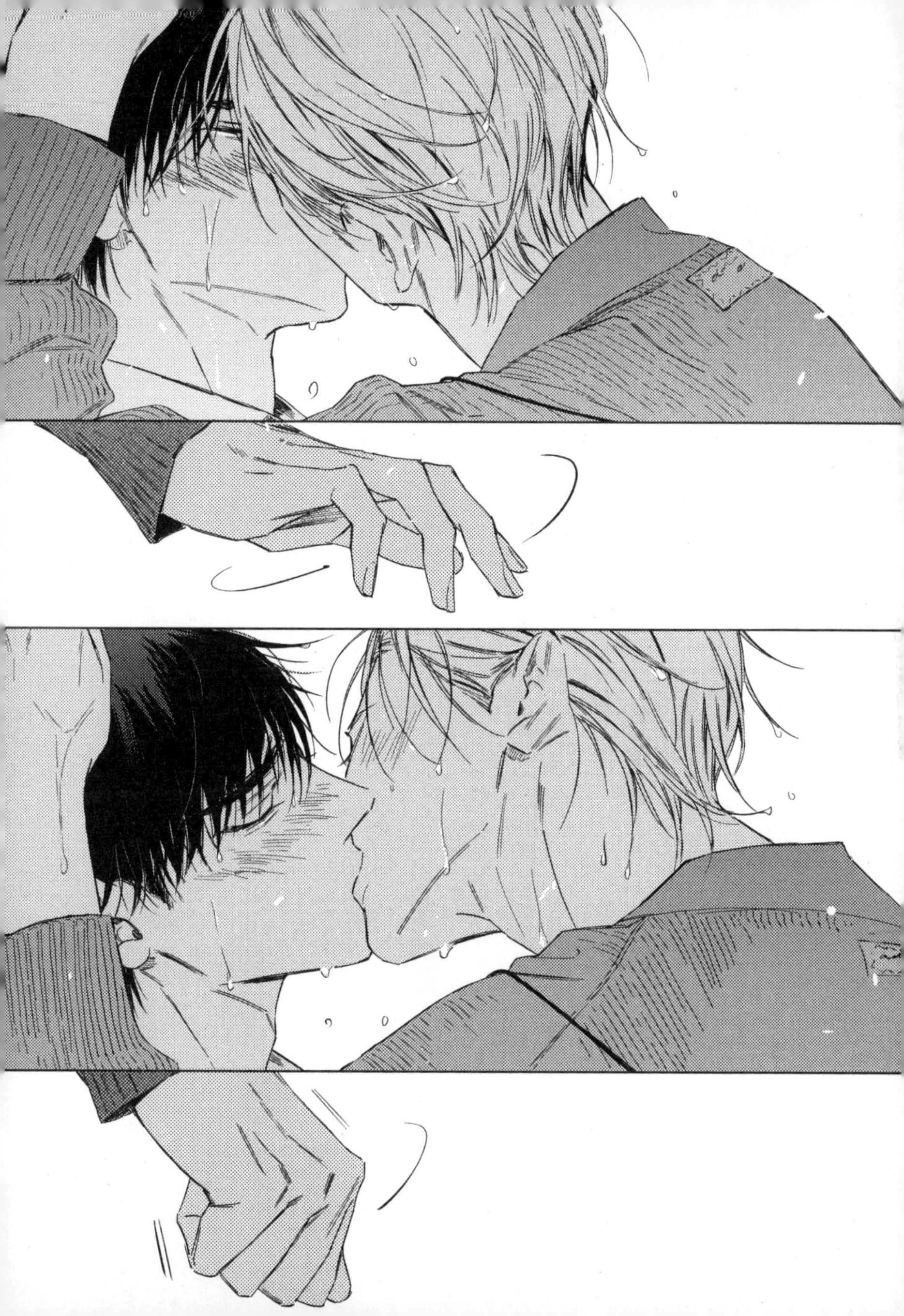

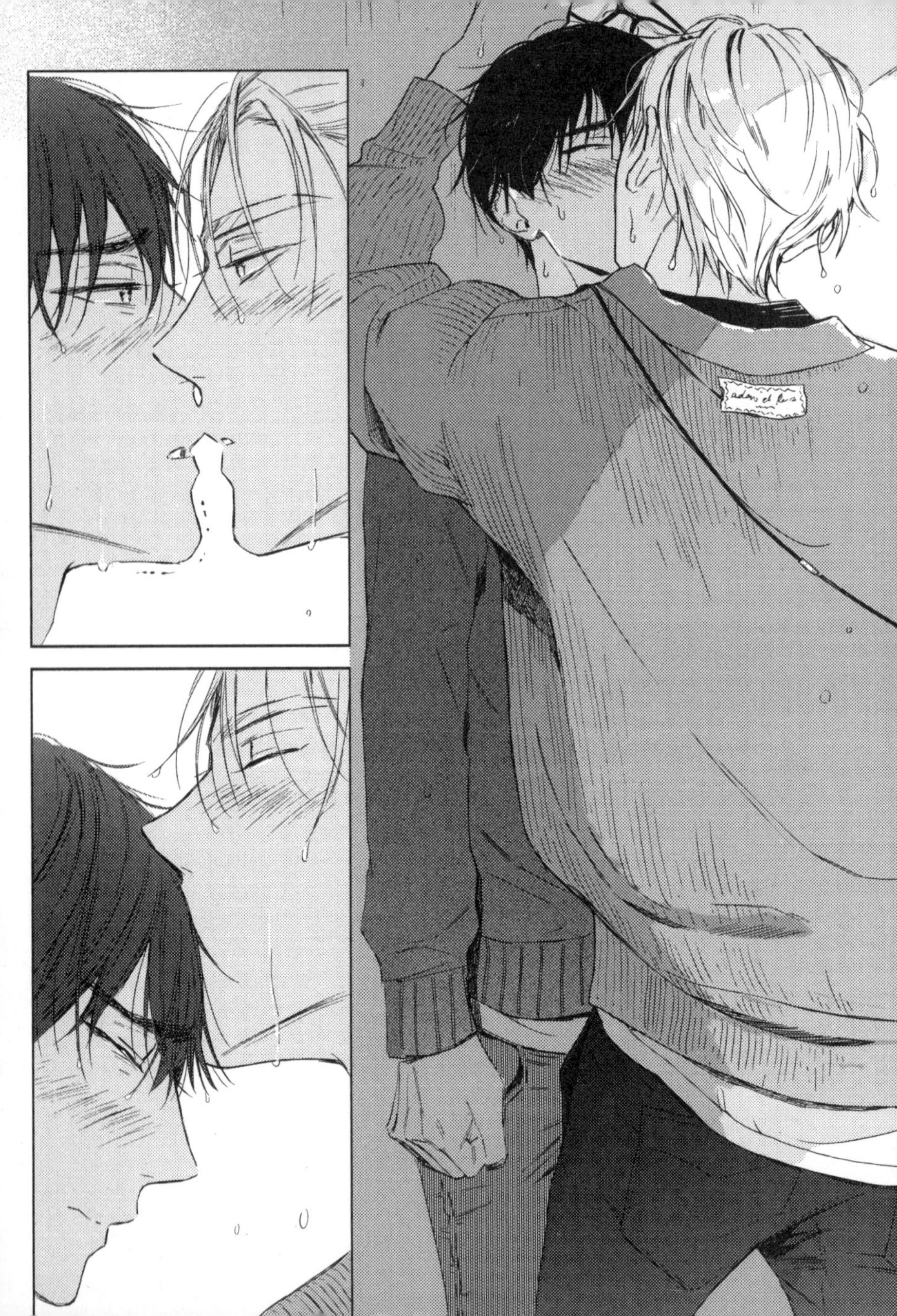

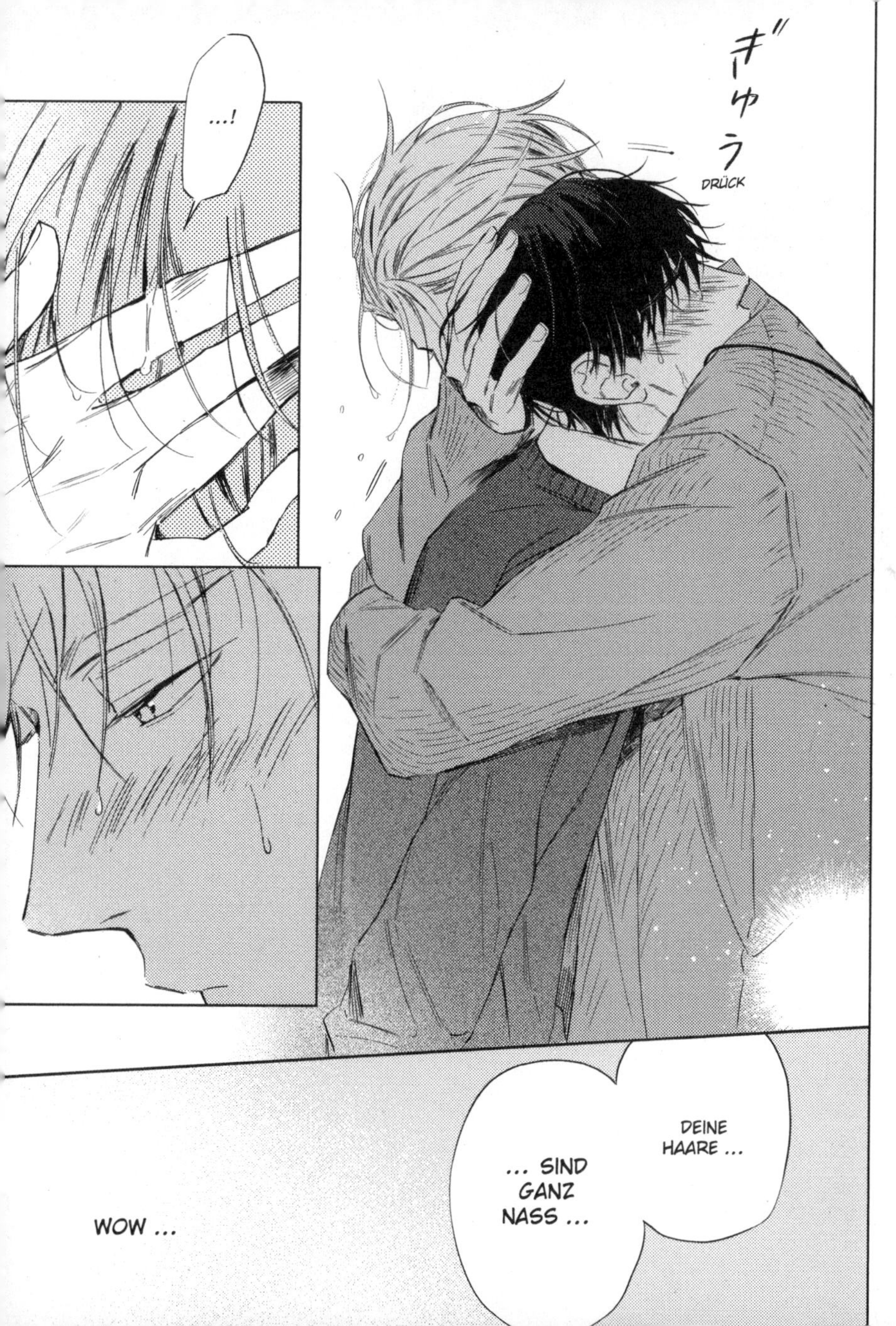
ギュウ
DRÜCK
...!
DEINE HAARE ...
... SIND GANZ NASS ...
WOW ...

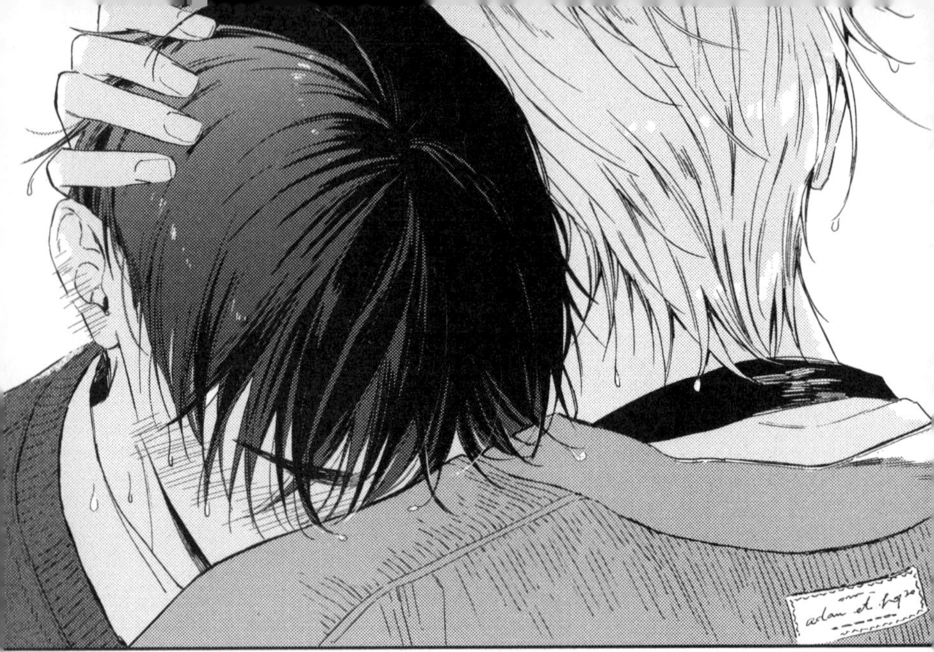

SELBST MIT
FAST 40 ...

... KLOPFT
MEIN HERZ WIE
WAHNSINNIG, WENN
ICH GEKÜSST
WERDE.

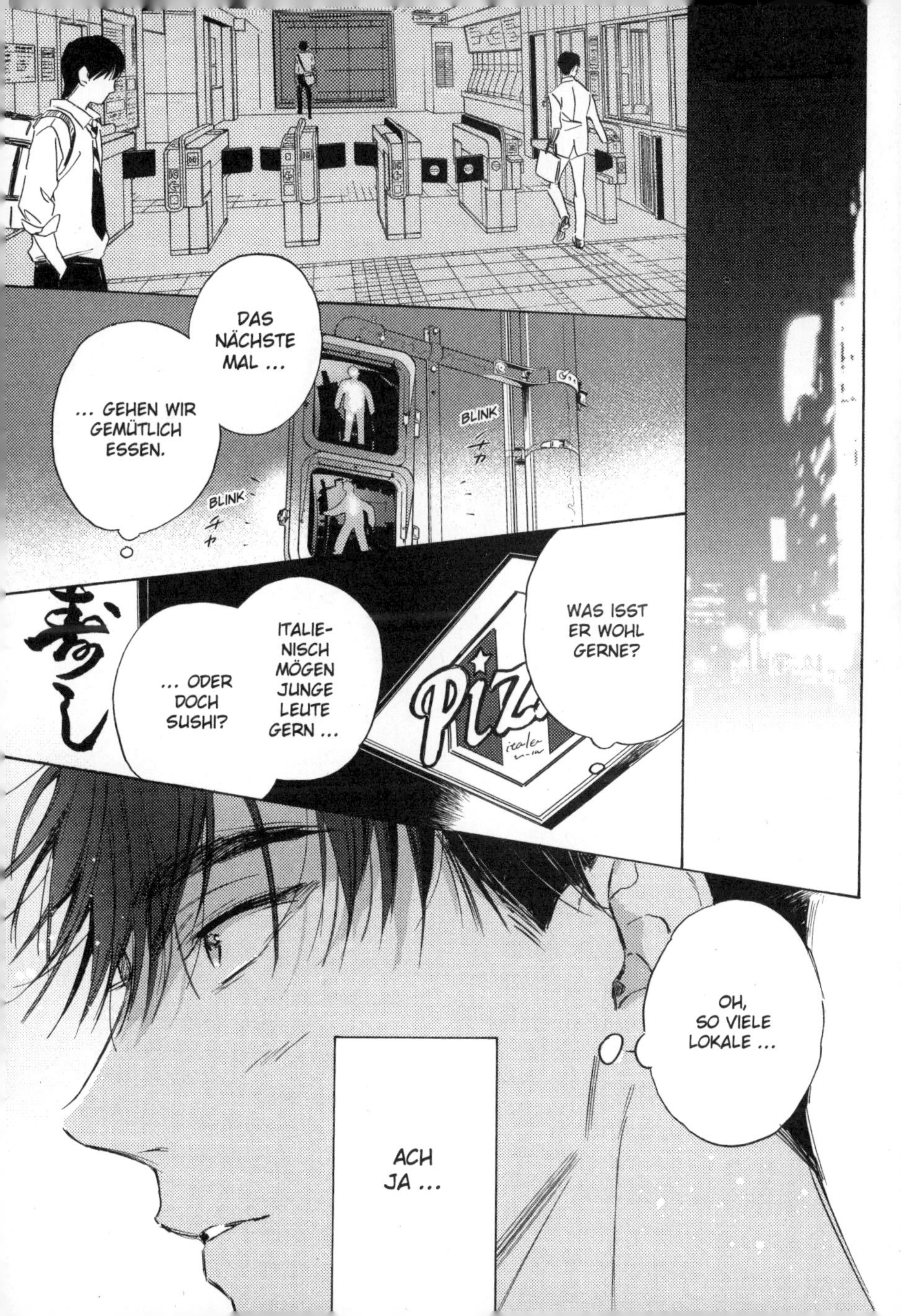
DAS NÄCHSTE MAL ...
... GEHEN WIR GEMÜTLICH ESSEN.
BLINK
BLINK
WAS ISST ER WOHL GERNE?
ITALIENISCH MÖGEN JUNGE LEUTE GERN ...
... ODER DOCH SUSHI?
OH, SO VIELE LOKALE ...
ACH JA ...

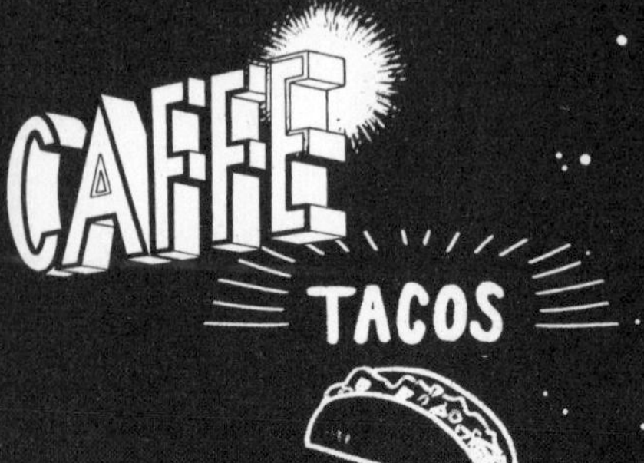


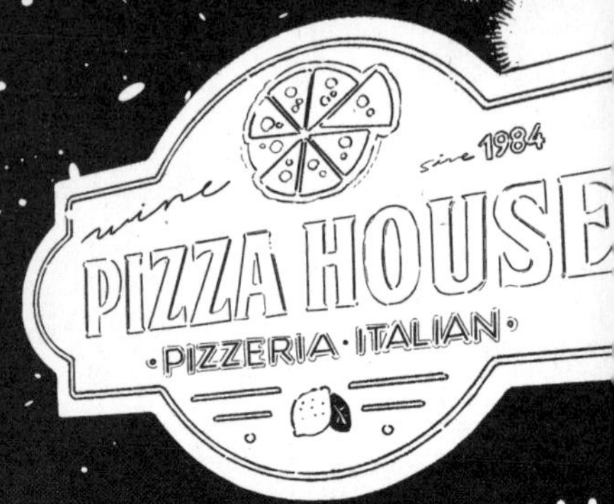


ICH HAB BISHER ...

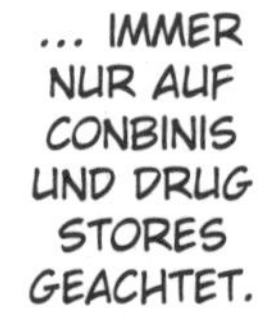

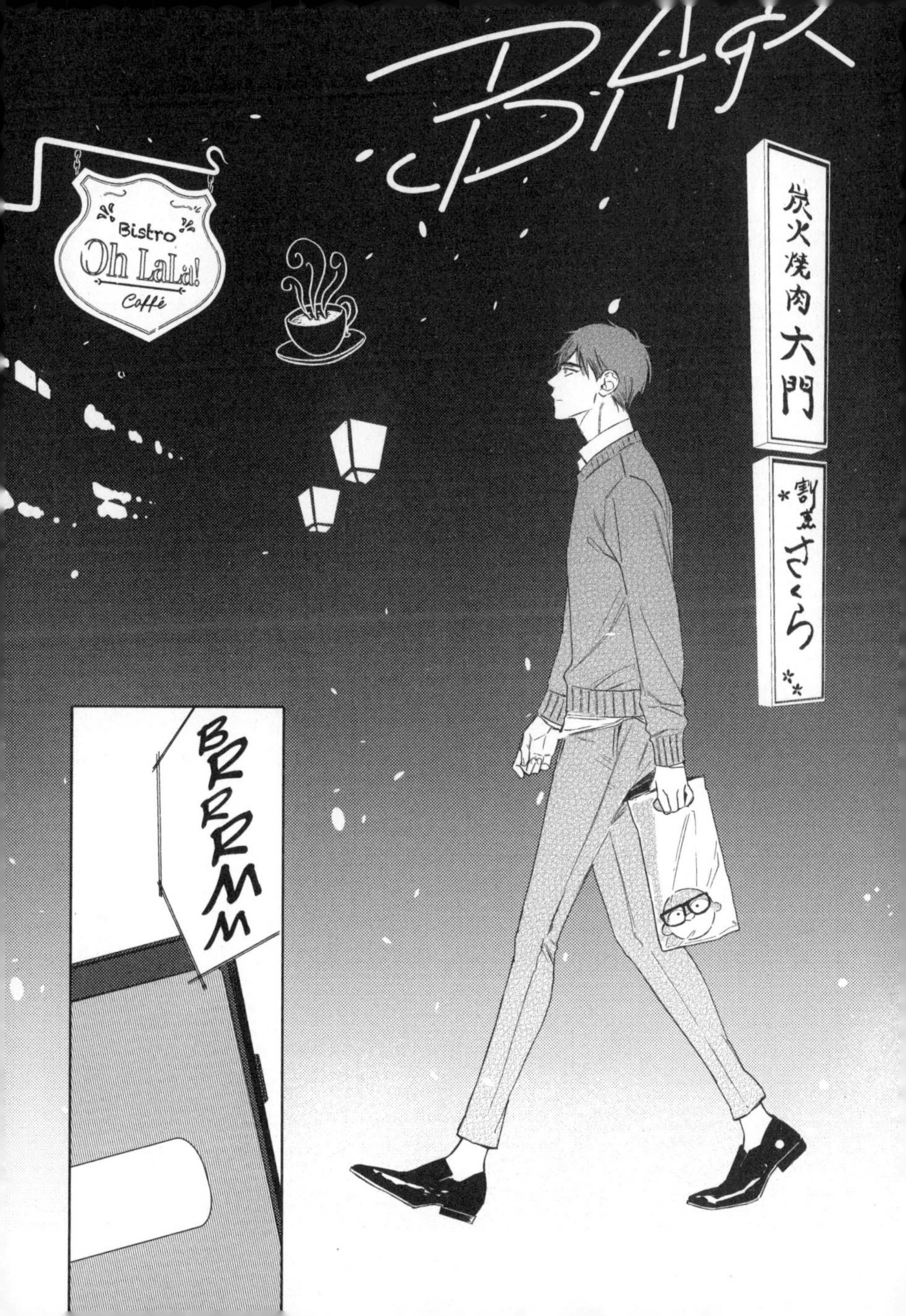

Bistro
Oh LaLa!
Caffé

炭火焼肉
大門

割烹
さくら

BRRRMM

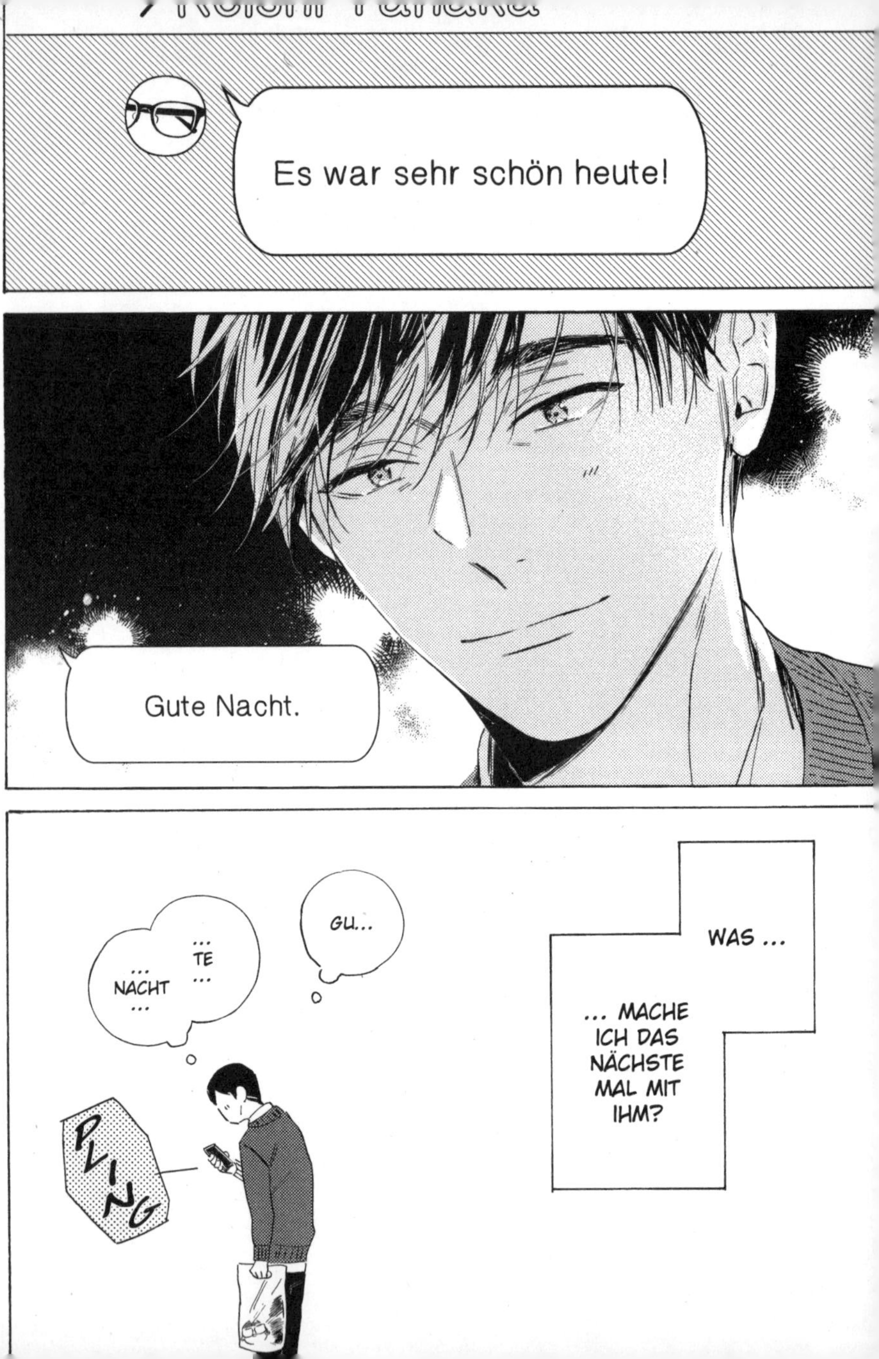

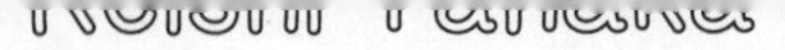

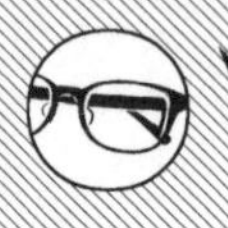

Es war sehr schön heute!
Gute Nacht.
WAS …
… MACHE ICH DAS NÄCHSTE MAL MIT IHM?
GU…
… TE …
… NACHT …
PLING

10 erste Male,
bevor ich 40 werde

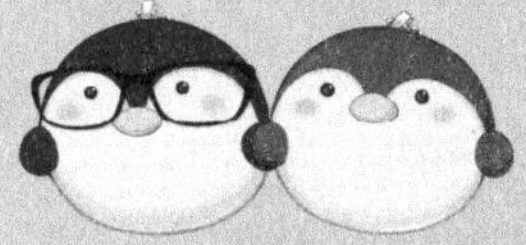

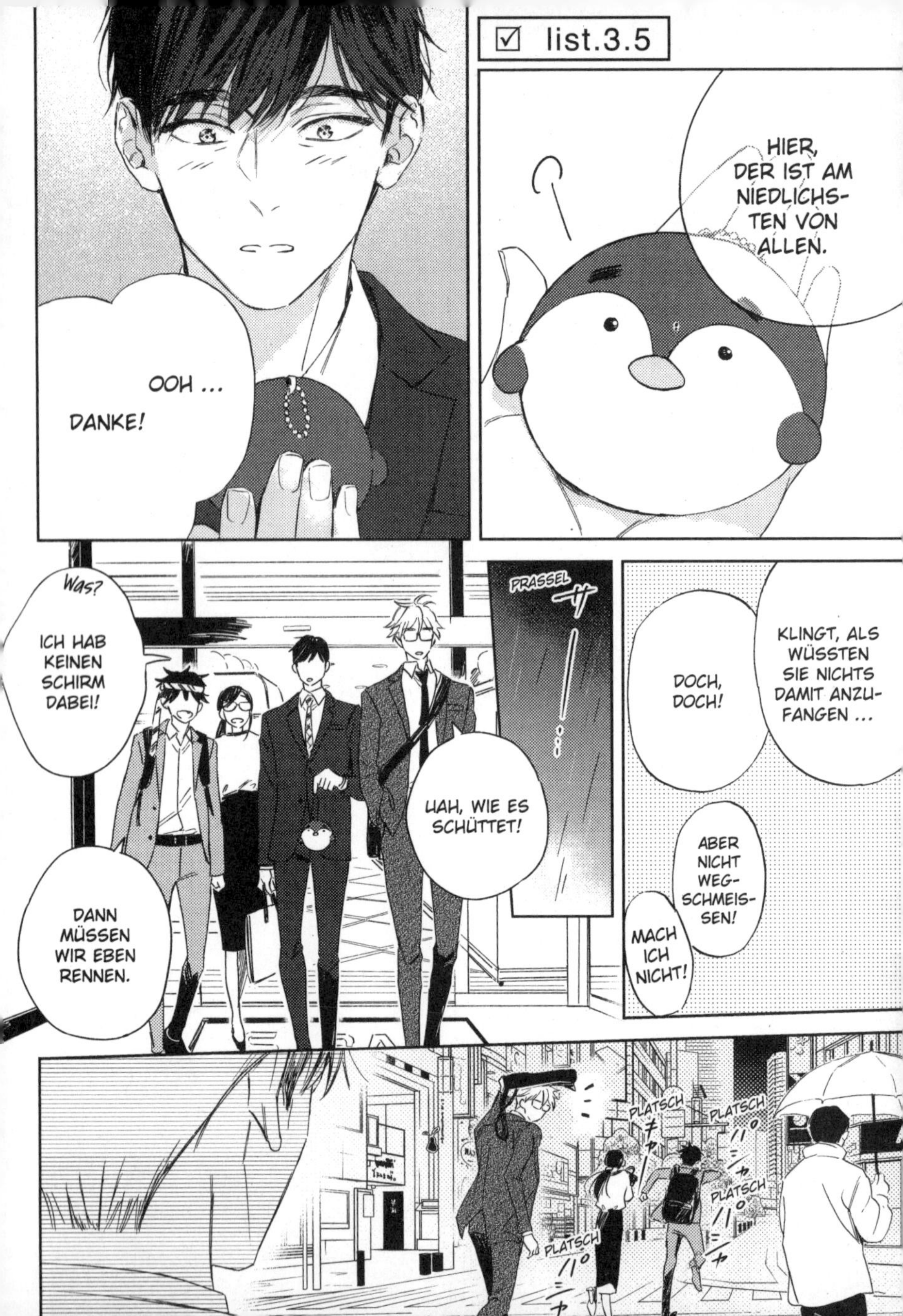
list.3.5
HIER, DER IST AM NIEDLICHSTEN VON ALLEN.
OOH ... DANKE!
KLINGT, ALS WÜSSTEN SIE NICHTS DAMIT ANZU- FANGEN ...
DOCH, DOCH!
ABER NICHT WEG- SCHMEIS- SEN!
MACH ICH NICHT!
PRASSEL
Was?
ICH HAB KEINEN SCHIRM DABEI!
UAH, WIE ES SCHÜTTET!
DANN MÜSSEN WIR EBEN RENNEN.
PLATSCH
PLATSCH
PLATSCH
PLATSCH

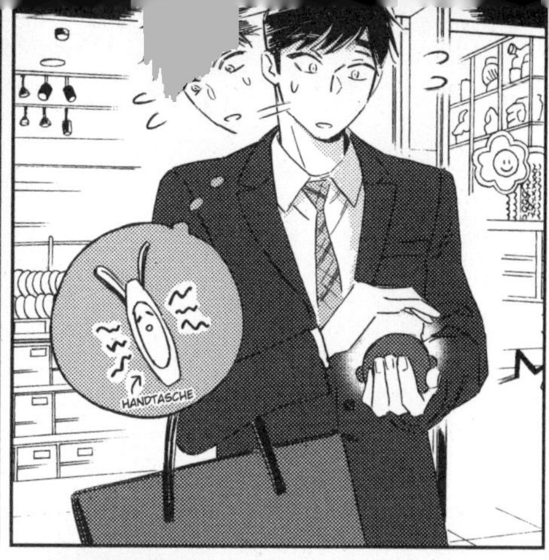
HANDTASCHE

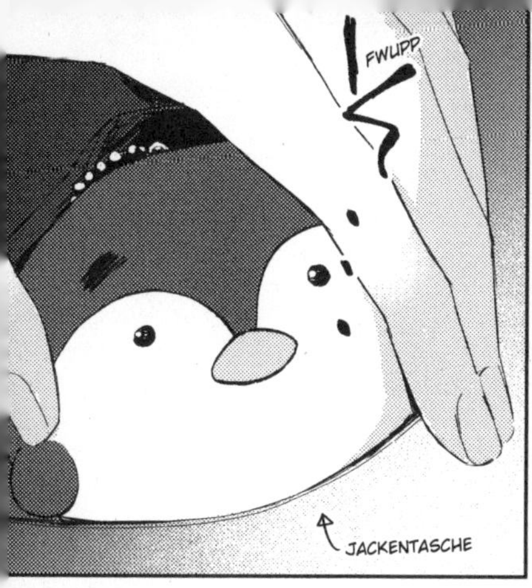
FWUPP
JACKENTASCHE

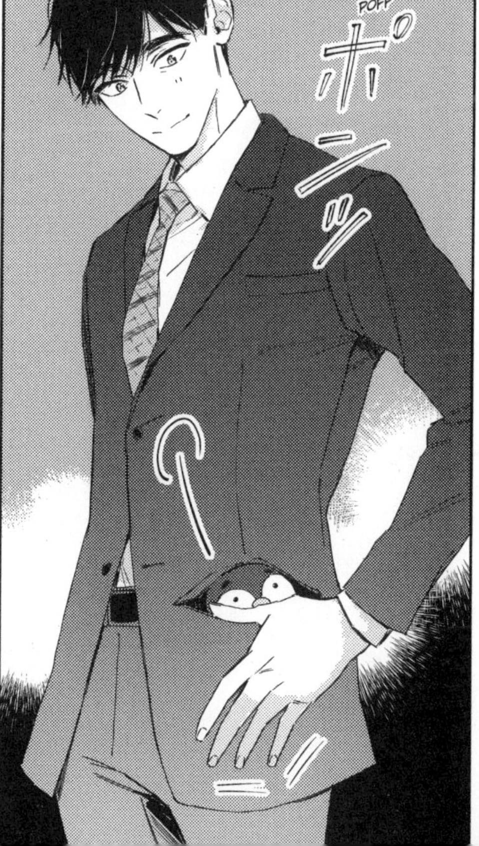
POFF

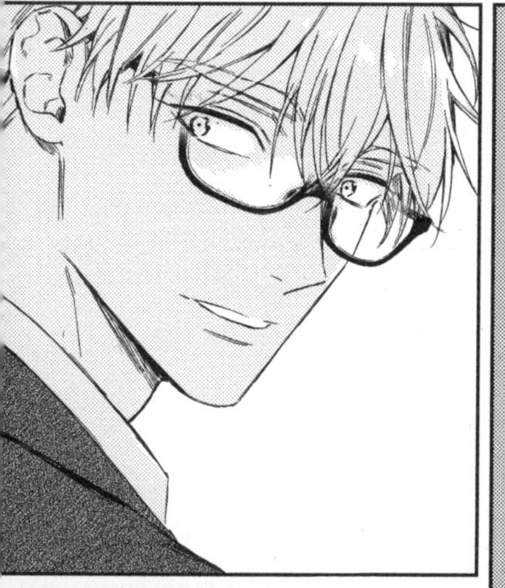

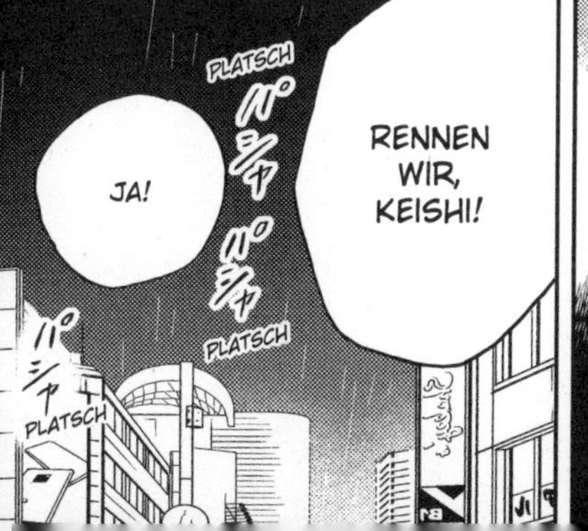
RENNEN WIR, KEISHI!
JA!
PLATSCH
PLATSCH
PLATSCH

# 10 erste Male, bevor ich 40 werde

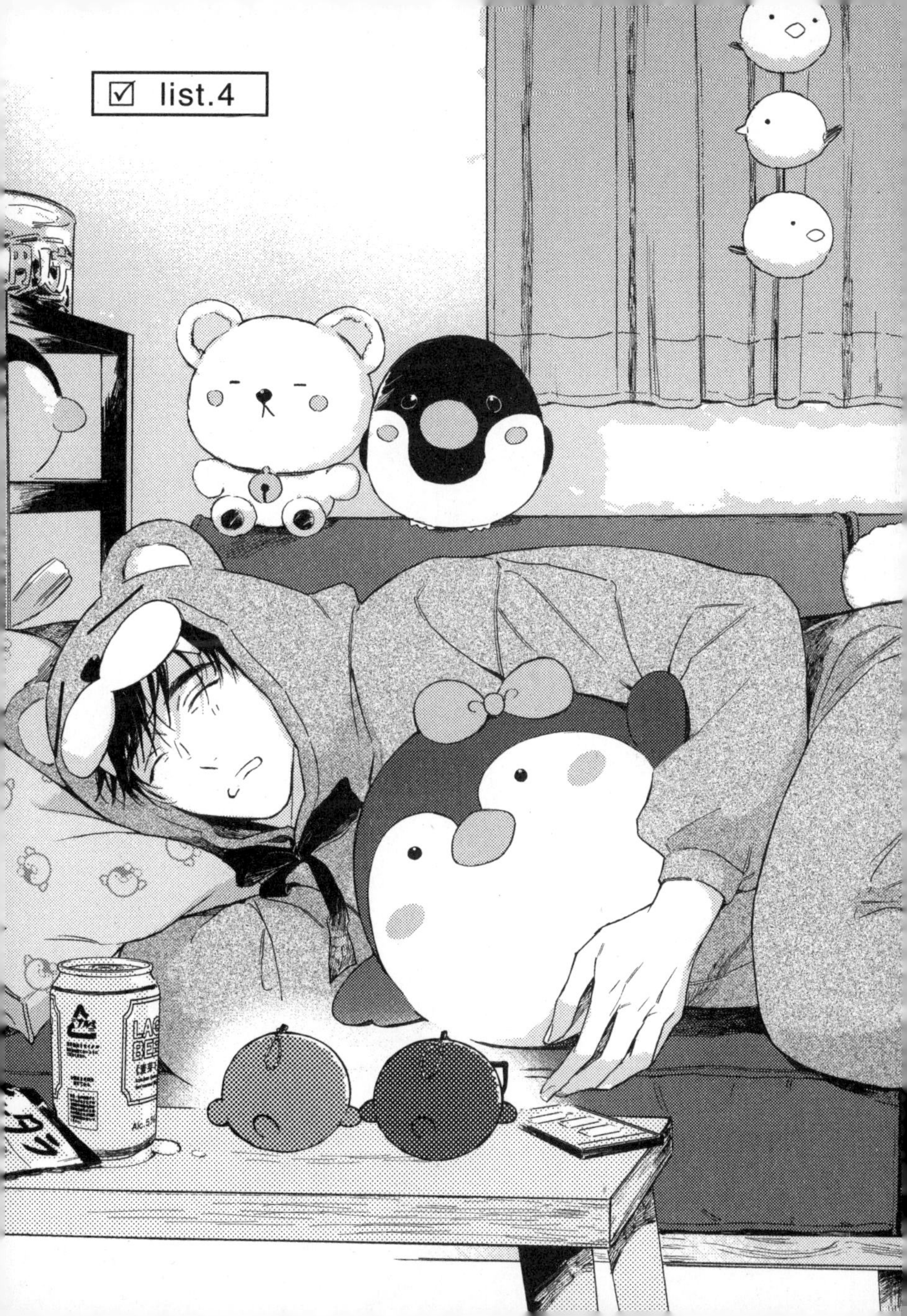
☑ list.4

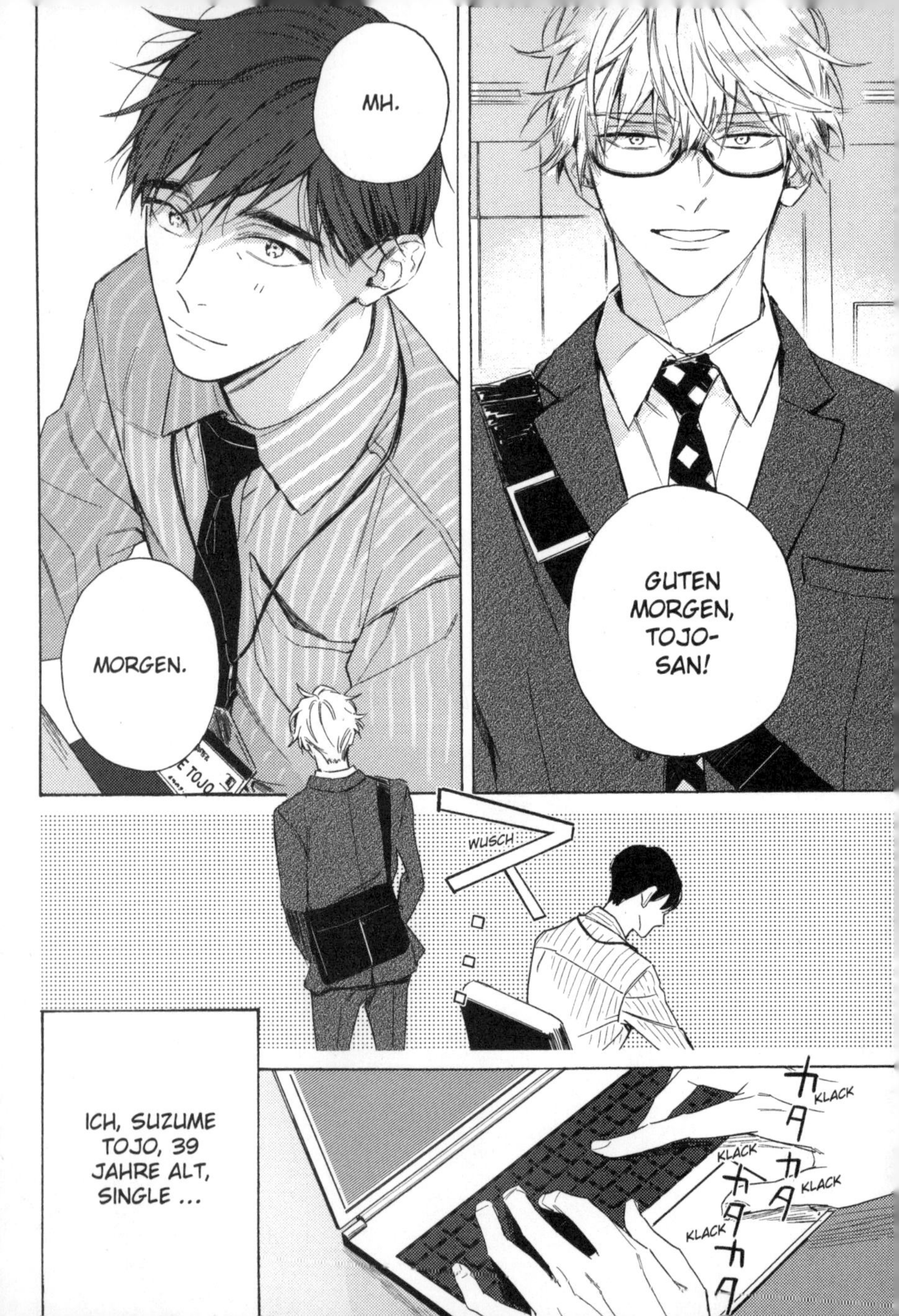
GUTEN MORGEN, TOJO-SAN!
MH.
MORGEN.
WUSCH
ICH, SUZUME TOJO, 39 JAHRE ALT, SINGLE …
KLACK
KLACK
KLACK
KLACK

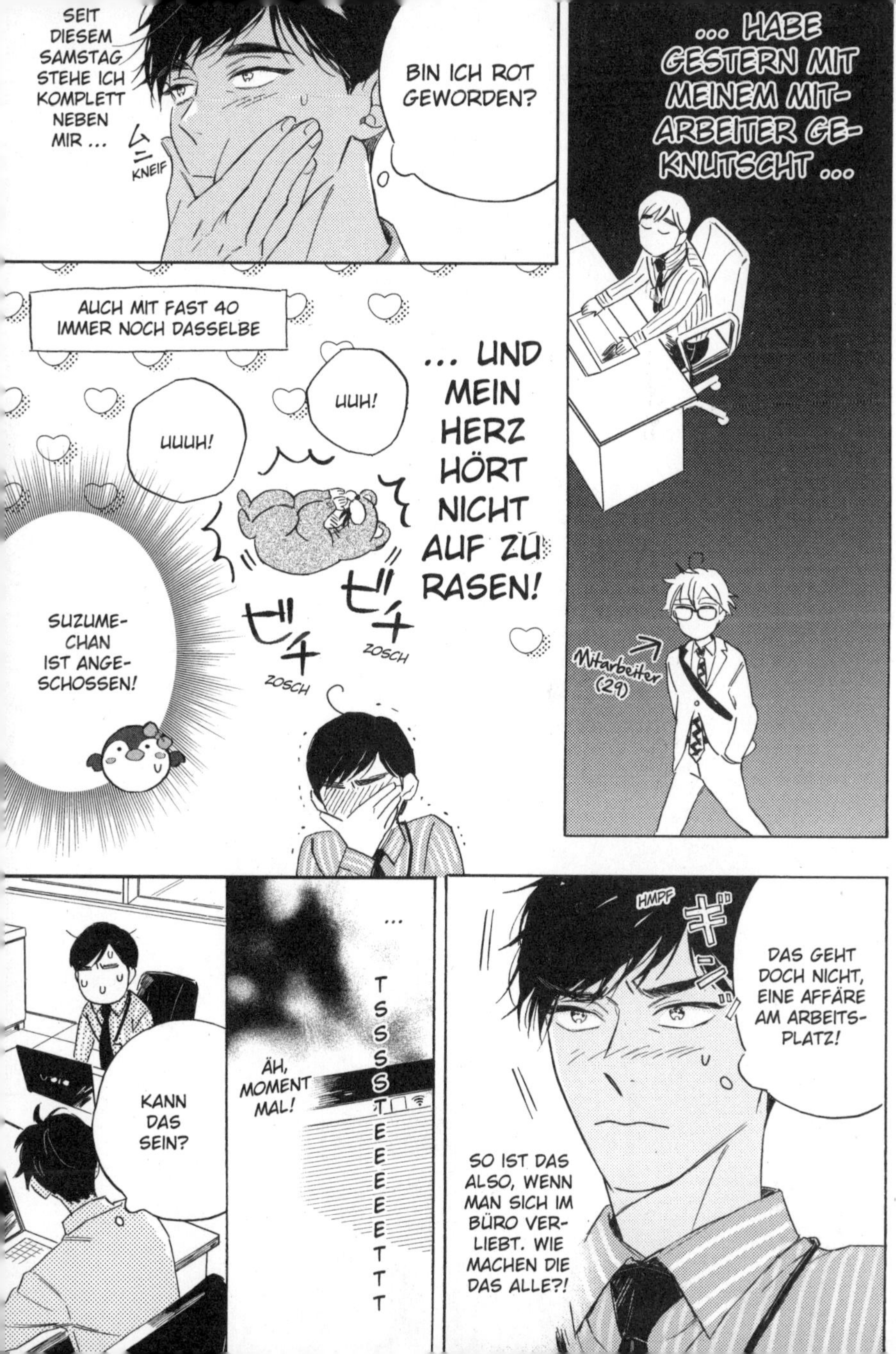
... HABE GESTERN MIT MEINEM MIT-ARBEITER GE-KNUTSCHT ...
BIN ICH ROT GEWORDEN?
SEIT DIESEM SAMSTAG STEHE ICH KOMPLETT NEBEN MIR ...
ムニ
KNEIF
Mitarbeiter (29)
AUCH MIT FAST 40 IMMER NOCH DASSELBE
... UND MEIN HERZ HÖRT NICHT AUF ZU RASEN!
UUH!
UUUH!
ビィ
ZOSCH
ビィ
ZOSCH
SUZUME-CHAN IST ANGE-SCHOSSEN!
HMPF
ギ
DAS GEHT DOCH NICHT, EINE AFFÄRE AM ARBEITS-PLATZ!
SO IST DAS ALSO, WENN MAN SICH IM BÜRO VER-LIEBT. WIE MACHEN DIE DAS ALLE?!
...
TSSSSTEEEEEETTTT
ÄH, MOMENT MAL!
KANN DAS SEIN?

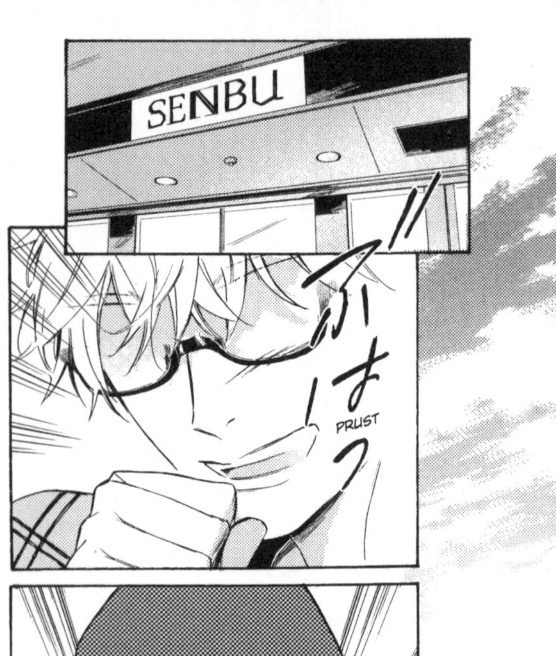


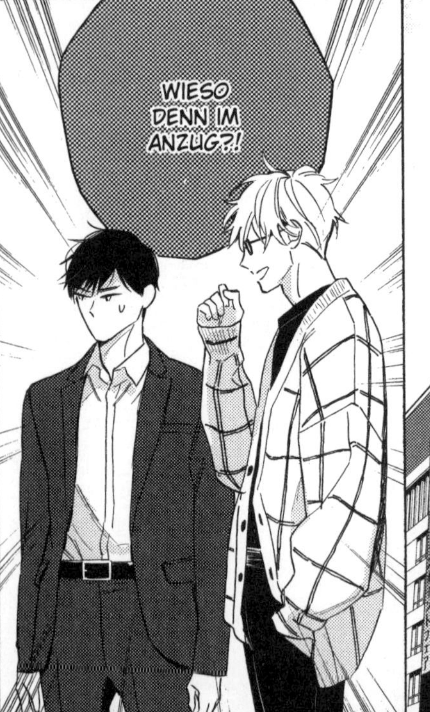


ste von 10

e ich tun wi

koyak

Kaufh erges

Kleid änd

ajuku en

Parfai akubi

uston Luxu

so richtig die Rolle

n-Liebhaber-finden

schen

en Geburtstag mit

IST DAS ETWA LIEBE?

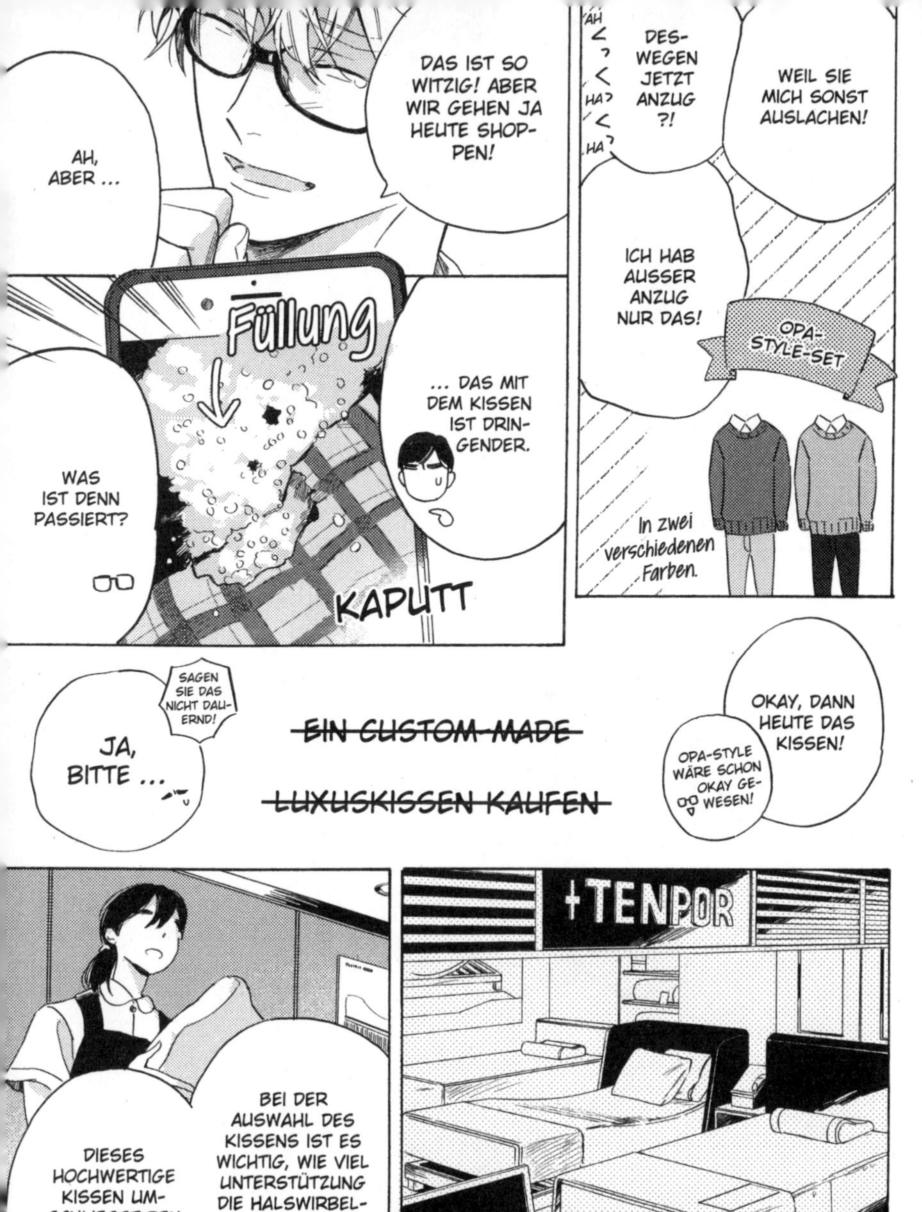

WEIL SIE MICH SONST AUSLACHEN!
DES-WEGEN JETZT ANZUG ?!
AH HA? HA?
DAS IST SO WITZIG! ABER WIR GEHEN JA HEUTE SHOP-PEN!
AH, ABER …
ICH HAB AUSSER ANZUG NUR DAS!
OPA-STYLE-SET
In zwei verschiedenen Farben.
… DAS MIT DEM KISSEN IST DRIN-GENDER.
Füllung
KAPUTT
WAS IST DENN PASSIERT?
OKAY, DANN HEUTE DAS KISSEN!
OPA-STYLE WÄRE SCHON OKAY GE-WESEN!
EIN CUSTOM-MADE
LUXUSKISSEN KAUFEN
SAGEN SIE DAS NICHT DAU-ERND!
JA, BITTE …
TENPOR
BEI DER AUSWAHL DES KISSENS IST ES WICHTIG, WIE VIEL UNTERSTÜTZUNG DIE HALSWIRBEL-SÄULE HABEN SOLL.
DIESES HOCHWERTIGE KISSEN UM-SCHLIESST DEN NACKEN VOLL-STÄNDIG!

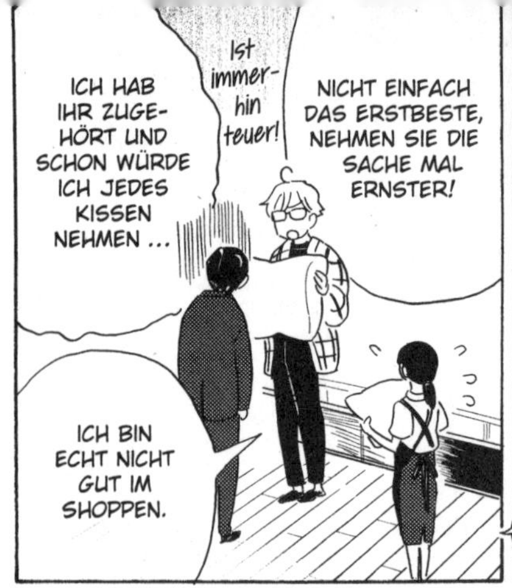

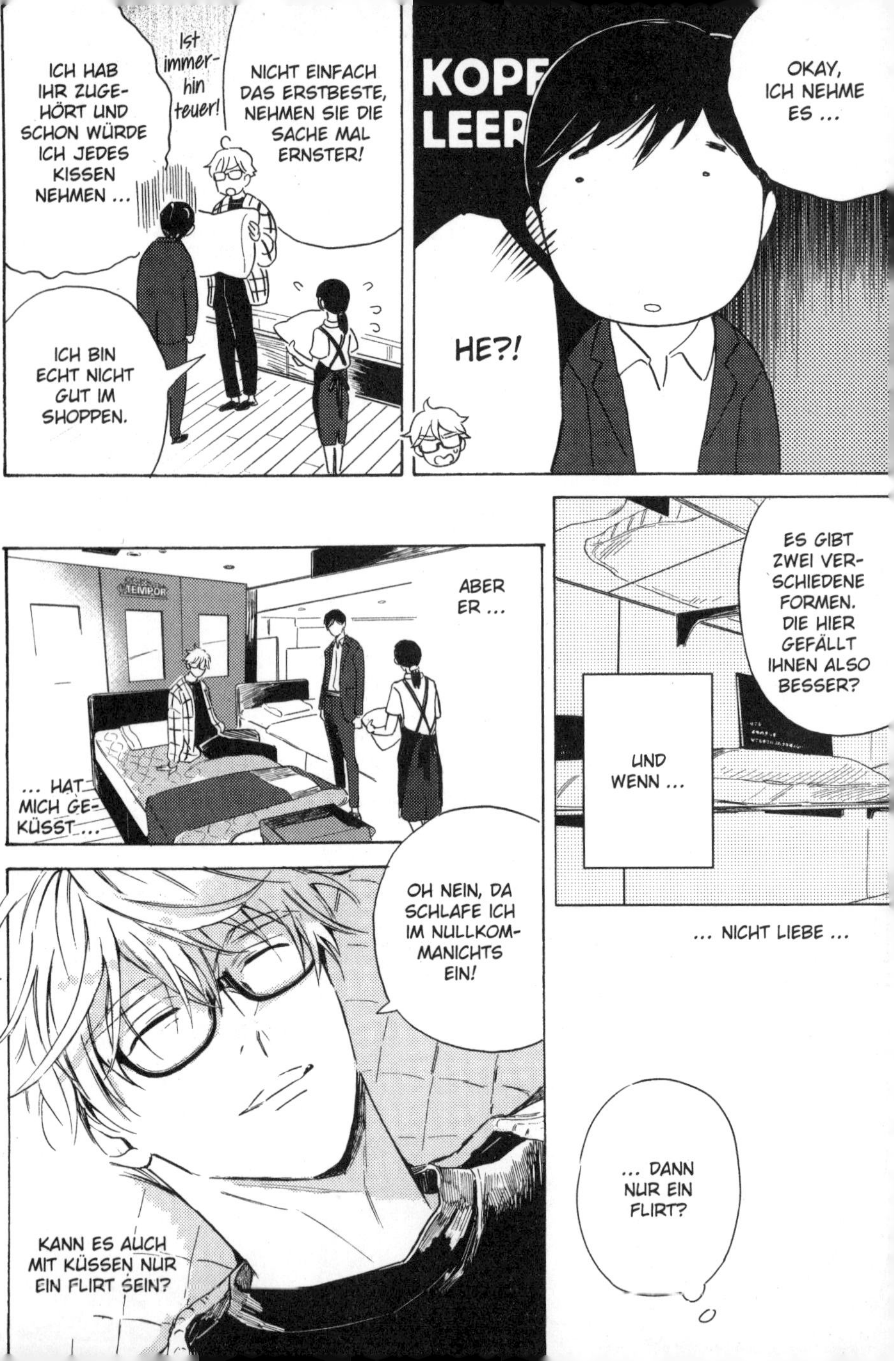

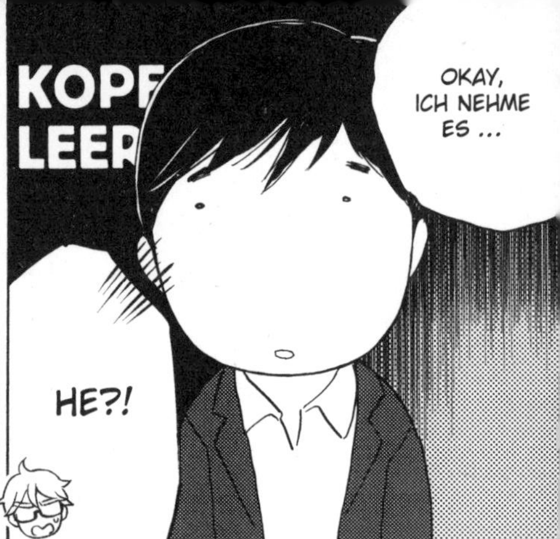


ABER ER ...

... HAT MICH GE-KÜSST ...

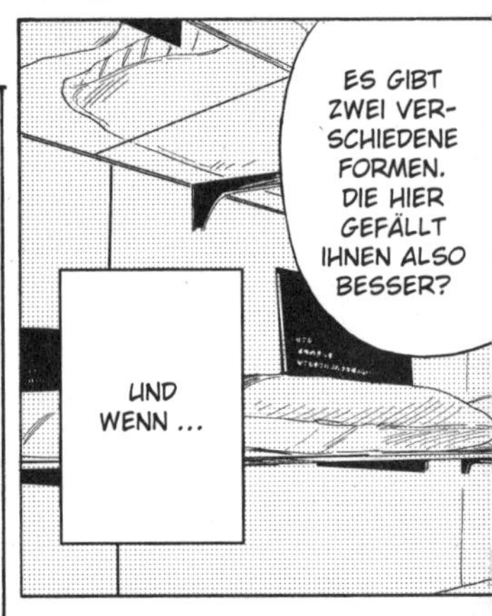


OH NEIN, DA SCHLAFE ICH IM NULLKOM-MANICHTS EIN!

... NICHT LIEBE ...

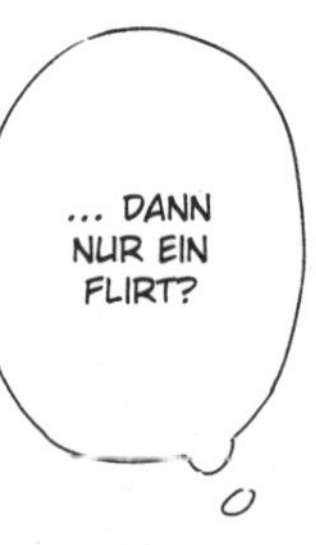


KANN ES AUCH MIT KÜSSEN NUR EIN FLIRT SEIN?

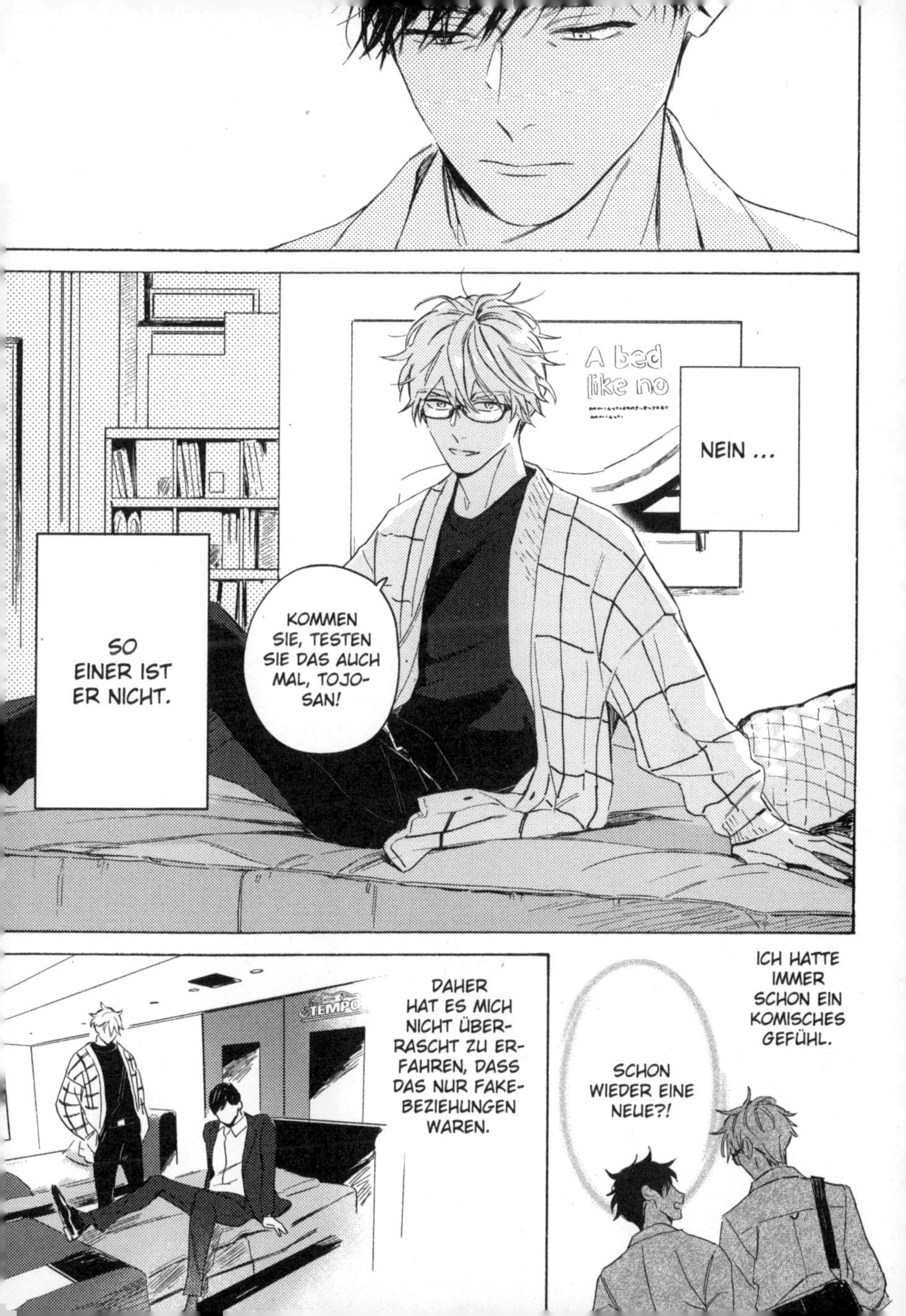

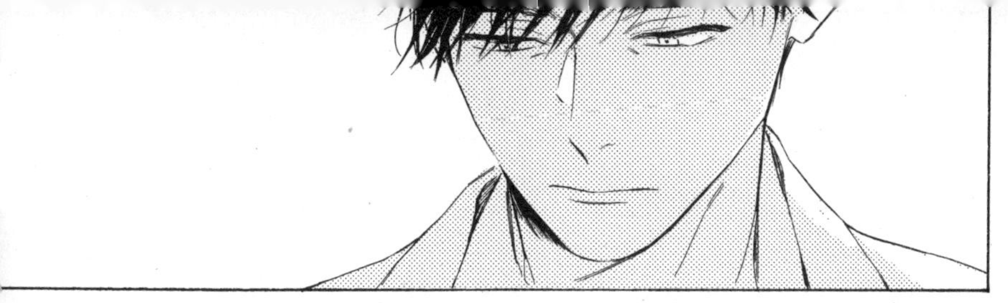

A bed like no

NEIN …

KOMMEN SIE, TESTEN SIE DAS AUCH MAL, TOJO-SAN!

SO EINER IST ER NICHT.

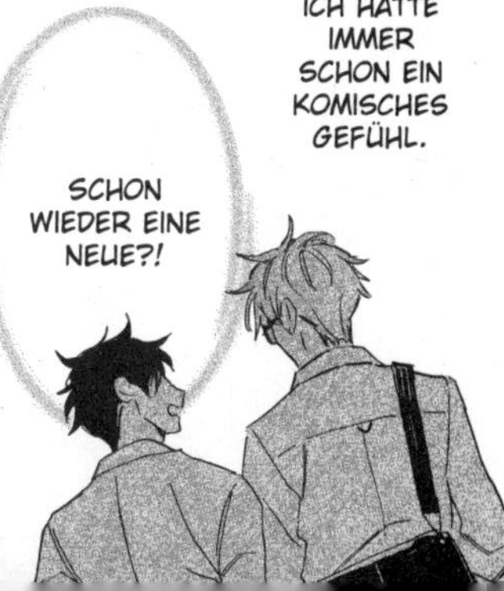


DAHER HAT ES MICH NICHT ÜBERRASCHT ZU ERFAHREN, DASS DAS NUR FAKE-BEZIEHUNGEN WAREN.

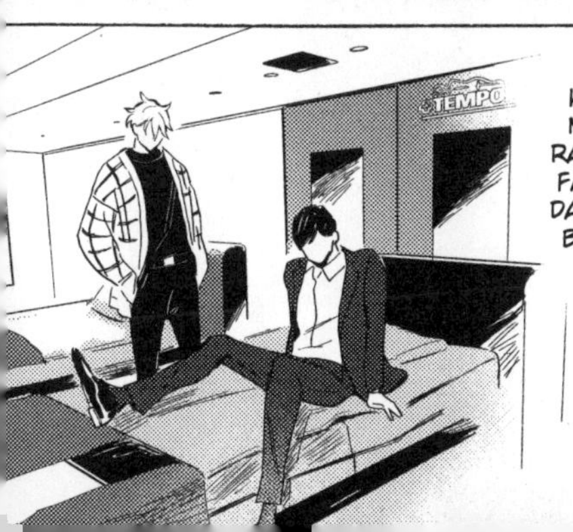

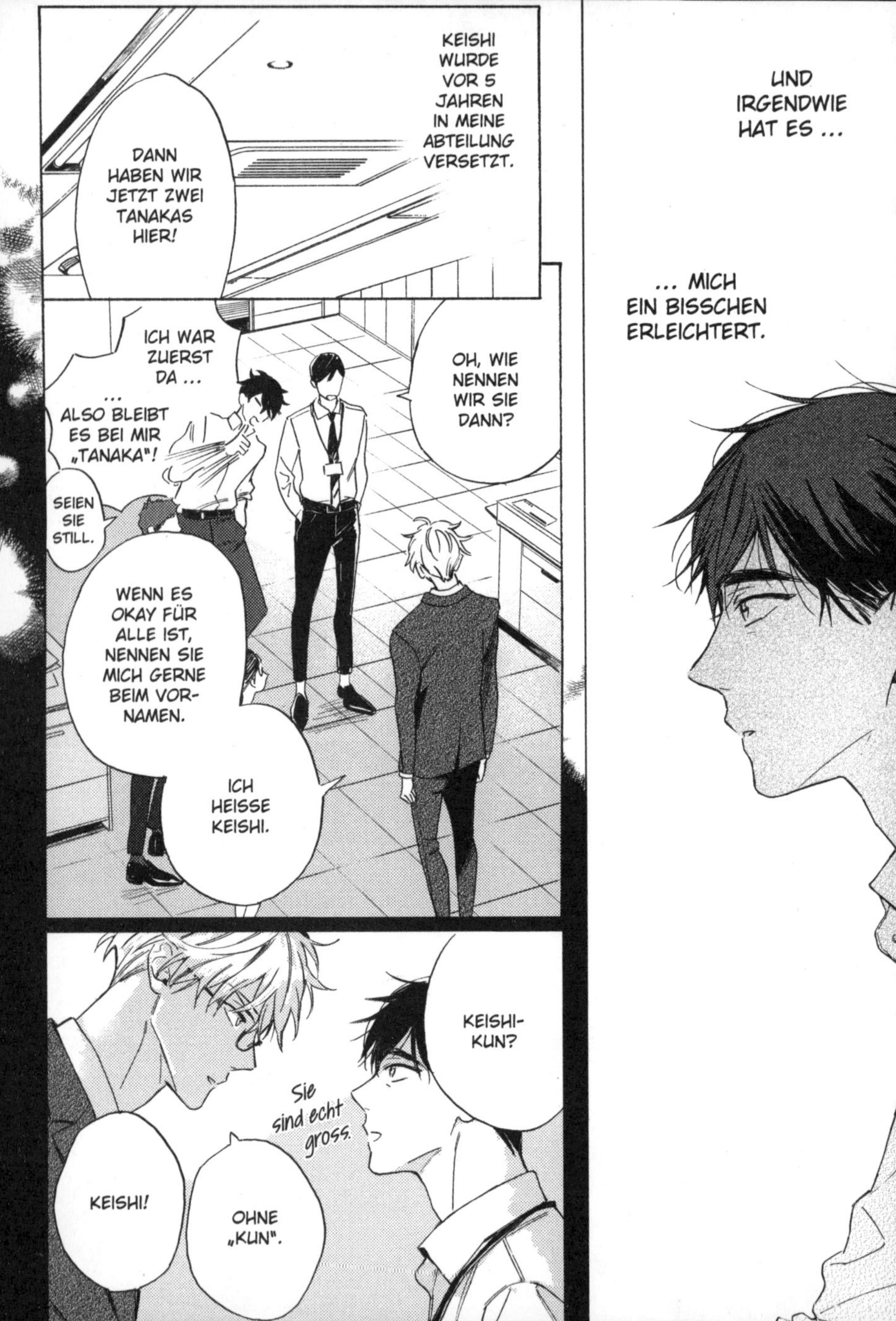
UND IRGENDWIE HAT ES …
… MICH EIN BISSCHEN ERLEICHTERT.
KEISHI WURDE VOR 5 JAHREN IN MEINE ABTEILUNG VERSETZT.
DANN HABEN WIR JETZT ZWEI TANAKAS HIER!
OH, WIE NENNEN WIR SIE DANN?
ICH WAR ZUERST DA …
… ALSO BLEIBT ES BEI MIR „TANAKA"!
SEIEN SIE STILL.
WENN ES OKAY FÜR ALLE IST, NENNEN SIE MICH GERNE BEIM VOR-NAMEN.
ICH HEISSE KEISHI.
KEISHI-KUN?
Sie sind echt gross.
OHNE „KUN".
KEISHI!

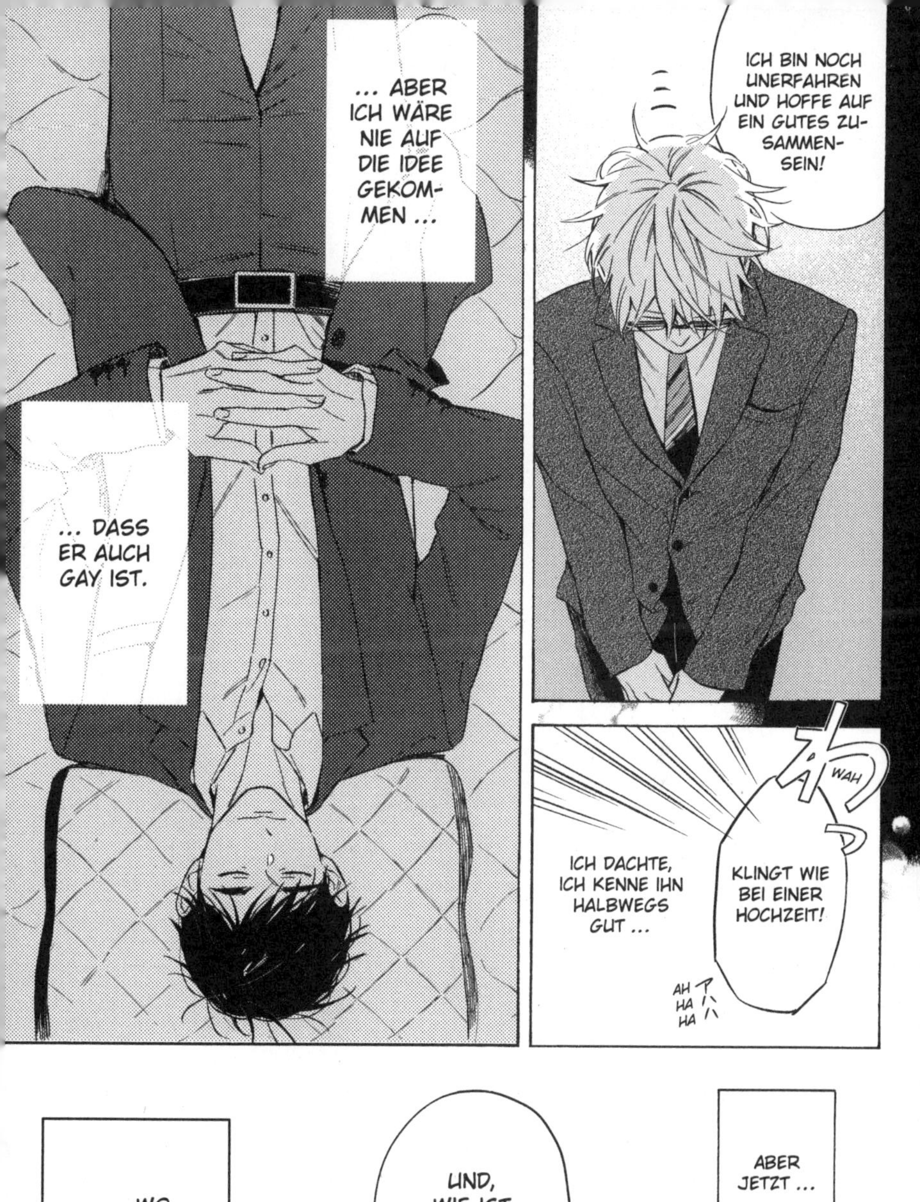
ICH BIN NOCH UNERFAHREN UND HOFFE AUF EIN GUTES ZUSAMMEN-SEIN!
... ABER ICH WÄRE NIE AUF DIE IDEE GEKOM-MEN ...
... DASS ER AUCH GAY IST.
WAH
KLINGT WIE BEI EINER HOCHZEIT!
AH HA HA
ICH DACHTE, ICH KENNE IHN HALBWEGS GUT ...
ABER JETZT ...
UND, WIE IST ES?
... WO ICH ES WEISS ...

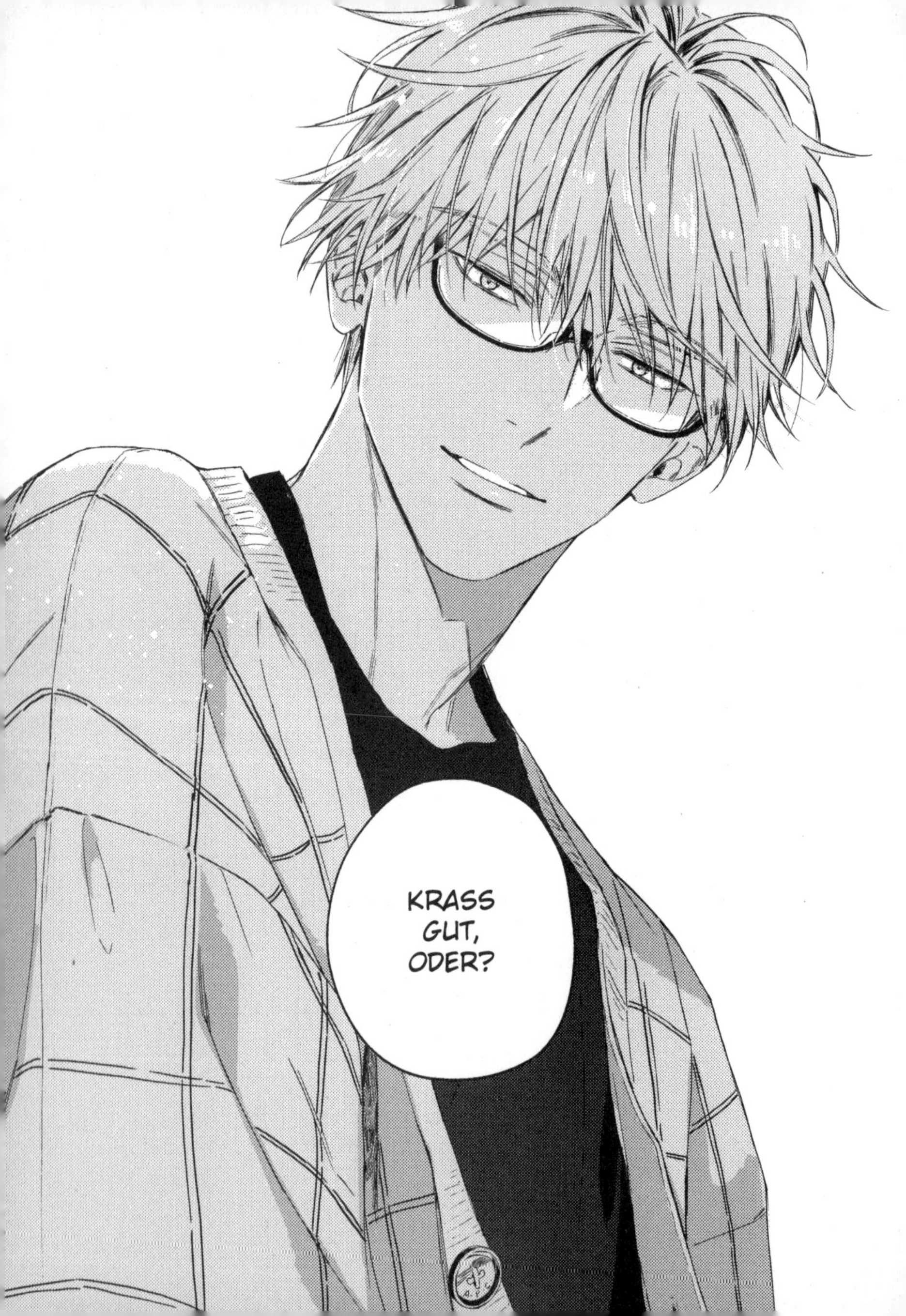
KRASS
GUT,
ODER?

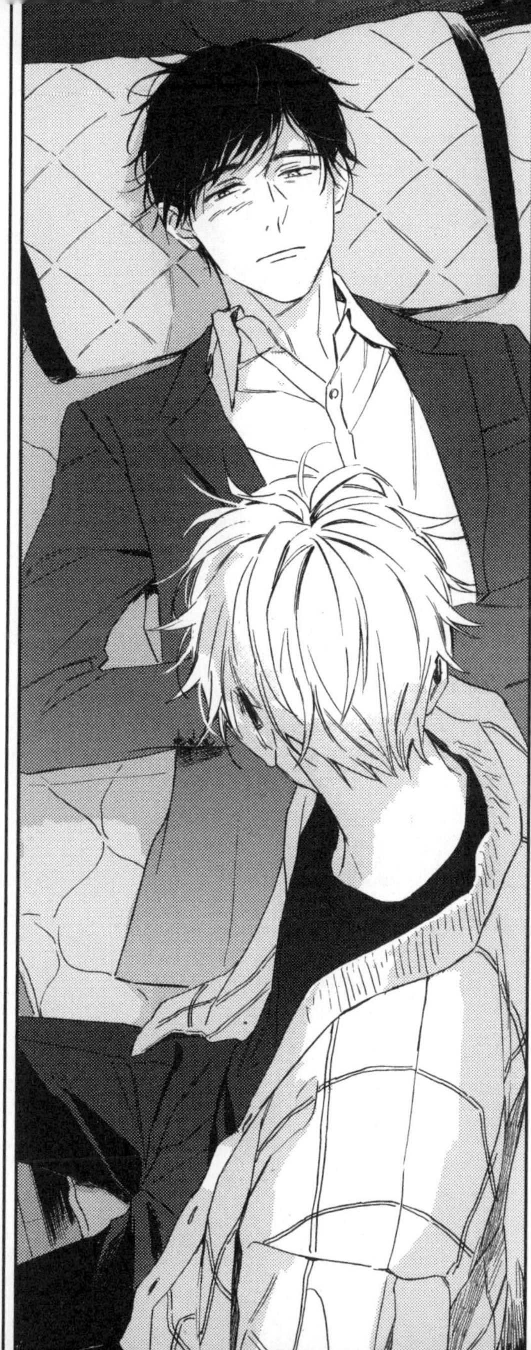
KRASS GUT, JA.

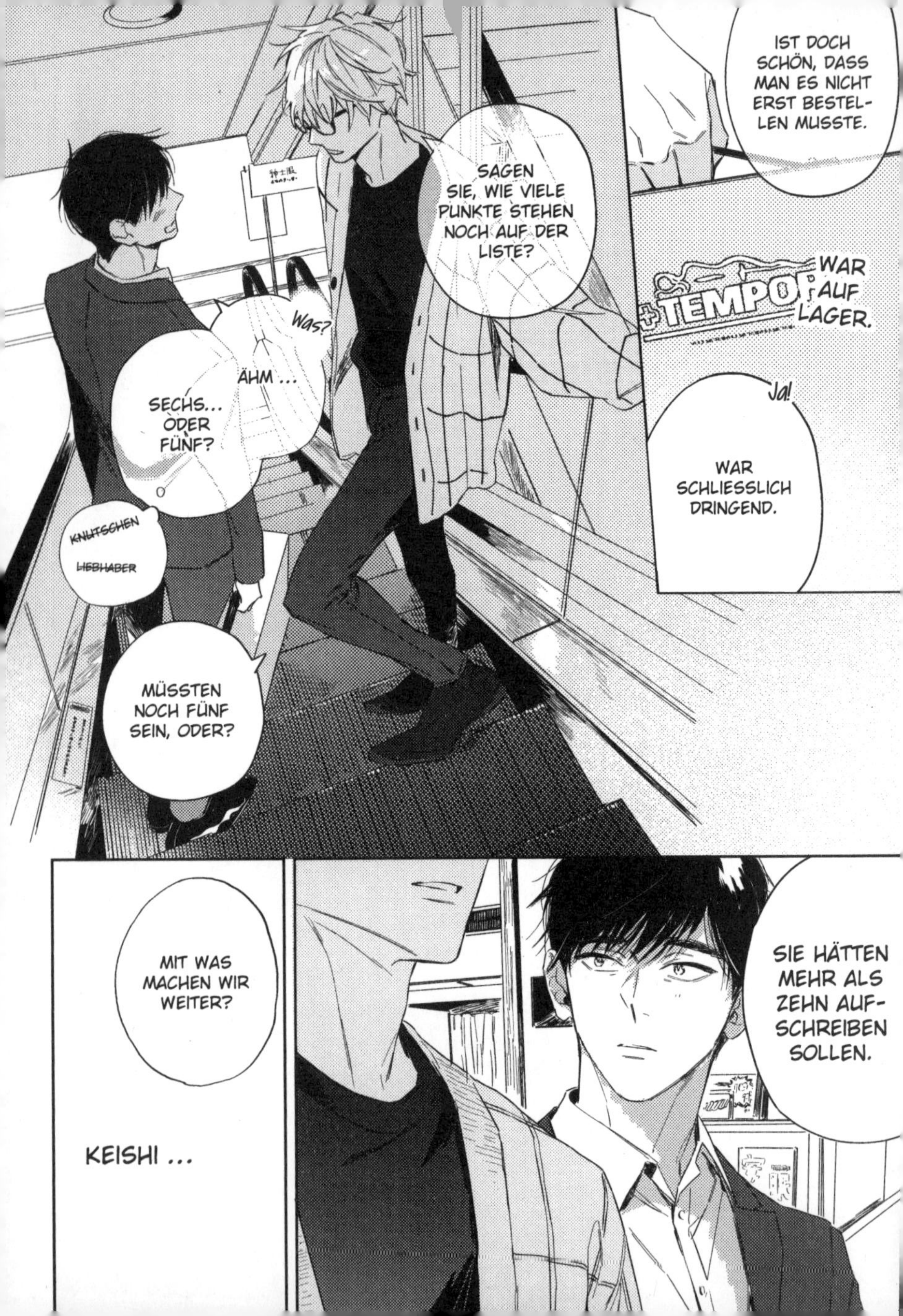
IST DOCH SCHÖN, DASS MAN ES NICHT ERST BESTELLEN MUSSTE.
TEMPO
WAR AUF LAGER.
Ja!
WAR SCHLIESSLICH DRINGEND.
SAGEN SIE, WIE VIELE PUNKTE STEHEN NOCH AUF DER LISTE?
Was?
ÄHM ...
SECHS... ODER FÜNF?
KNUTSCHEN
LIEBHABER
MÜSSTEN NOCH FÜNF SEIN, ODER?
SIE HÄTTEN MEHR ALS ZEHN AUFSCHREIBEN SOLLEN.
MIT WAS MACHEN WIR WEITER?
KEISHI ...

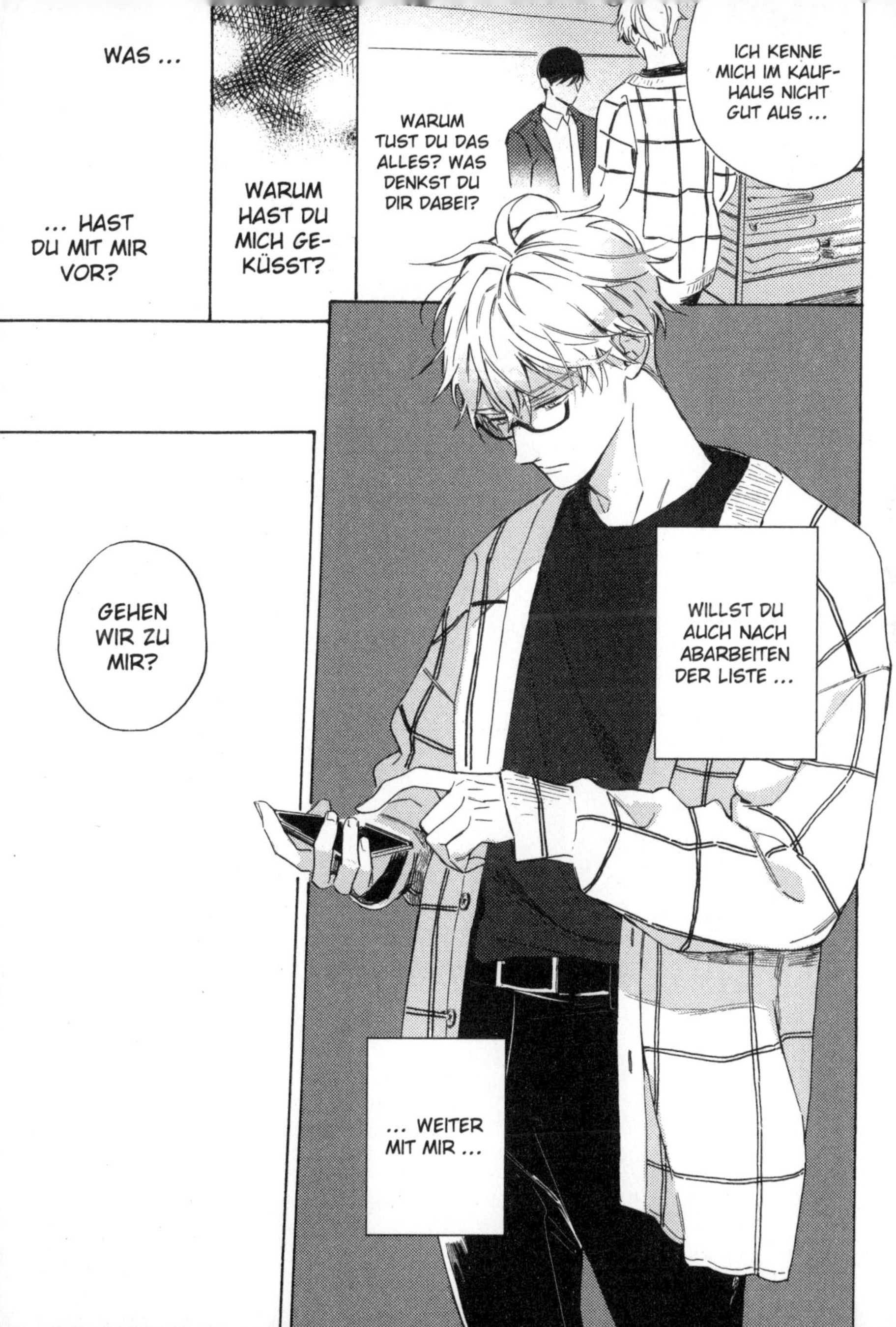
ICH KENNE MICH IM KAUF-HAUS NICHT GUT AUS …
WARUM TUST DU DAS ALLES? WAS DENKST DU DIR DABEI?
WARUM HAST DU MICH GE-KÜSST?
WAS …
… HAST DU MIT MIR VOR?
WILLST DU AUCH NACH ABARBEITEN DER LISTE …
… WEITER MIT MIR …
GEHEN WIR ZU MIR?

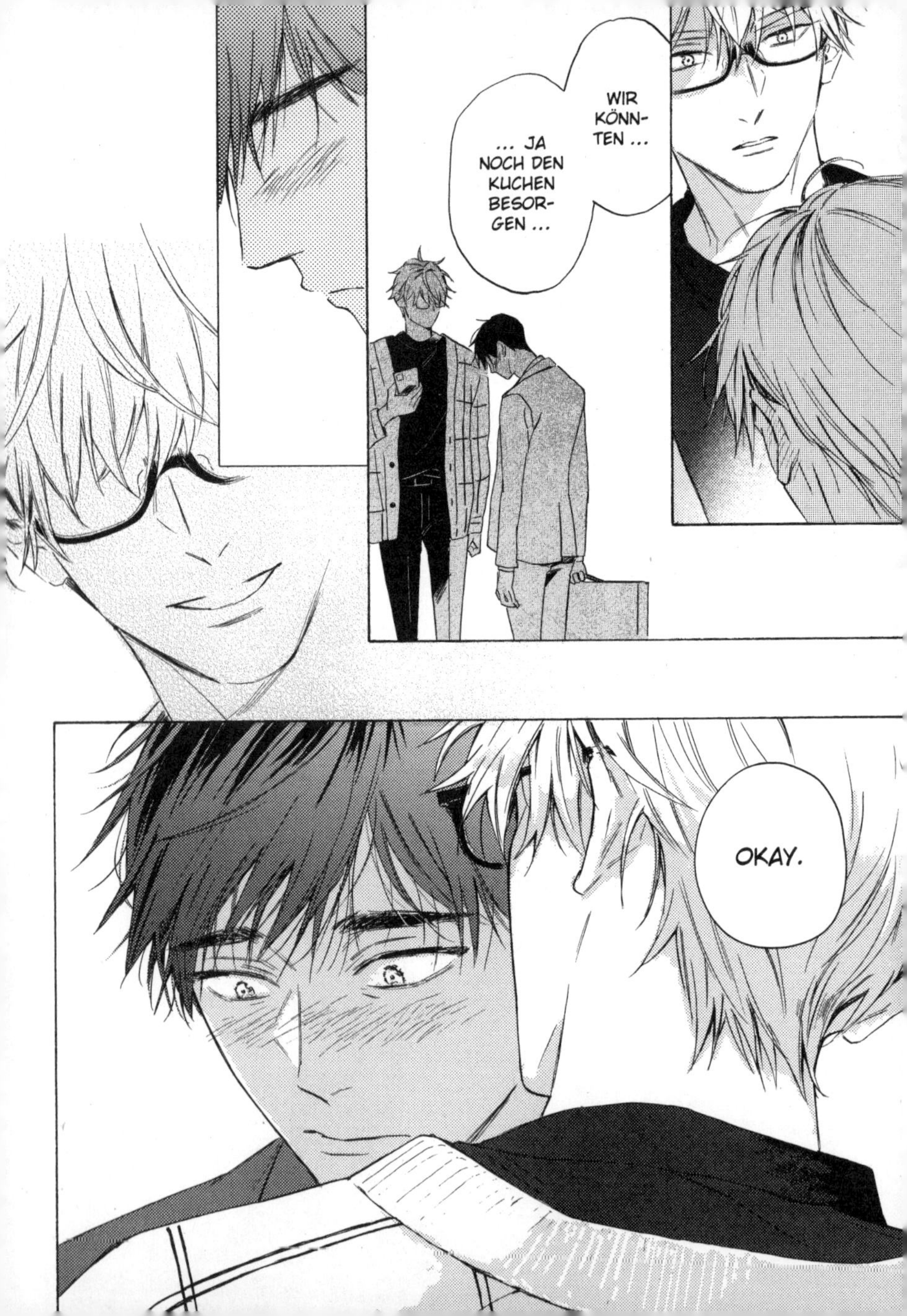
WIR KÖNN-TEN …
… JA NOCH DEN KUCHEN BESOR-GEN …
OKAY.

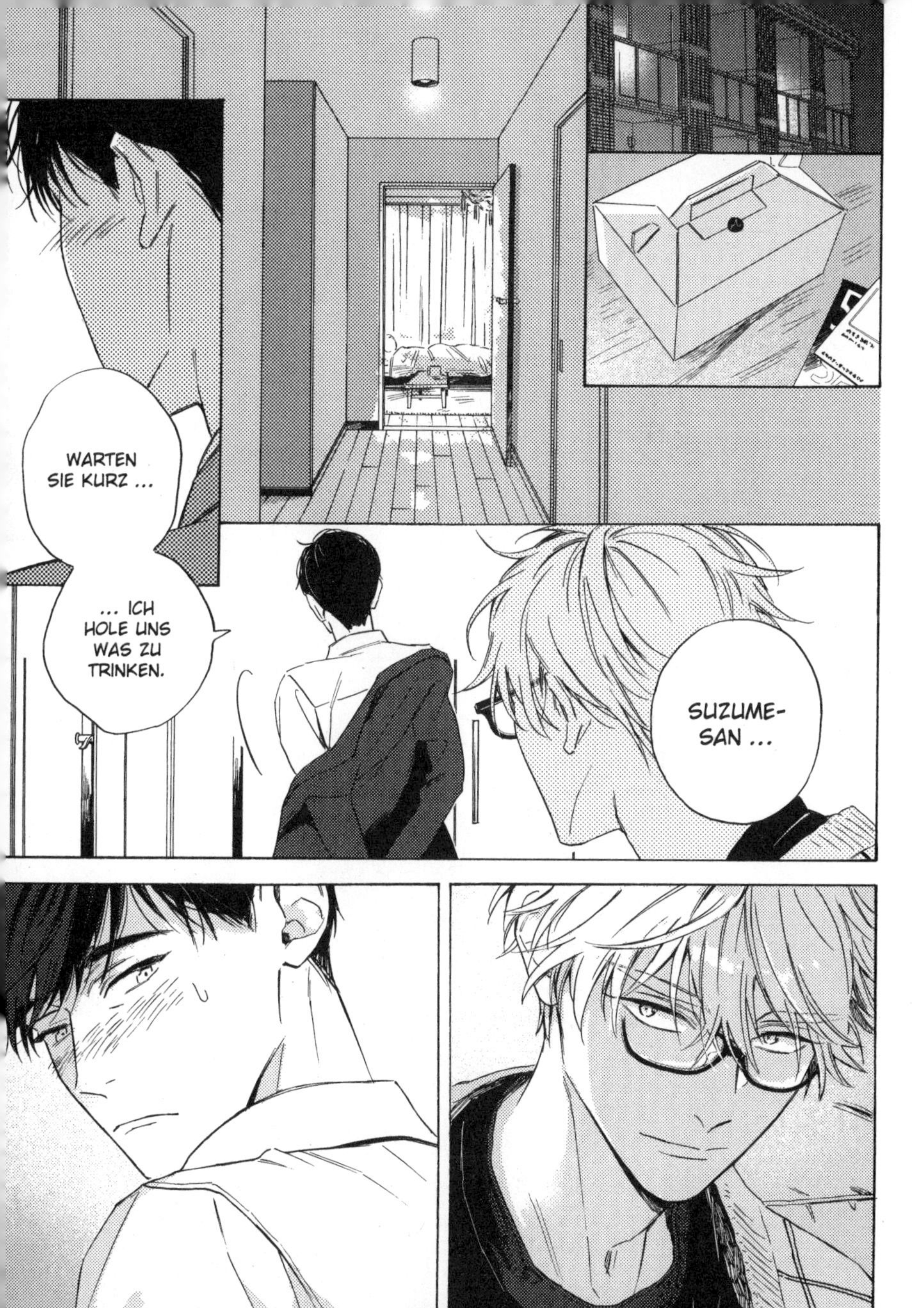
WARTEN SIE KURZ ...
... ICH HOLE UNS WAS ZU TRINKEN.
SUZUME-SAN ...

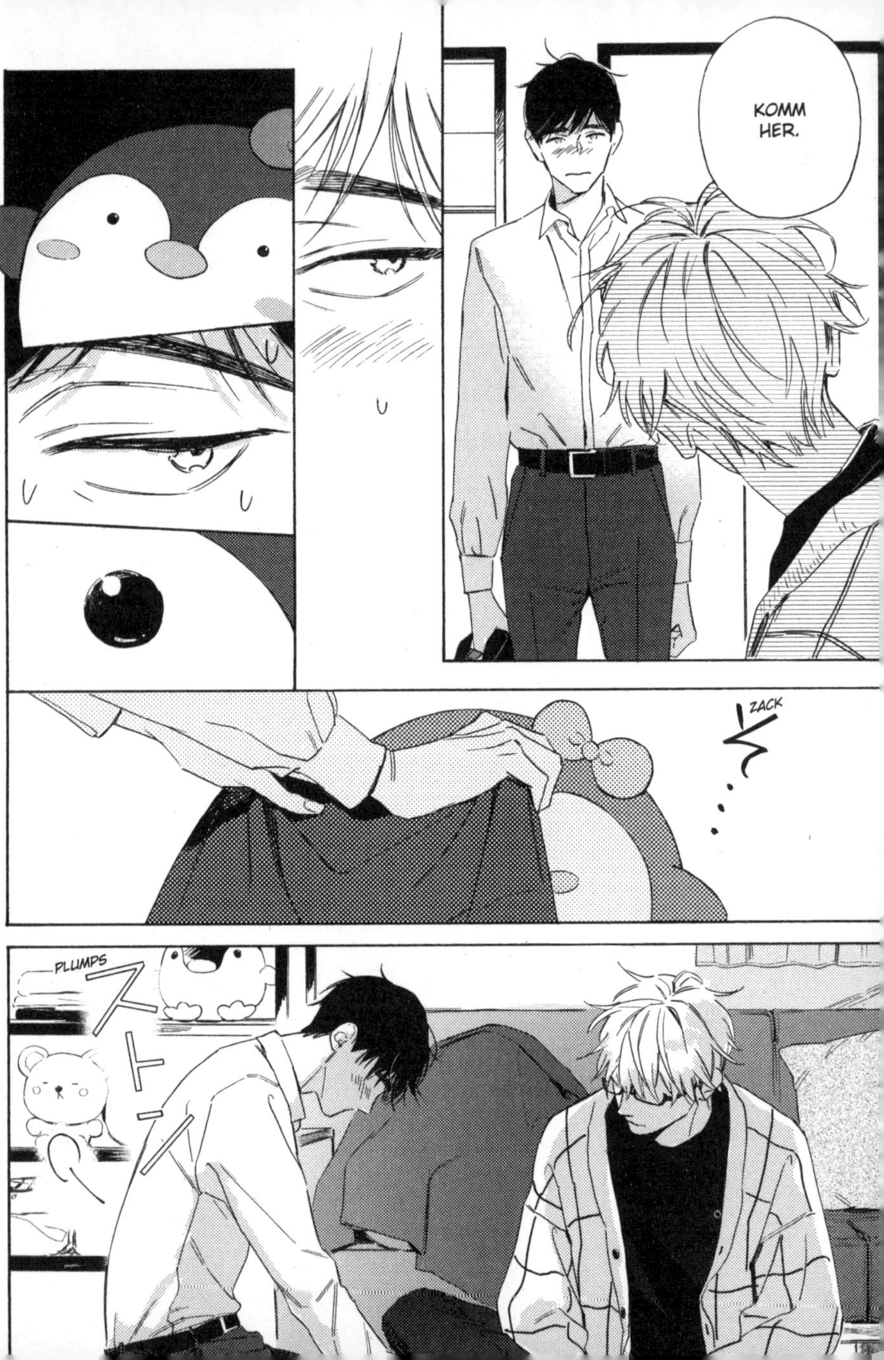

KOMM HER.

ZACK

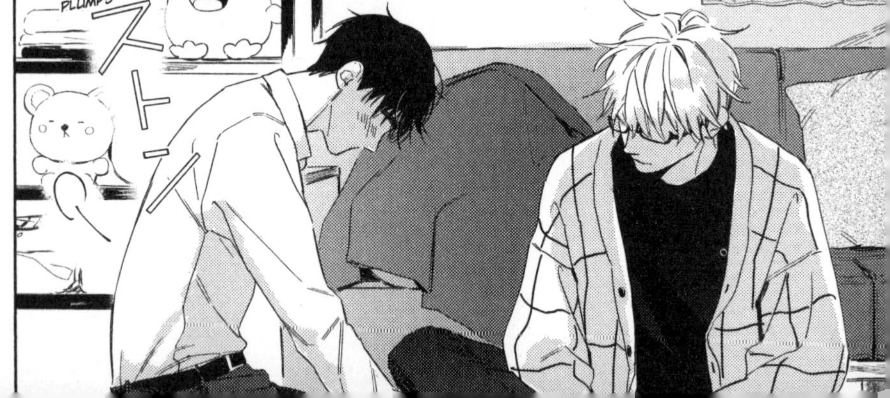

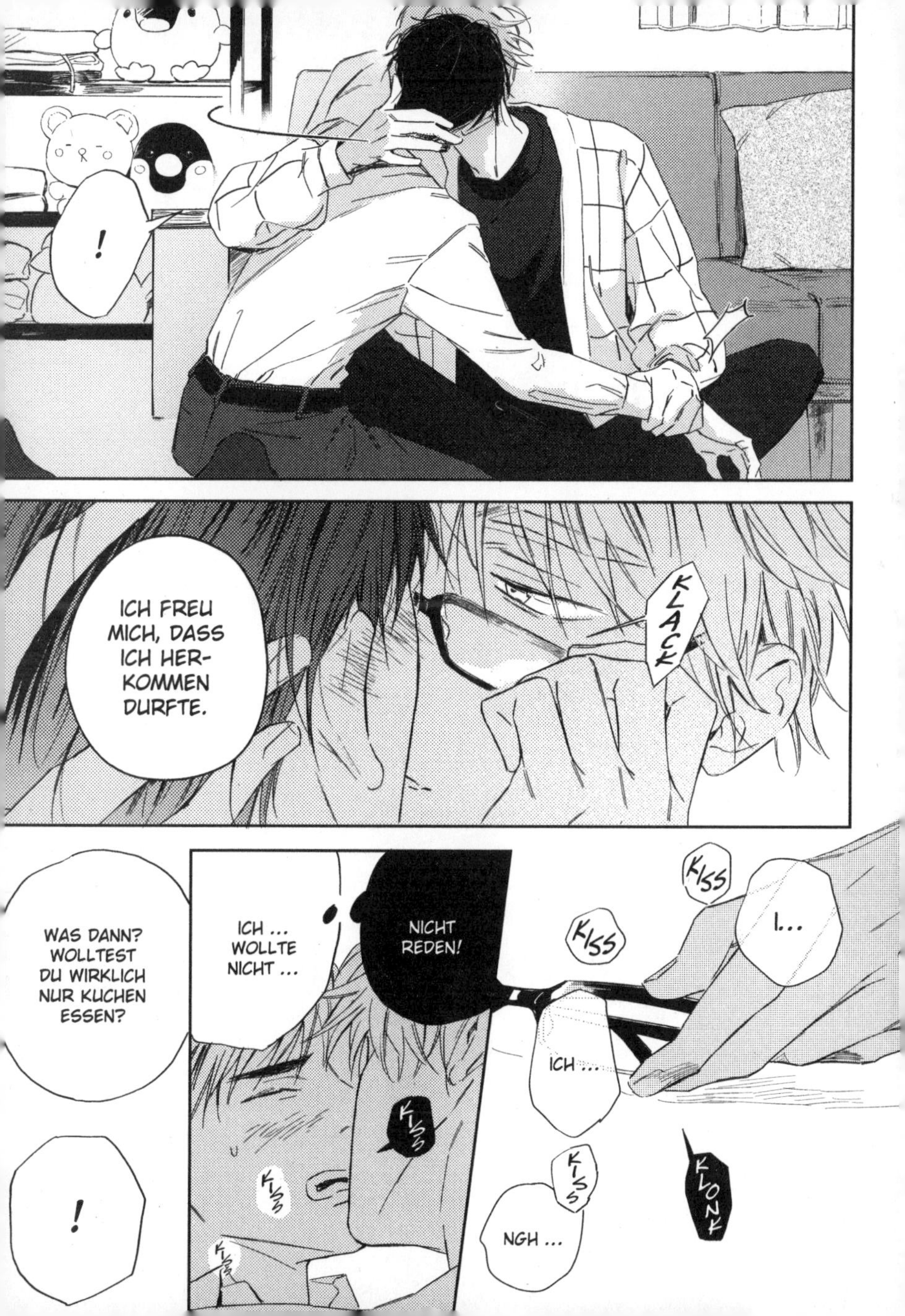

!

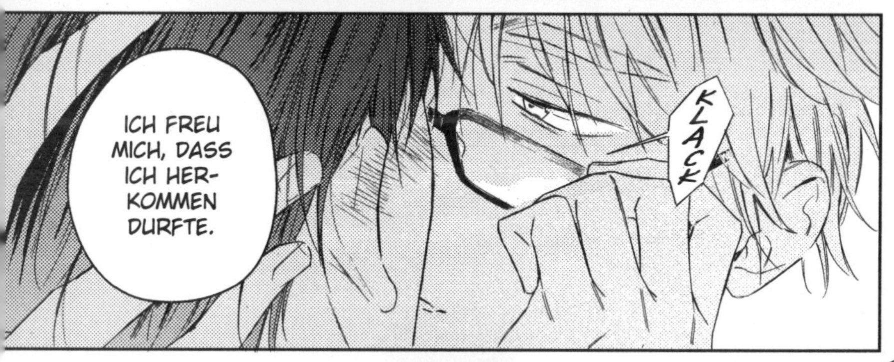
KLACK
ICH FREU MICH, DASS ICH HER-KOMMEN DURFTE.

KISS
I ...
KISS
ICH ...
KLONK
KISS
NGH ...
NICHT REDEN!
ICH ... WOLLTE NICHT ...
KISS
KISS
KISS
WAS DANN? WOLLTEST DU WIRKLICH NUR KUCHEN ESSEN?
!

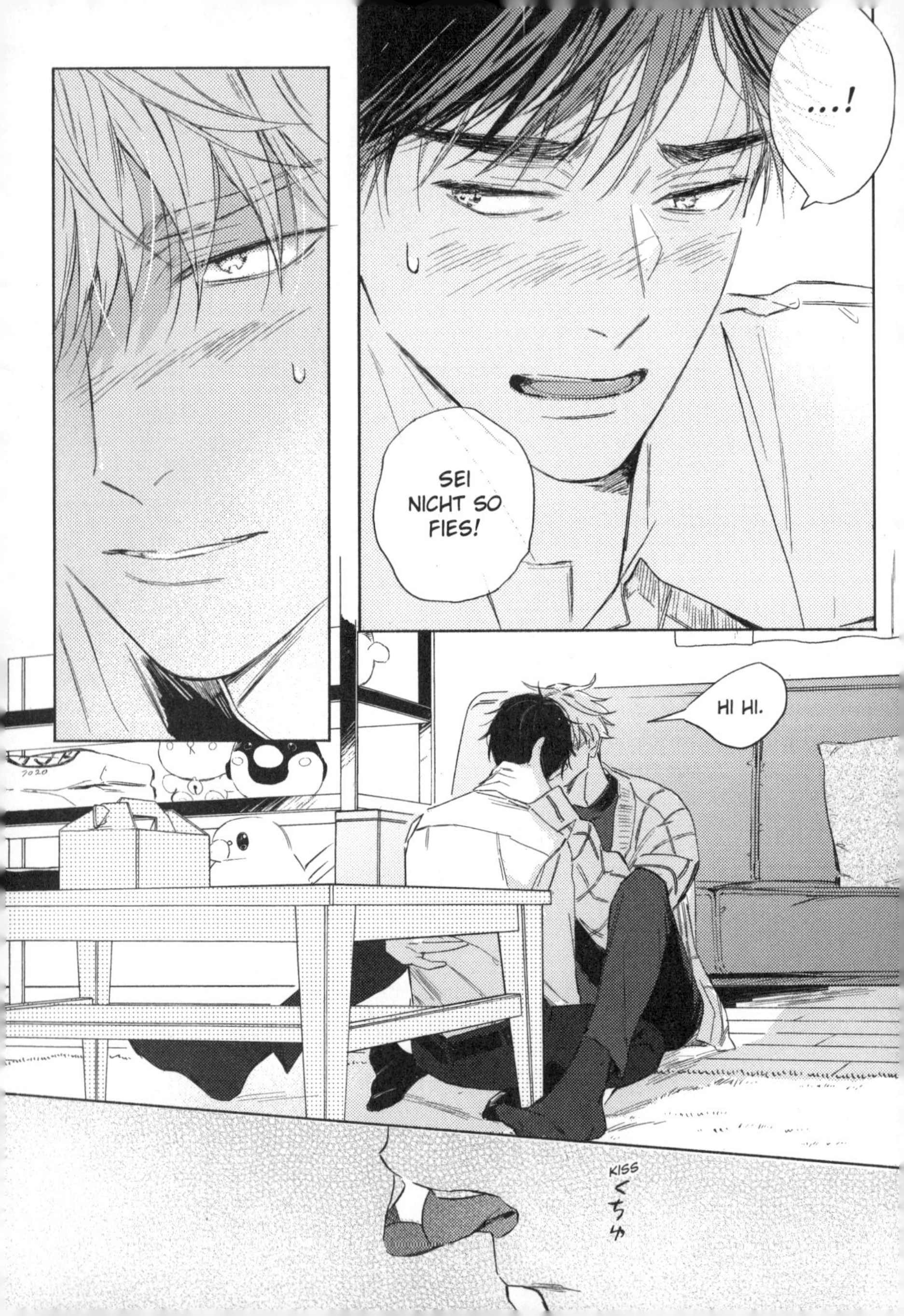

...!
SEI NICHT SO FIES!
HI HI.
KISS
くちゅ

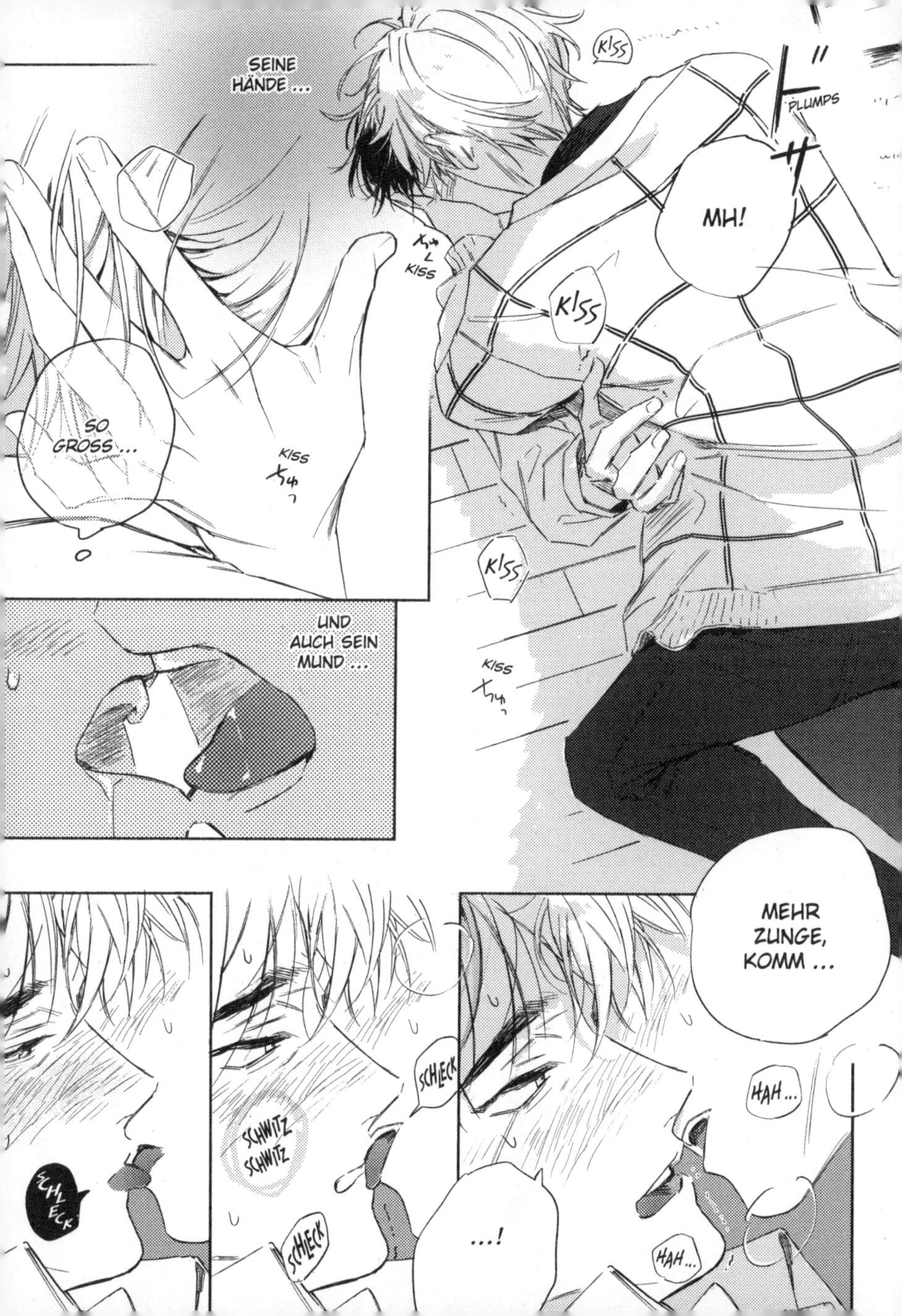
KISS
PLUMPS
MH!
SEINE HÄNDE …
KISS
KISS
SO GROSS …
KISS
KISS
UND AUCH SEIN MUND …
KISS
MEHR ZUNGE, KOMM …
HAH …
SCHLECK
SCHWITZ SCHWITZ
SCHLECK
SCHLECK
…!
HAH …

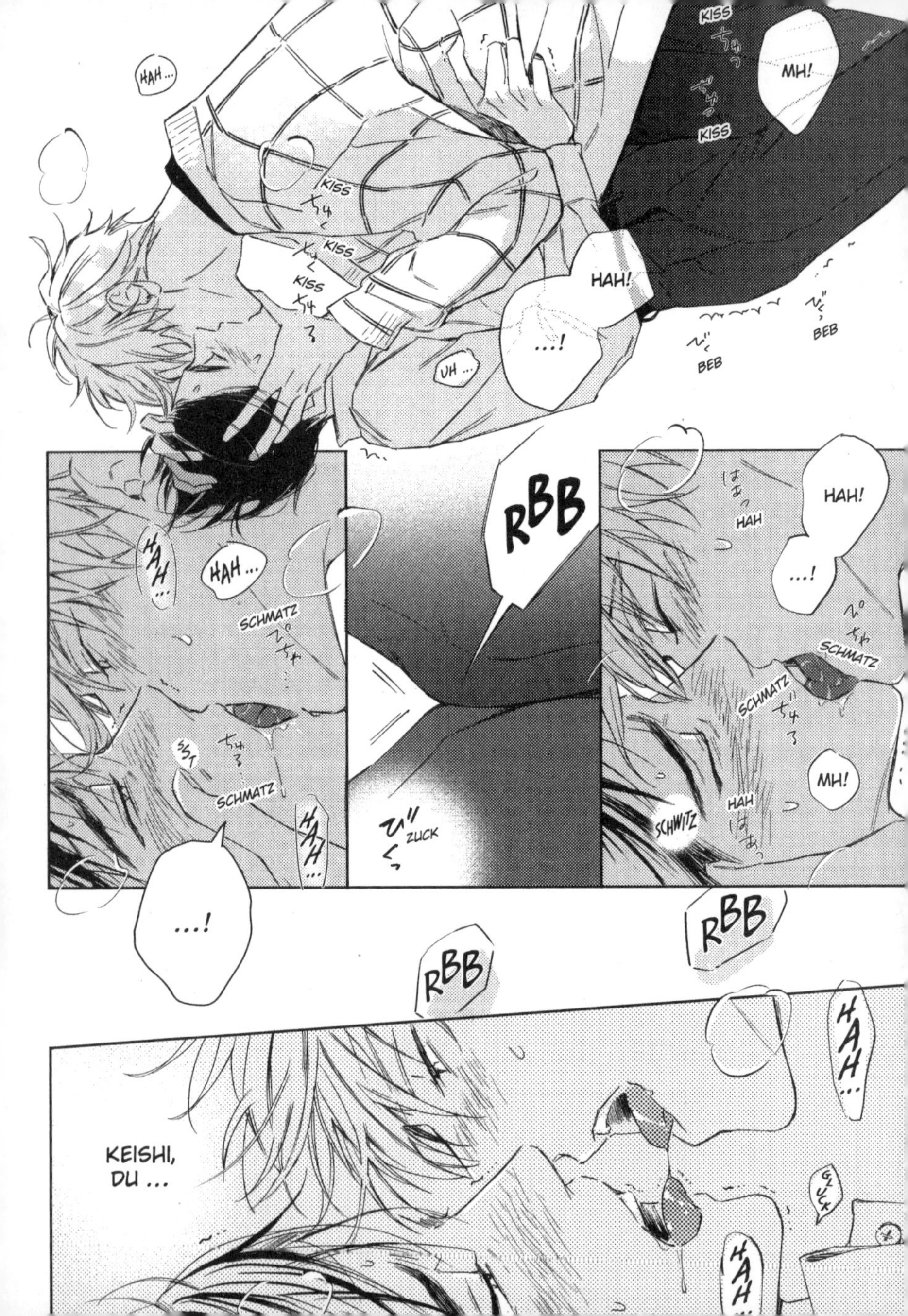

KISS
MH!
KISS
HAH ...
KISS
KISS
KISS
HAH!
...!
UH ...
BEB
BEB
RBB
HAH!
HAH
...!
SCHMATZ
SCHMATZ
MH!
HAH
SCHWITZ
HAH ...
HAH ...
SCHMATZ
SCHMATZ
HAH ...
ZUCK
...!
RBB
RBB
HAH ...
KEISHI, DU ...
GLUCK
HAH ...

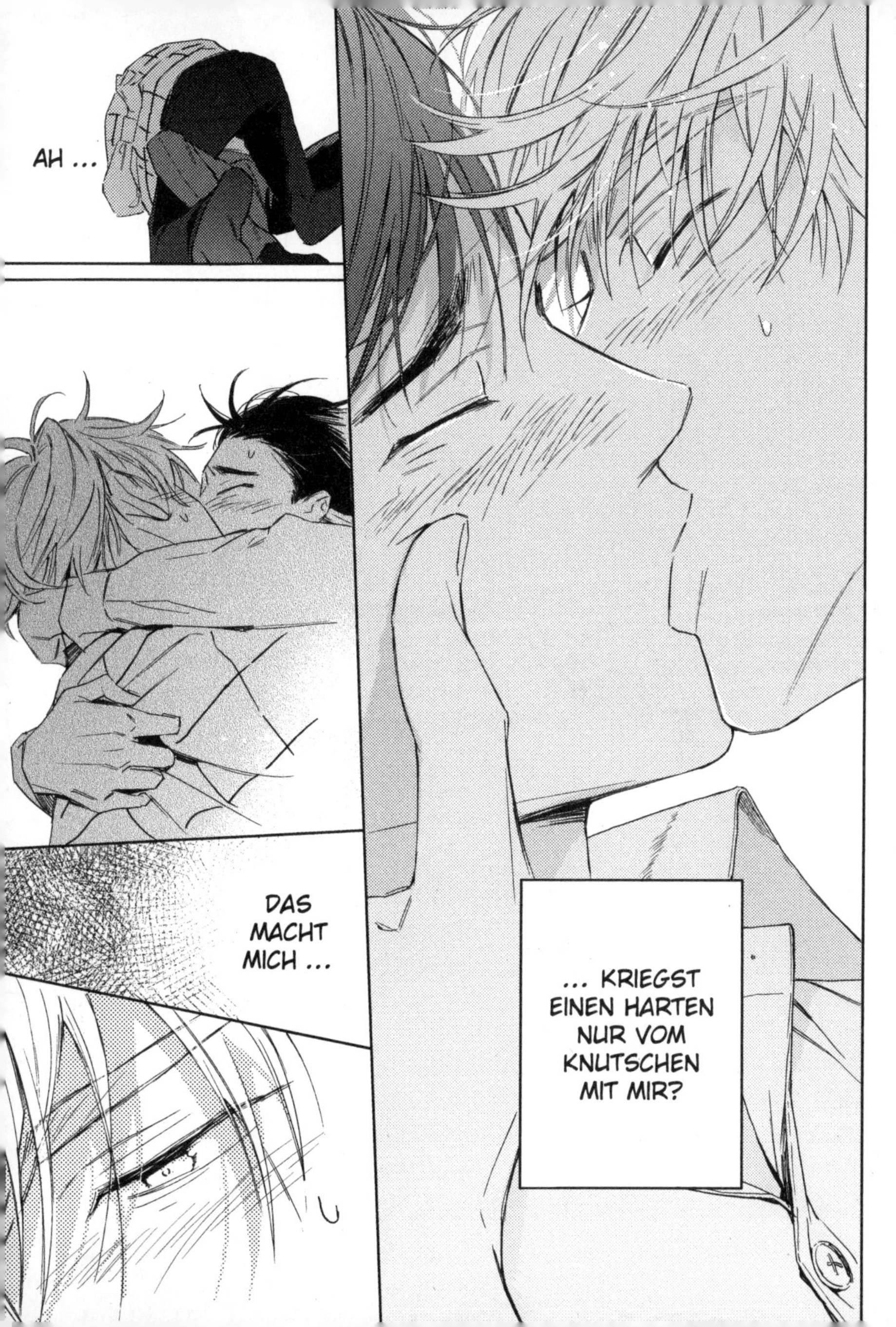
AH ...
... KRIEGST EINEN HARTEN NUR VOM KNUTSCHEN MIT MIR?
DAS MACHT MICH ...

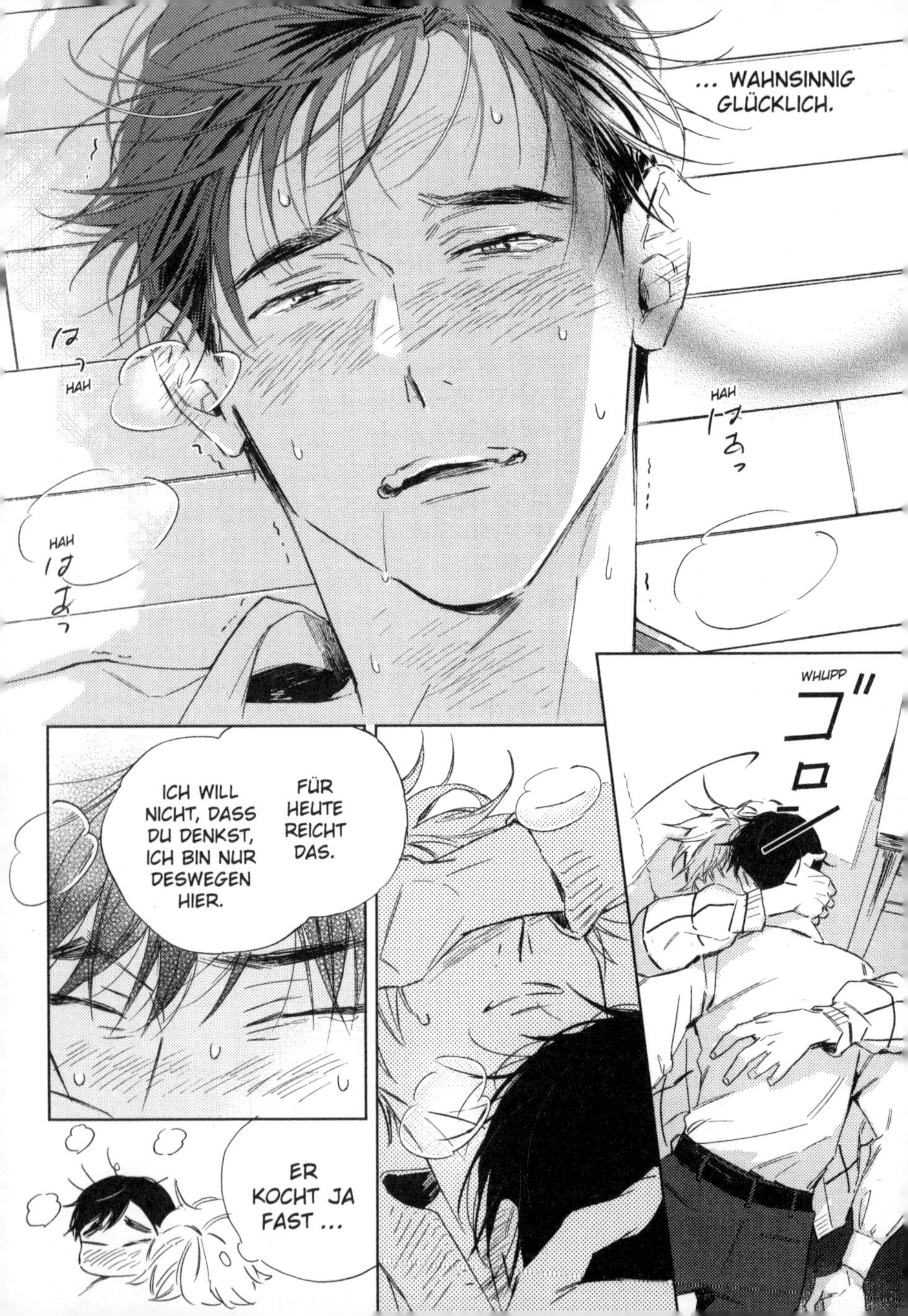
... WAHNSINNIG GLÜCKLICH.
HAH
HAH
HAH
WHUPP
FÜR HEUTE REICHT DAS.
ICH WILL NICHT, DASS DU DENKST, ICH BIN NUR DESWEGEN HIER.
ER KOCHT JA FAST ...

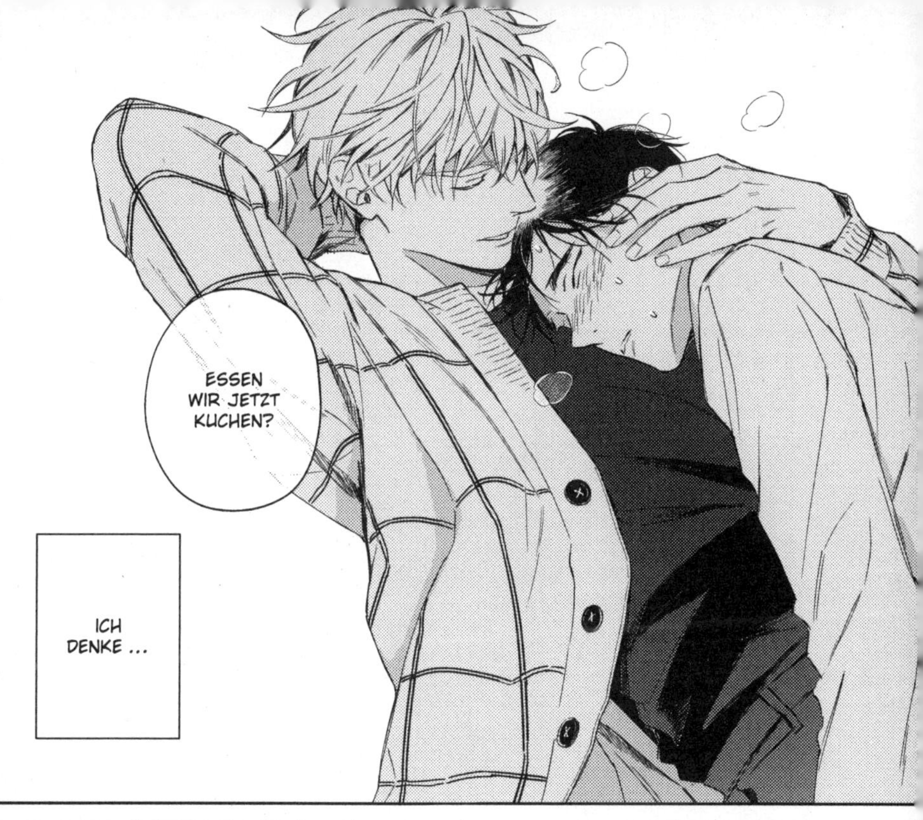


... NÄCHSTE WOCHE STEHT SEX AUF DEM PLAN.

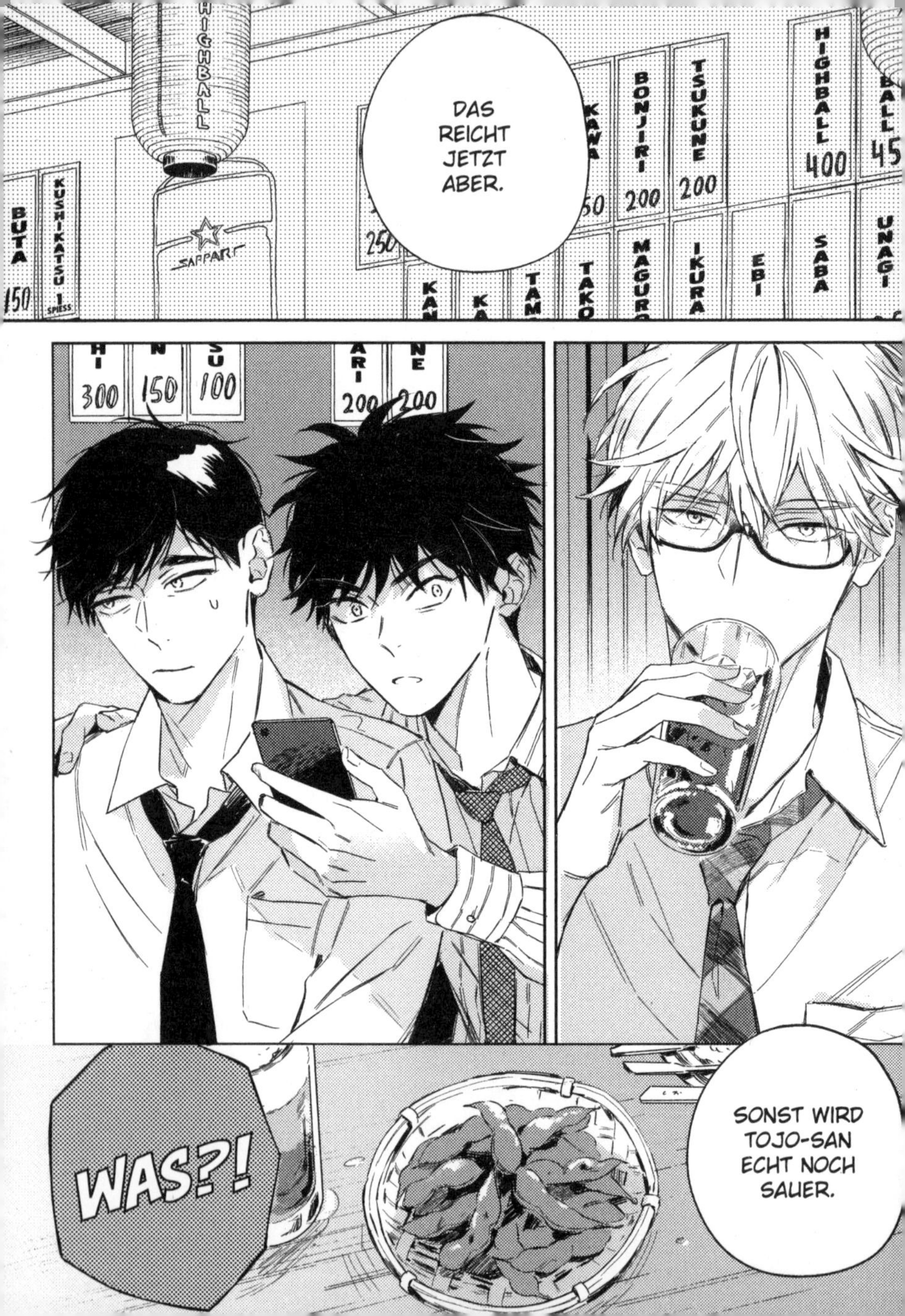
DAS REICHT JETZT ABER.
SONST WIRD TOJO-SAN ECHT NOCH SAUER.
WAS?!
HIGHBALL
HIGHBALL 400
TSUKUNE 200
BONJIRI 200
UNAGI
SABA
EBI
IKURA
TAKO
BUTA 150
KUSHIKATSU 1 SPIESS
SAPPARI

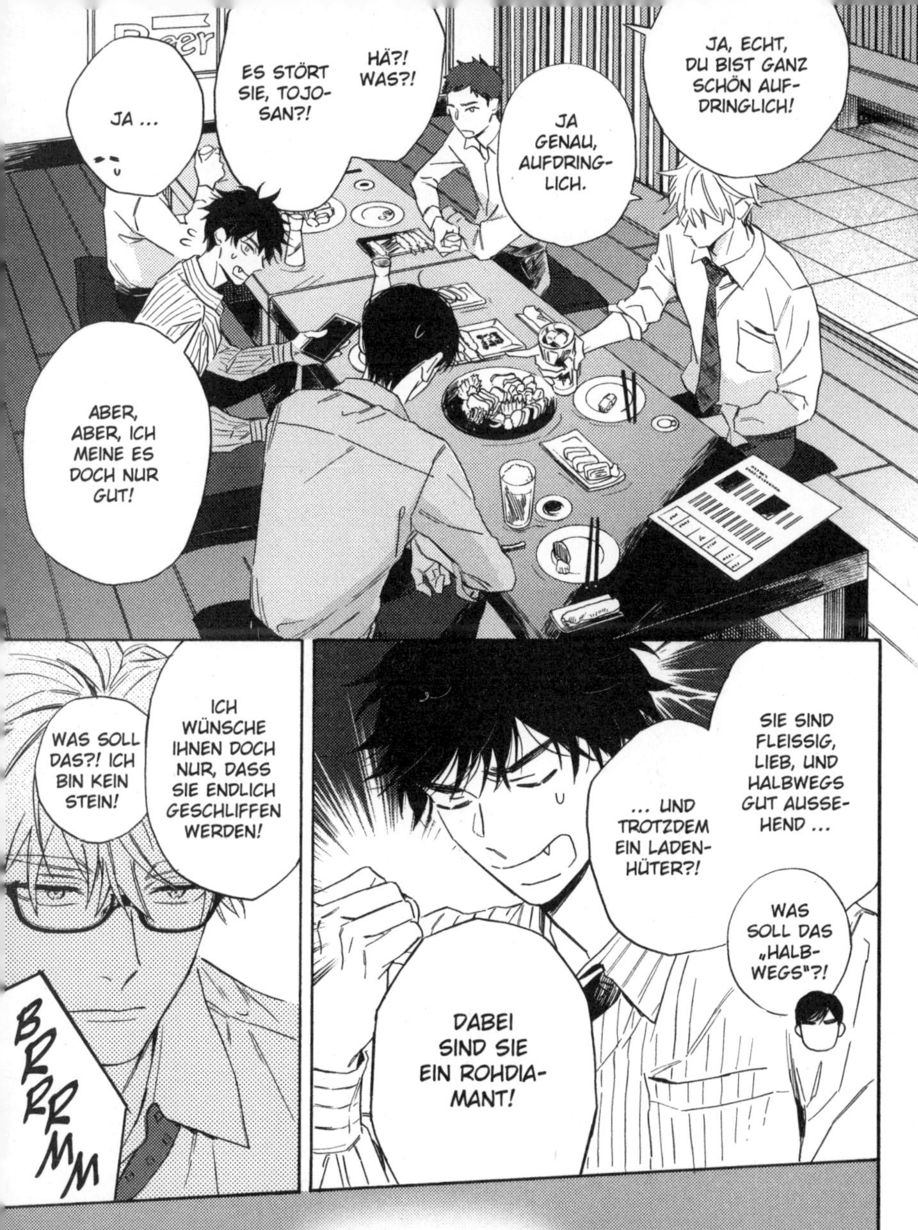
JA, ECHT, DU BIST GANZ SCHÖN AUFDRINGLICH!
JA GENAU, AUFDRINGLICH.
HÄ?! WAS?!
ES STÖRT SIE, TOJO-SAN?!
JA ...
ABER, ABER, ICH MEINE ES DOCH NUR GUT!
SIE SIND FLEISSIG, LIEB, UND HALBWEGS GUT AUSSEHEND ...
... UND TROTZDEM EIN LADENHÜTER?!
WAS SOLL DAS „HALBWEGS"?!
DABEI SIND SIE EIN ROHDIAMANT!
ICH WÜNSCHE IHNEN DOCH NUR, DASS SIE ENDLICH GESCHLIFFEN WERDEN!
WAS SOLL DAS?! ICH BIN KEIN STEIN!
BRRRMMM

KEINE PANIK.

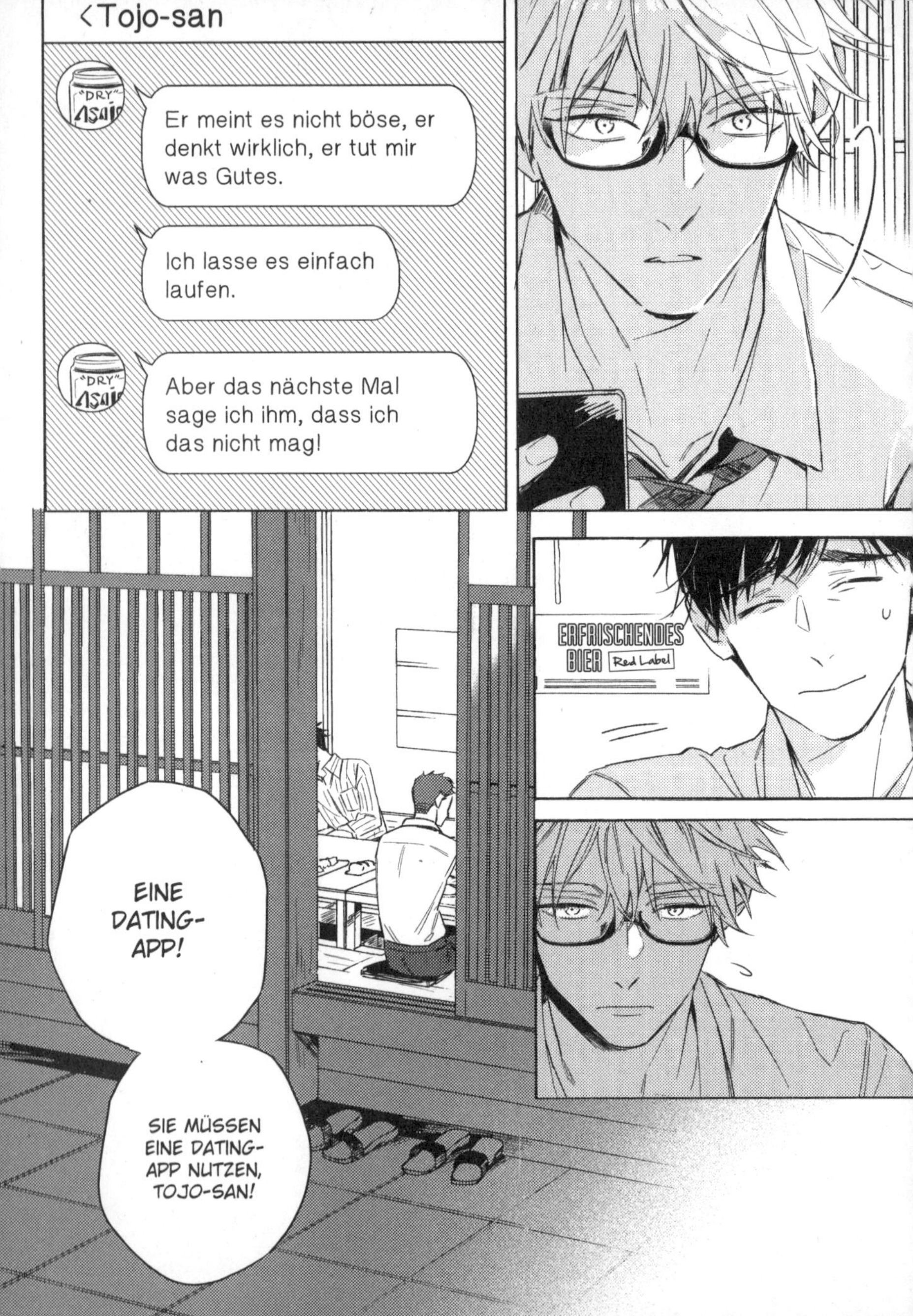

<Tojo-san
Er meint es nicht böse, er denkt wirklich, er tut mir was Gutes.
Ich lasse es einfach laufen.
Aber das nächste Mal sage ich ihm, dass ich das nicht mag!
ERFRISCHENDES BIER Red Label
EINE DATING-APP!
SIE MÜSSEN EINE DATING-APP NUTZEN, TOJO-SAN!

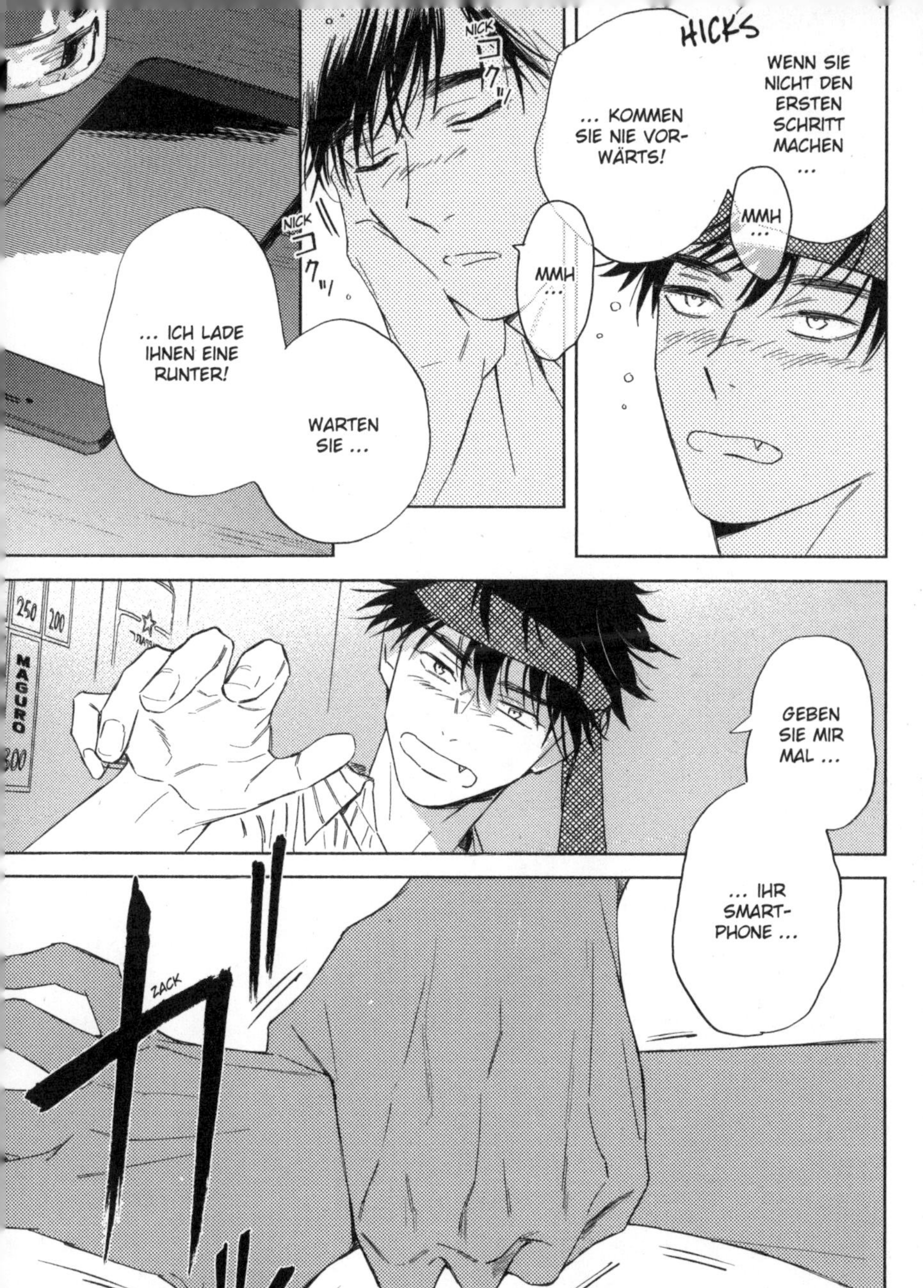
HICKS
WENN SIE NICHT DEN ERSTEN SCHRITT MACHEN …
… KOMMEN SIE NIE VOR-WÄRTS!
MMH …
NICK
MMH …
NICK
… ICH LADE IHNEN EINE RUNTER!
WARTEN SIE …
250
200
MAGURO
300
GEBEN SIE MIR MAL …
… IHR SMART-PHONE …
ZACK

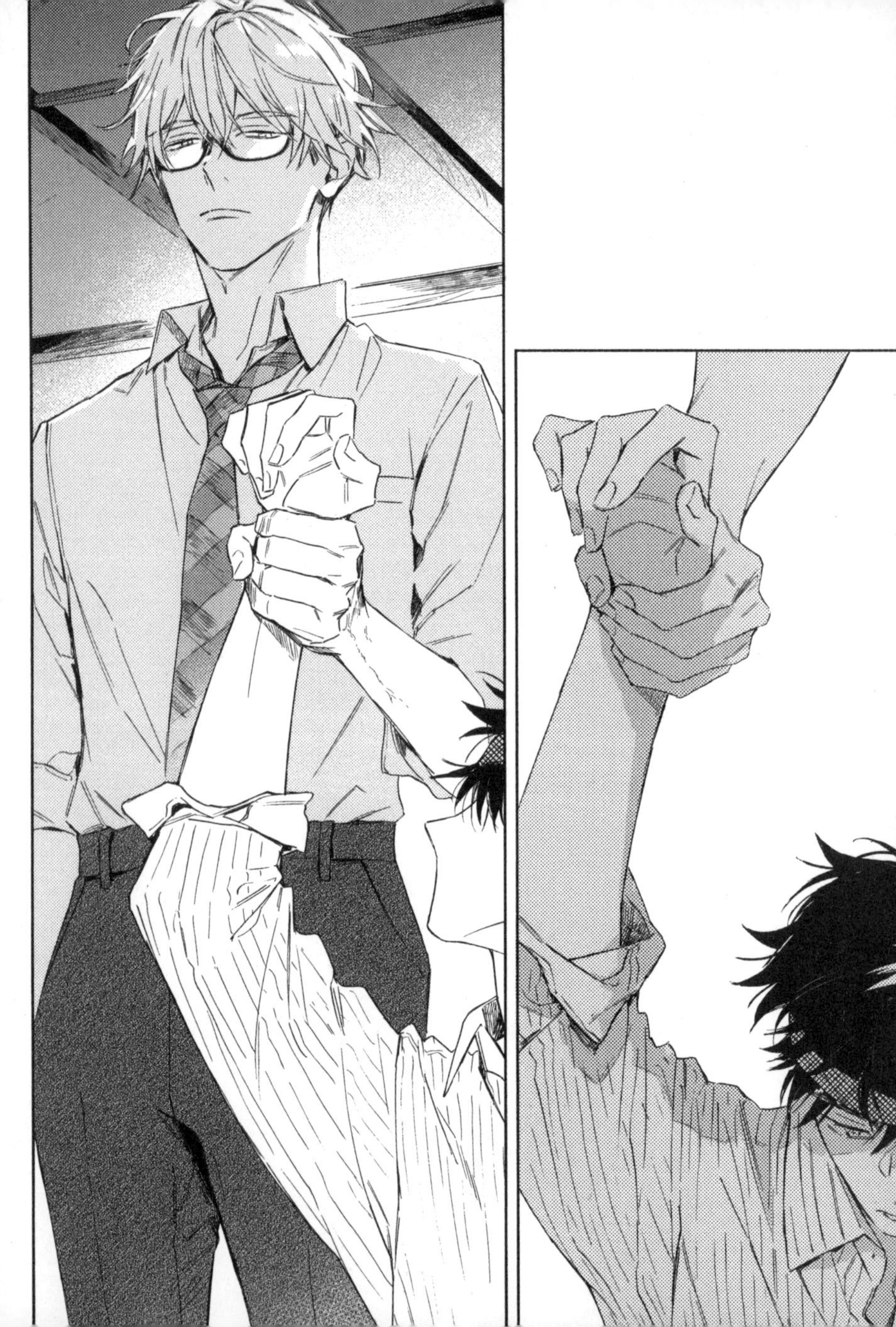

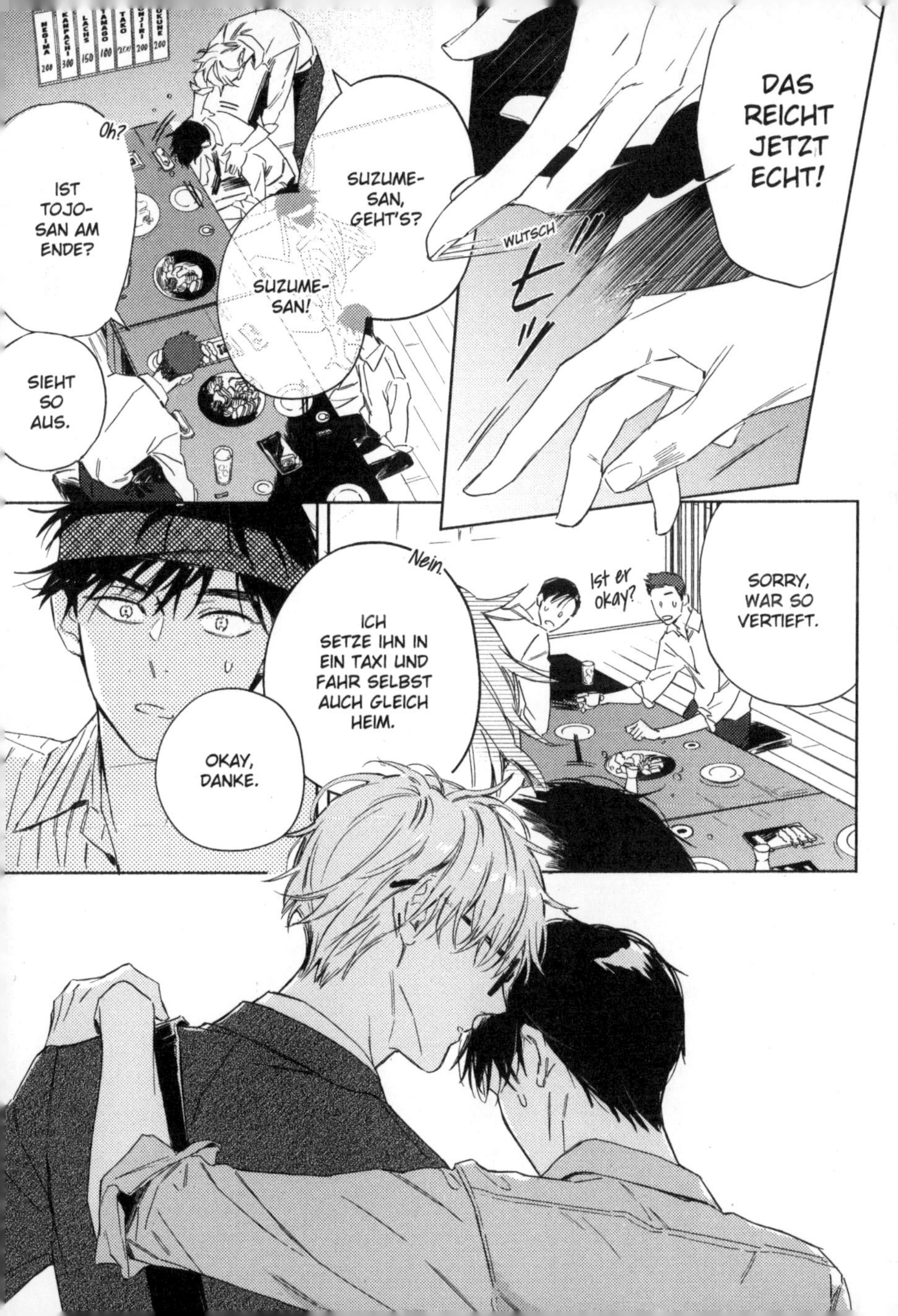
DAS REICHT JETZT ECHT!
WUTSCH
SUZUME-SAN, GEHT'S?
SUZUME-SAN!
Oh?
IST TOJO-SAN AM ENDE?
SIEHT SO AUS.
SORRY, WAR SO VERTIEFT.
Ist er okay?
Nein.
ICH SETZE IHN IN EIN TAXI UND FAHR SELBST AUCH GLEICH HEIM.
OKAY, DANKE.

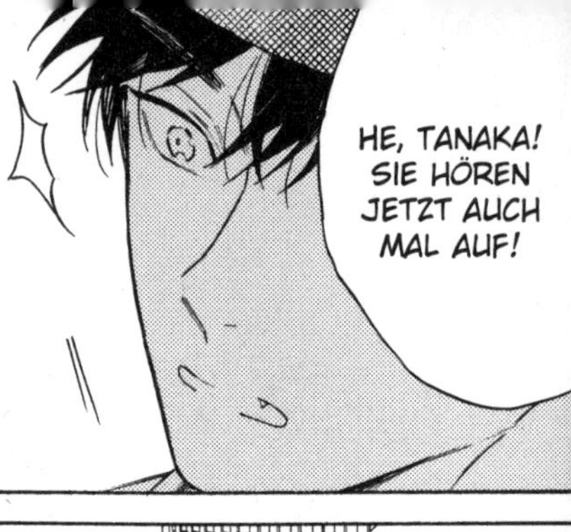
HE, TANAKA! SIE HÖREN JETZT AUCH MAL AUF!

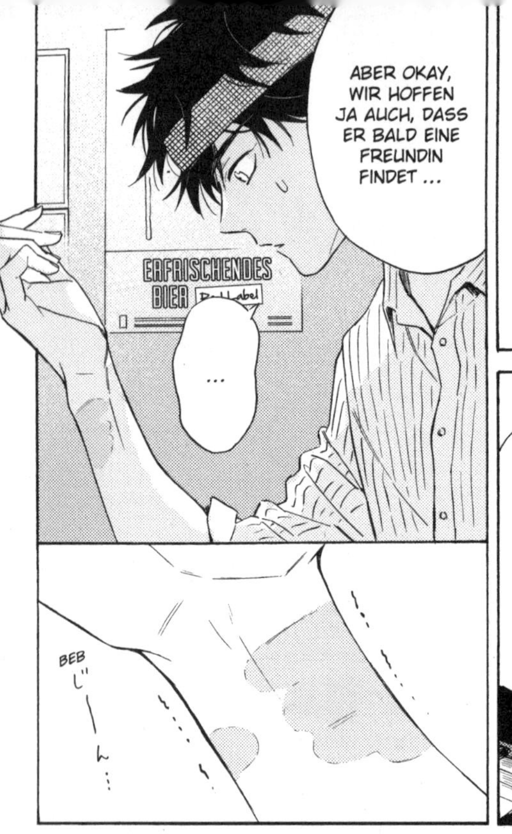
ABER OKAY, WIR HOFFEN JA AUCH, DASS ER BALD EINE FREUNDIN FINDET …
ERFRISCHENDES BIER
…
BEB
じーーん…

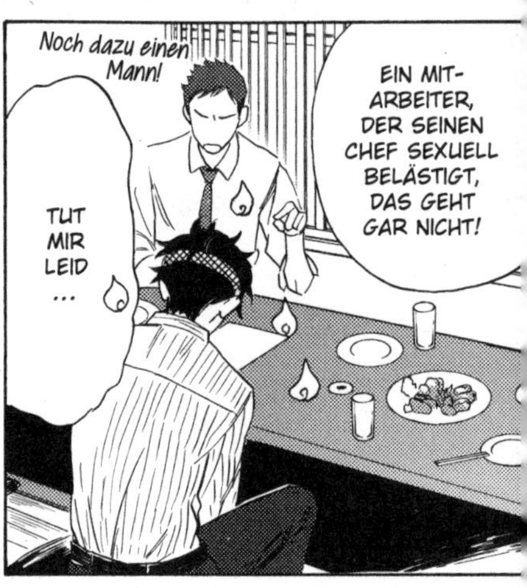
EIN MIT-ARBEITER, DER SEINEN CHEF SEXUELL BELÄSTIGT, DAS GEHT GAR NICHT!
Noch dazu einen Mann!
TUT MIR LEID …

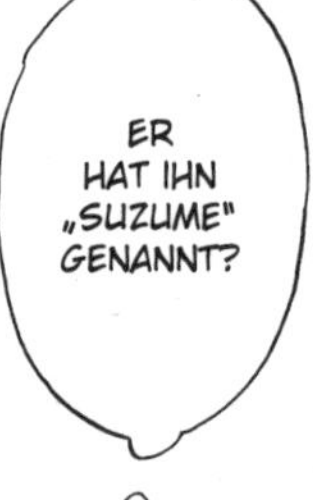
ER HAT IHN „SUZUME" GENANNT?

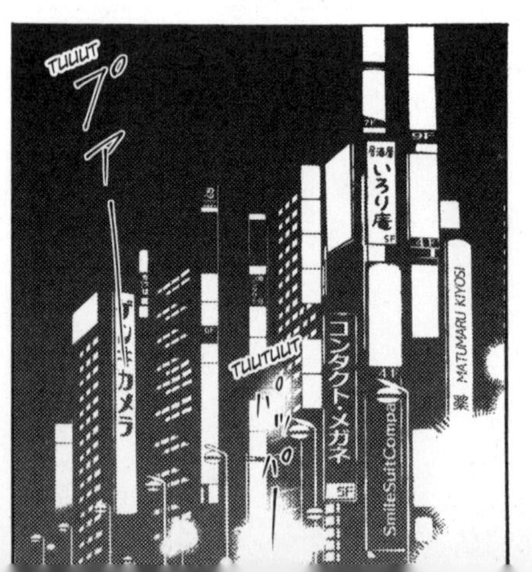
TUUUT
プァー
いろり庵
コンタクト・メガネ
MATUMARU KIYOSI
TUUTUUT
パパ
SmileSuitCompa

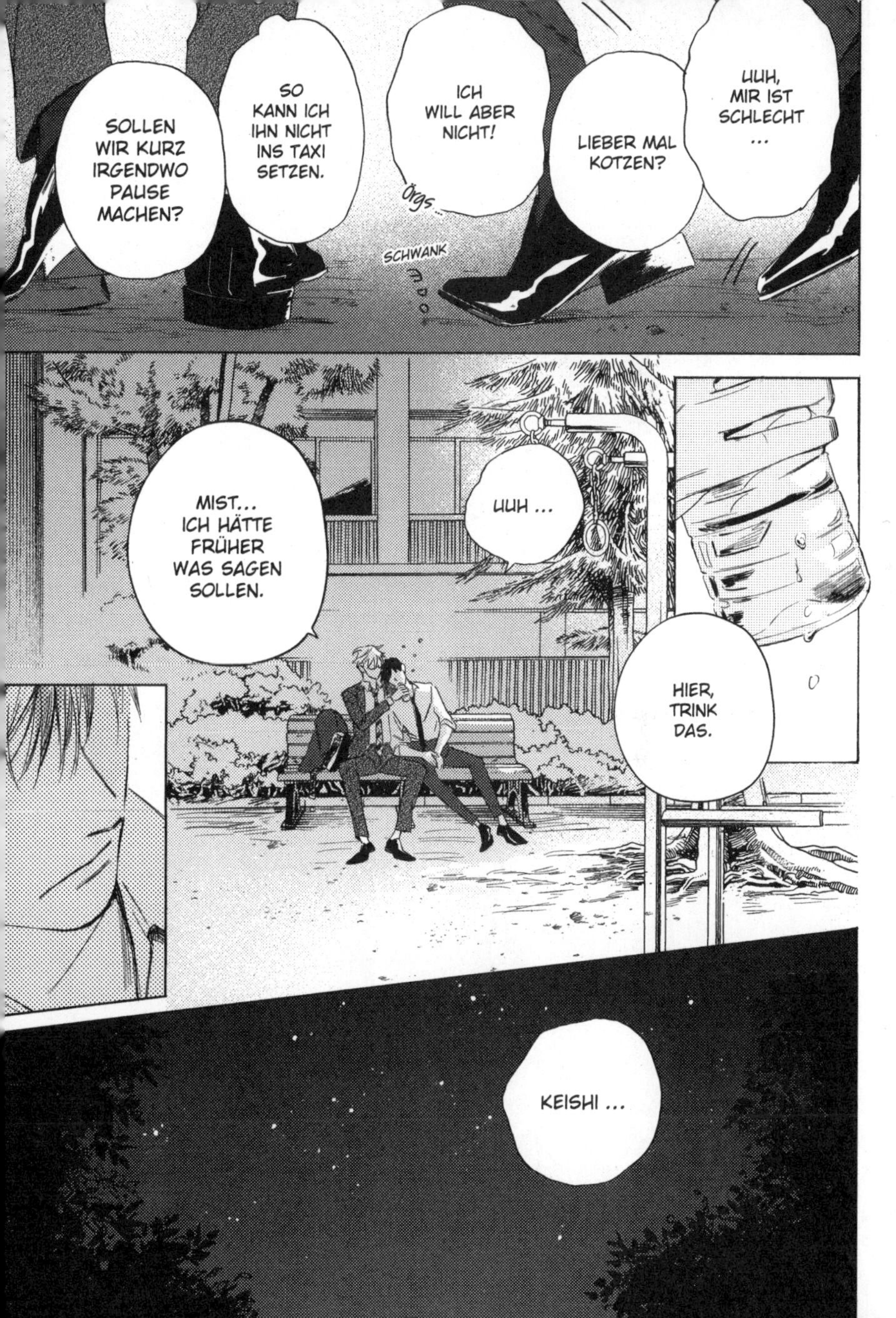
UUH, MIR IST SCHLECHT …
LIEBER MAL KOTZEN?
ICH WILL ABER NICHT!
Örgs …
SO KANN ICH IHN NICHT INS TAXI SETZEN.
SOLLEN WIR KURZ IRGENDWO PAUSE MACHEN?
SCHWANK
HIER, TRINK DAS.
UUH …
MIST… ICH HÄTTE FRÜHER WAS SAGEN SOLLEN.
KEISHI …

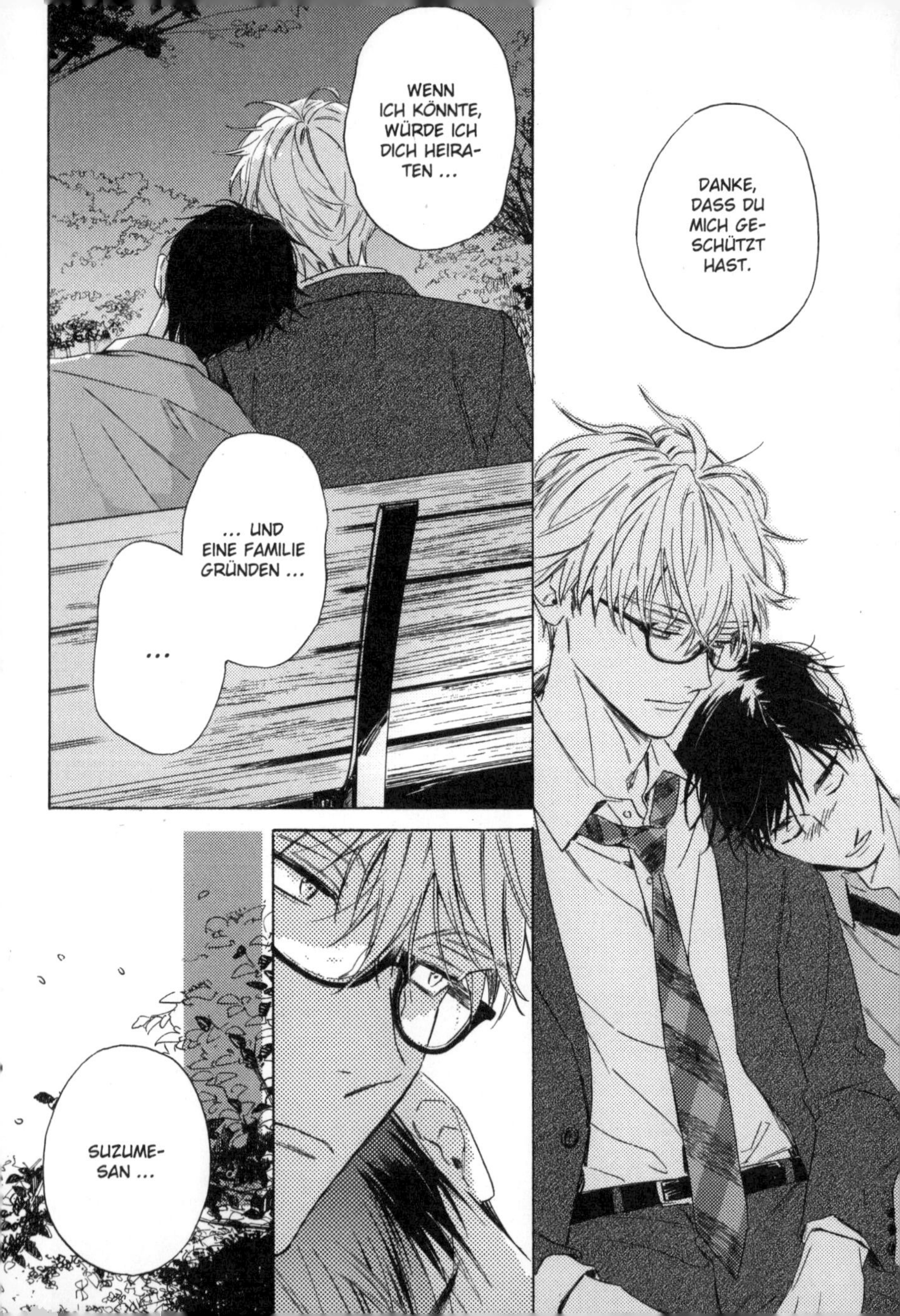

DANKE, DASS DU MICH GE- SCHÜTZT HAST.
WENN ICH KÖNNTE, WÜRDE ICH DICH HEIRA- TEN ...
... UND EINE FAMILIE GRÜNDEN ...
...
SUZUME- SAN ...

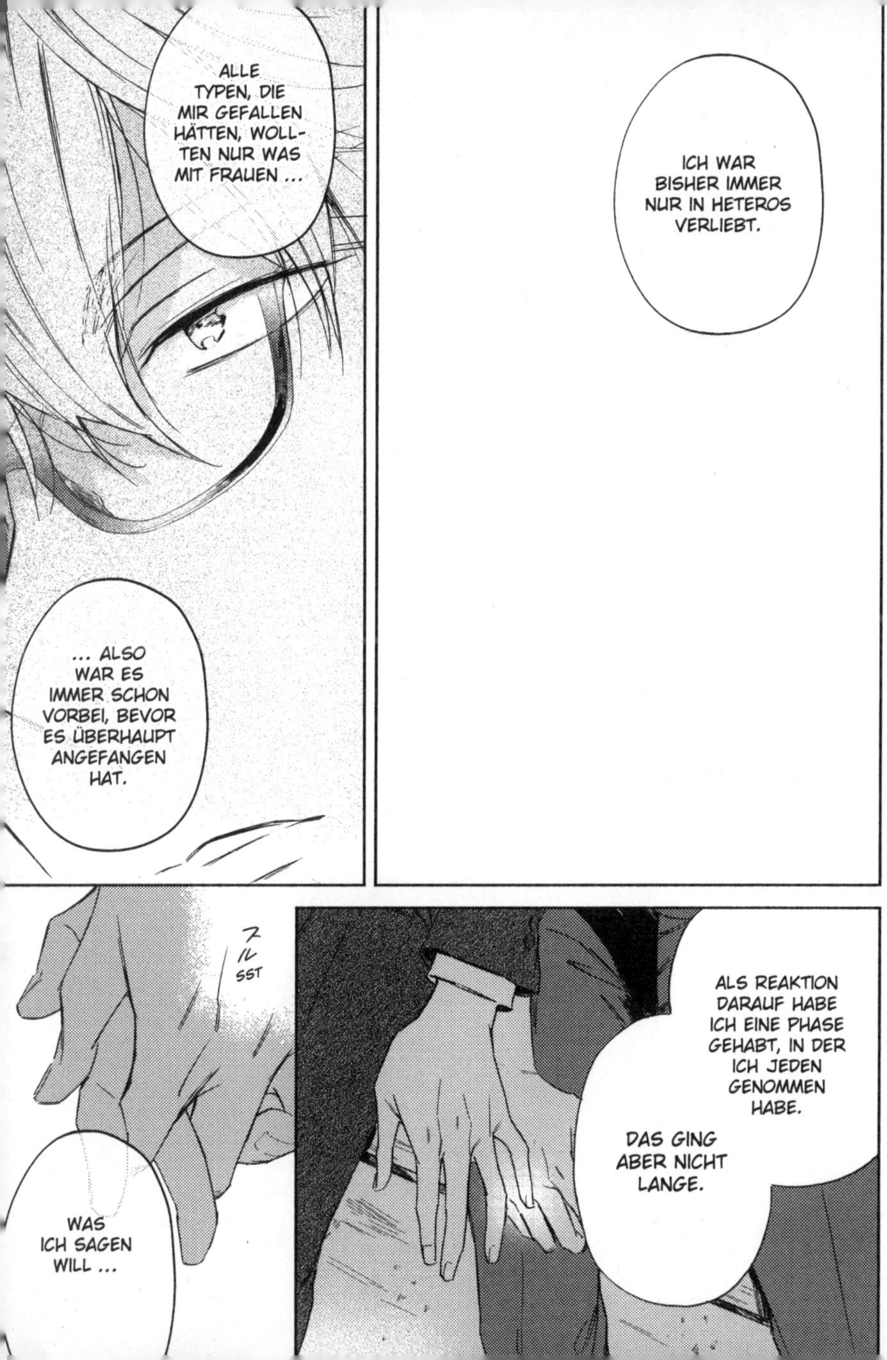

ICH WAR BISHER IMMER NUR IN HETEROS VERLIEBT.

ALLE TYPEN, DIE MIR GEFALLEN HÄTTEN, WOLLTEN NUR WAS MIT FRAUEN ...

... ALSO WAR ES IMMER SCHON VORBEI, BEVOR ES ÜBERHAUPT ANGEFANGEN HAT.

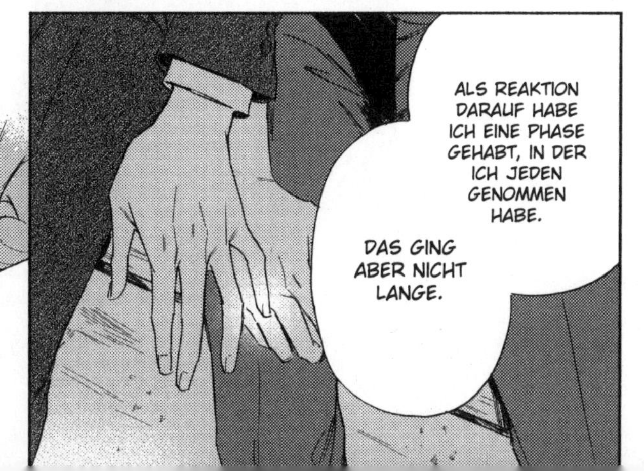

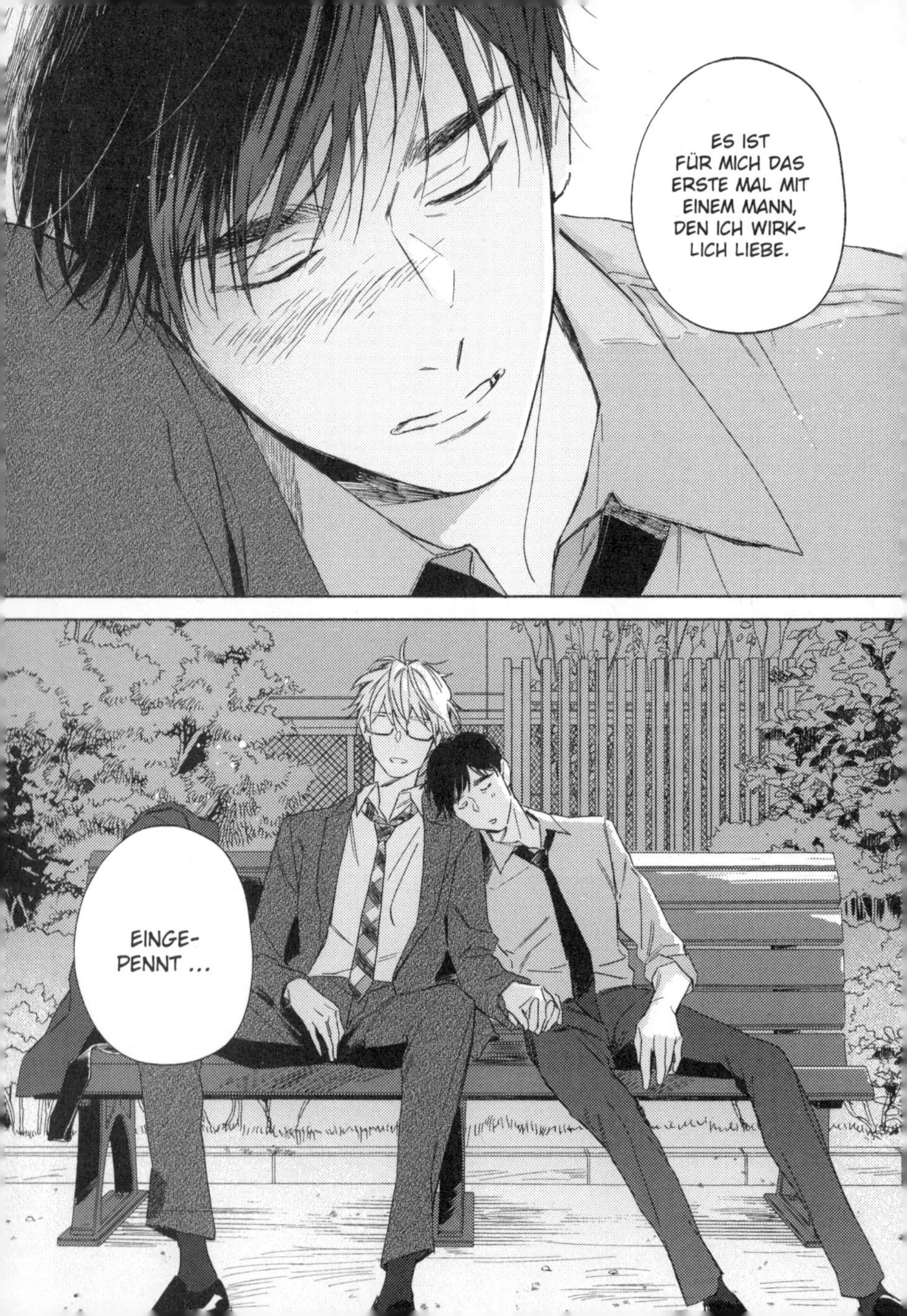

ES IST FÜR MICH DAS ERSTE MAL MIT EINEM MANN, DEN ICH WIRKLICH LIEBE.

EINGEPENNT ...

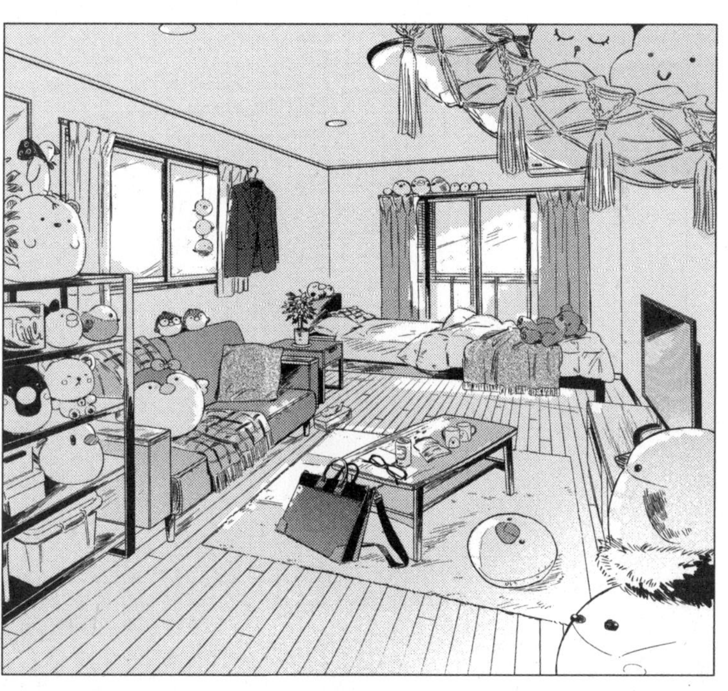

# 10 erste Male, bevor ich 40 werde

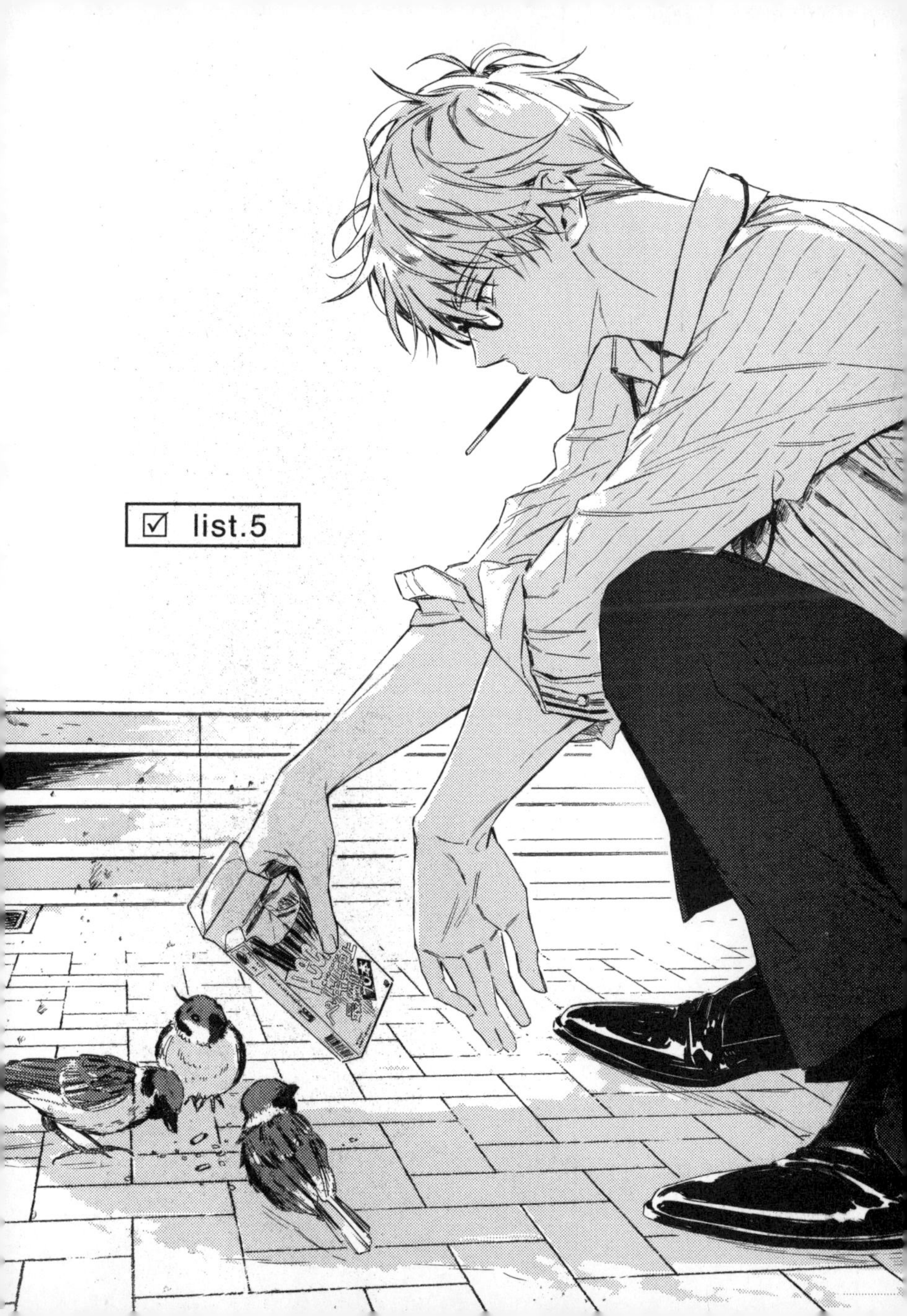
☑ list.5

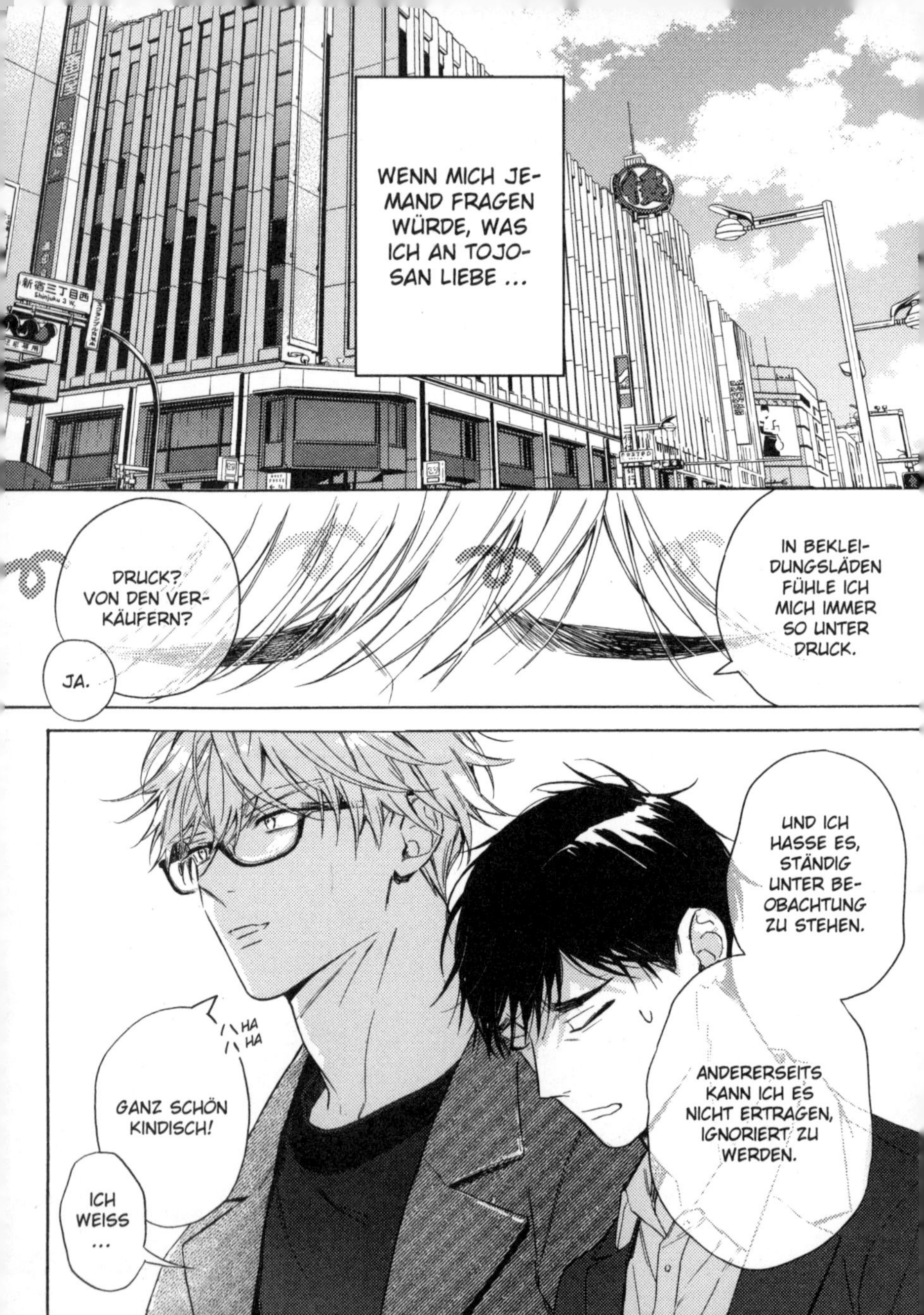
WENN MICH JEMAND FRAGEN WÜRDE, WAS ICH AN TOJO-SAN LIEBE …
IN BEKLEIDUNGSLÄDEN FÜHLE ICH MICH IMMER SO UNTER DRUCK.
DRUCK? VON DEN VERKÄUFERN?
JA.
UND ICH HASSE ES, STÄNDIG UNTER BEOBACHTUNG ZU STEHEN.
ANDERERSEITS KANN ICH ES NICHT ERTRAGEN, IGNORIERT ZU WERDEN.
HA HA
GANZ SCHÖN KINDISCH!
ICH WEISS …

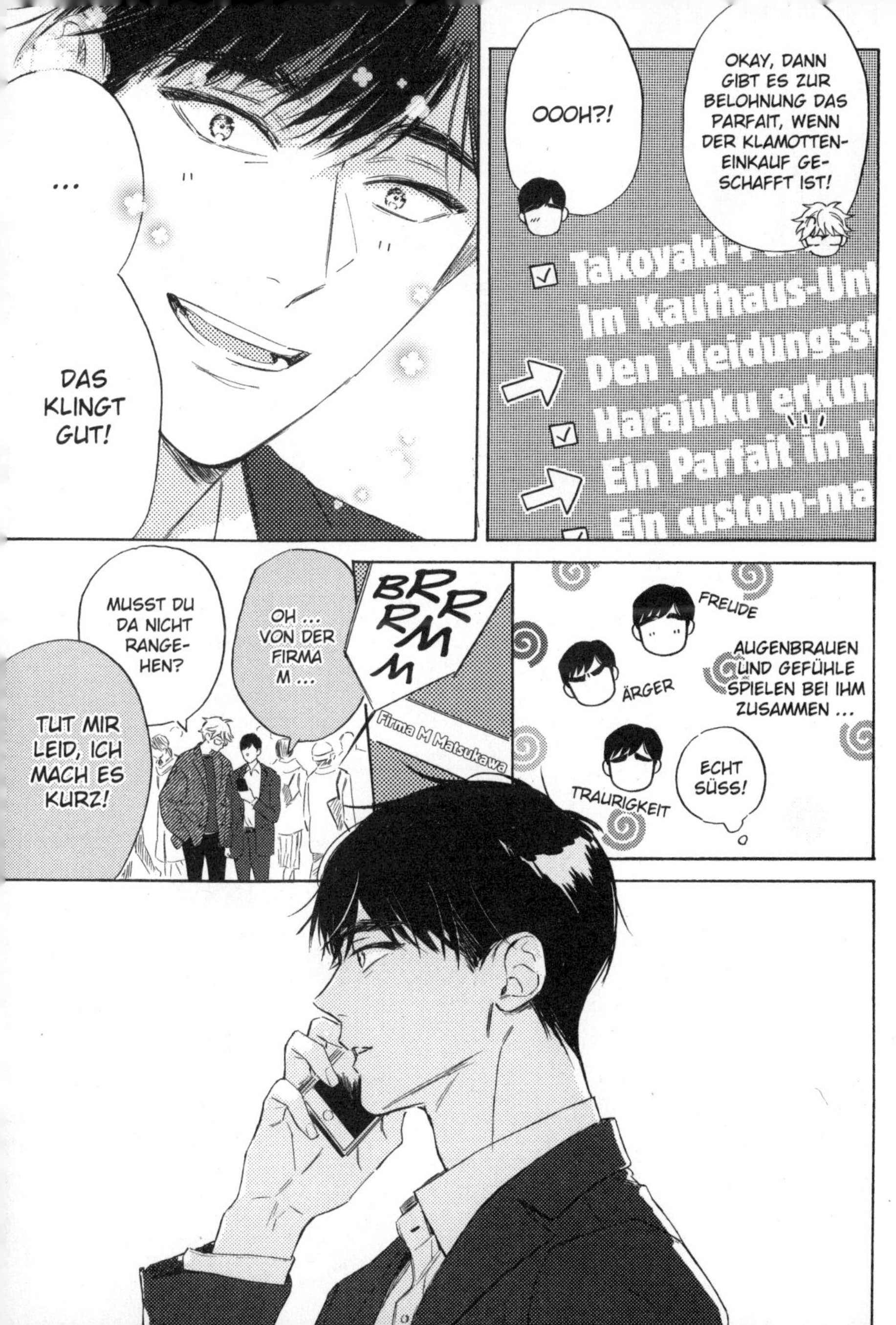
OKAY, DANN GIBT ES ZUR BELOHNUNG DAS PARFAIT, WENN DER KLAMOTTEN-EINKAUF GE-SCHAFFT IST!
OOOH?!
Takoyaki-
Im Kaufhaus-Unt
Den Kleidungss
Harajuku erkun
Ein Parfait im
Ein custom-ma
...
DAS KLINGT GUT!
FREUDE
AUGENBRAUEN UND GEFÜHLE SPIELEN BEI IHM ZUSAMMEN ...
ÄRGER
TRAURIGKEIT
ECHT SÜSS!
BRRRMMM
Firma M Matsukawa
OH ... VON DER FIRMA M ...
MUSST DU DA NICHT RANGE-HEN?
TUT MIR LEID, ICH MACH ES KURZ!

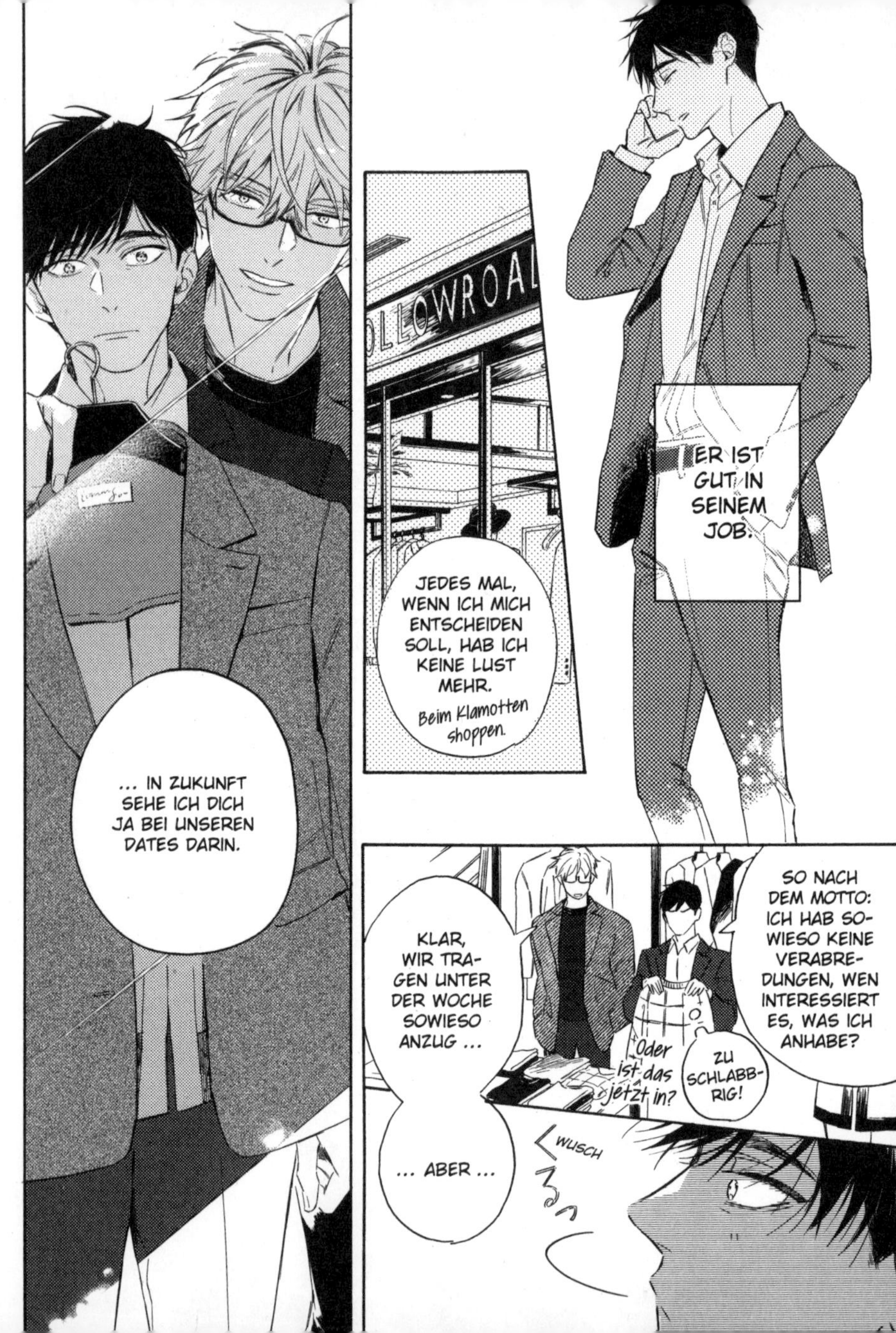

ER IST GUT IN SEINEM JOB.
JEDES MAL, WENN ICH MICH ENTSCHEIDEN SOLL, HAB ICH KEINE LUST MEHR.
Beim Klamotten shoppen.
SO NACH DEM MOTTO: ICH HAB SOWIESO KEINE VERABREDUNGEN, WEN INTERESSIERT ES, WAS ICH ANHABE?
ZU SCHLABBRIG!
Oder ist das jetzt in?
KLAR, WIR TRAGEN UNTER DER WOCHE SOWIESO ANZUG …
… ABER …
WUSCH
… IN ZUKUNFT SEHE ICH DICH JA BEI UNSEREN DATES DARIN.

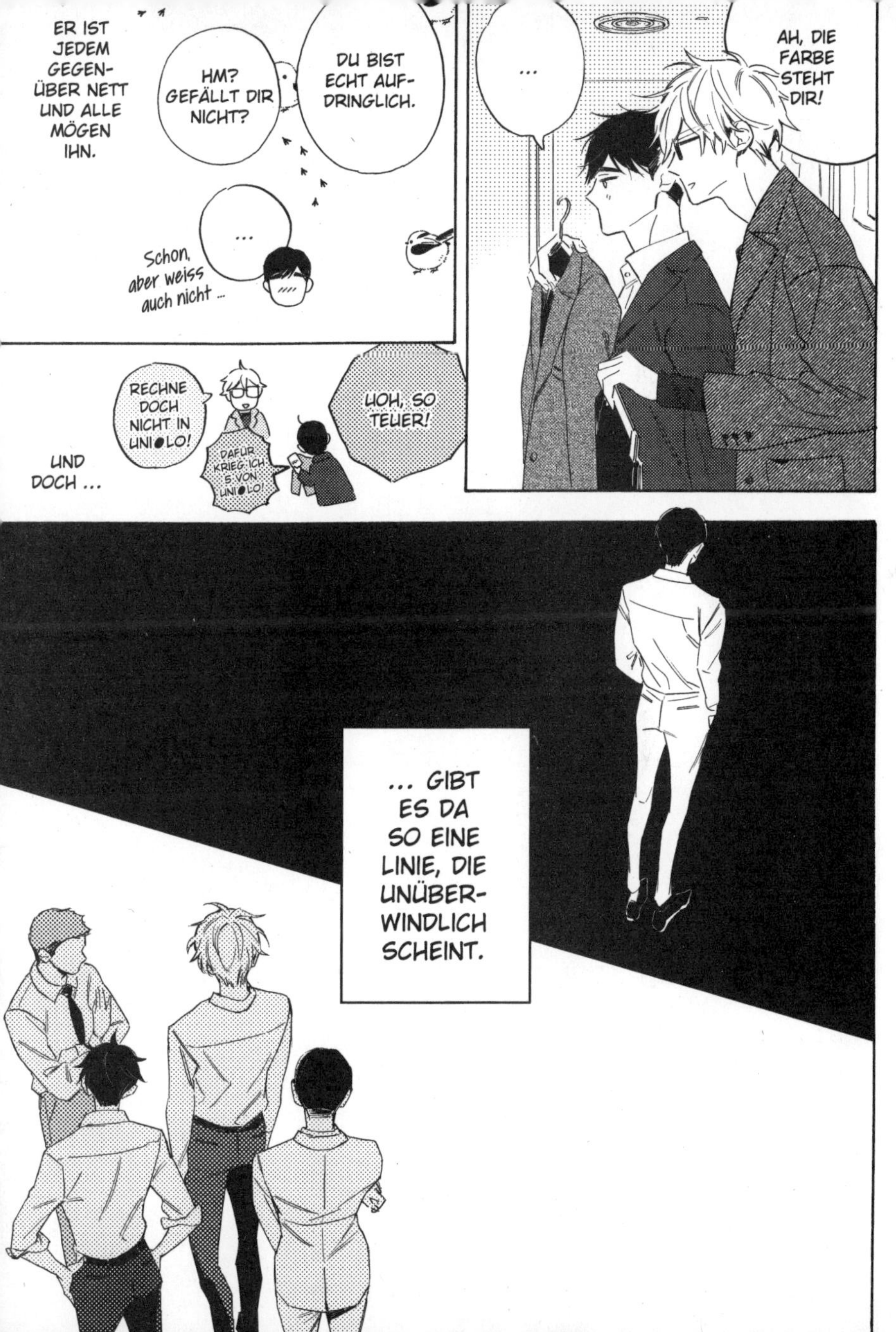
AH, DIE FARBE STEHT DIR!
...
DU BIST ECHT AUF-DRINGLICH.
HM? GEFÄLLT DIR NICHT?
ER IST JEDEM GEGEN-ÜBER NETT UND ALLE MÖGEN IHN.
...
Schon, aber weiss auch nicht ...
UOH, SO TEUER!
DAFÜR KRIEG ICH 5 VON UNI●LO!
RECHNE DOCH NICHT IN UNI●LO!
UND DOCH ...
... GIBT ES DA SO EINE LINIE, DIE UNÜBER-WINDLICH SCHEINT.

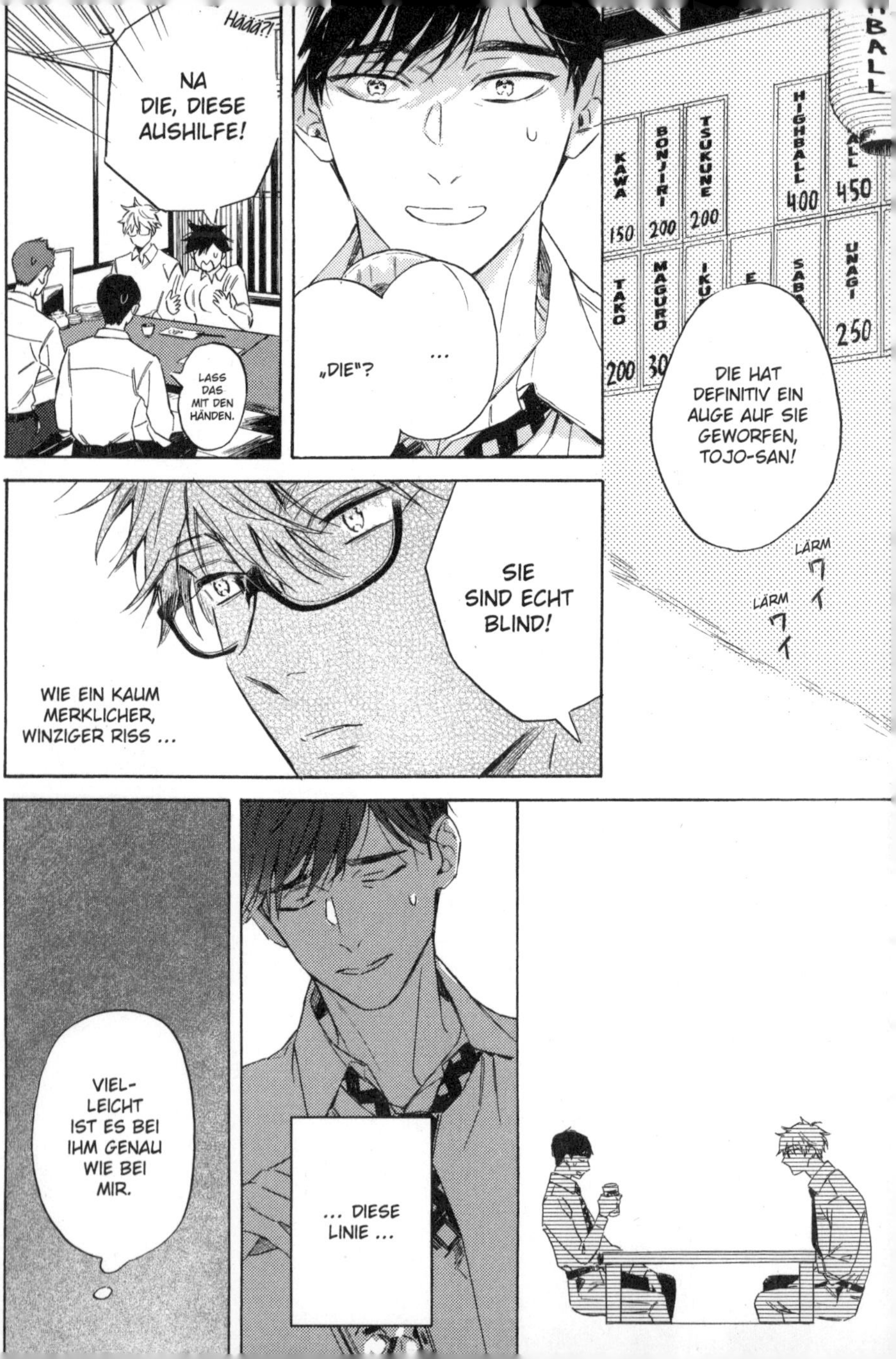

HIGHBALL
KAWA 150
BONJIRI 200
TSUKUNE 200
HIGHBALL 400
UNAGI 250
TAKO 200
MAGURO

DIE HAT DEFINITIV EIN AUGE AUF SIE GEWORFEN, TOJO-SAN!

…

„DIE"?

Häää?!

NA DIE, DIESE AUSHILFE!

LASS DAS MIT DEN HÄNDEN.

SIE SIND ECHT BLIND!

WIE EIN KAUM MERKLICHER, WINZIGER RISS …

LÄRM

LÄRM

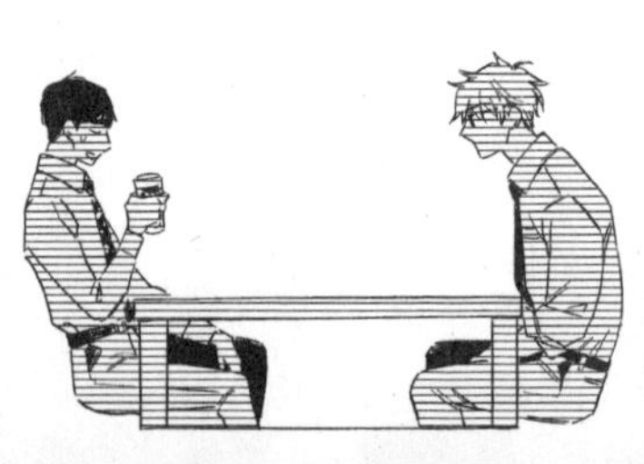

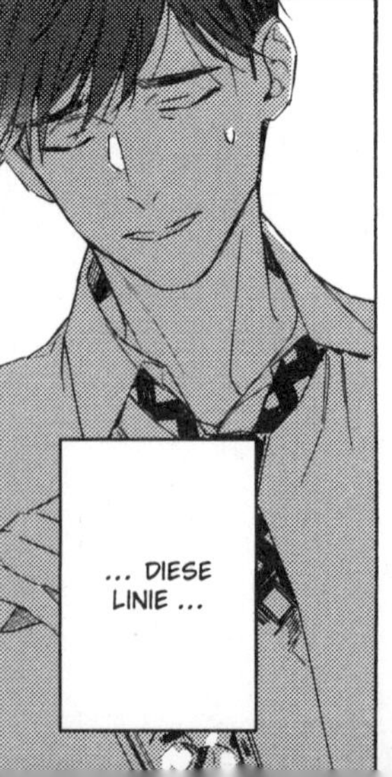


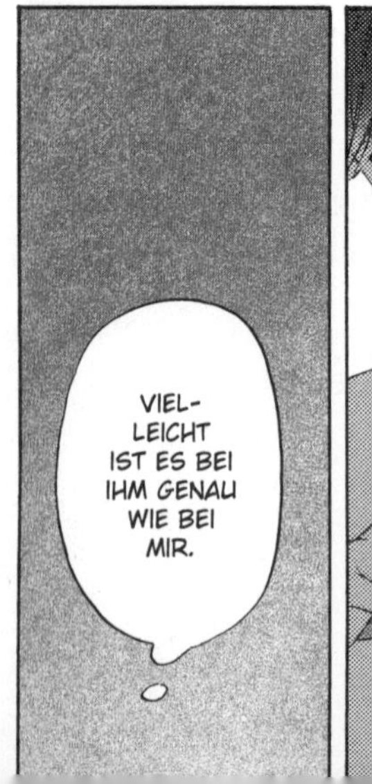

UND ER LIEBT MÄNNER.

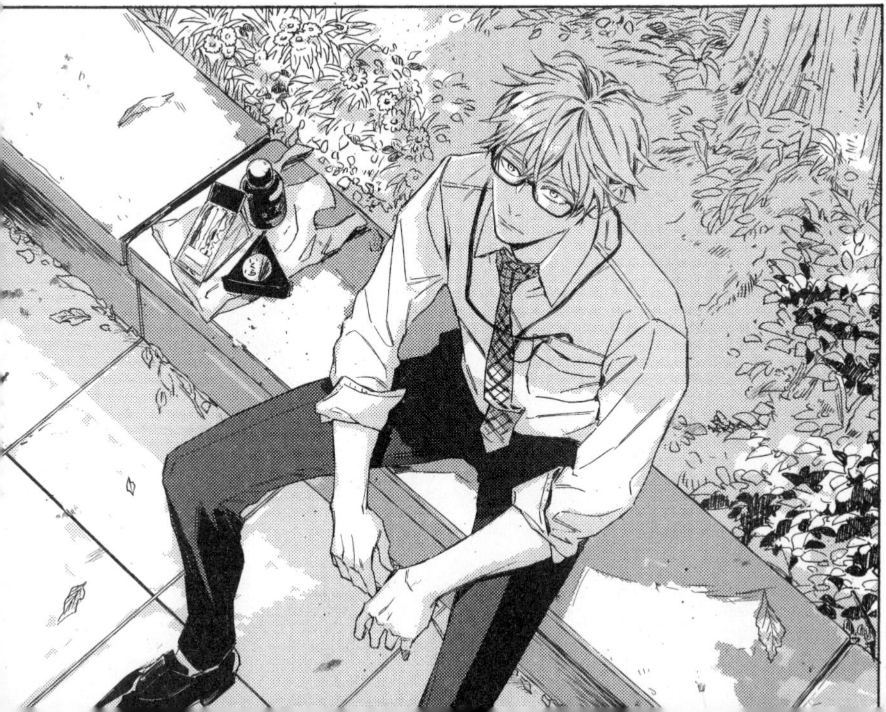

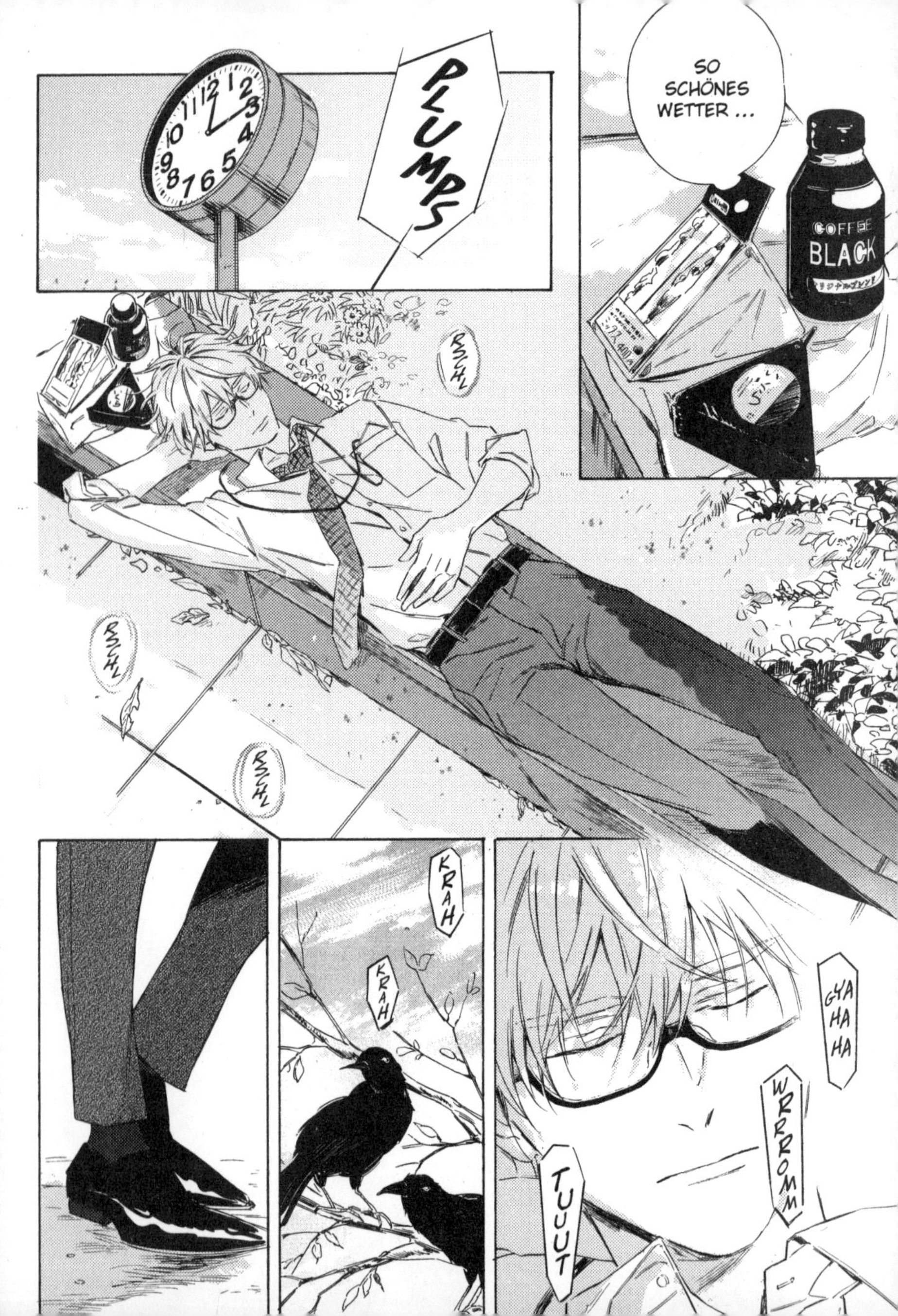
SO SCHÖNES WETTER …
COFFEE BLACK
PLUMPS
RSCHL
RSCHL
RSCHL
GYAHAHAHA
WRRROMM
TUUUT
KRAH
KRAH

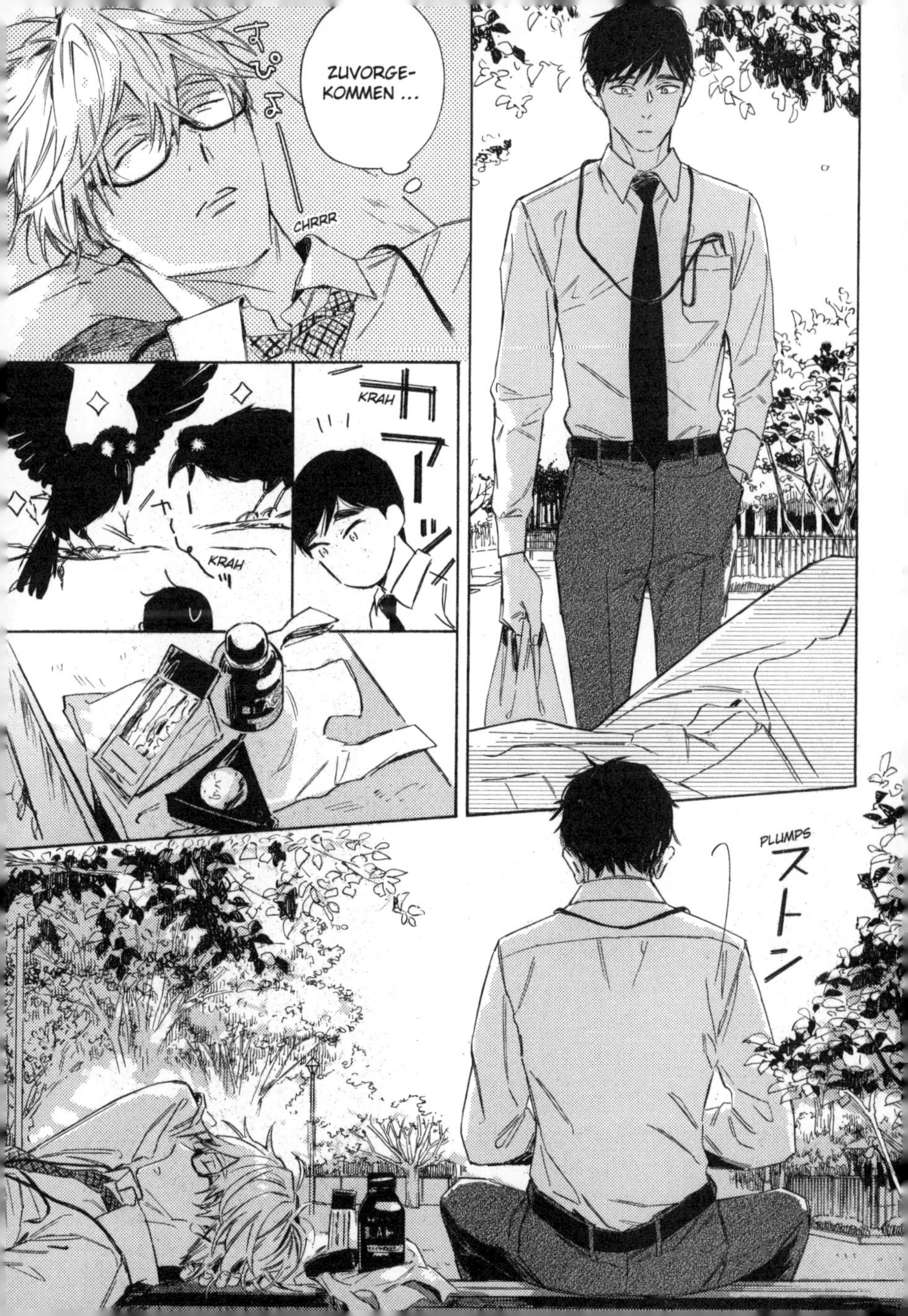
ZUVORGE-
KOMMEN ...
すぴょ
CHRRR
KRAH
カァーッ
KRAH
PLUMPS
ストン

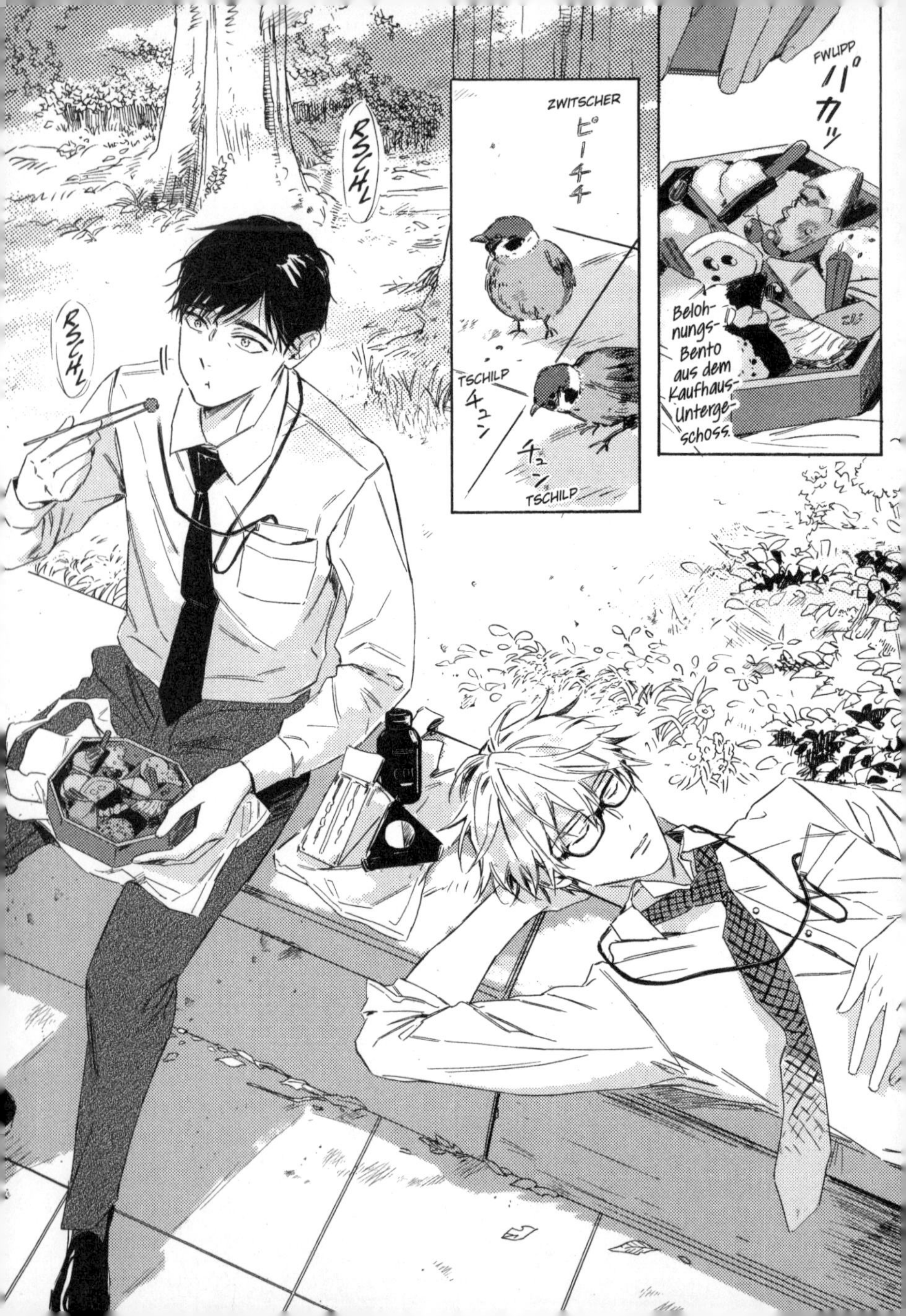

FWUPP
パカッ
Belohnungs-Bento aus dem Kaufhaus-Untergeschoss.
ZWITSCHER
ピーチチ
TSCHILP
チュン
チュン
TSCHILP
RSCHL
RSCHL

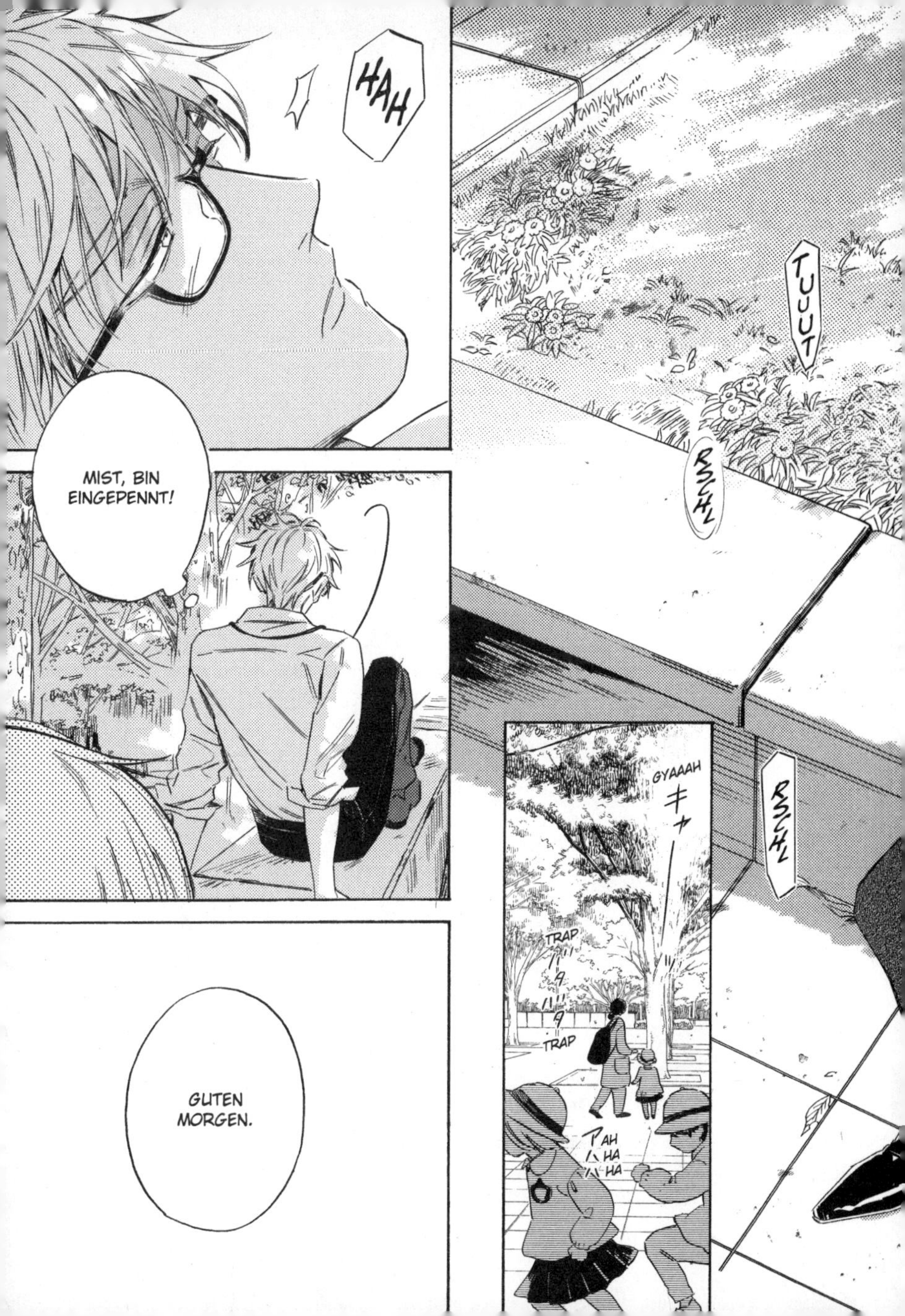
TUUUT
RSCHL
RSCHL
HAH
MIST, BIN EINGEPENNT!
GYAAAH
TRAP
TRAP
AH HA HA
GUTEN MORGEN.

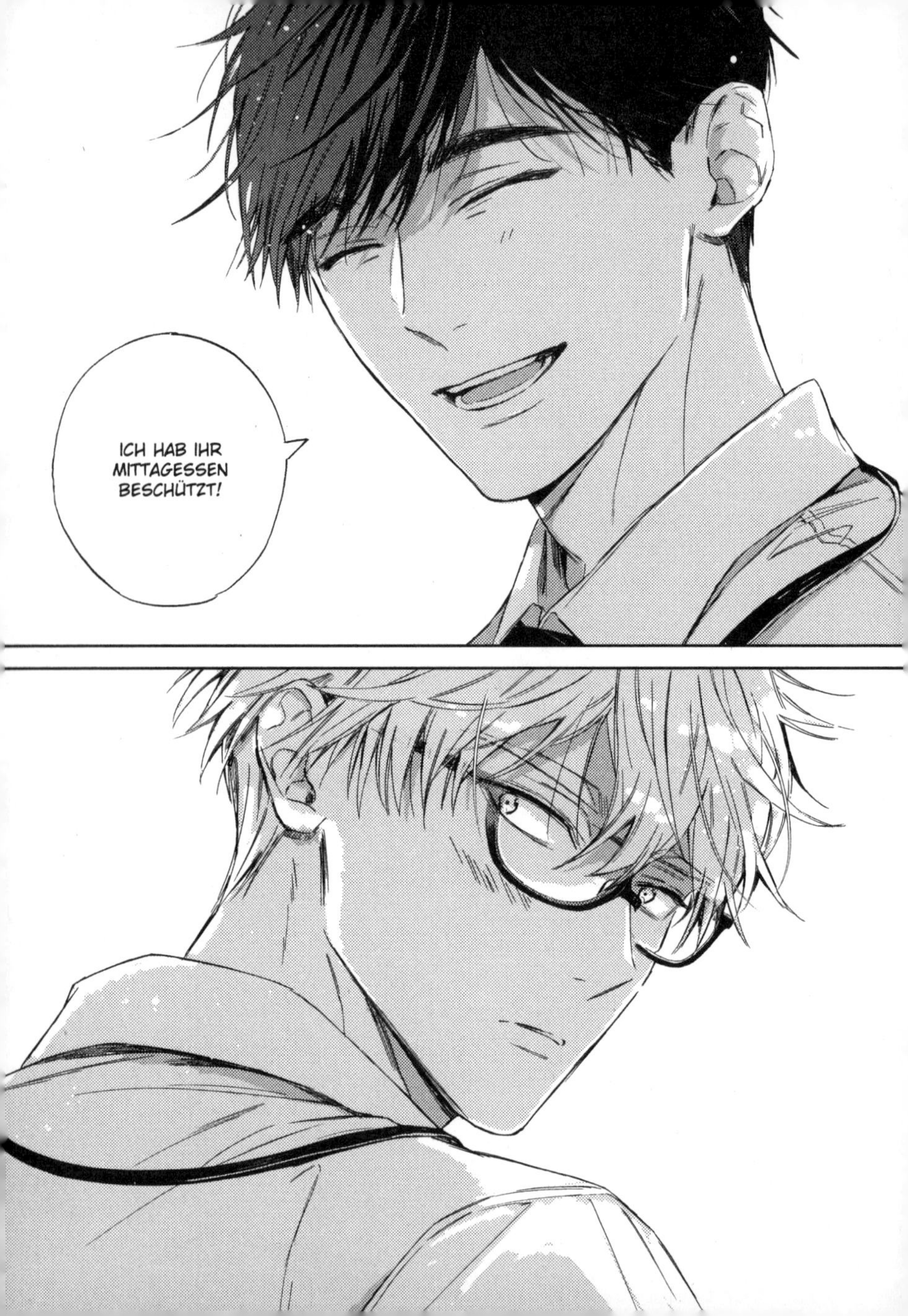
ICH HAB IHR MITTAGESSEN BESCHÜTZT!

ABER ICH DACHTE, WAS SOLL ICH MACHEN?

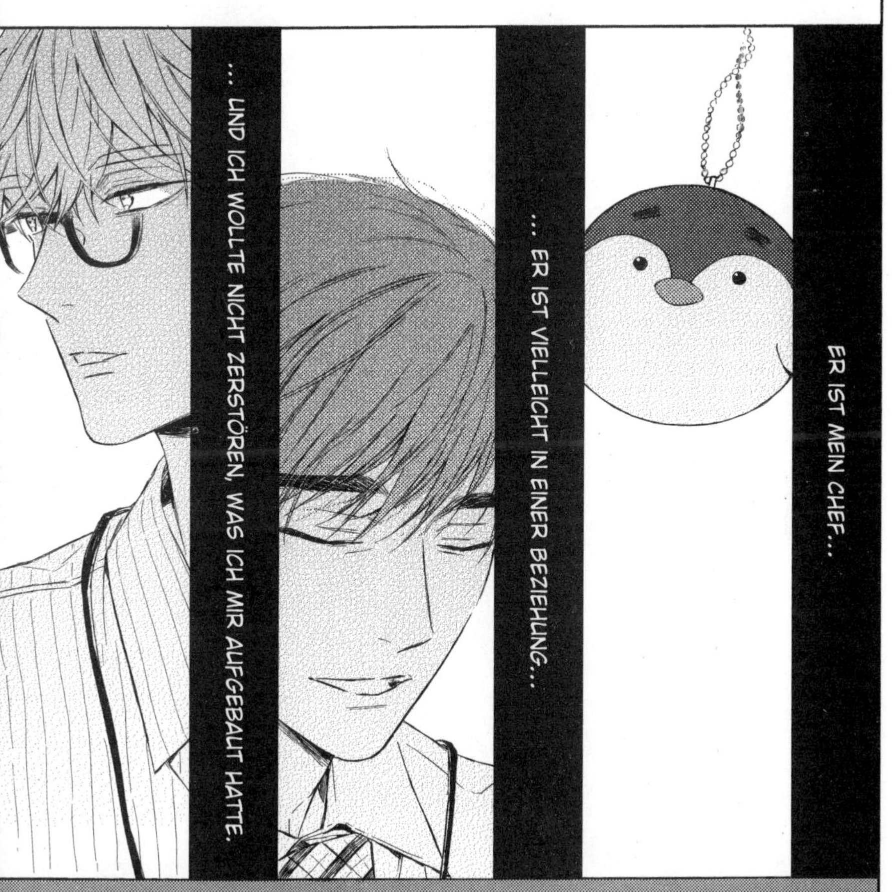


„EINEN LIEBHABER FINDEN".

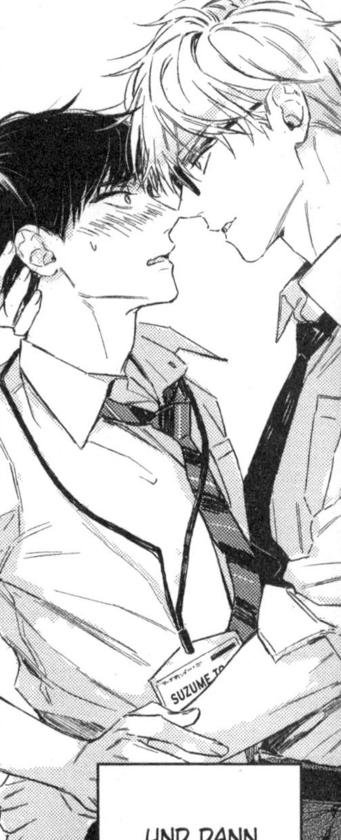
SUZUME TO
UND DANN HAT MEIN KÖRPER EINFACH ENTSCHIEDEN.

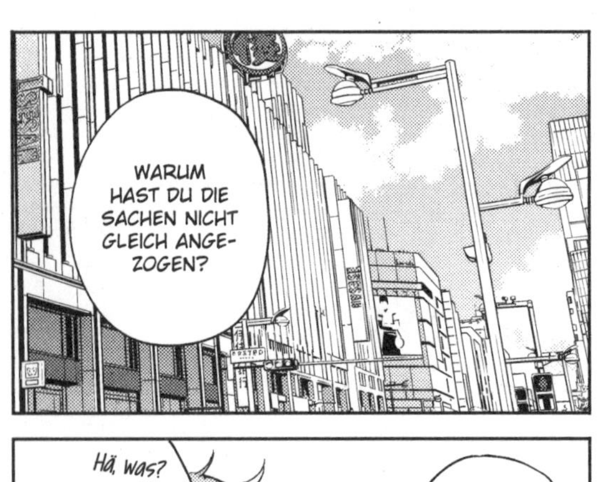
WARUM HAST DU DIE SACHEN NICHT GLEICH ANGEZOGEN?

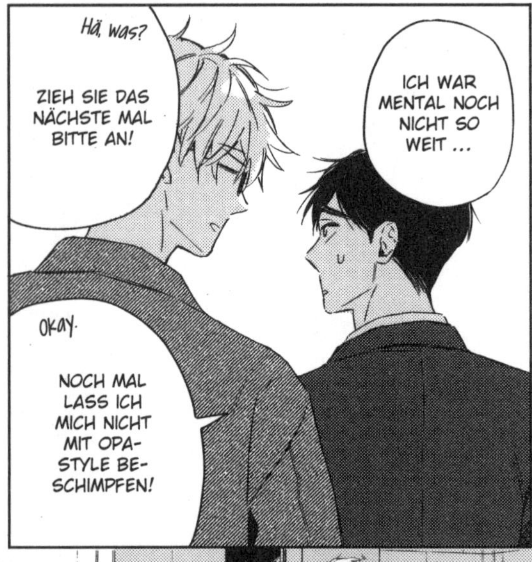
ICH WAR MENTAL NOCH NICHT SO WEIT …
Hä, was?
ZIEH SIE DAS NÄCHSTE MAL BITTE AN!
okay.
NOCH MAL LASS ICH MICH NICHT MIT OPA-STYLE BESCHIMPFEN!

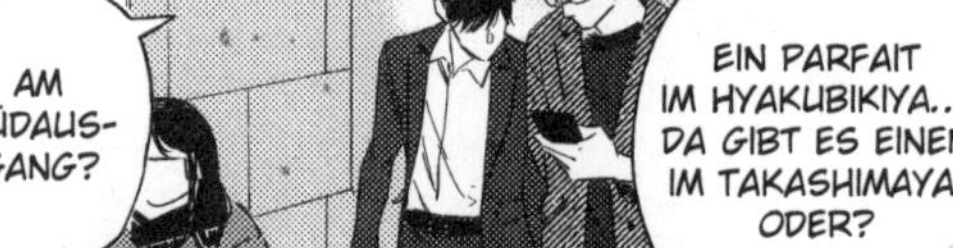
EIN PARFAIT IM HYAKUBIKIYA… DA GIBT ES EINEN IM TAKASHIMAYA, ODER?
AM SÜDAUSGANG?
JA.

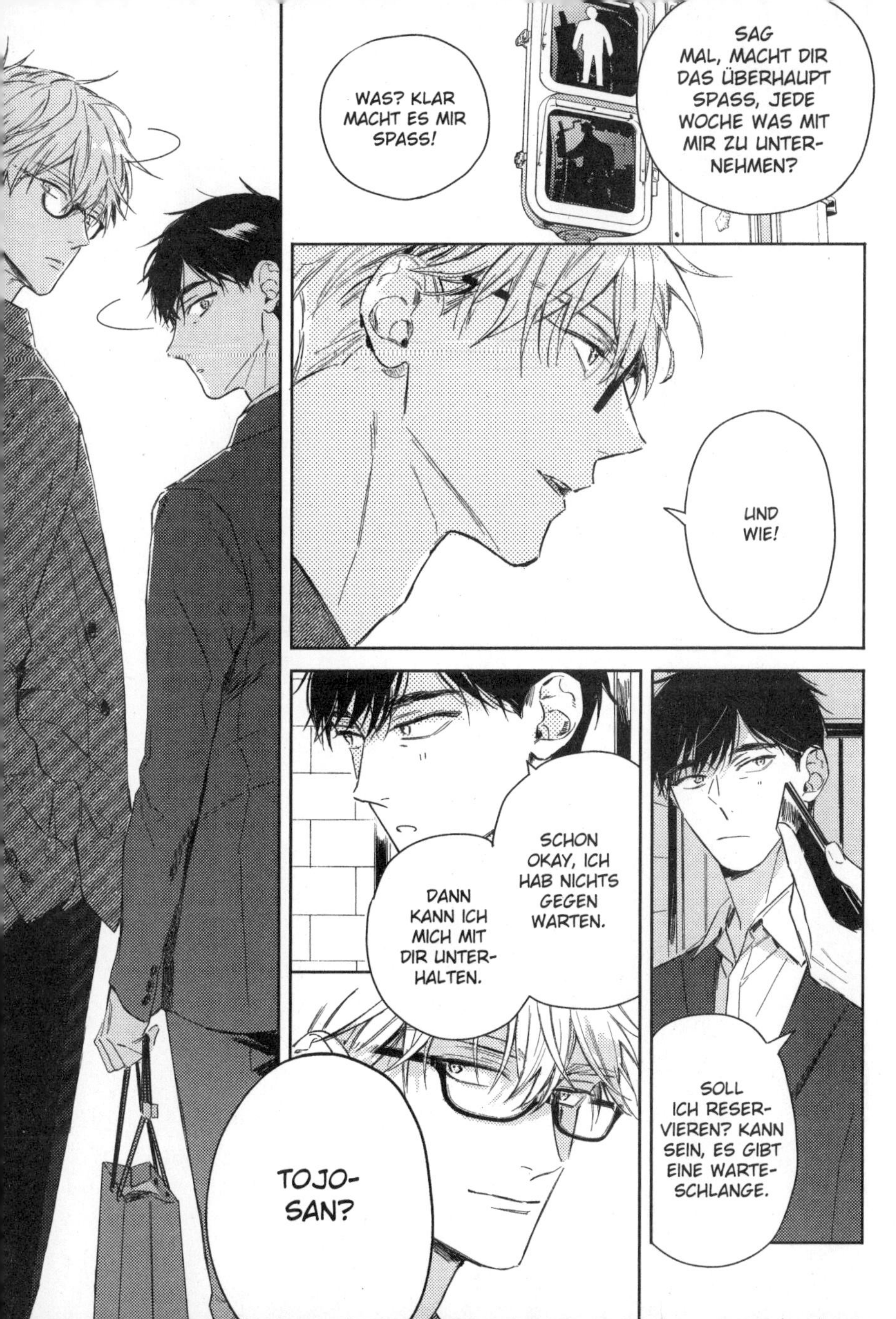

SAG MAL, MACHT DIR DAS ÜBERHAUPT SPASS, JEDE WOCHE WAS MIT MIR ZU UNTERNEHMEN?
WAS? KLAR MACHT ES MIR SPASS!
UND WIE!
SOLL ICH RESERVIEREN? KANN SEIN, ES GIBT EINE WARTESCHLANGE.
SCHON OKAY, ICH HAB NICHTS GEGEN WARTEN.
DANN KANN ICH MICH MIT DIR UNTERHALTEN.
TOJO-SAN?

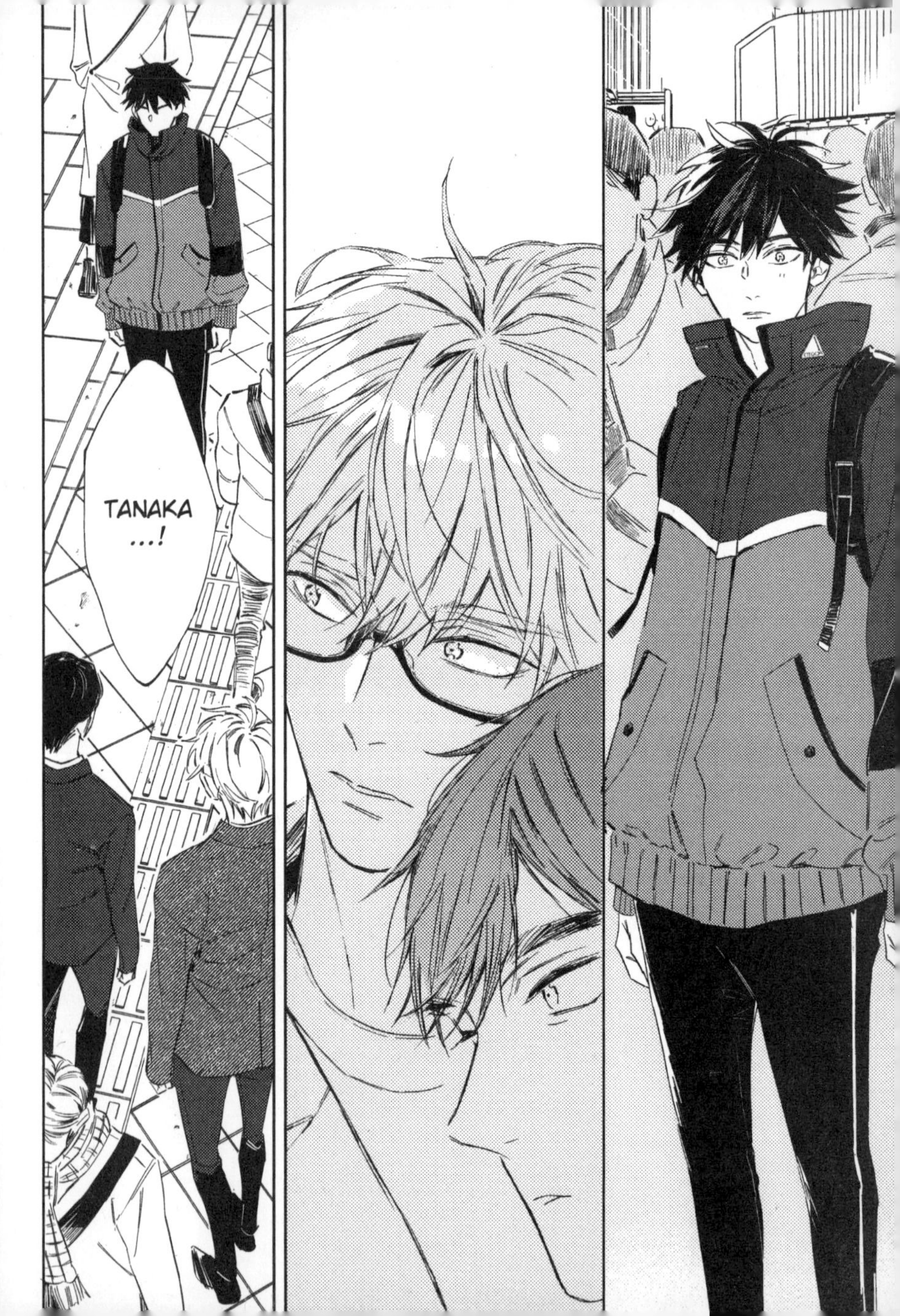
TANAKA
...!

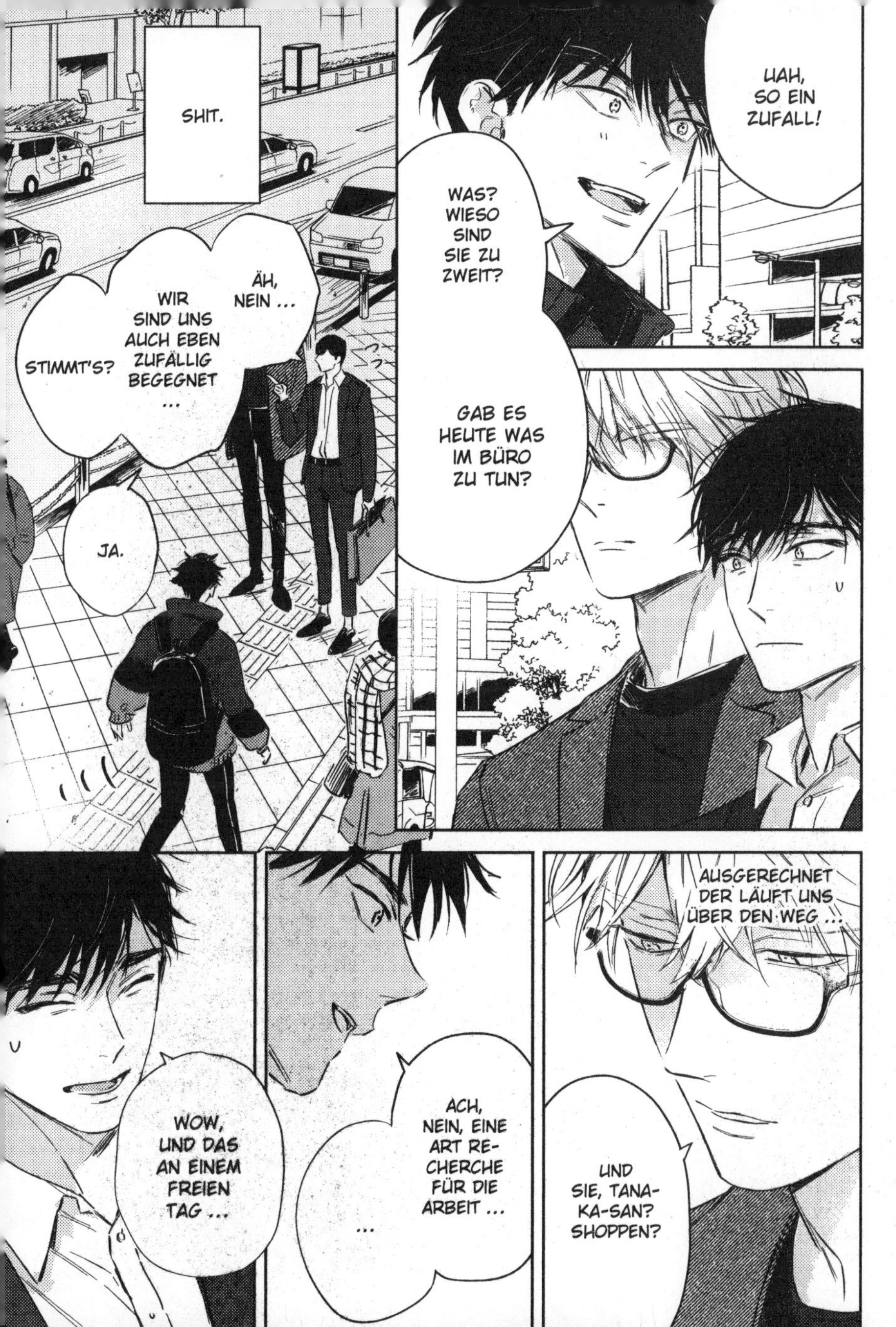
UAH, SO EIN ZUFALL!
WAS? WIESO SIND SIE ZU ZWEIT?
GAB ES HEUTE WAS IM BÜRO ZU TUN?
SHIT.
ÄH, NEIN ...
WIR SIND UNS AUCH EBEN ZUFÄLLIG BEGEGNET ...
STIMMT'S?
JA.
AUSGERECHNET DER LÄUFT UNS ÜBER DEN WEG ...
UND SIE, TANAKA-SAN? SHOPPEN?
ACH, NEIN, EINE ART RE-CHERCHE FÜR DIE ARBEIT ...
...
WOW, UND DAS AN EINEM FREIEN TAG ...

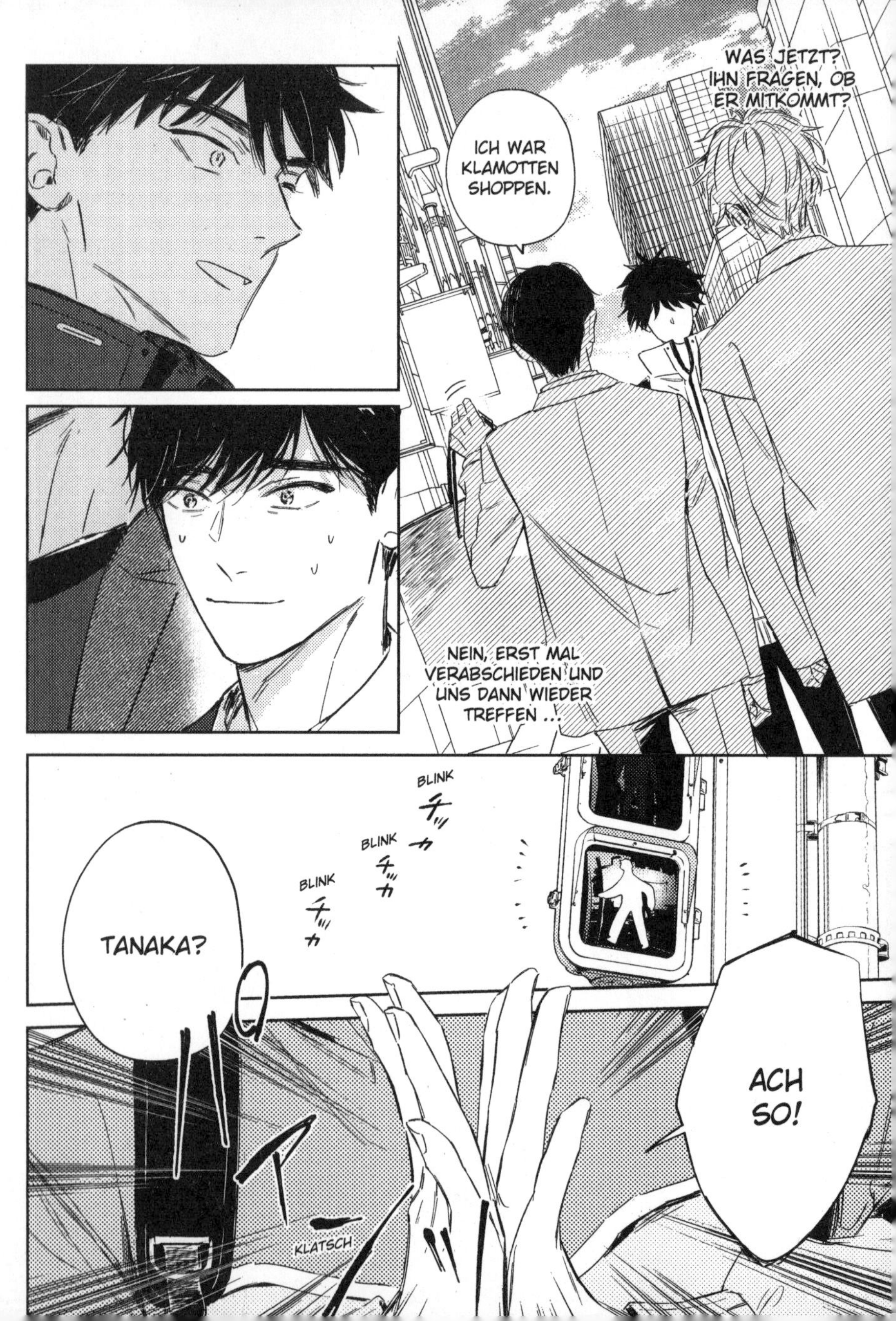
WAS JETZT? IHN FRAGEN, OB ER MITKOMMT?
ICH WAR KLAMOTTEN SHOPPEN.
NEIN, ERST MAL VERABSCHIEDEN UND UNS DANN WIEDER TREFFEN ...
BLINK
BLINK
BLINK
TANAKA?
ACH SO!
KLATSCH

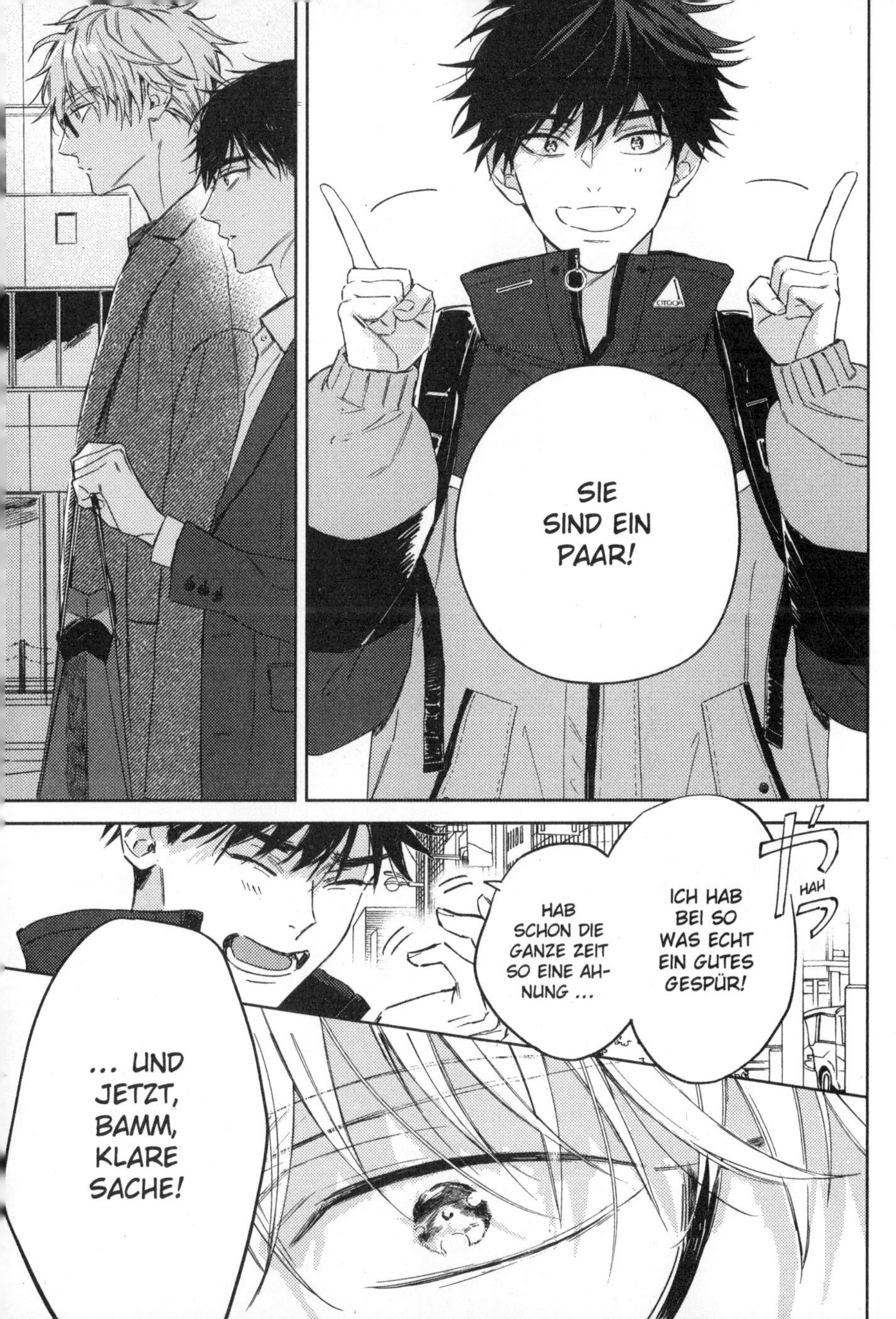
SIE SIND EIN PAAR!
ICH HAB BEI SO WAS ECHT EIN GUTES GESPÜR!
HAH
HAB SCHON DIE GANZE ZEIT SO EINE AH-NUNG …
… UND JETZT, BAMM, KLARE SACHE!

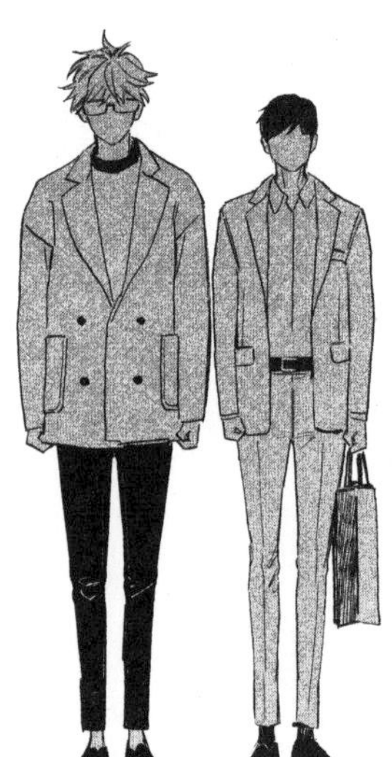
KEINE PANIK!
ICH HAB DA KEINE VOR-URTEILE!

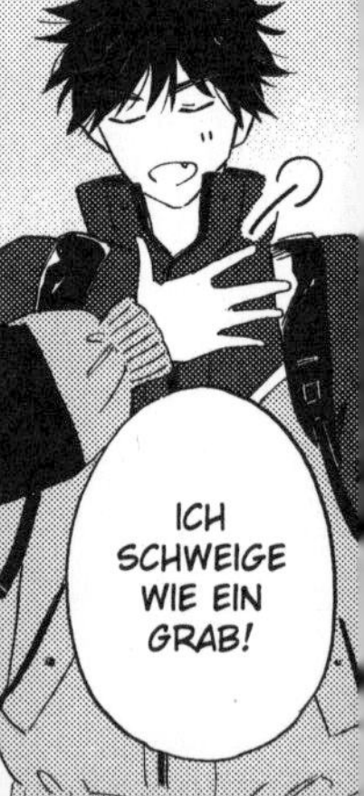
ICH SCHWEIGE WIE EIN GRAB!

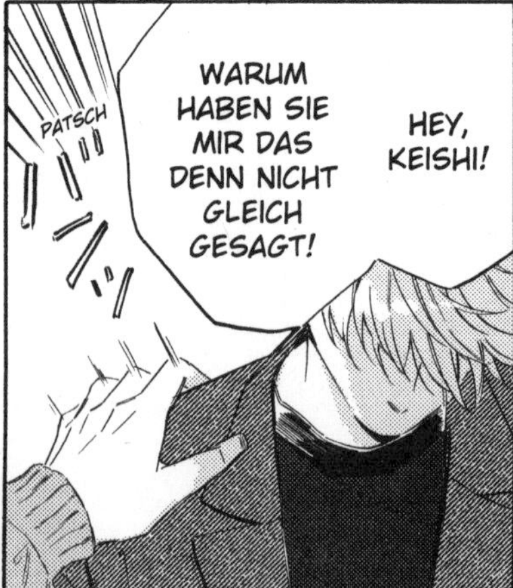
HEY, KEISHI!
WARUM HABEN SIE MIR DAS DENN NICHT GLEICH GESAGT!
PATSCH

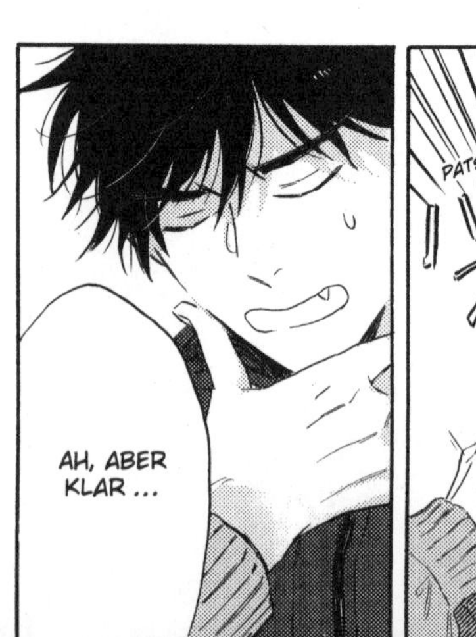
AH, ABER KLAR ...

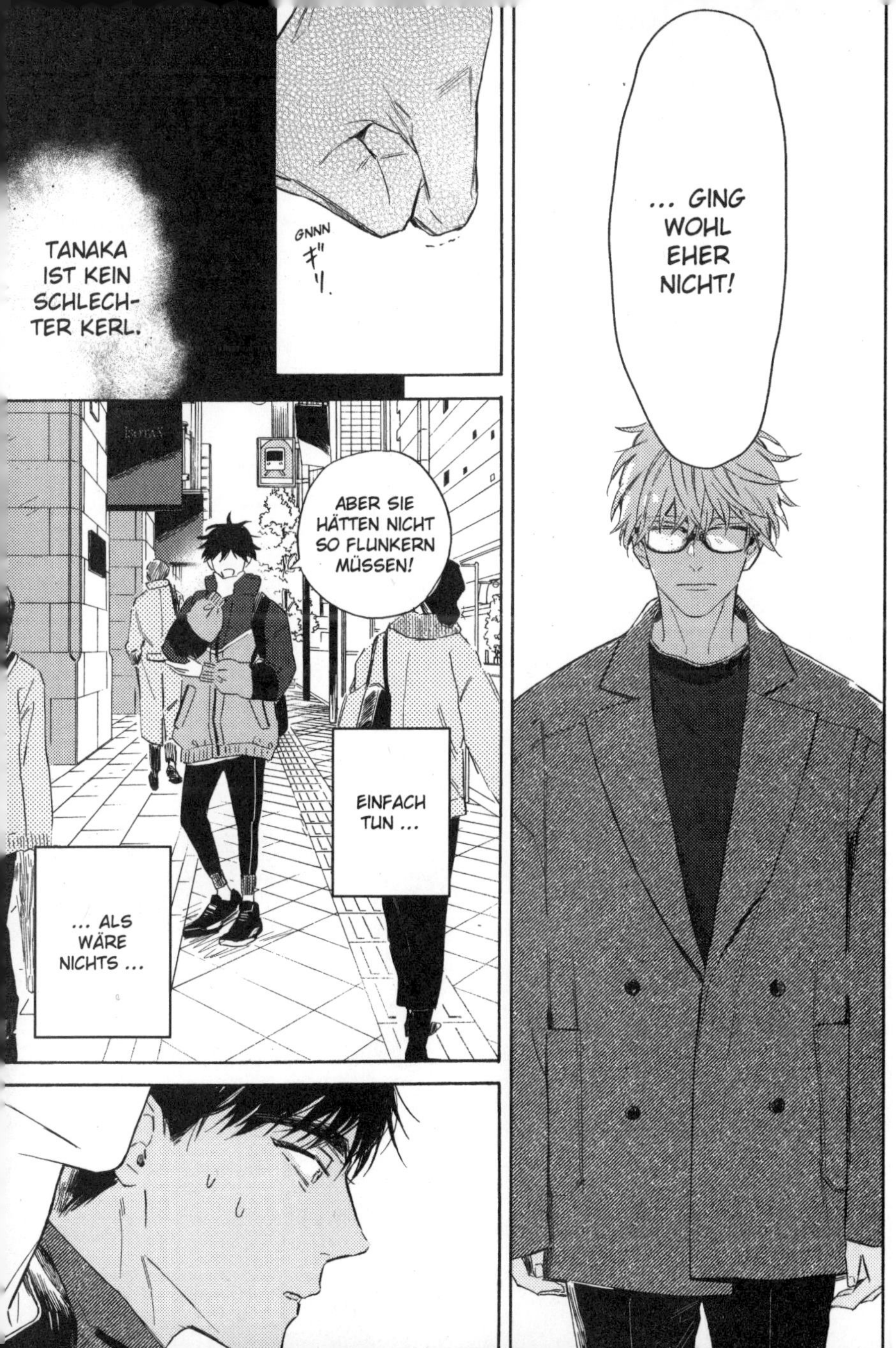
... GING WOHL EHER NICHT!
GNNN
ギリ
TANAKA IST KEIN SCHLECHTER KERL.
ABER SIE HÄTTEN NICHT SO FLUNKERN MÜSSEN!
EINFACH TUN ...
... ALS WÄRE NICHTS ...

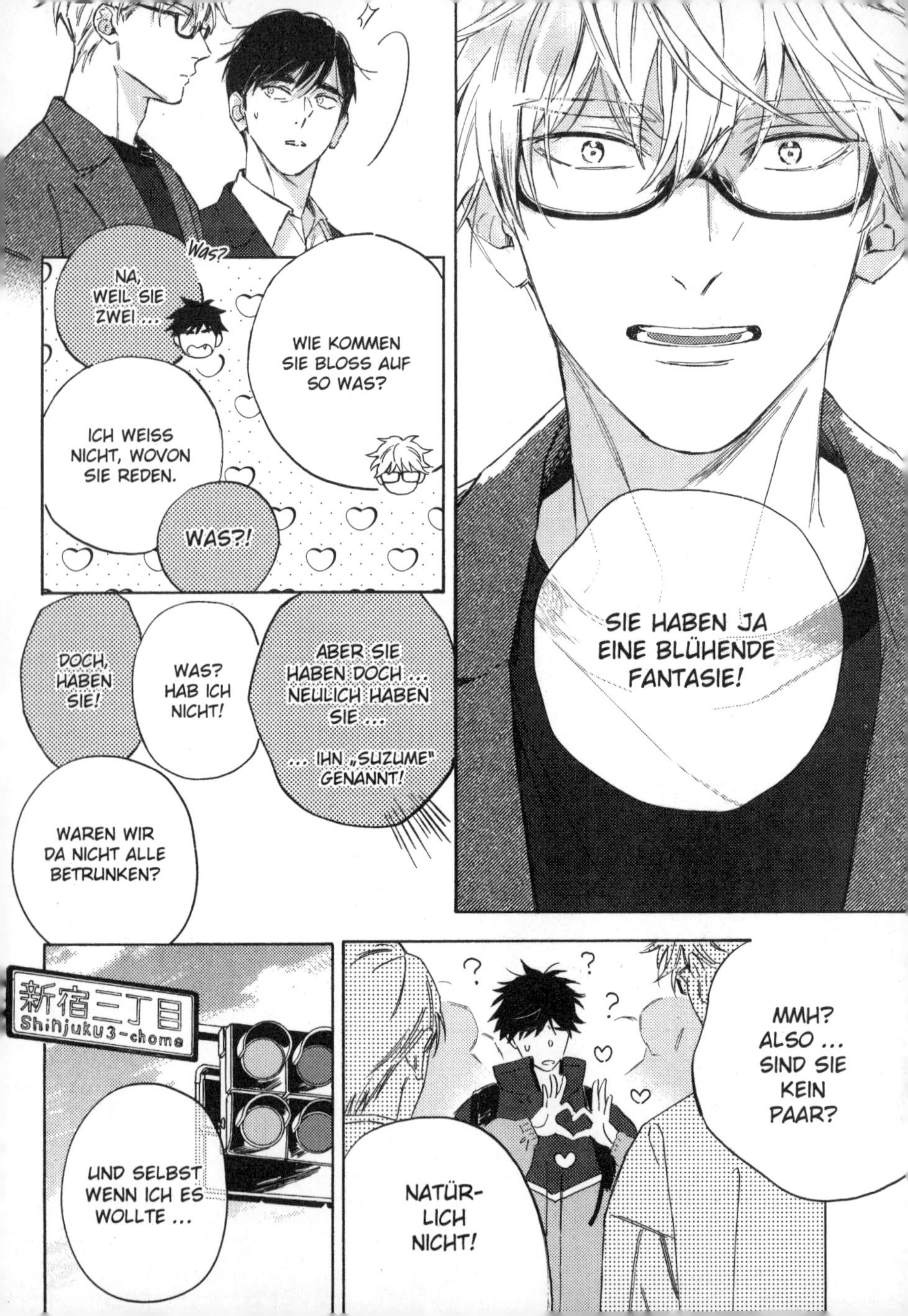
Was?
Wie kommen Sie bloss auf so was?
Na, weil Sie zwei ...
Ich weiss nicht, wovon Sie reden.
Was?!
Sie haben ja eine blühende Fantasie!
Aber Sie haben doch ... Neulich haben Sie ...
... ihn „Suzume“ genannt!
Was? Hab ich nicht!
Doch, haben Sie!
Waren wir da nicht alle betrunken?
Mmh? Also ... sind Sie kein Paar?
Natürlich nicht!
Und selbst wenn ich es wollte ...
新宿三丁目
Shinjuku 3-chome

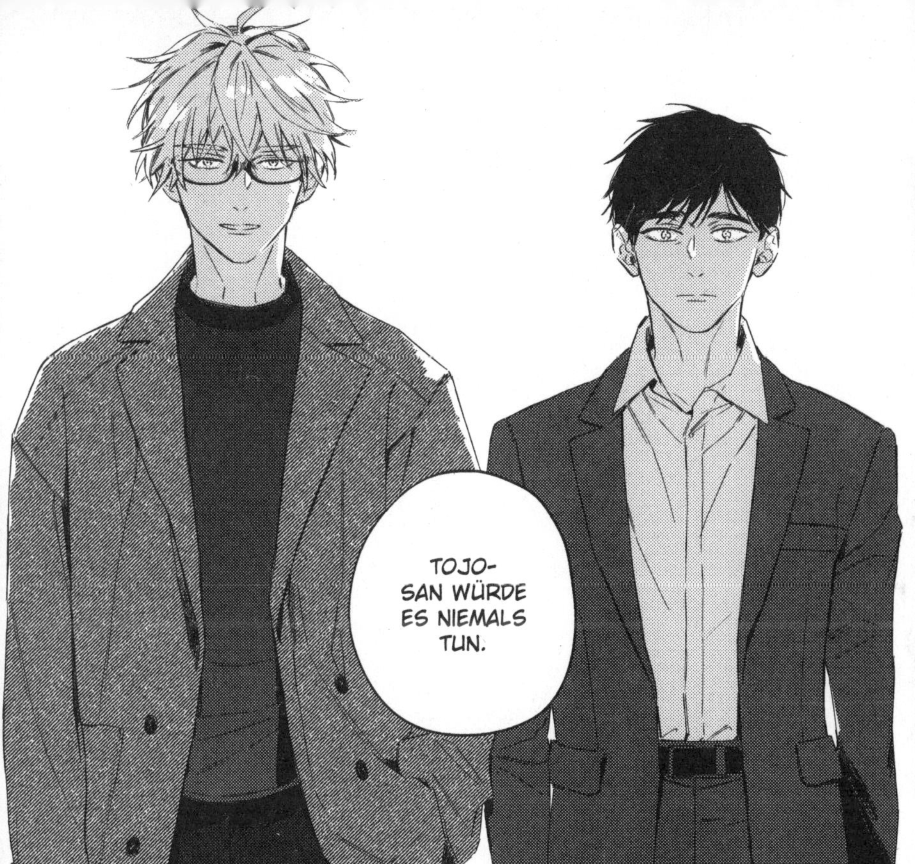

TOJO-SAN WÜRDE ES NIEMALS TUN.

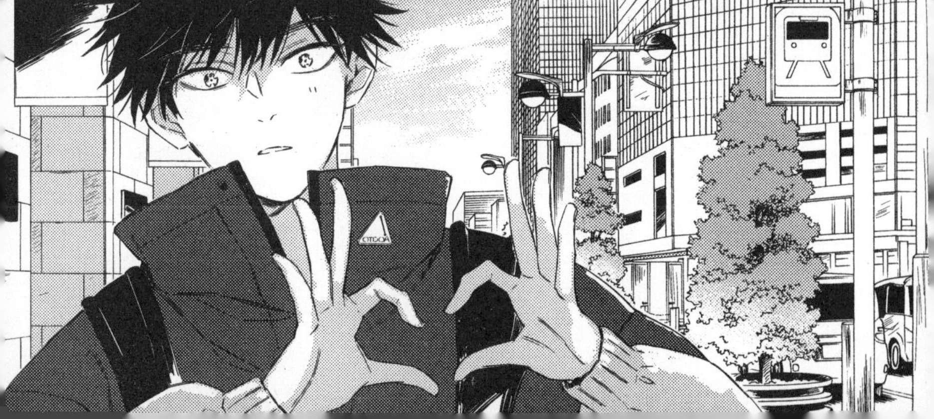

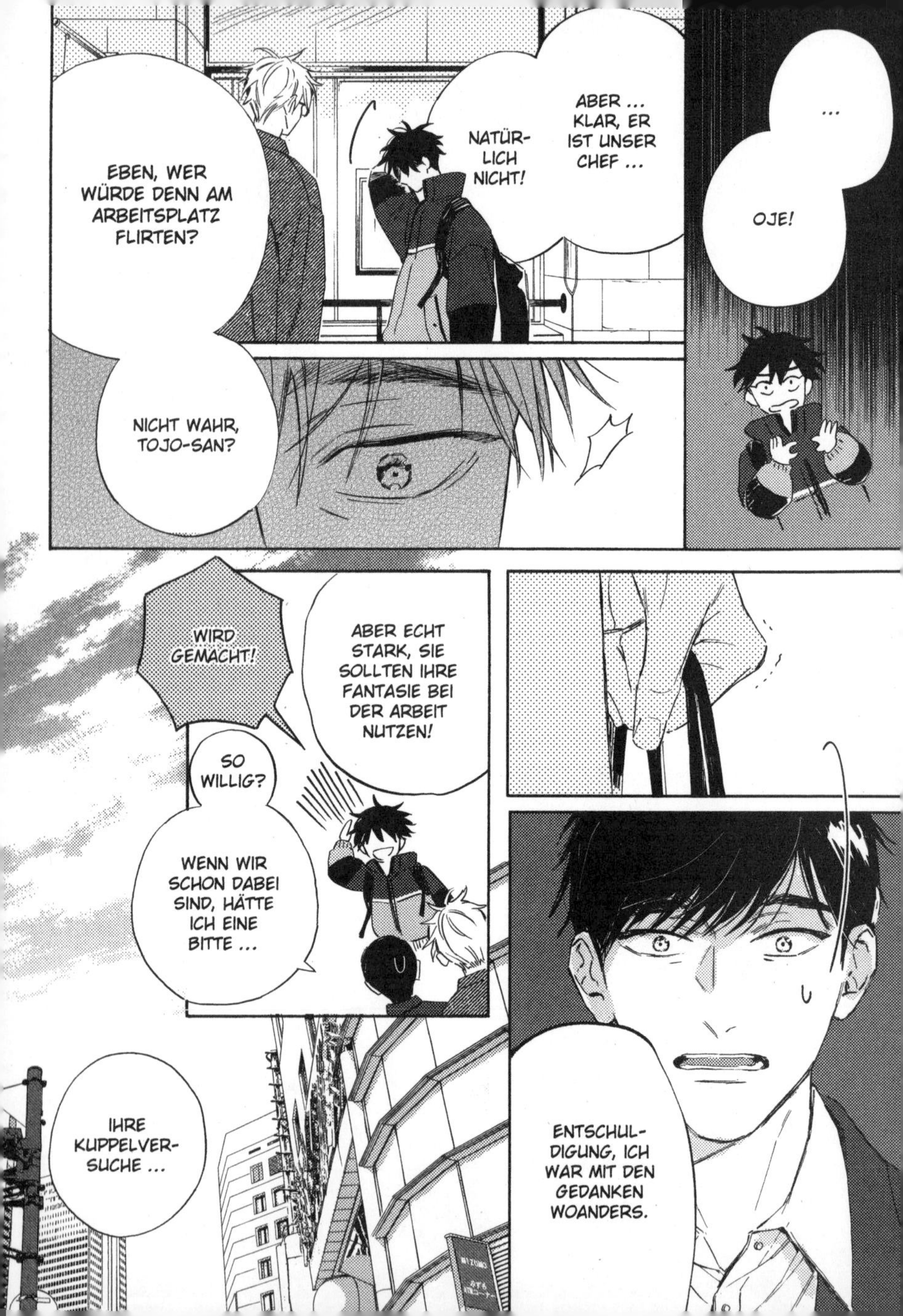
ABER … KLAR, ER IST UNSER CHEF …
NATÜRLICH NICHT!
EBEN, WER WÜRDE DENN AM ARBEITSPLATZ FLIRTEN?
NICHT WAHR, TOJO-SAN?
…
OJE!
ENTSCHULDIGUNG, ICH WAR MIT DEN GEDANKEN WOANDERS.
ABER ECHT STARK, SIE SOLLTEN IHRE FANTASIE BEI DER ARBEIT NUTZEN!
WIRD GEMACHT!
SO WILLIG?
WENN WIR SCHON DABEI SIND, HÄTTE ICH EINE BITTE …
IHRE KUPPELVERSUCHE …

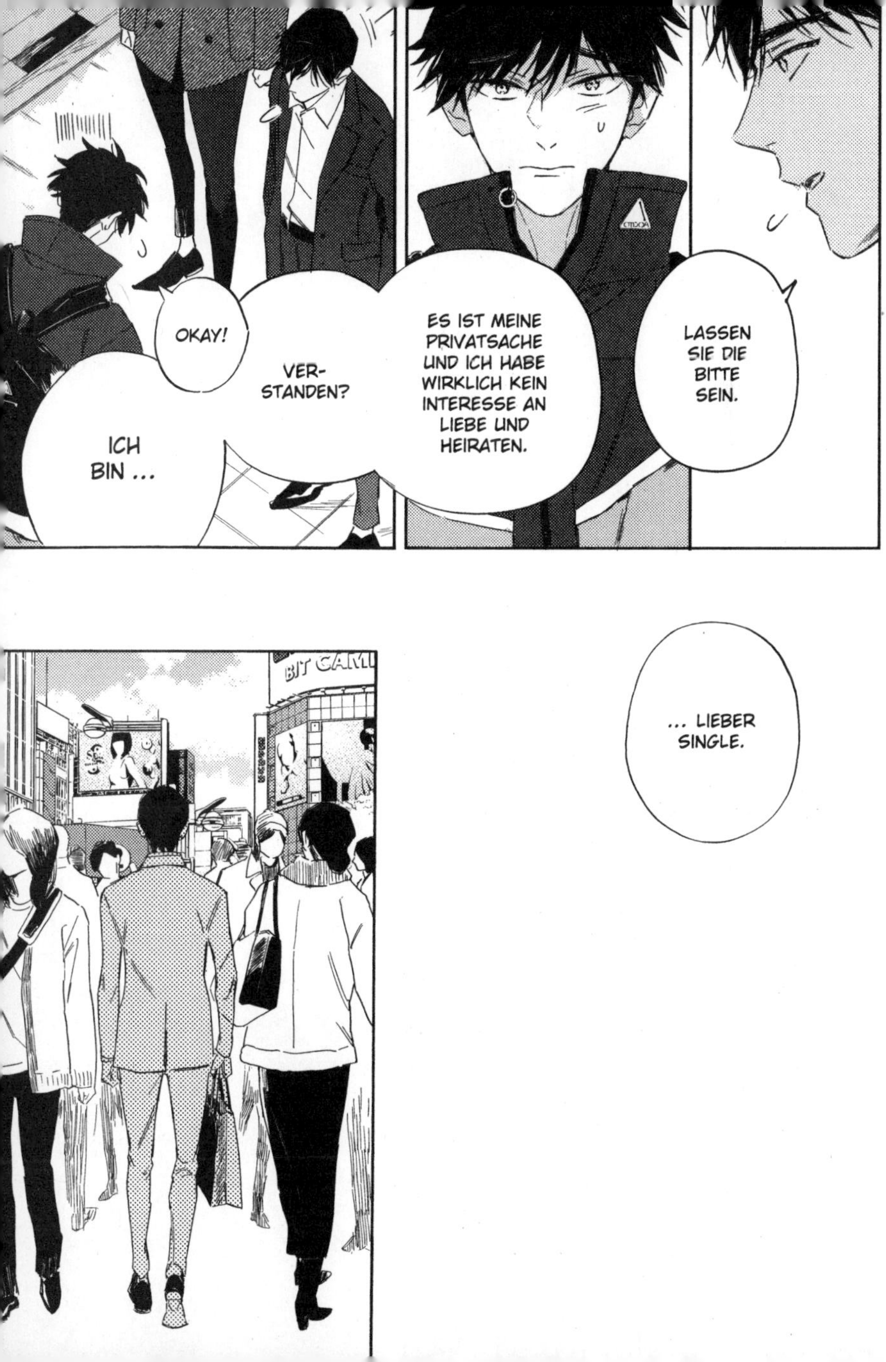

LASSEN SIE DIE BITTE SEIN.

ES IST MEINE PRIVATSACHE UND ICH HABE WIRKLICH KEIN INTERESSE AN LIEBE UND HEIRATEN.

VERSTANDEN?

OKAY!

ICH BIN ...

... LIEBER SINGLE.

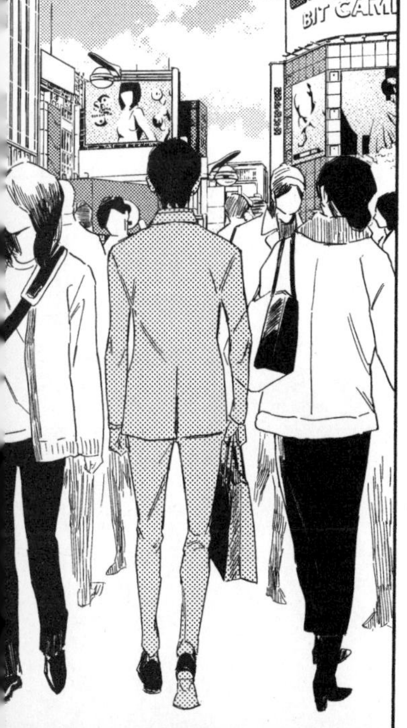

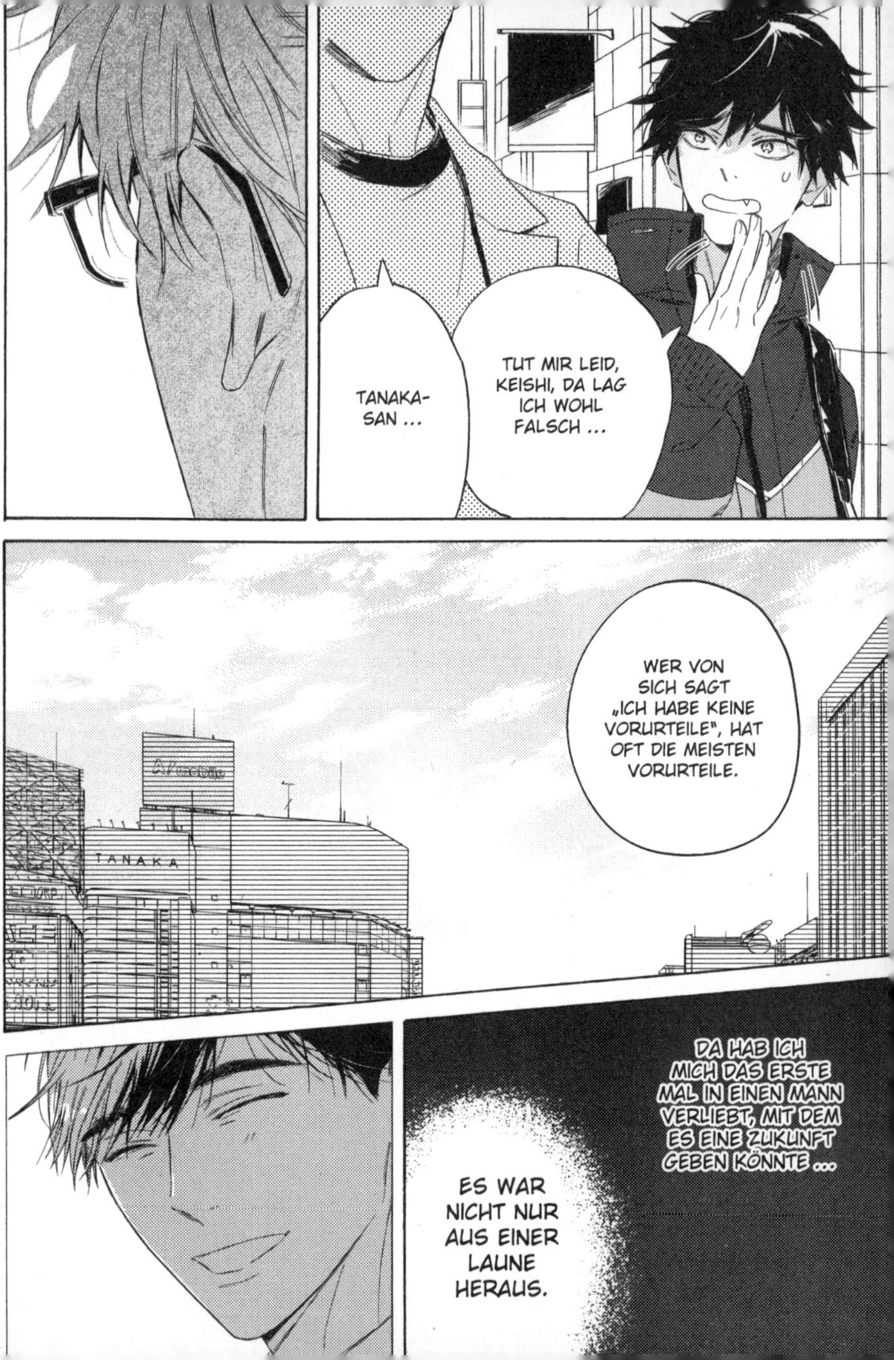

TUT MIR LEID, KEISHI, DA LAG ICH WOHL FALSCH ...

TANAKA-SAN ...

WER VON SICH SAGT „ICH HABE KEINE VORURTEILE“, HAT OFT DIE MEISTEN VORURTEILE.

TANAKA

DA HAB ICH MICH DAS ERSTE MAL IN EINEN MANN VERLIEBT, MIT DEM ES EINE ZUKUNFT GEBEN KÖNNTE ...

ES WAR NICHT NUR AUS EINER LAUNE HERAUS.

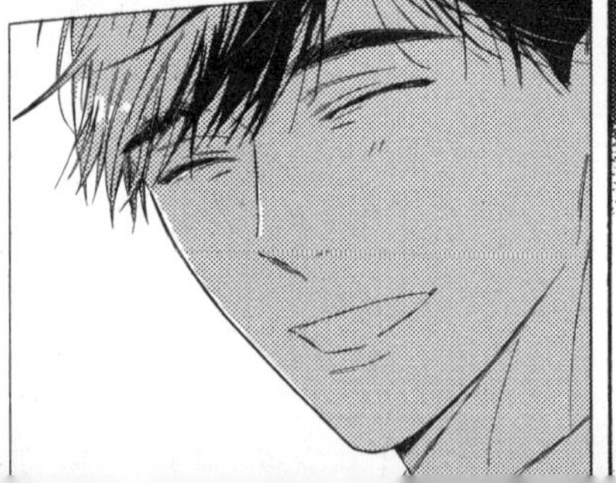

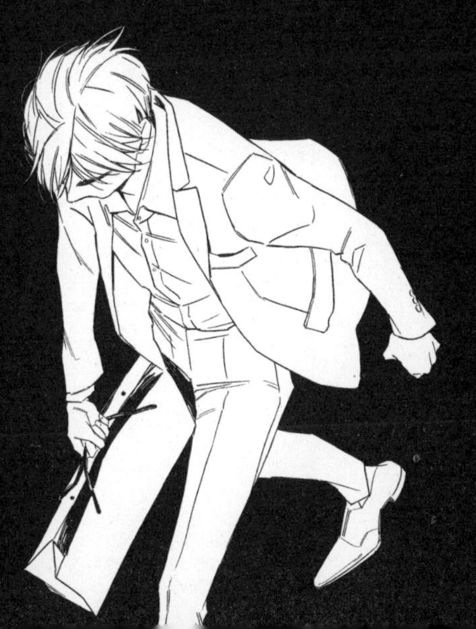
DAS WILL ICH MIR VON NIEMANDEM KAPUTT-MACHEN LASSEN.

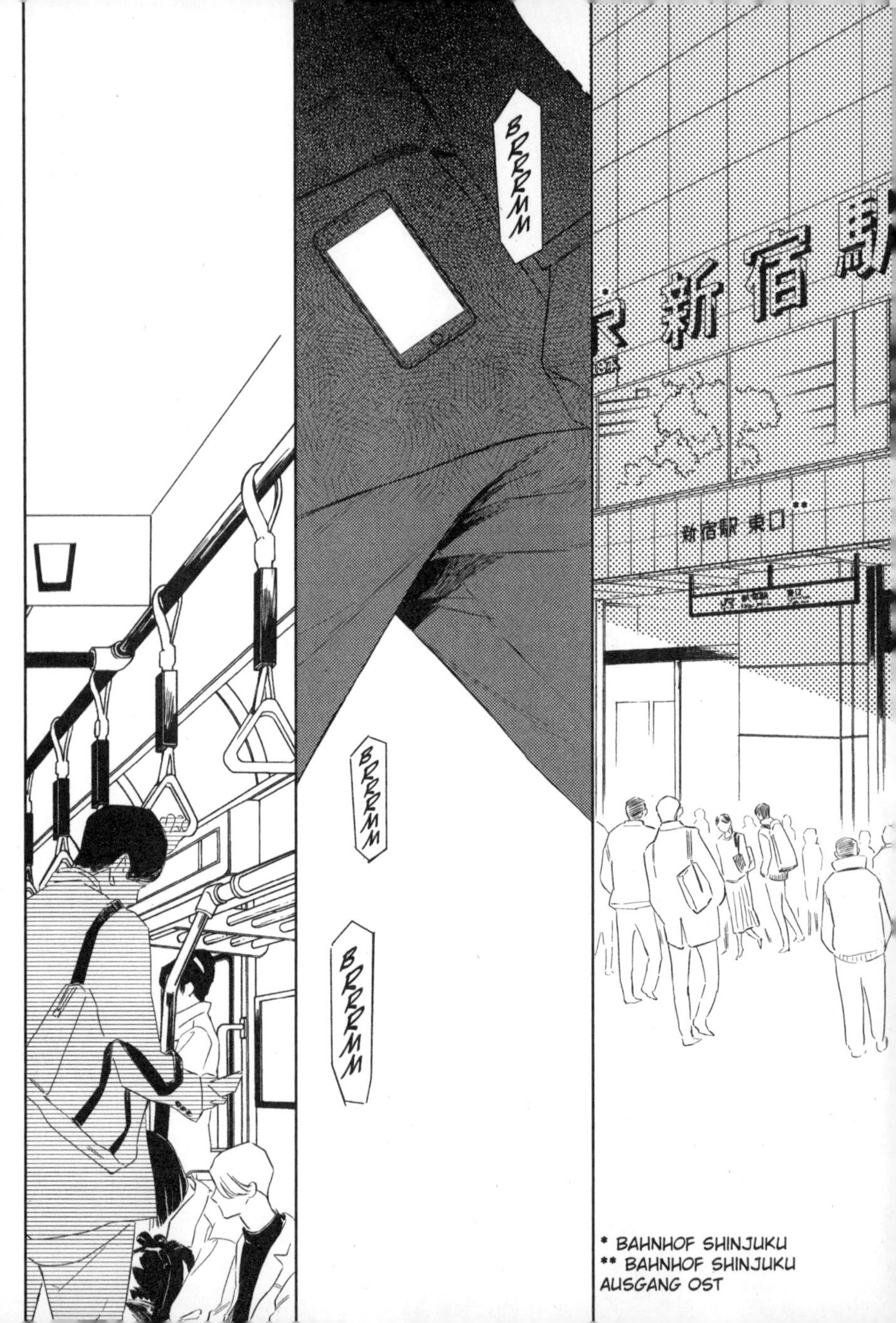

新宿駅 東口**
* BAHNHOF SHINJUKU
** BAHNHOF SHINJUKU AUSGANG OST
BRRRMM
BRRRMM
BRRRMM

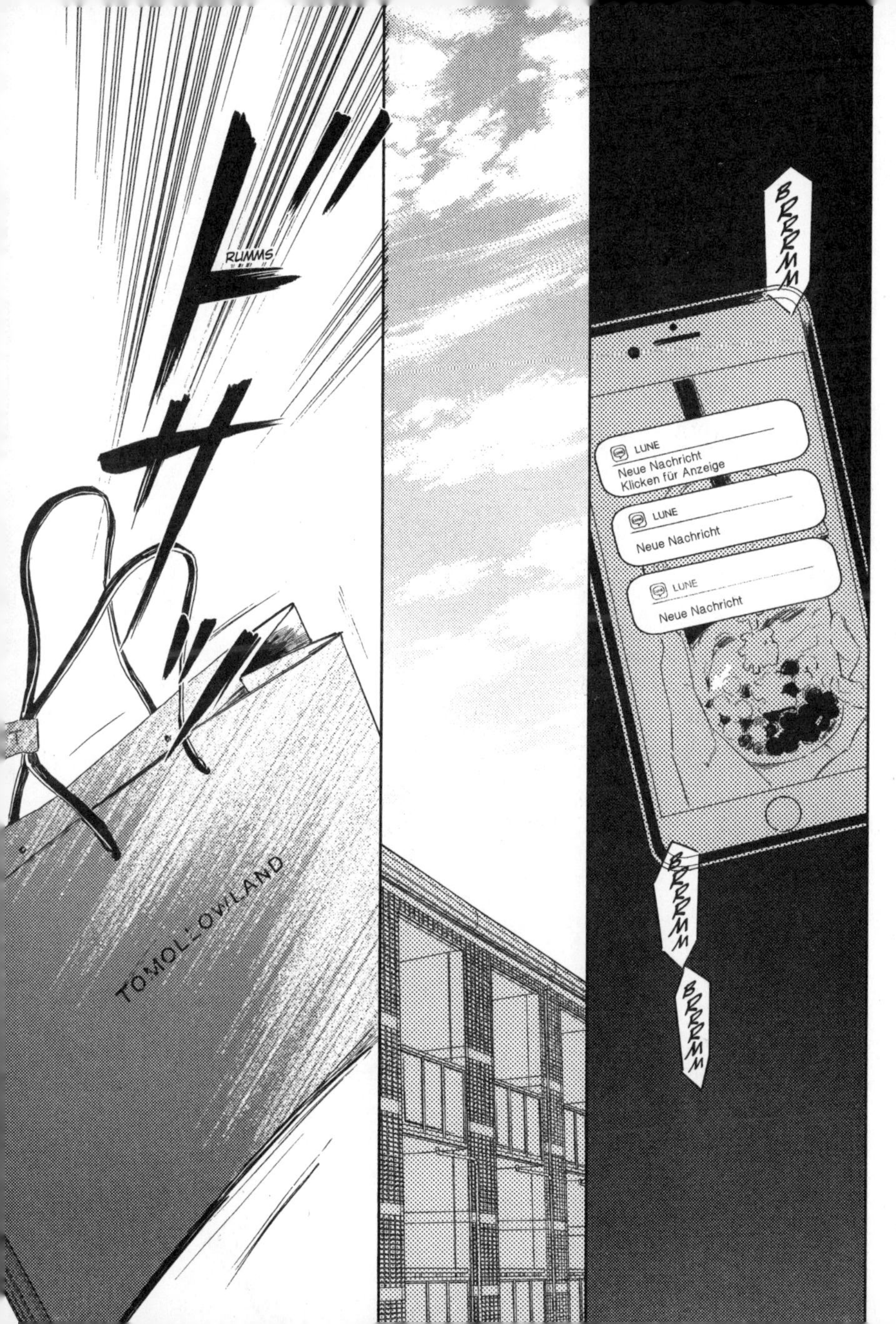
BRRRMM
LUNE
Neue Nachricht
Klicken für Anzeige
LUNE
Neue Nachricht
LUNE
Neue Nachricht
BRRRMM
BRRRMM
RUMMS
TOMOL_OWLAND

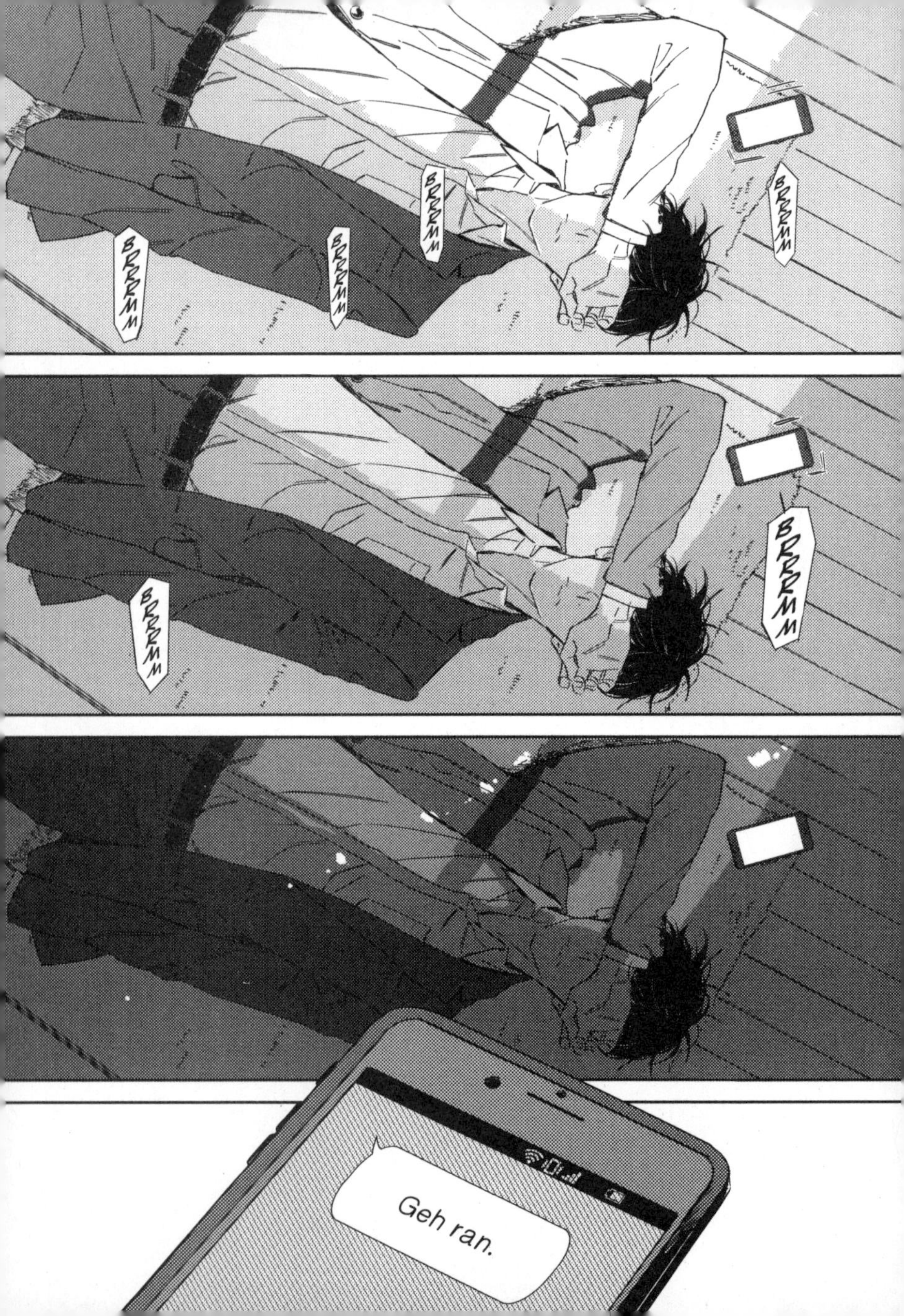
BRRRMM
BRRRMM
BRRRMM
BRRRMM
BRRRMM
BRRRMM
Geh ran.

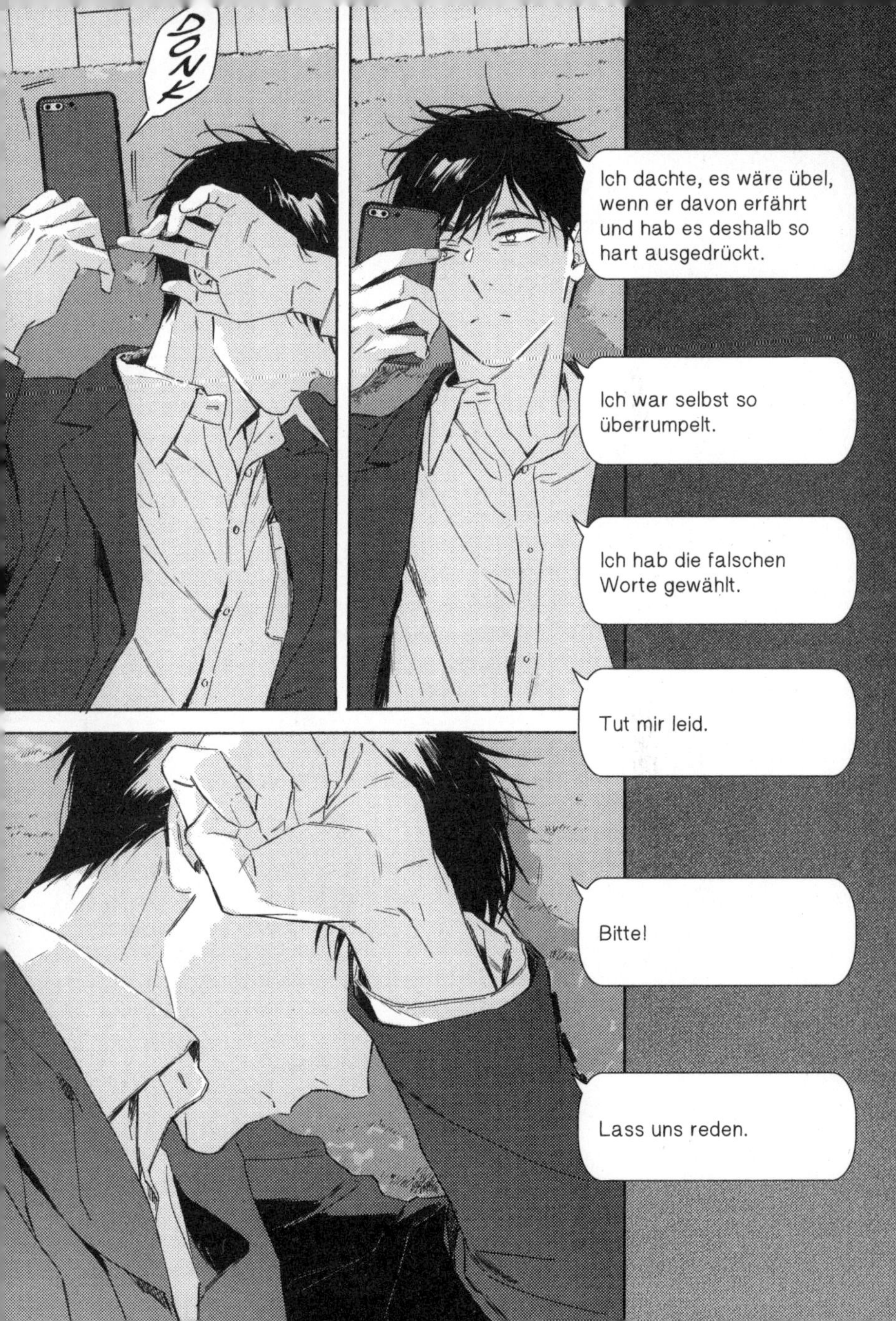
DONK
Ich dachte, es wäre übel, wenn er davon erfährt und hab es deshalb so hart ausgedrückt.
Ich war selbst so überrumpelt.
Ich hab die falschen Worte gewählt.
Tut mir leid.
Bitte!
Lass uns reden.

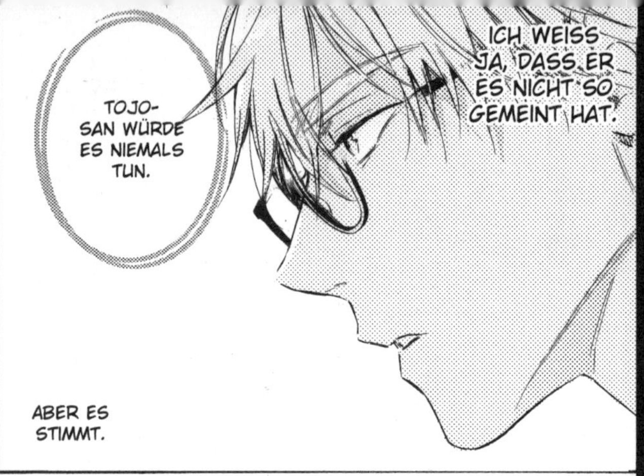


WAS MACH ICH DA, MIT EINEM MEINER MITARBEITER?

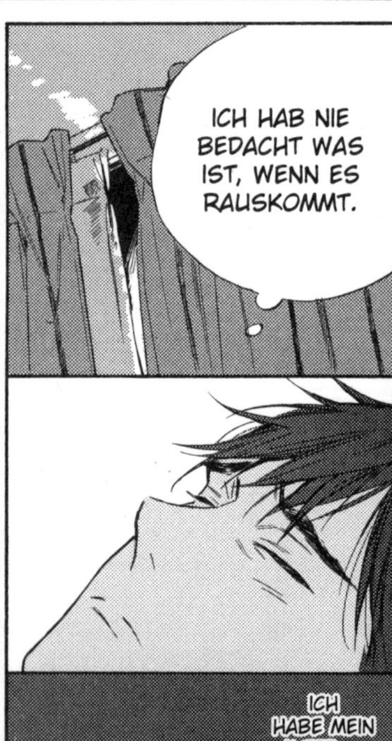


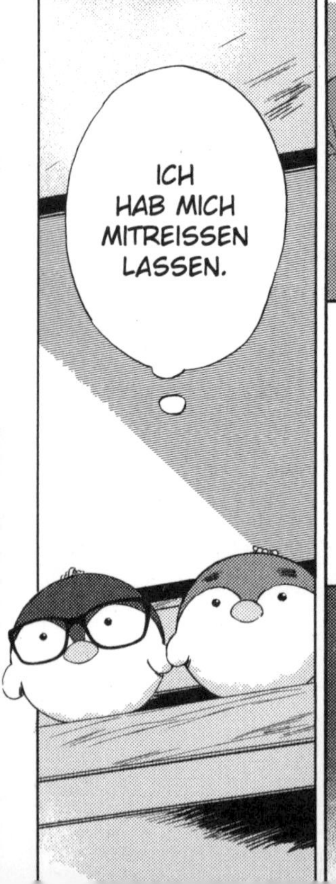


ICH HABE MEIN ALTER ...

... UND MEINE POSITION VÖLLIG AUS DEN AUGEN VERLOREN.

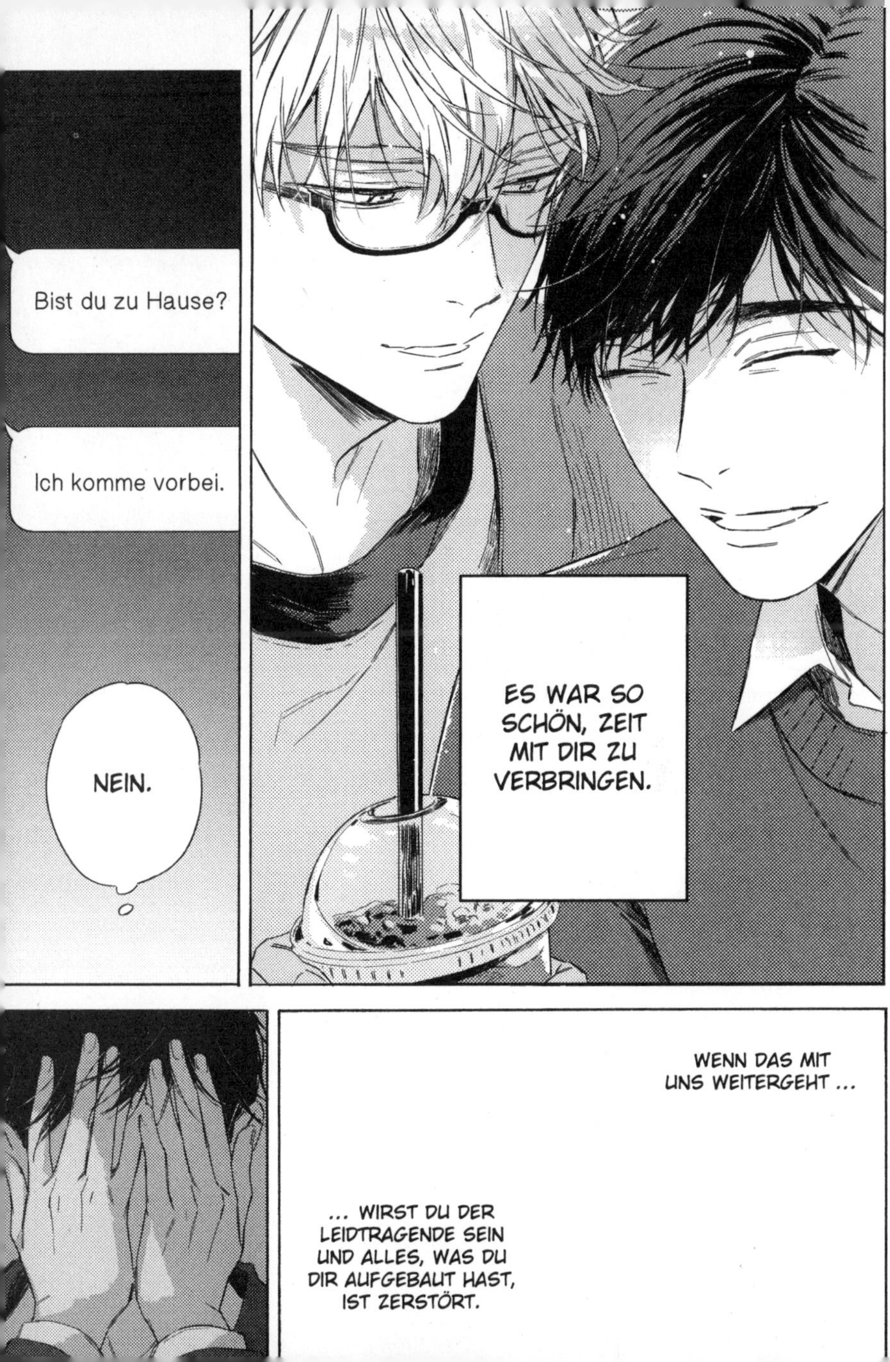

ES WAR SO SCHÖN, ZEIT MIT DIR ZU VERBRINGEN.

Bist du zu Hause?

Ich komme vorbei.

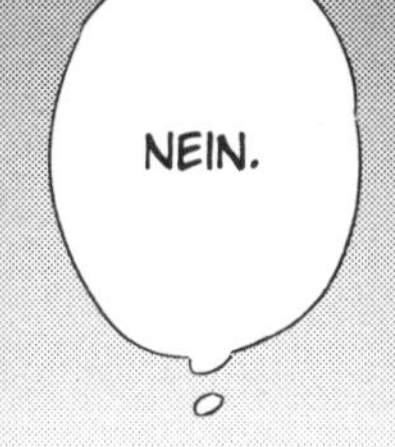


WENN DAS MIT UNS WEITERGEHT …

… WIRST DU DER LEIDTRAGENDE SEIN UND ALLES, WAS DU DIR AUFGEBAUT HAST, IST ZERSTÖRT.

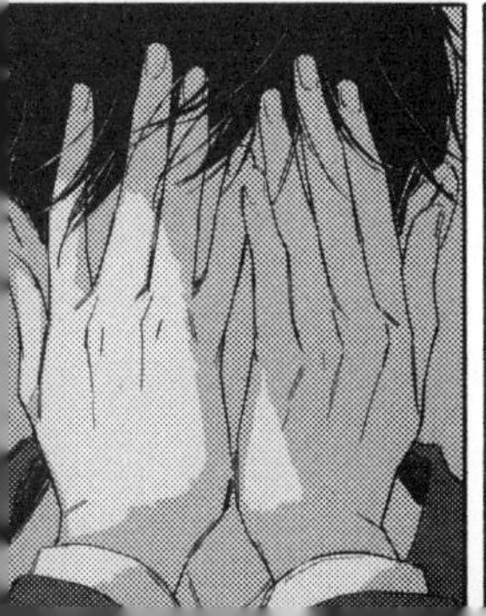

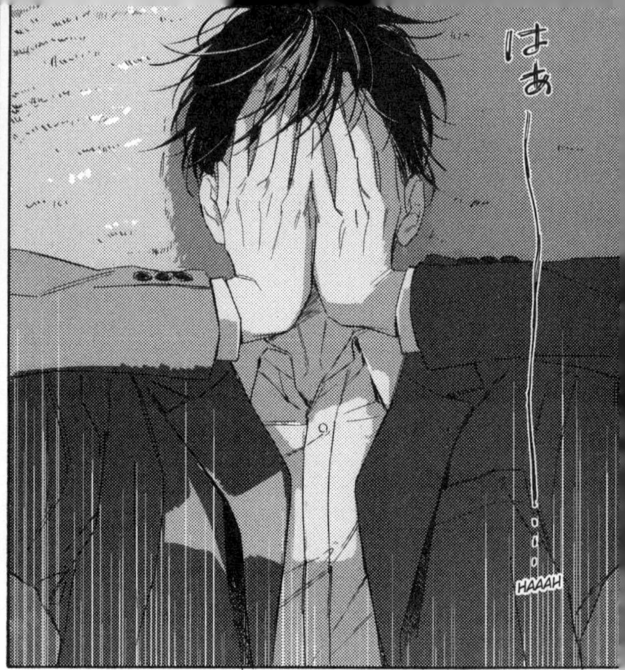


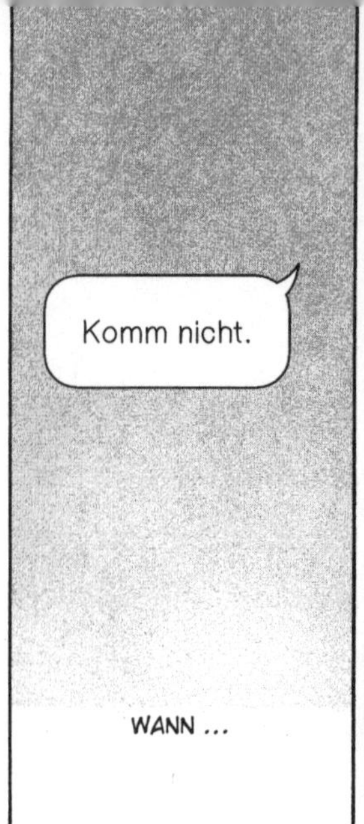


... HABE ICH MICH SO IN DICH VERLIEBT?

Wir sehen uns nicht mehr außerhalb der Arbeit.

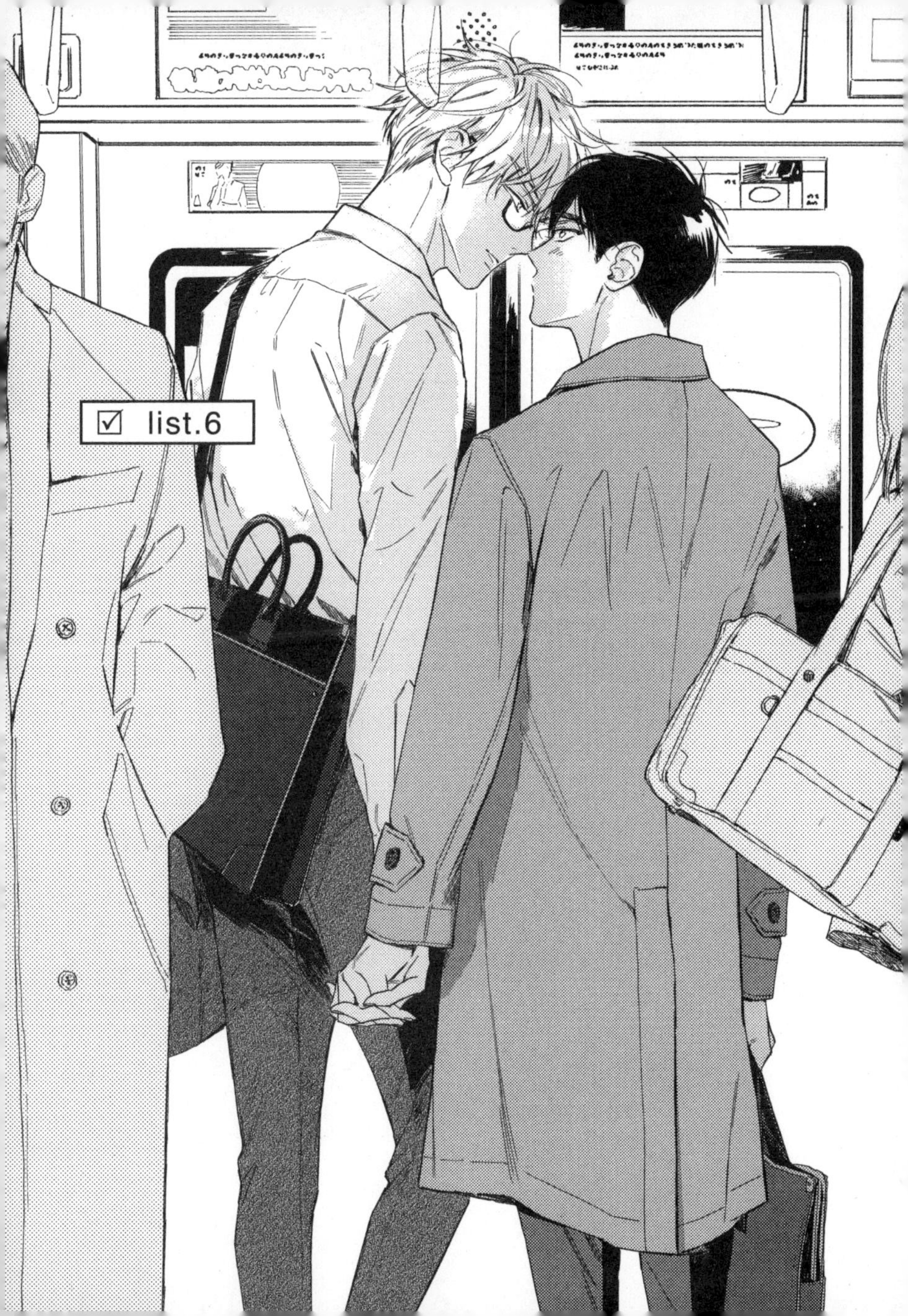
☑ list.6

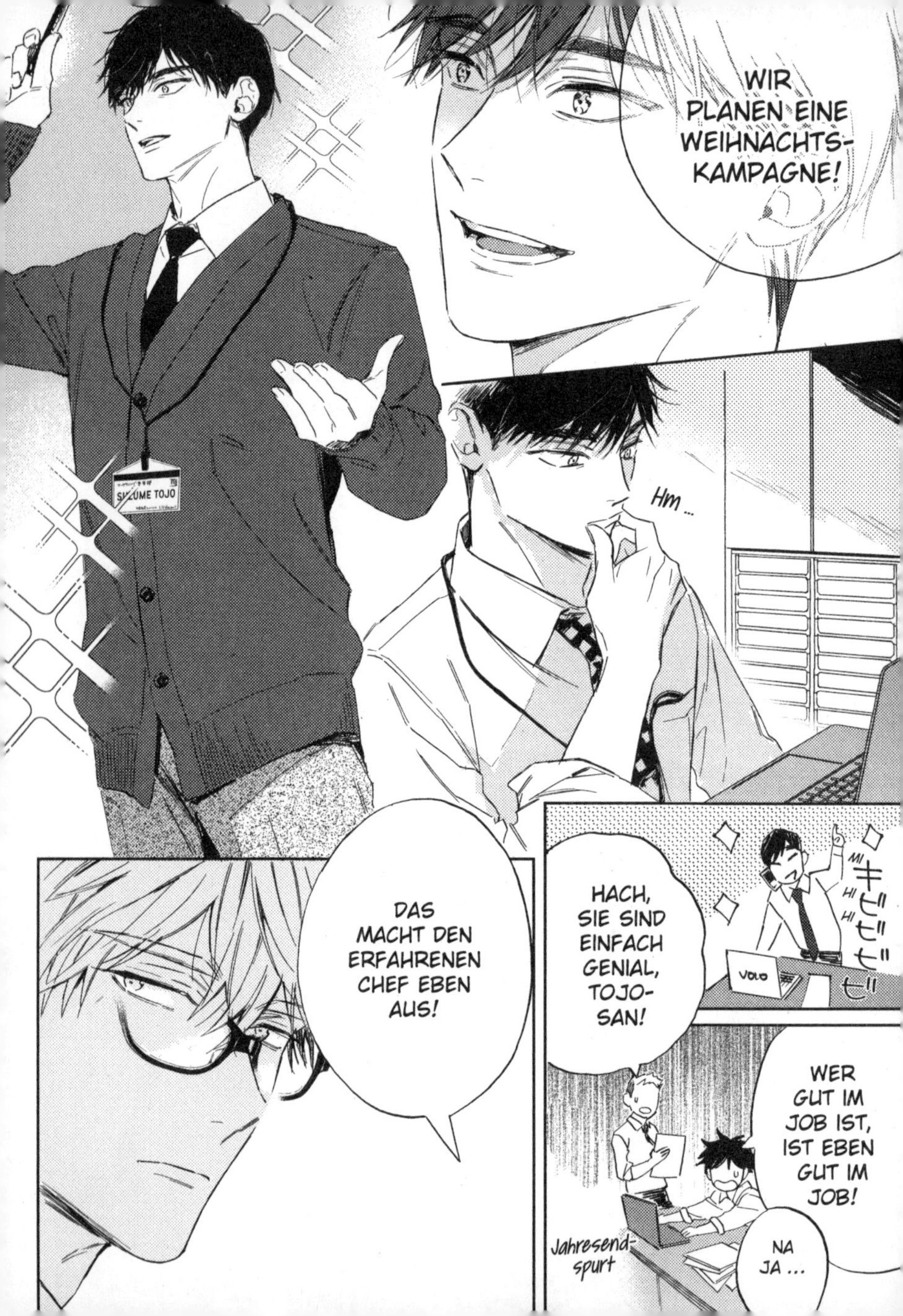
WIR PLANEN EINE WEIHNACHTS-KAMPAGNE!
Hm ...
HACH, SIE SIND EINFACH GENIAL, TOJO-SAN!
MI HI HI
VOLO
DAS MACHT DEN ERFAHRENEN CHEF EBEN AUS!
WER GUT IM JOB IST, IST EBEN GUT IM JOB!
NA JA ...
Jahresendspurt

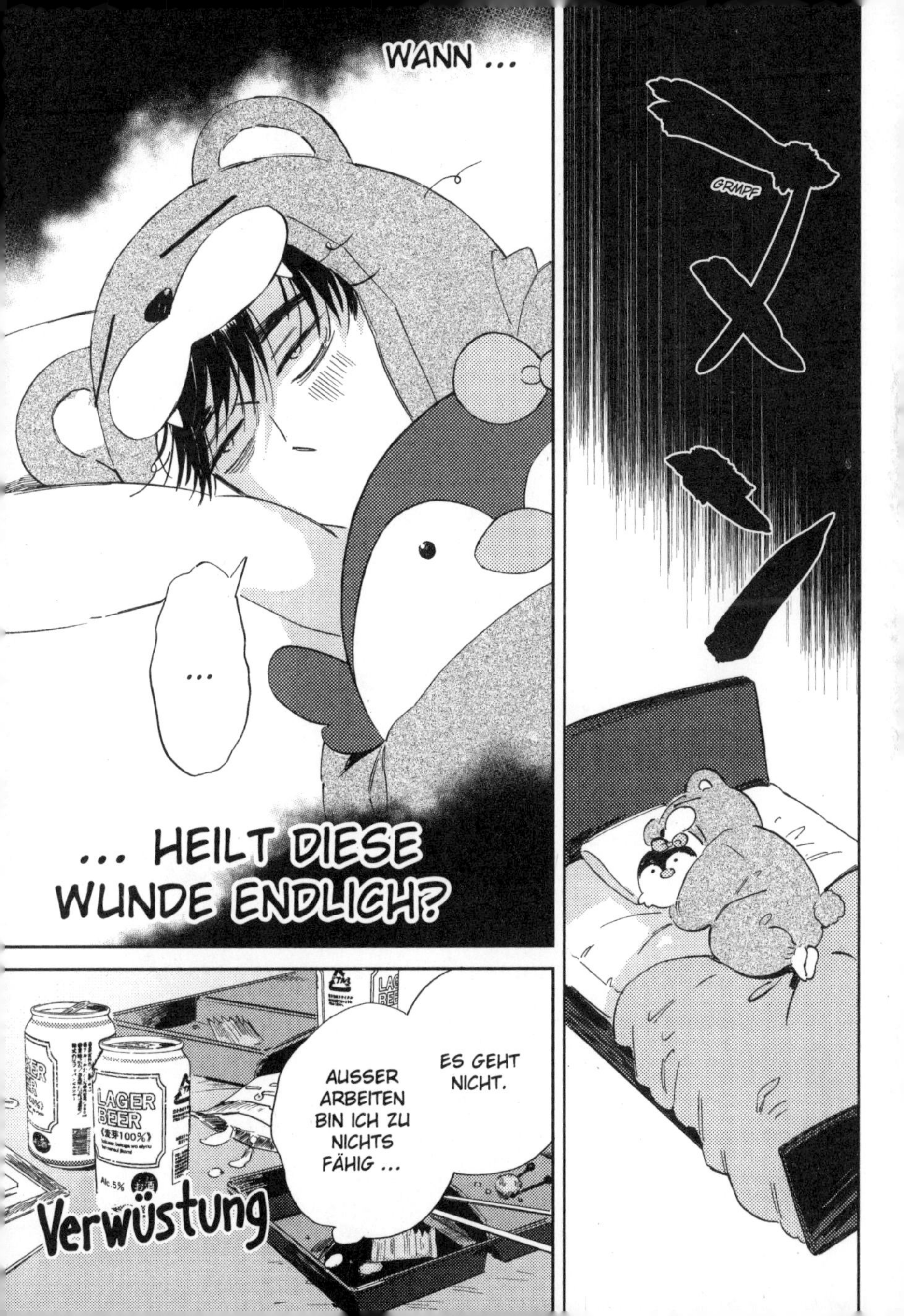

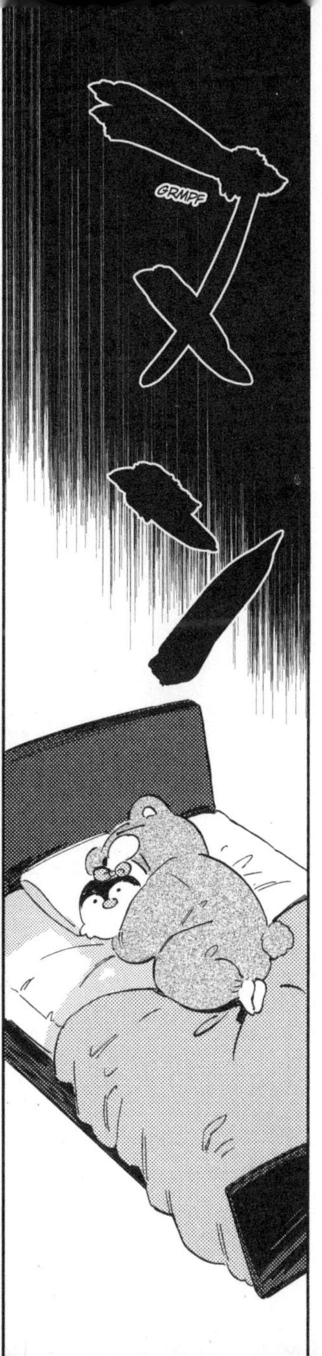


WANN ...

...

... HEILT DIESE WUNDE ENDLICH?

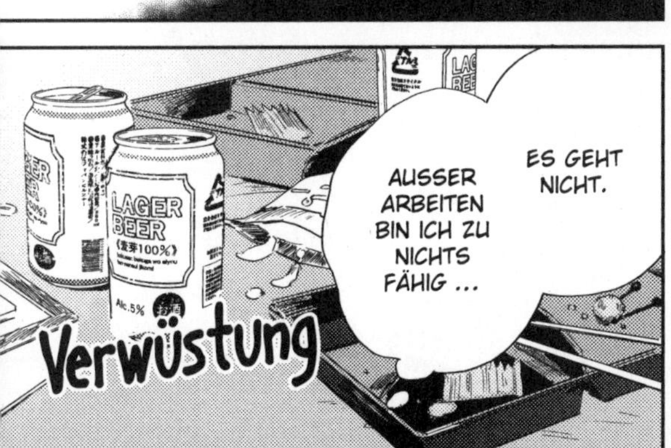

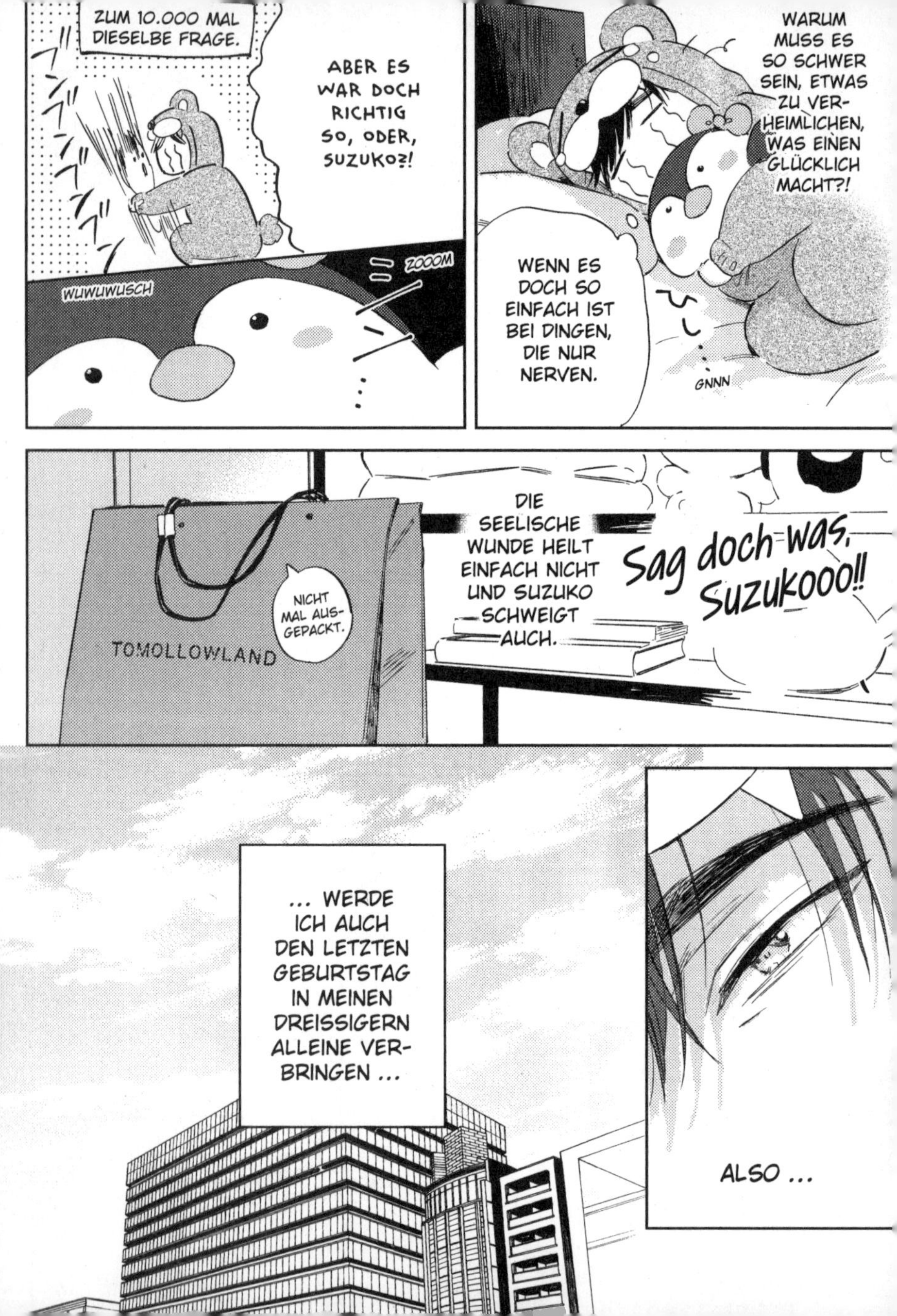
WARUM MUSS ES SO SCHWER SEIN, ETWAS ZU VERHEIMLICHEN, WAS EINEN GLÜCKLICH MACHT?!
WENN ES DOCH SO EINFACH IST BEI DINGEN, DIE NUR NERVEN.
GNNN
ZUM 10.000 MAL DIESELBE FRAGE.
ABER ES WAR DOCH RICHTIG SO, ODER, SUZUKO?!
ZOOOM
WUWUWUSCH
Sag doch was, Suzukooo!!
DIE SEELISCHE WUNDE HEILT EINFACH NICHT UND SUZUKO SCHWEIGT AUCH.
NICHT MAL AUSGEPACKT.
TOMOLLOWLAND
ALSO ...
... WERDE ICH AUCH DEN LETZTEN GEBURTSTAG IN MEINEN DREISSIGERN ALLEINE VERBRINGEN ...

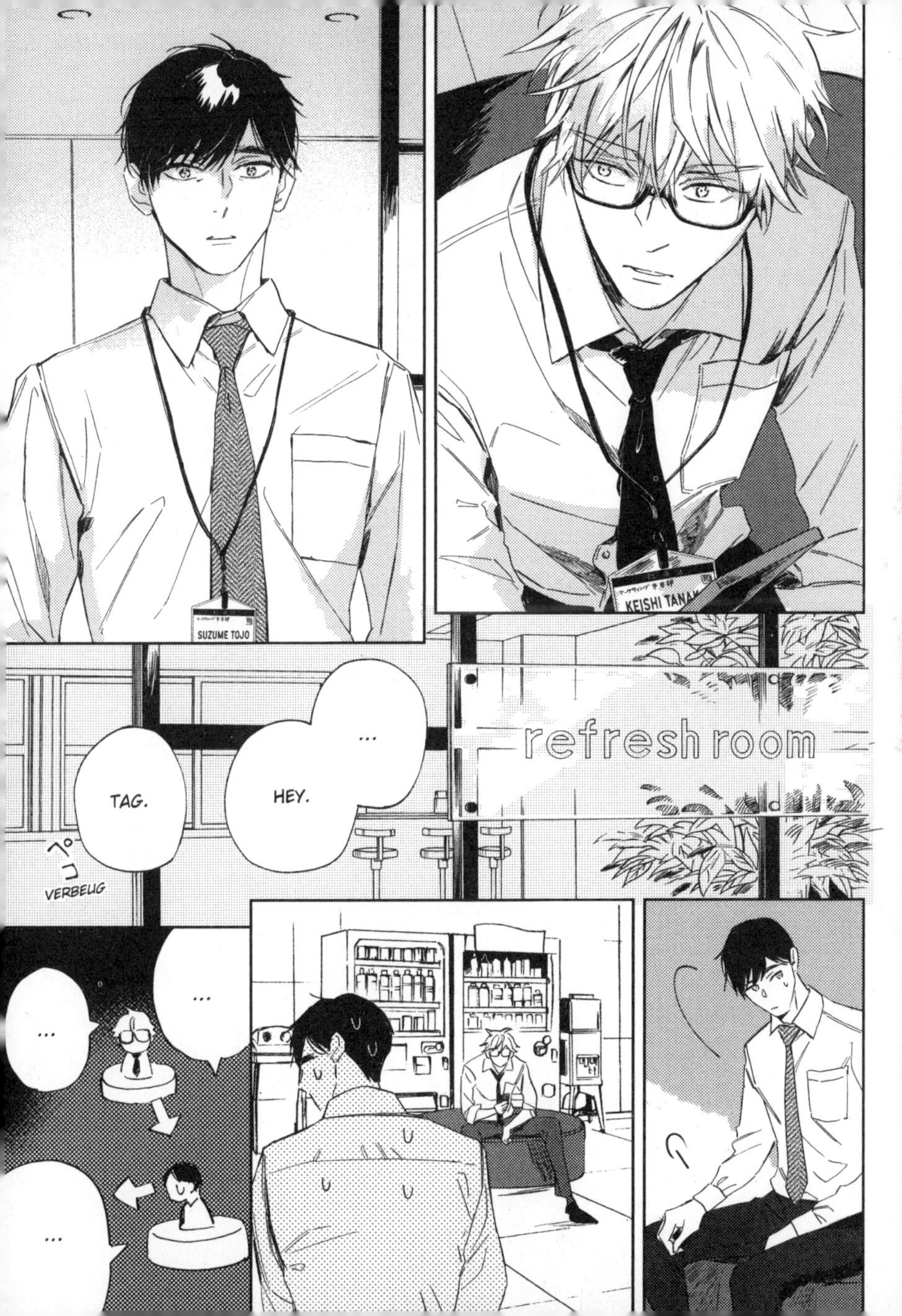
KEISHI TANAK
SUZUME TOJO
refresh room
...
HEY.
TAG.
ペコ
VERBEUG
...
...
...

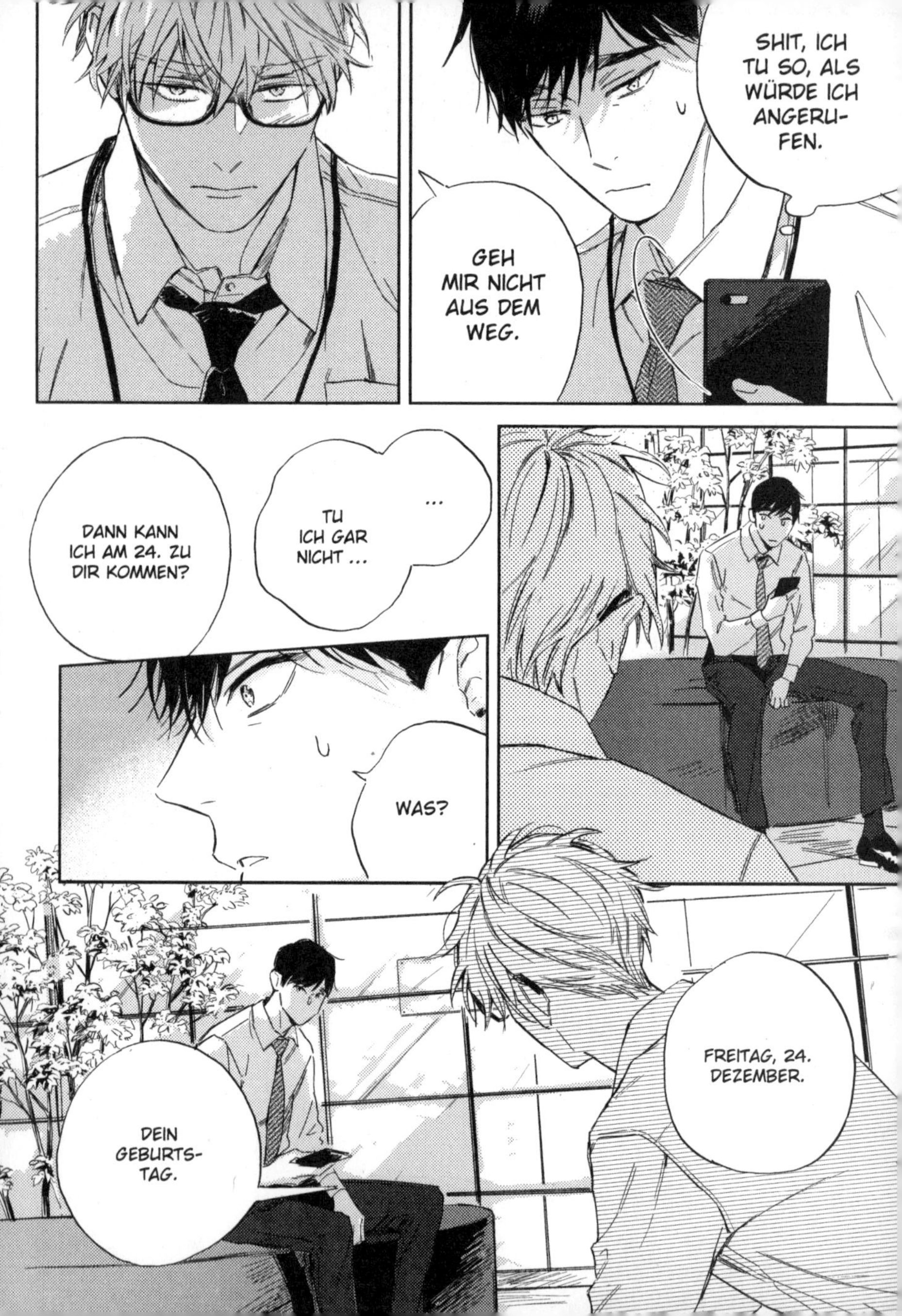
SHIT, ICH TU SO, ALS WÜRDE ICH ANGERU-FEN.
GEH MIR NICHT AUS DEM WEG.
...
TU ICH GAR NICHT ...
DANN KANN ICH AM 24. ZU DIR KOMMEN?
WAS?
FREITAG, 24. DEZEMBER.
DEIN GEBURTS-TAG.

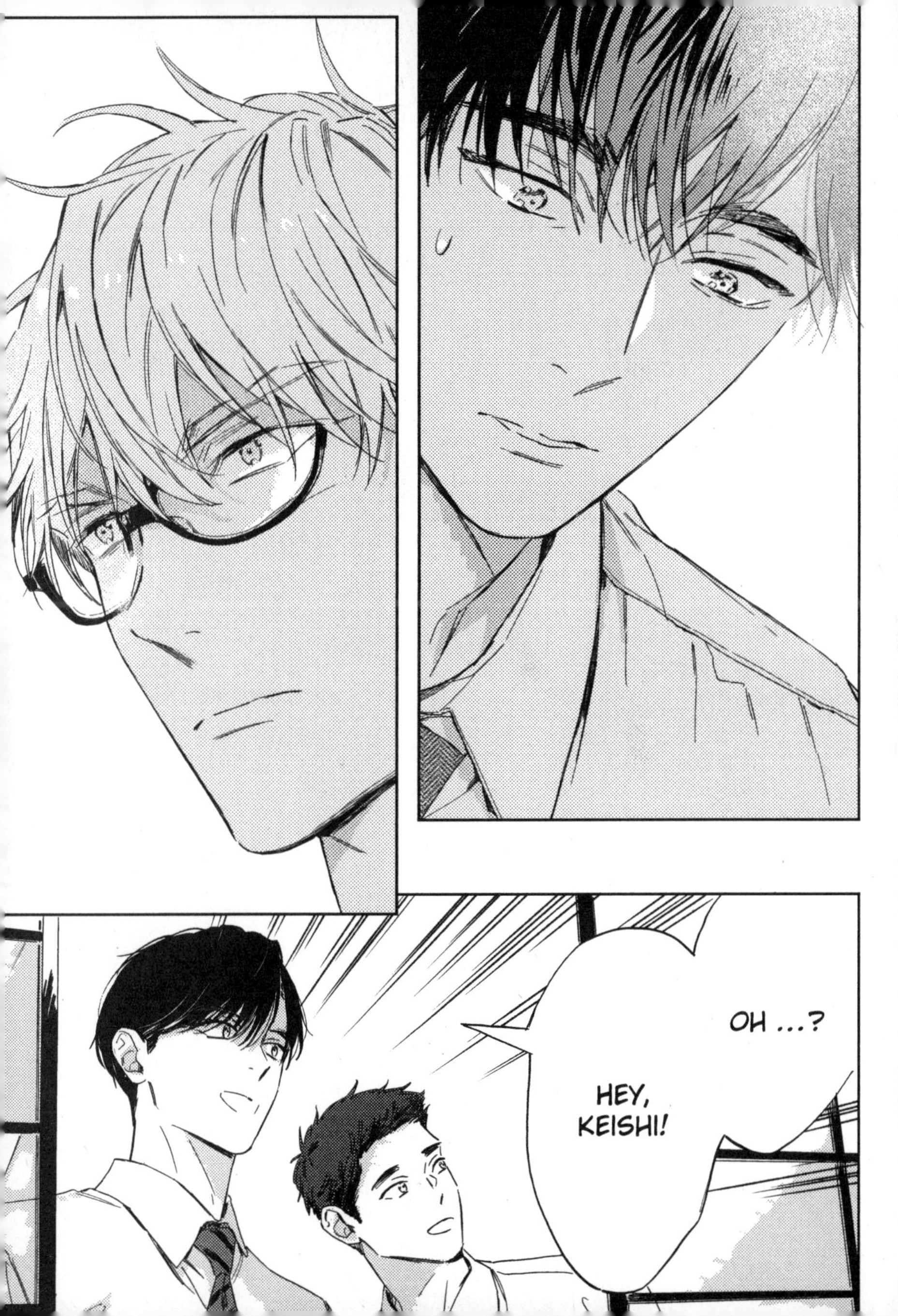
OH ...?
HEY, KEISHI!

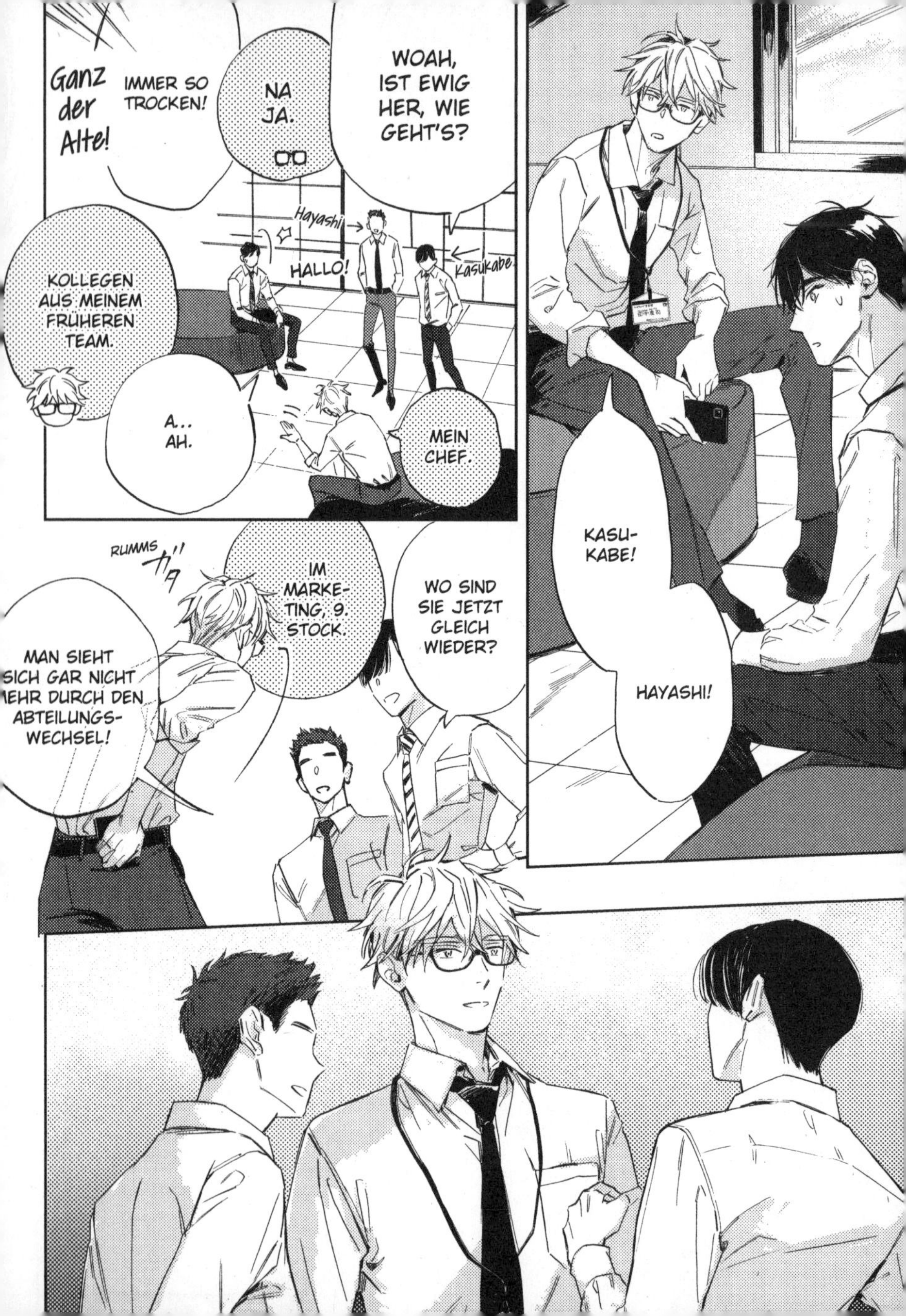
KASU-KABE!
HAYASHI!
WOAH, IST EWIG HER, WIE GEHT'S?
NA JA.
IMMER SO TROCKEN!
Ganz der Alte!
Hayashi
Kasukabe
HALLO!
KOLLEGEN AUS MEINEM FRÜHEREN TEAM.
MEIN CHEF.
A... AH.
WO SIND SIE JETZT GLEICH WIEDER?
IM MARKE-TING, 9. STOCK.
RUMMS
MAN SIEHT SICH GAR NICHT MEHR DURCH DEN ABTEILUNGS-WECHSEL!

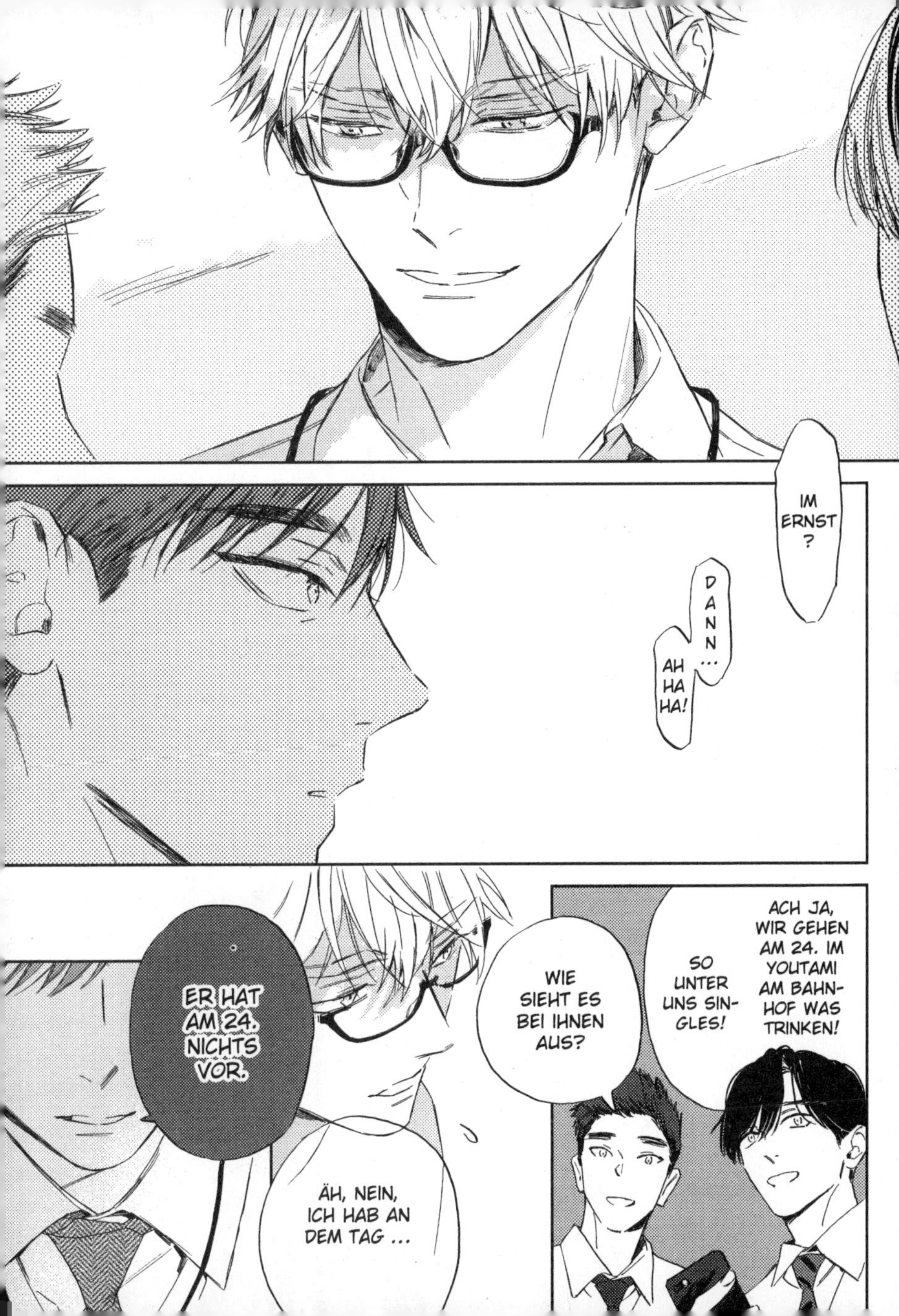
IM ERNST?
DANN …
AH HA HA!
ACH JA, WIR GEHEN AM 24. IM YOUTAMI AM BAHN-HOF WAS TRINKEN!
SO UNTER UNS SIN-GLES!
WIE SIEHT ES BEI IHNEN AUS?
ER HAT AM 24. NICHTS VOR.
ÄH, NEIN, ICH HAB AN DEM TAG …

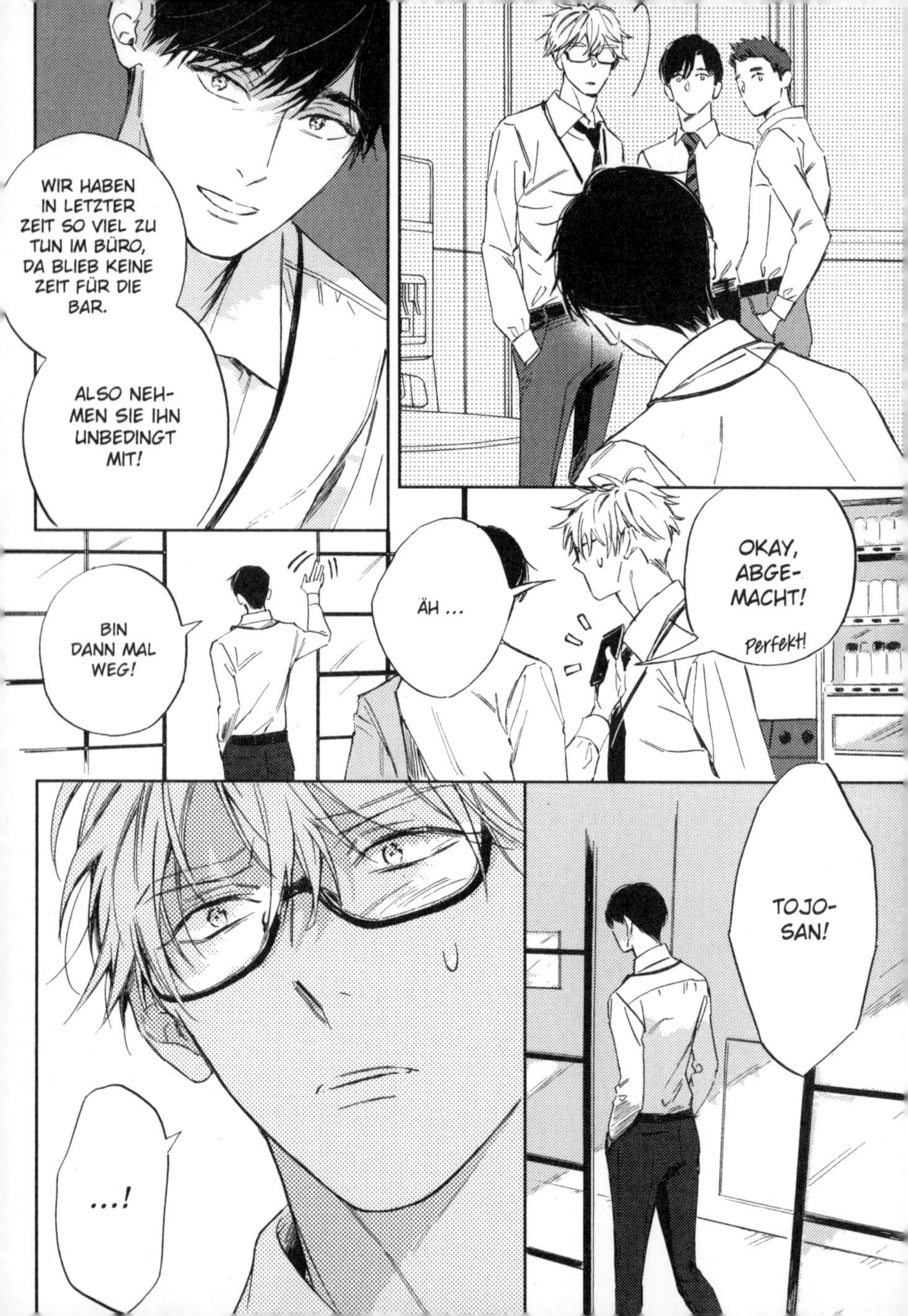
WIR HABEN IN LETZTER ZEIT SO VIEL ZU TUN IM BÜRO, DA BLIEB KEINE ZEIT FÜR DIE BAR.
ALSO NEHMEN SIE IHN UNBEDINGT MIT!
OKAY, ABGEMACHT!
Perfekt!
ÄH ...
BIN DANN MAL WEG!
TOJO-SAN!
...!

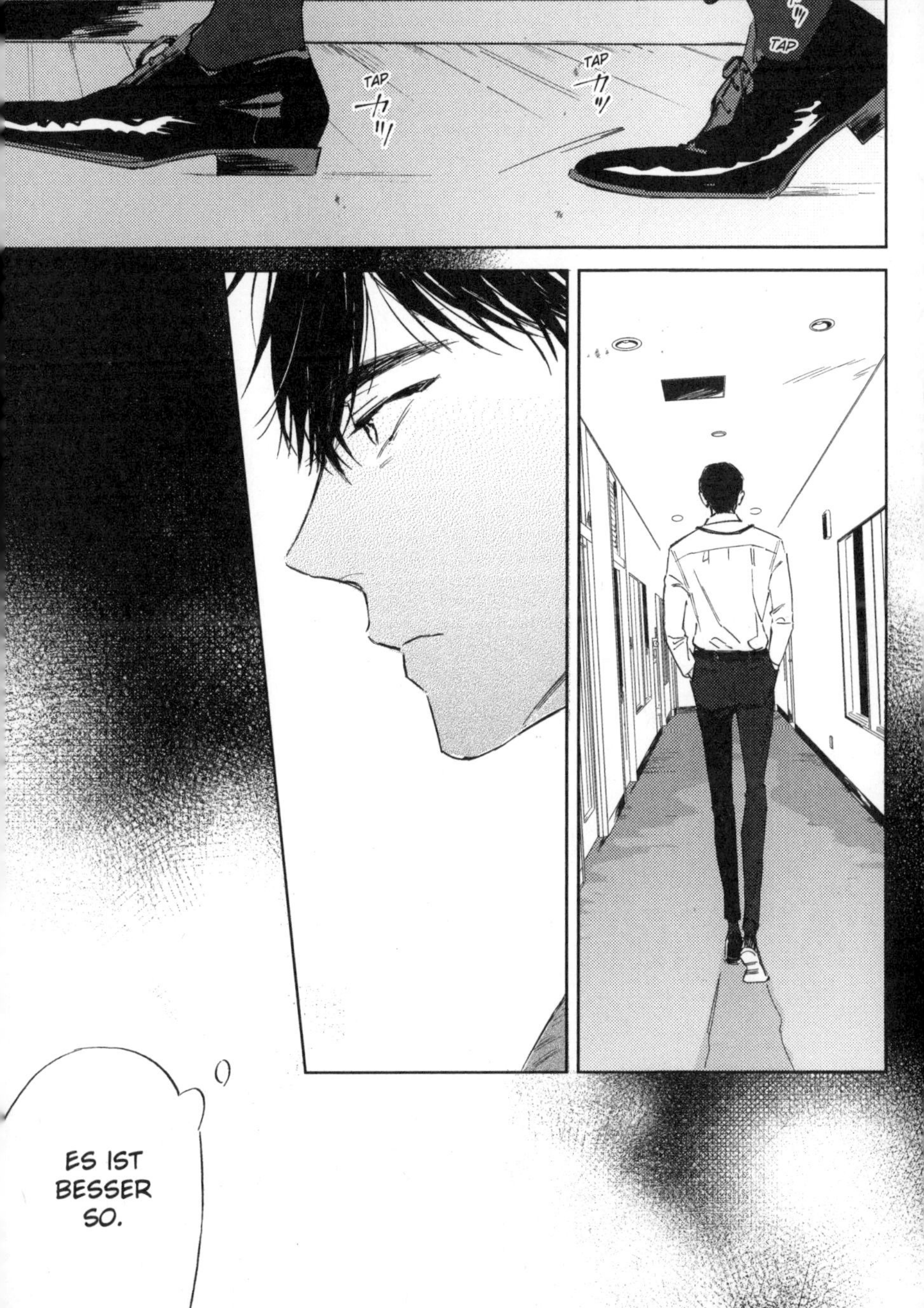

TAP
TAP
カッ
TAP
カッ
ES IST BESSER SO.

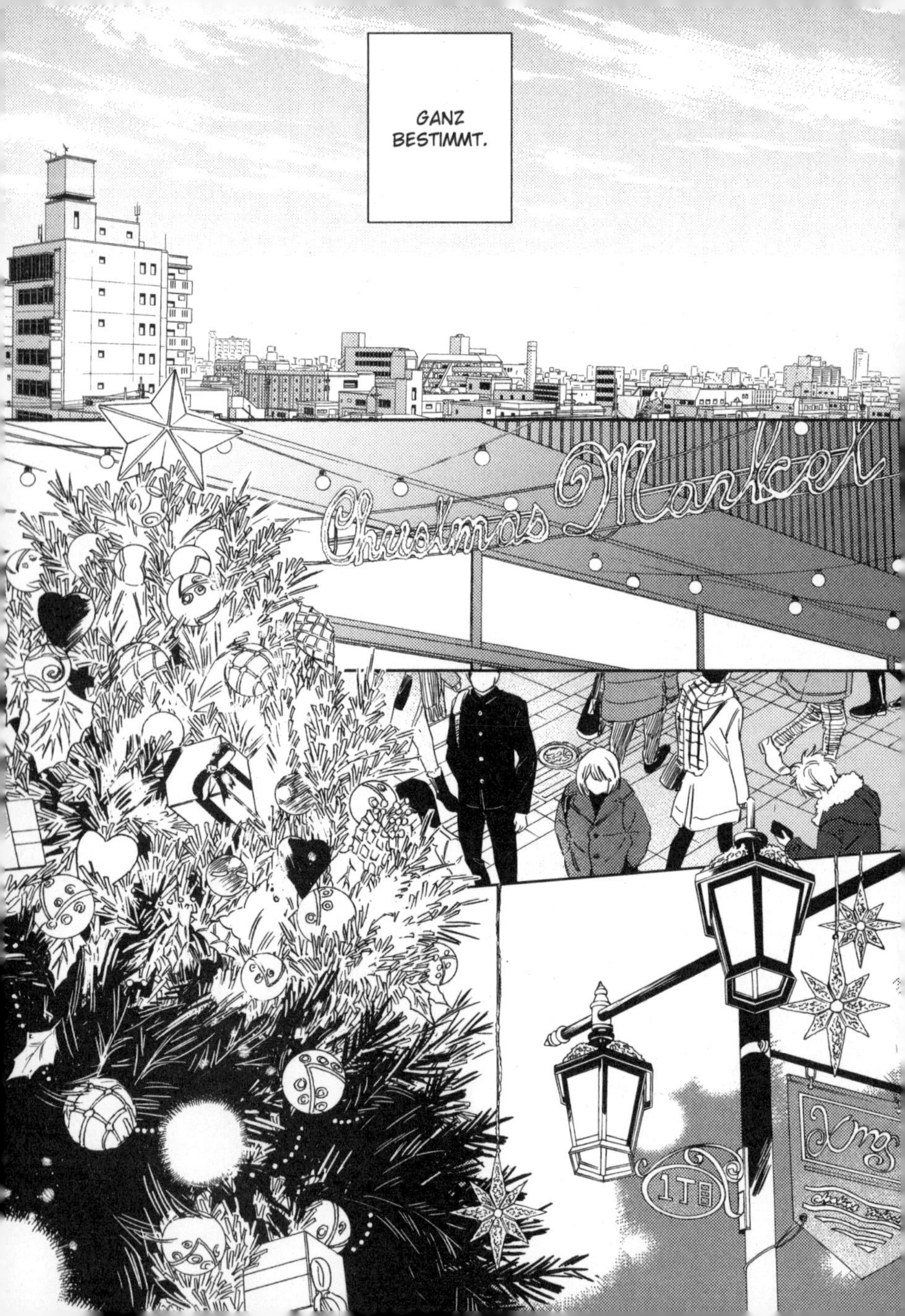
GANZ BESTIMMT.
Christmas Market

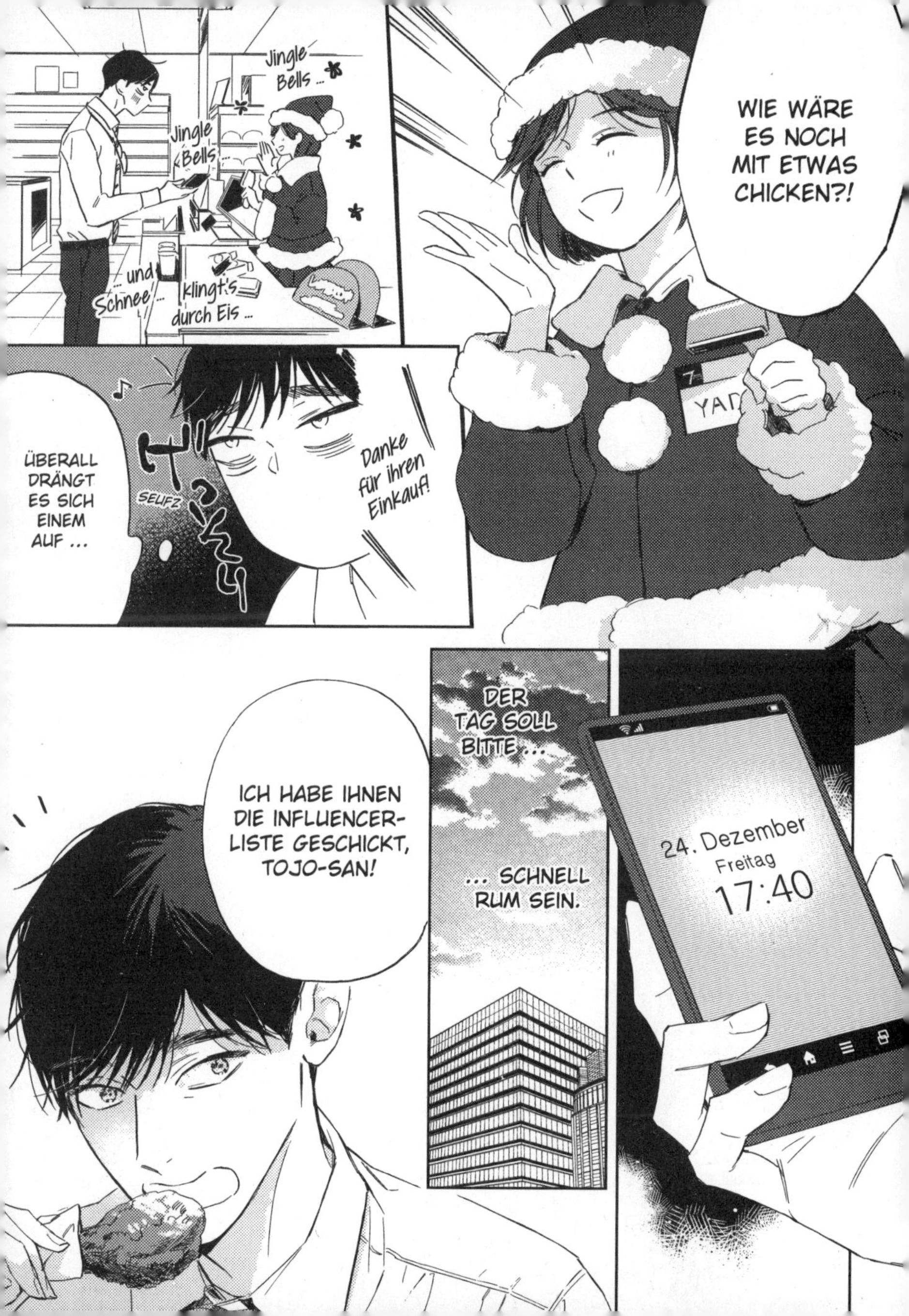
WIE WÄRE ES NOCH MIT ETWAS CHICKEN?!
Jingle Bells ...
Jingle Bells ...
... klingt's durch Eis ...
... und Schnee ...
Danke für ihren Einkauf!
SEUFZ
ÜBERALL DRÄNGT ES SICH EINEM AUF ...
YA
24. Dezember
Freitag
17:40
DER TAG SOLL BITTE ...
... SCHNELL RUM SEIN.
ICH HABE IHNEN DIE INFLUENCER-LISTE GESCHICKT, TOJO-SAN!

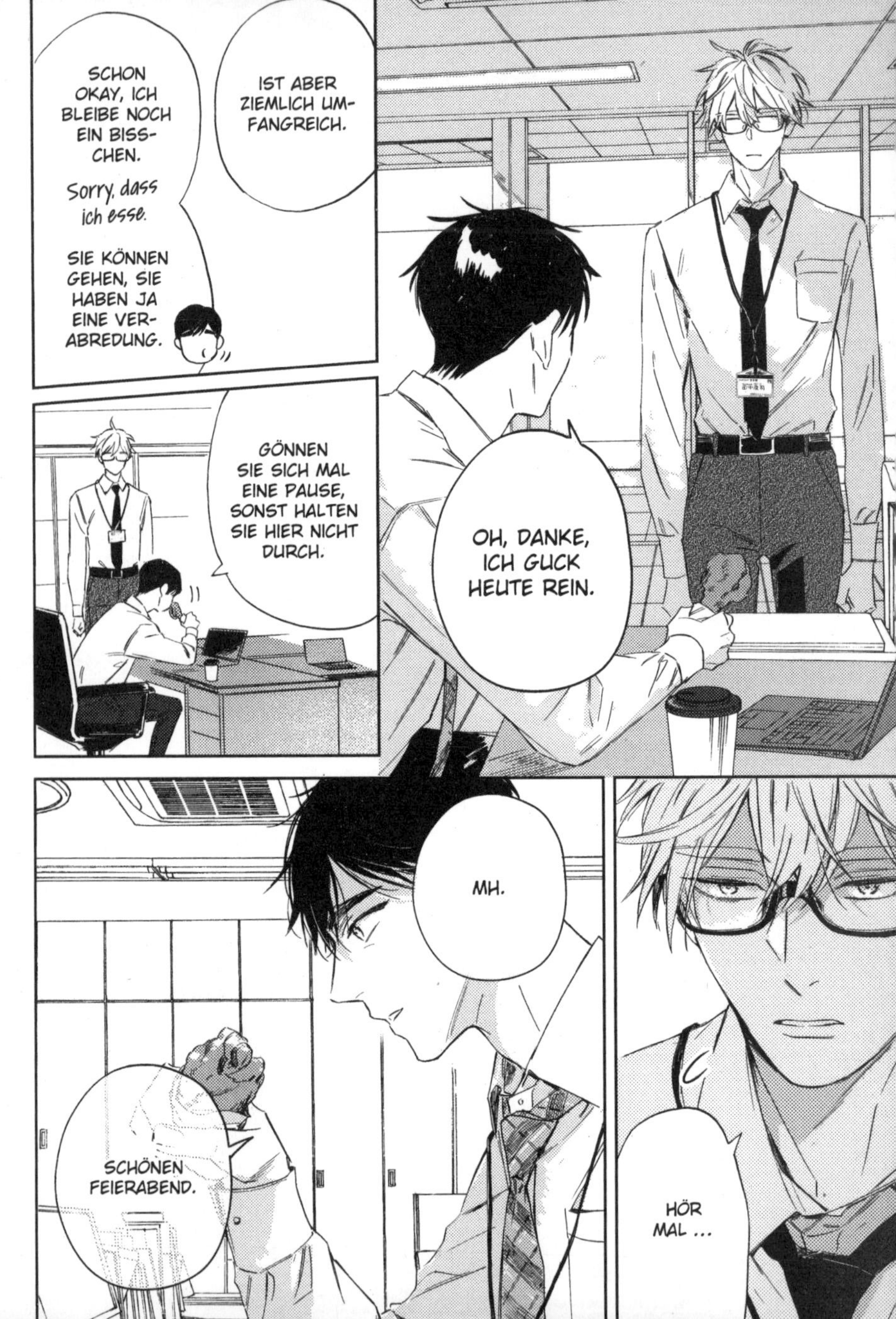
OH, DANKE, ICH GUCK HEUTE REIN.
IST ABER ZIEMLICH UM-FANGREICH.
SCHON OKAY, ICH BLEIBE NOCH EIN BISS-CHEN.
Sorry, dass ich esse.
SIE KÖNNEN GEHEN, SIE HABEN JA EINE VER-ABREDUNG.
GÖNNEN SIE SICH MAL EINE PAUSE, SONST HALTEN SIE HIER NICHT DURCH.
HÖR MAL …
MH.
SCHÖNEN FEIERABEND.

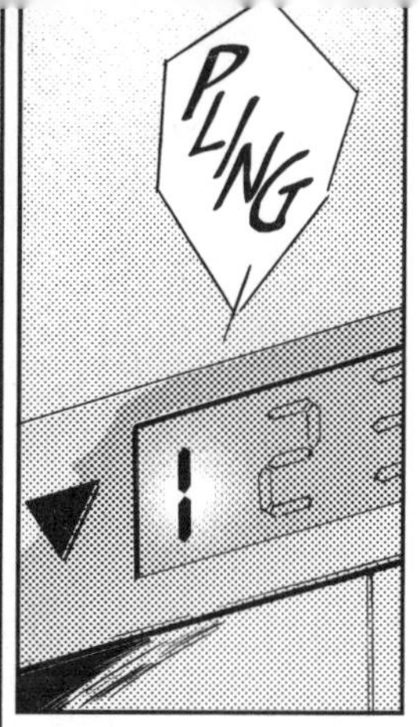
PLING

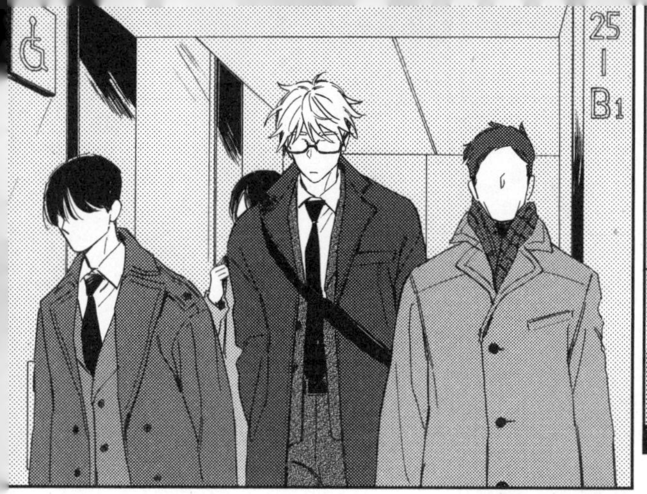
25
1
B1

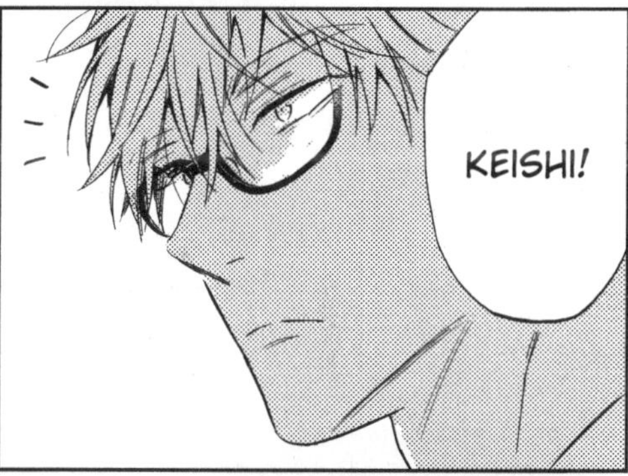
KEISHI!

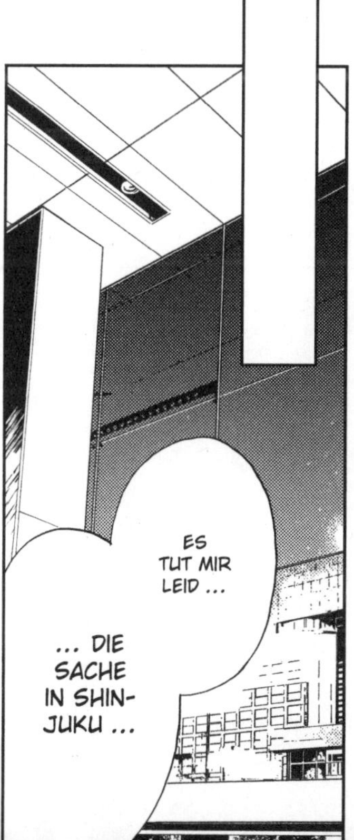
ES TUT MIR LEID ...
... DIE SACHE IN SHIN-JUKU ...

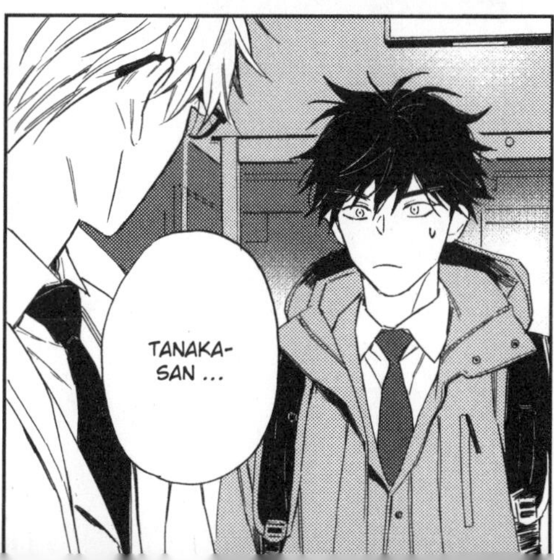
TANAKA-SAN ...

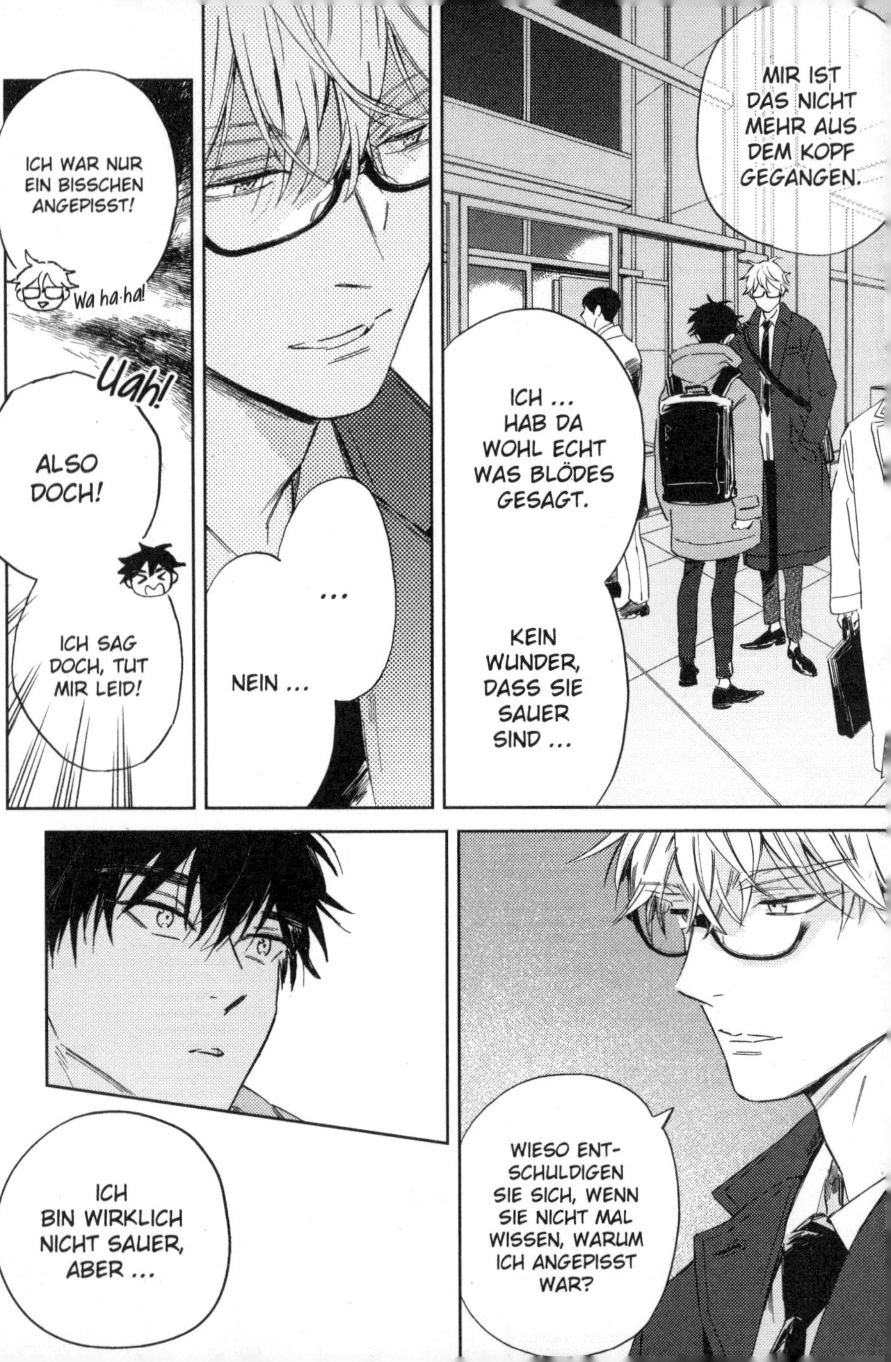

MIR IST DAS NICHT MEHR AUS DEM KOPF GEGANGEN.

ICH ... HAB DA WOHL ECHT WAS BLÖDES GESAGT.

KEIN WUNDER, DASS SIE SAUER SIND ...

...

NEIN ...

ICH WAR NUR EIN BISSCHEN ANGEPISST!

Wa ha·ha!

Uah!

ALSO DOCH!

ICH SAG DOCH, TUT MIR LEID!

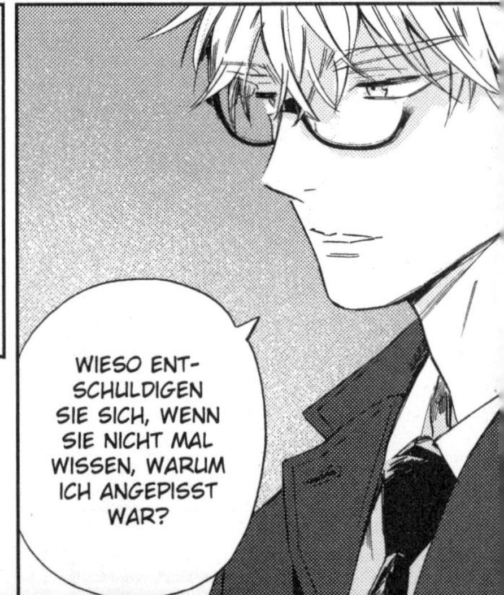


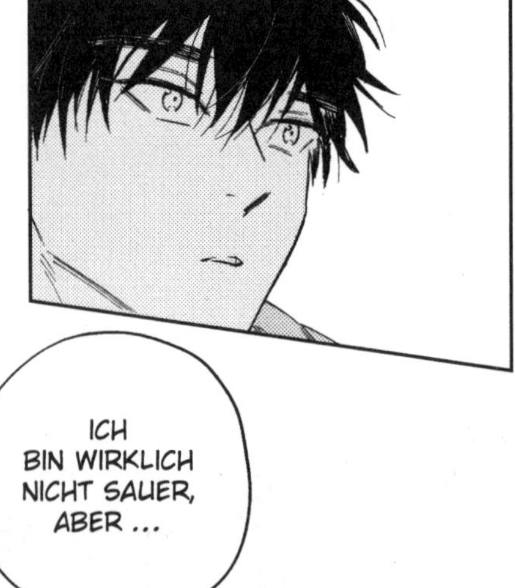

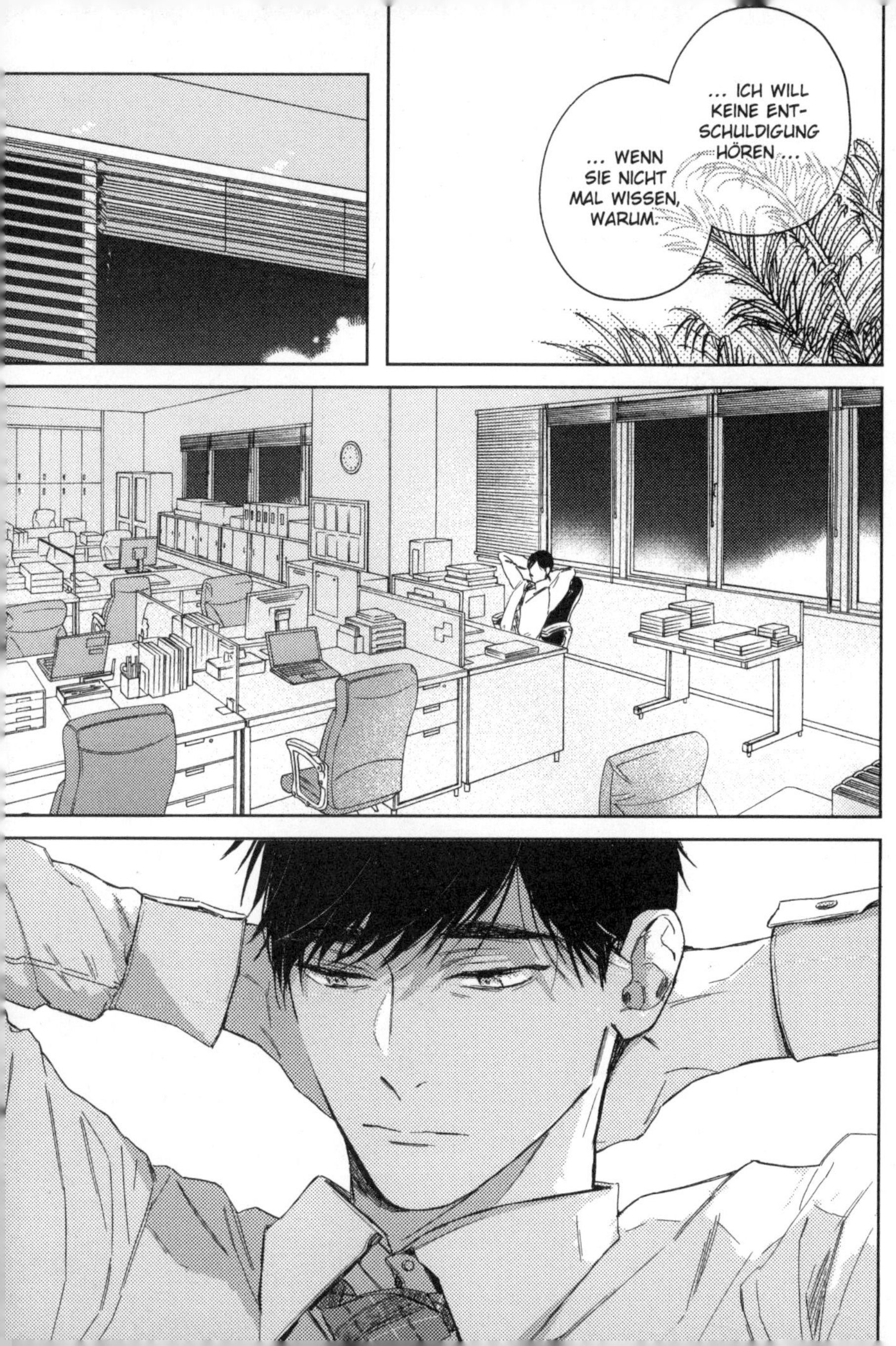

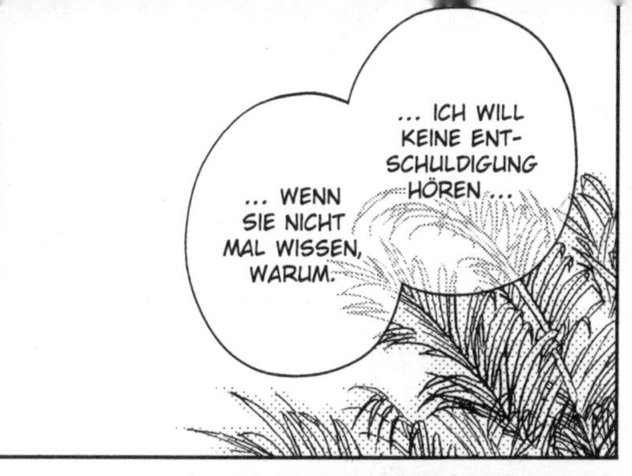
... ICH WILL
KEINE ENT-
SCHULDIGUNG
HÖREN ...
... WENN
SIE NICHT
MAL WISSEN,
WARUM.

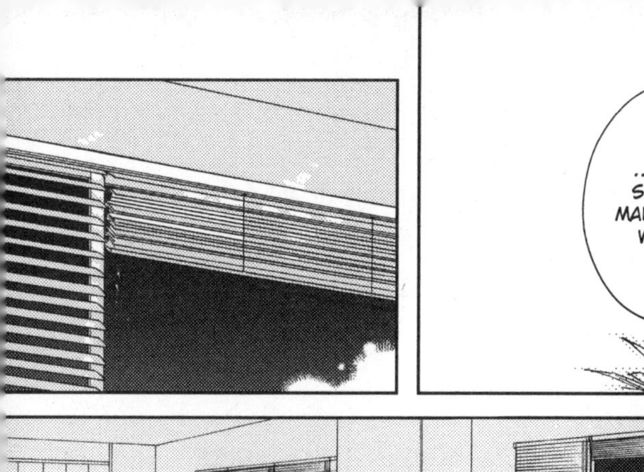

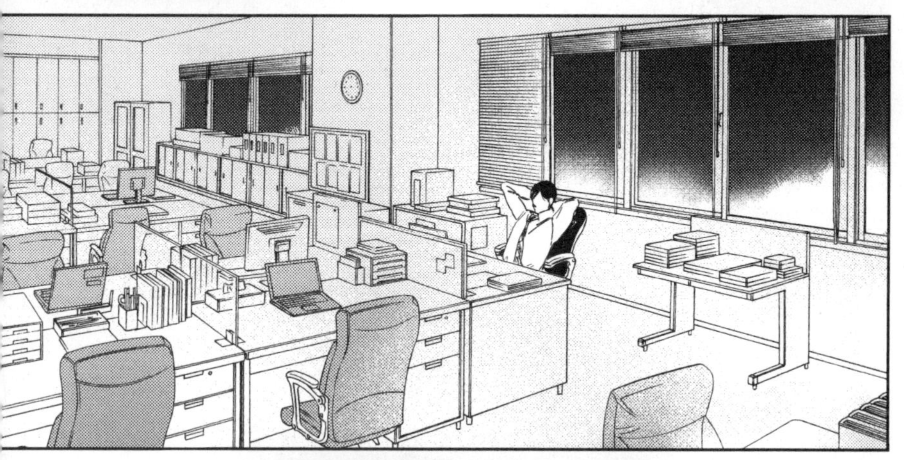

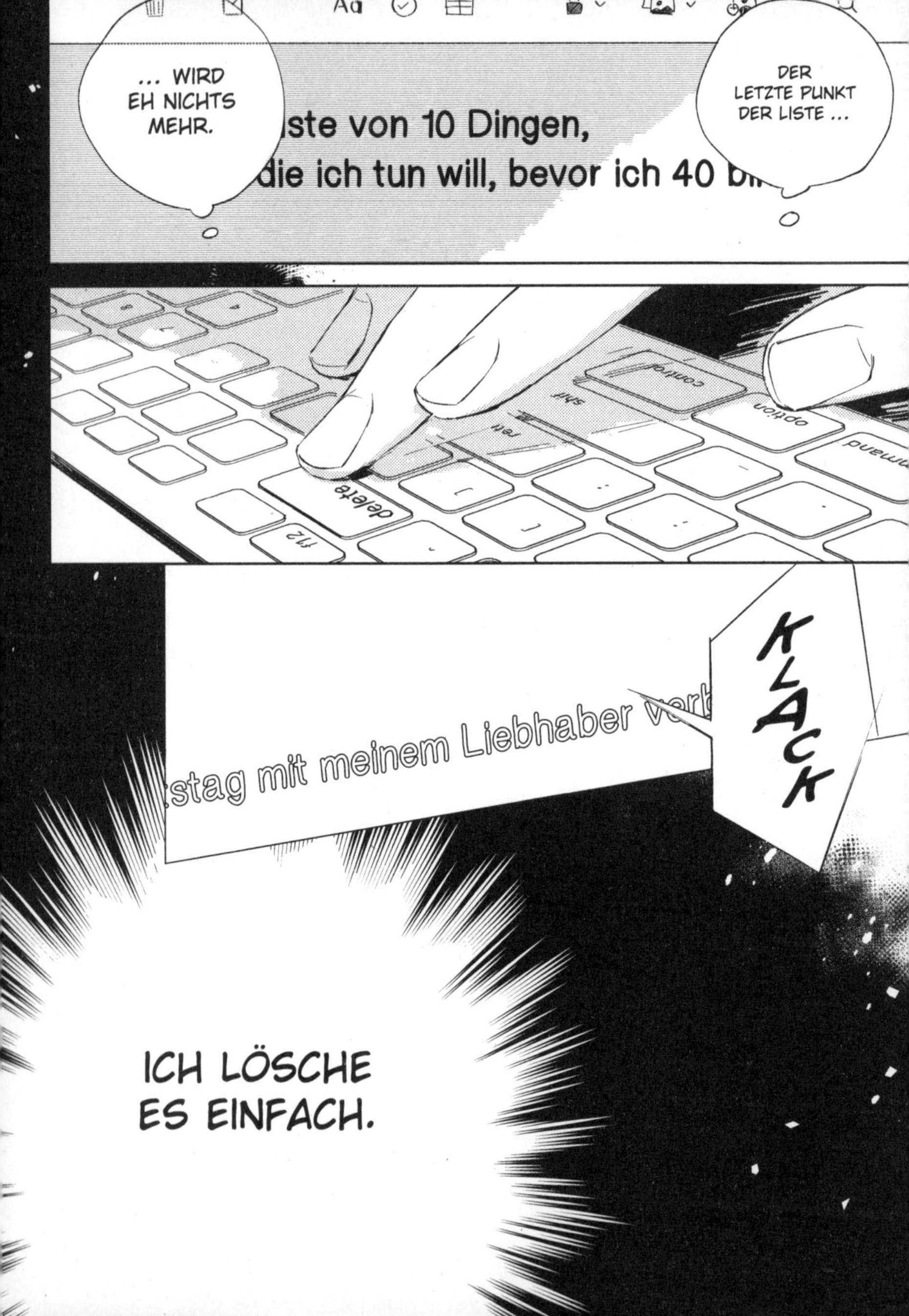
DER LETZTE PUNKT DER LISTE ...
... WIRD EH NICHTS MEHR.
iste von 10 Dingen,
die ich tun will, bevor ich 40 bi
stag mit meinem Liebhaber ver
KLACK
ICH LÖSCHE ES EINFACH.

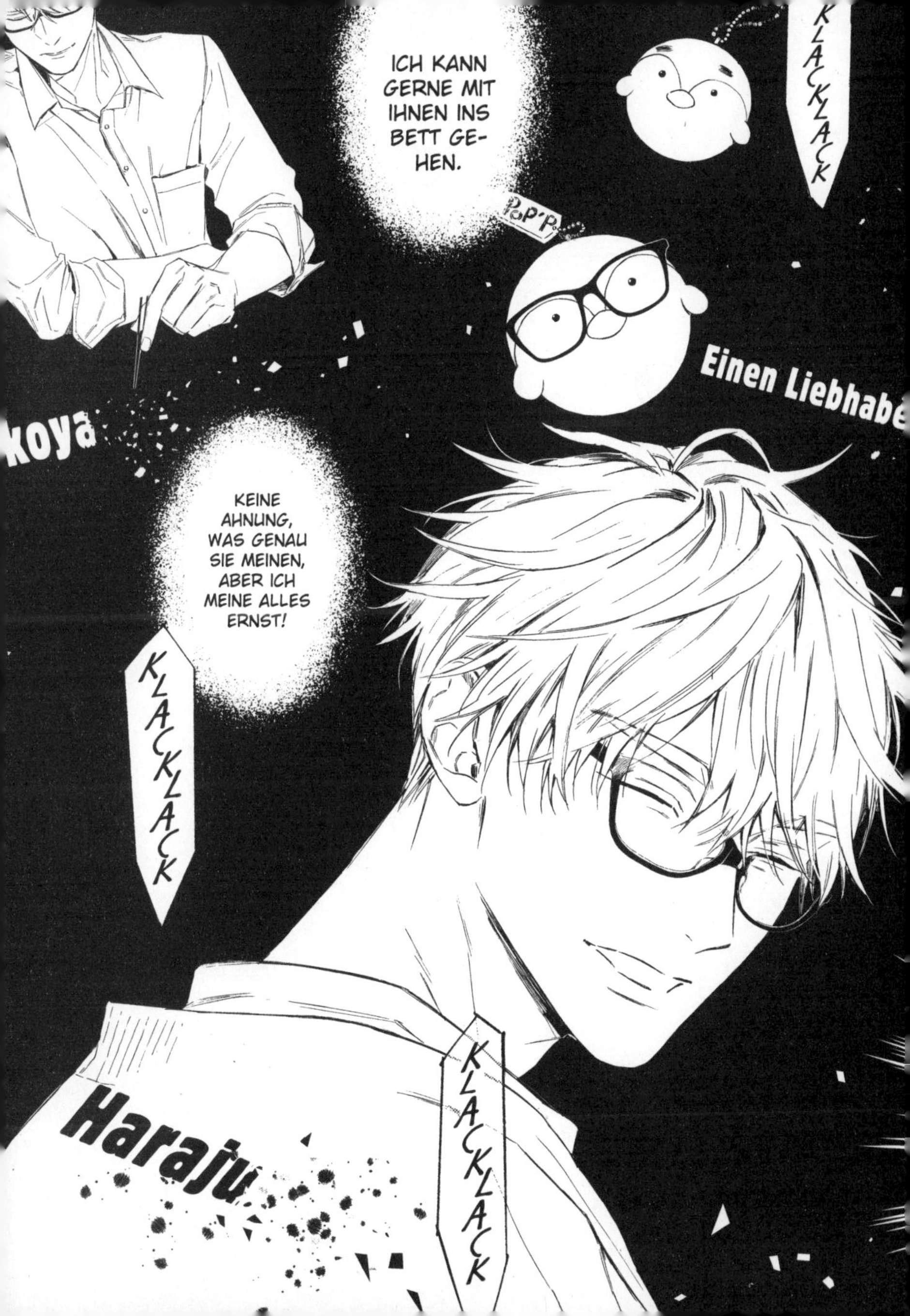

KLACKLACK

ICH KANN GERNE MIT IHNEN INS BETT GEHEN.

Einen Liebhabe

koya

KEINE AHNUNG, WAS GENAU SIE MEINEN, ABER ICH MEINE ALLES ERNST!

KLACKLACK

KLACKLACK

Haraju

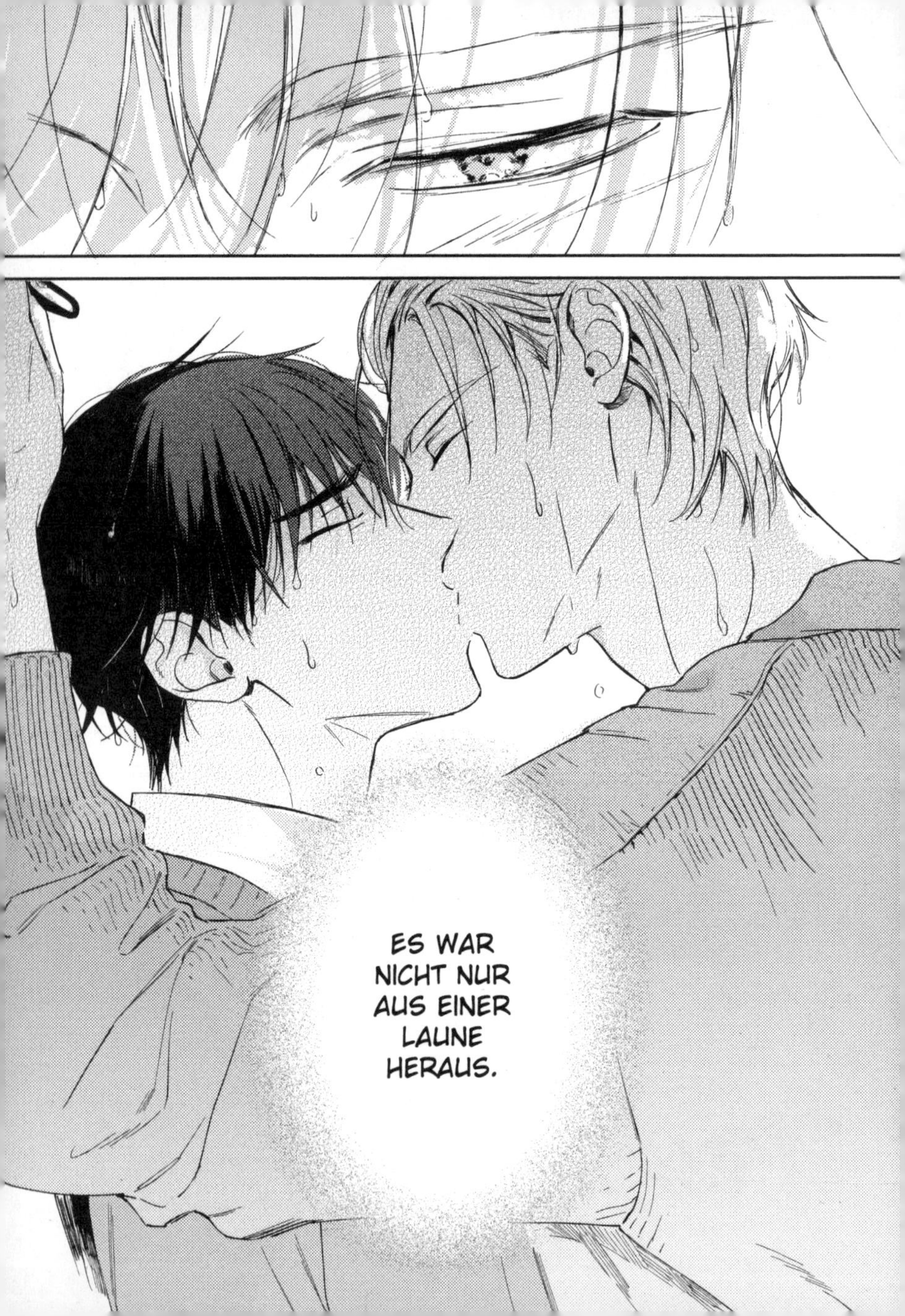
ES WAR
NICHT NUR
AUS EINER
LAUNE
HERAUS.

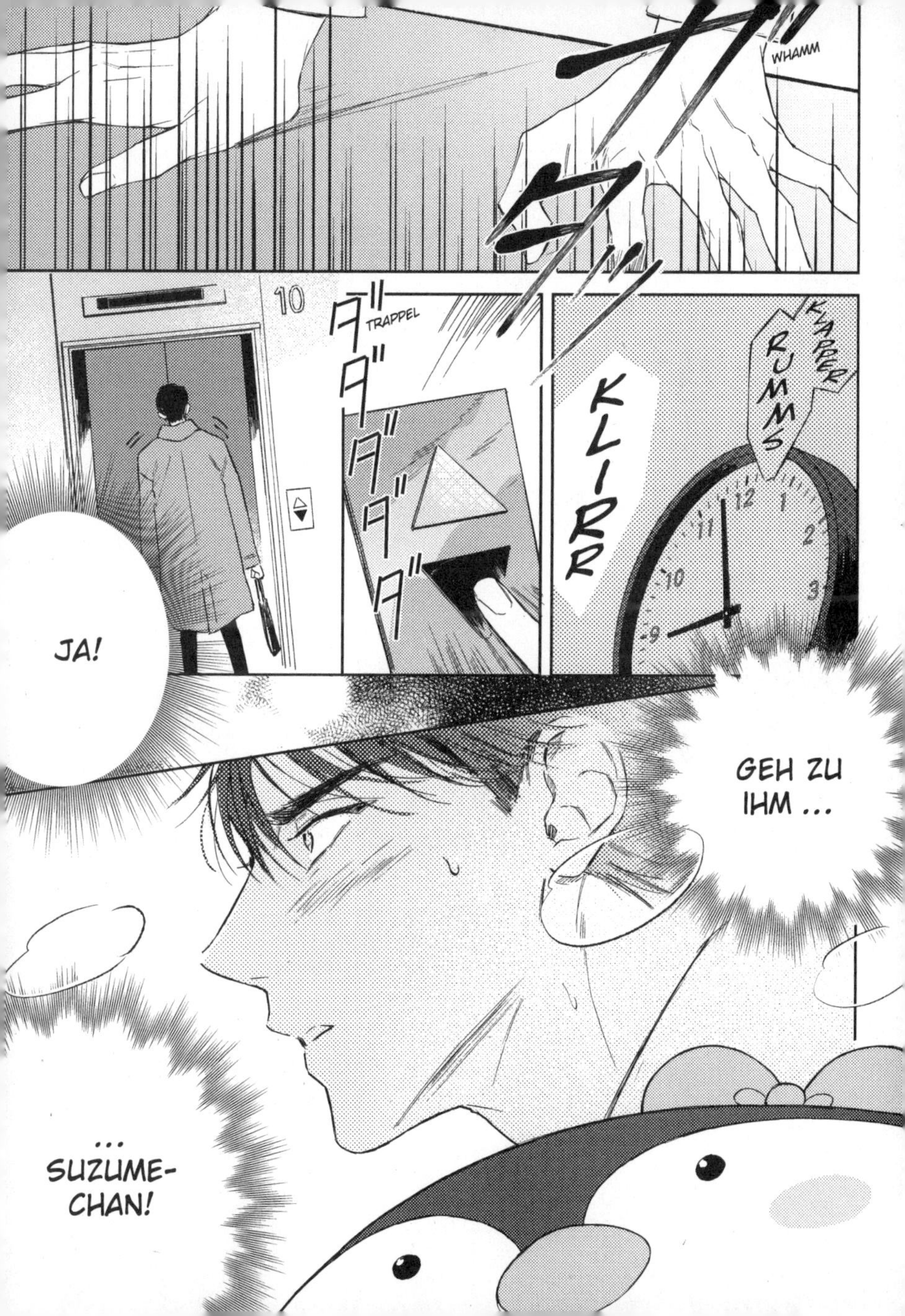
WHAMM
KLAPPER
RUMMS
KLIRR
TRAPPEL
GEH ZU IHM …
JA!
… SUZUME-CHAN!

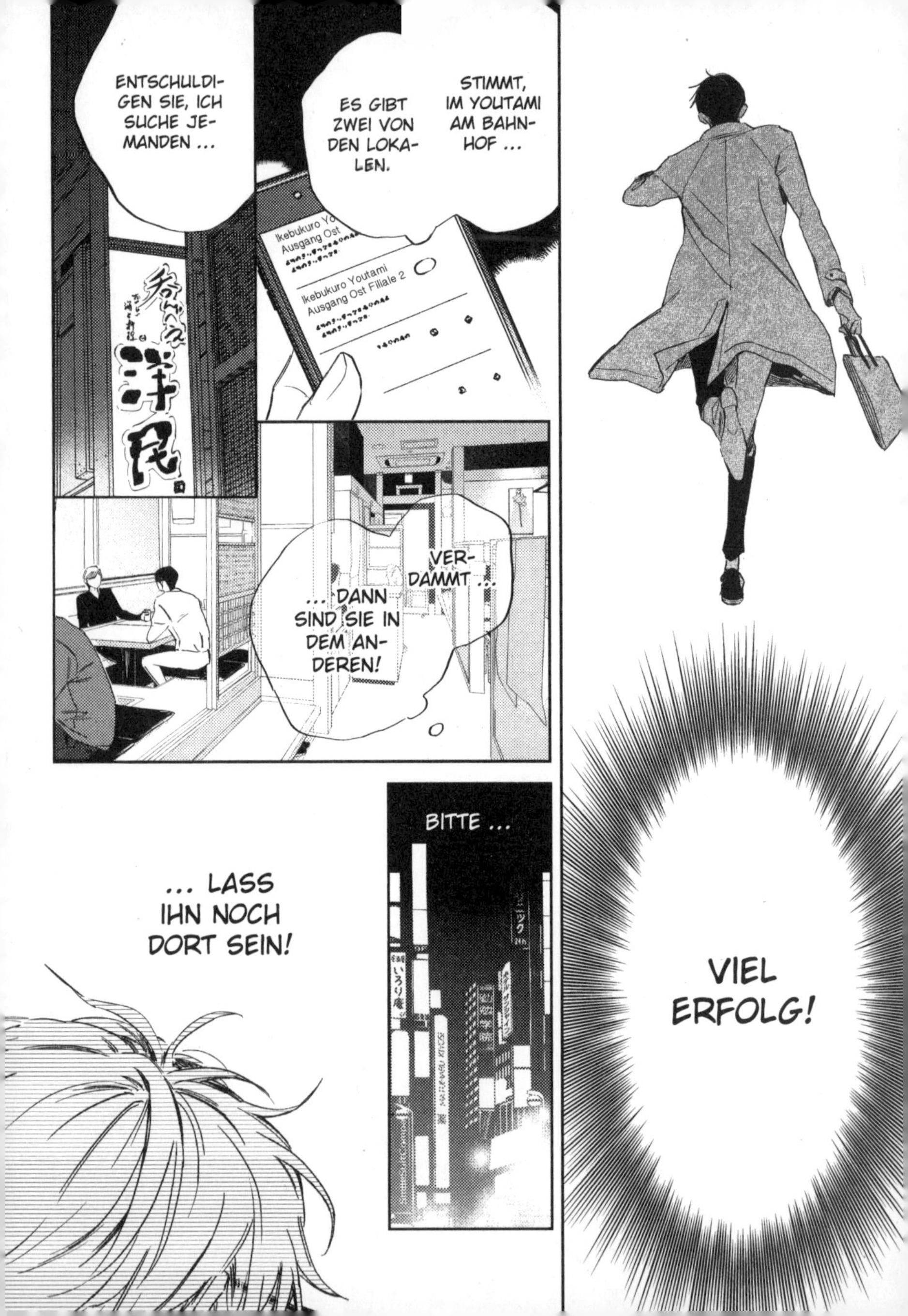

VIEL ERFOLG!

STIMMT, IM YOUTAMI AM BAHNHOF ...

ES GIBT ZWEI VON DEN LOKALEN.

Ikebukuro Youtami Ausgang Ost

Ikebukuro Youtami Ausgang Ost Filiale 2

ENTSCHULDIGEN SIE, ICH SUCHE JEMANDEN ...

VERDAMMT ...

... DANN SIND SIE IN DEM ANDEREN!

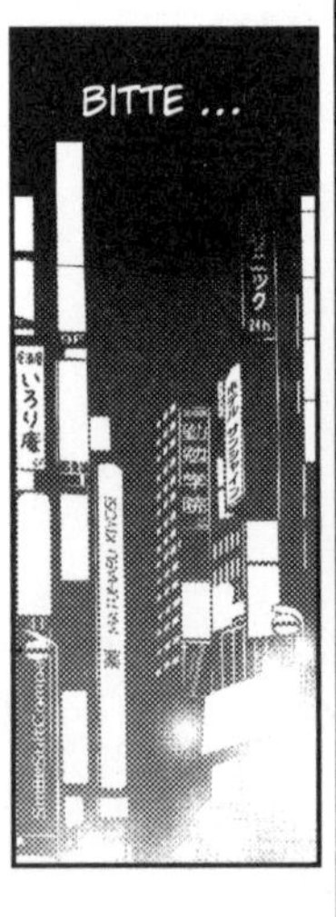


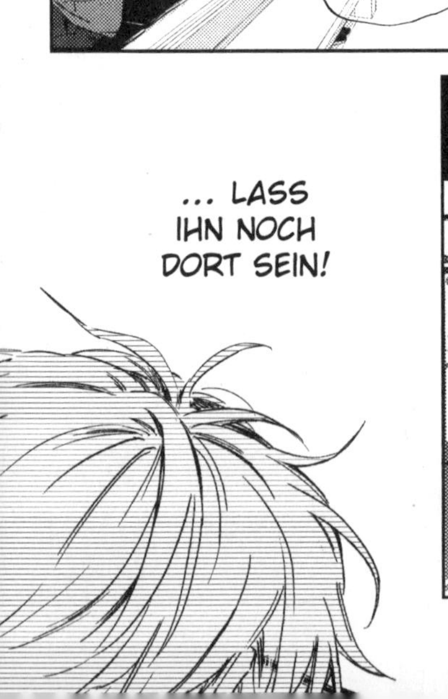

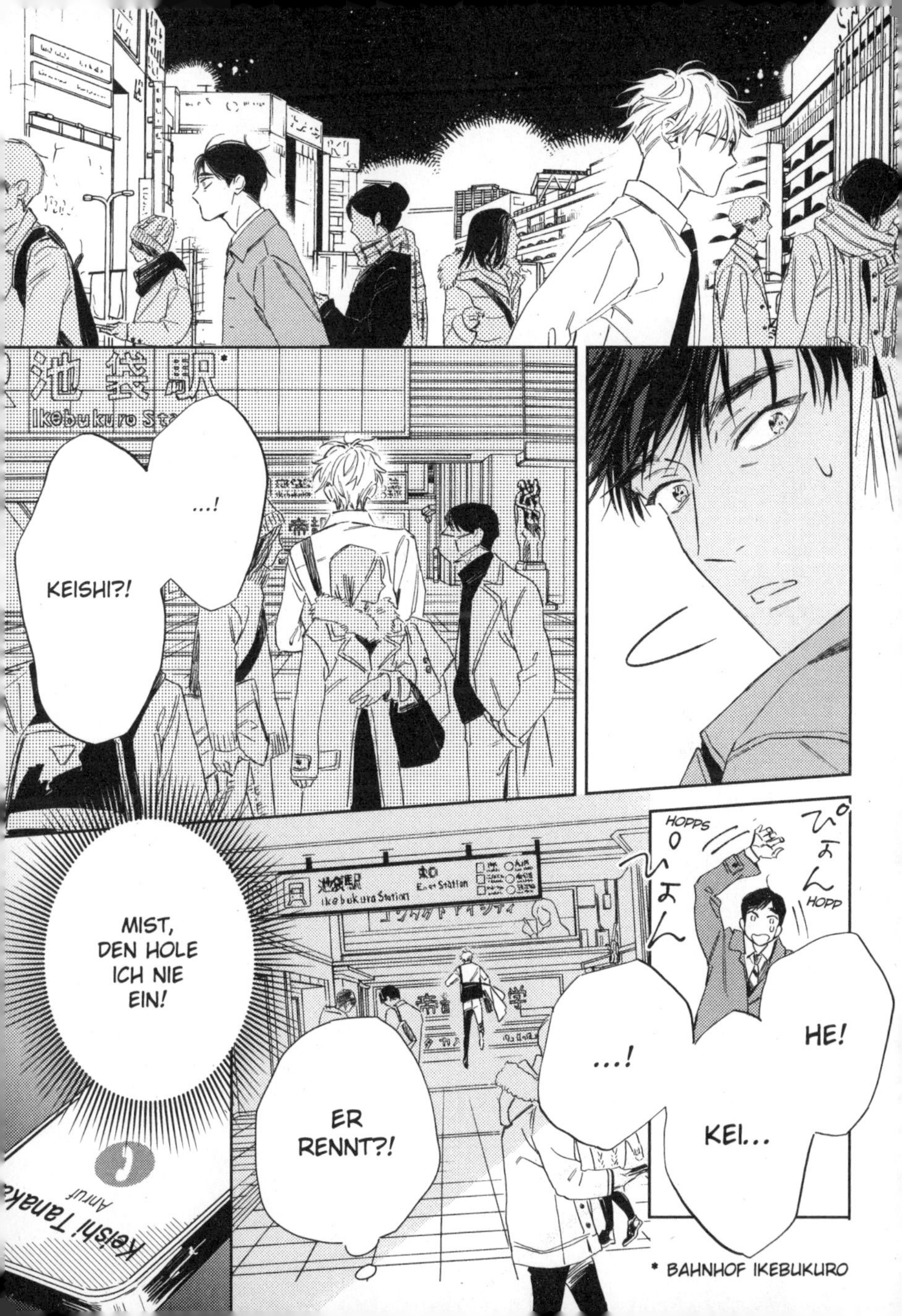


* BAHNHOF IKEBUKURO

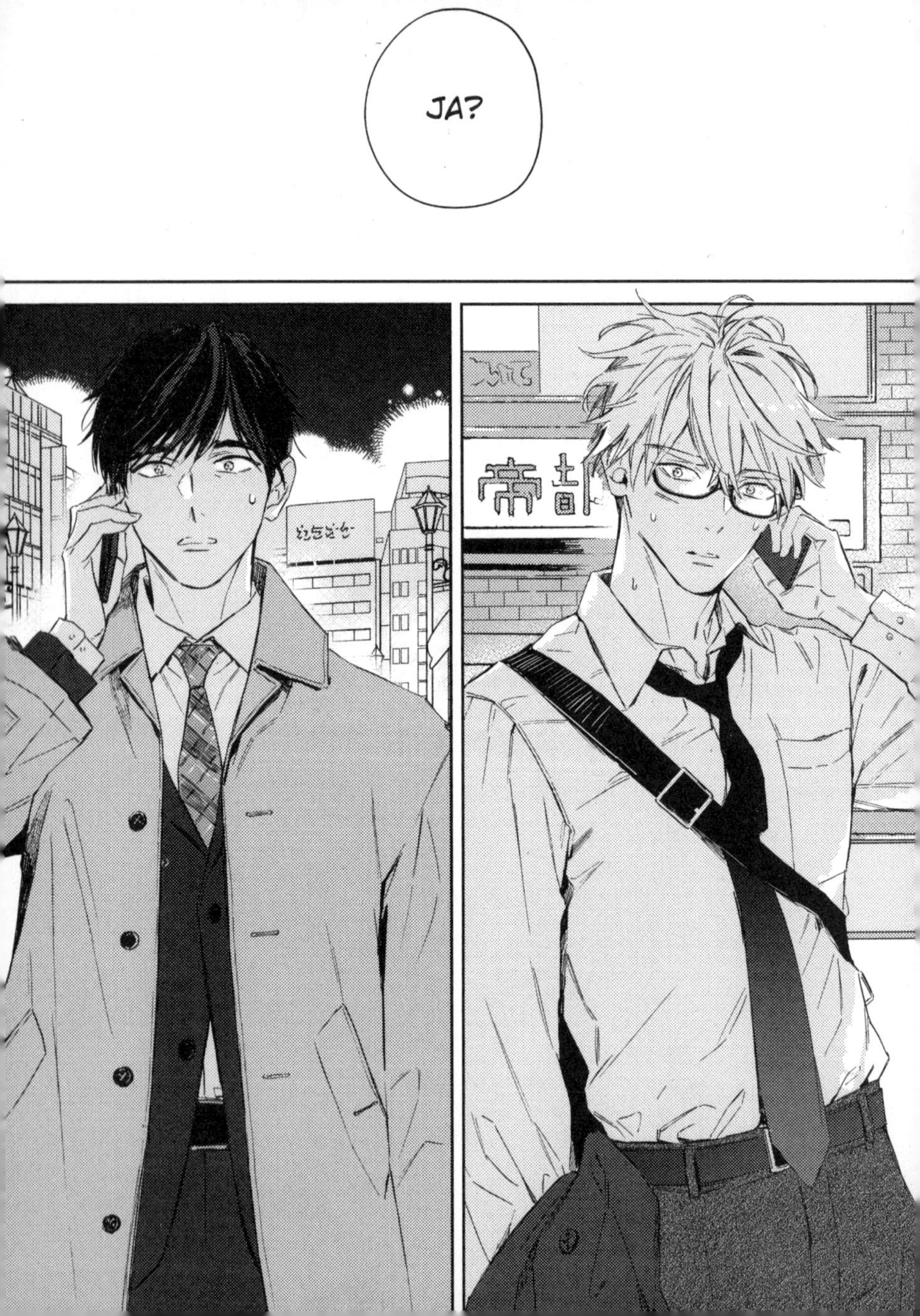

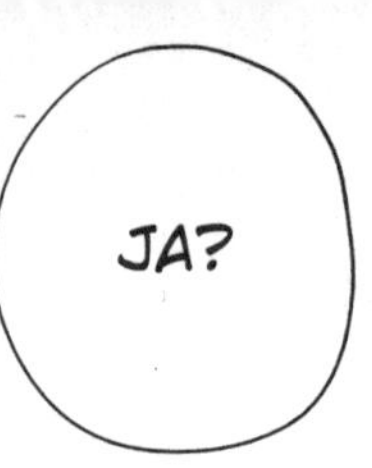
JA?

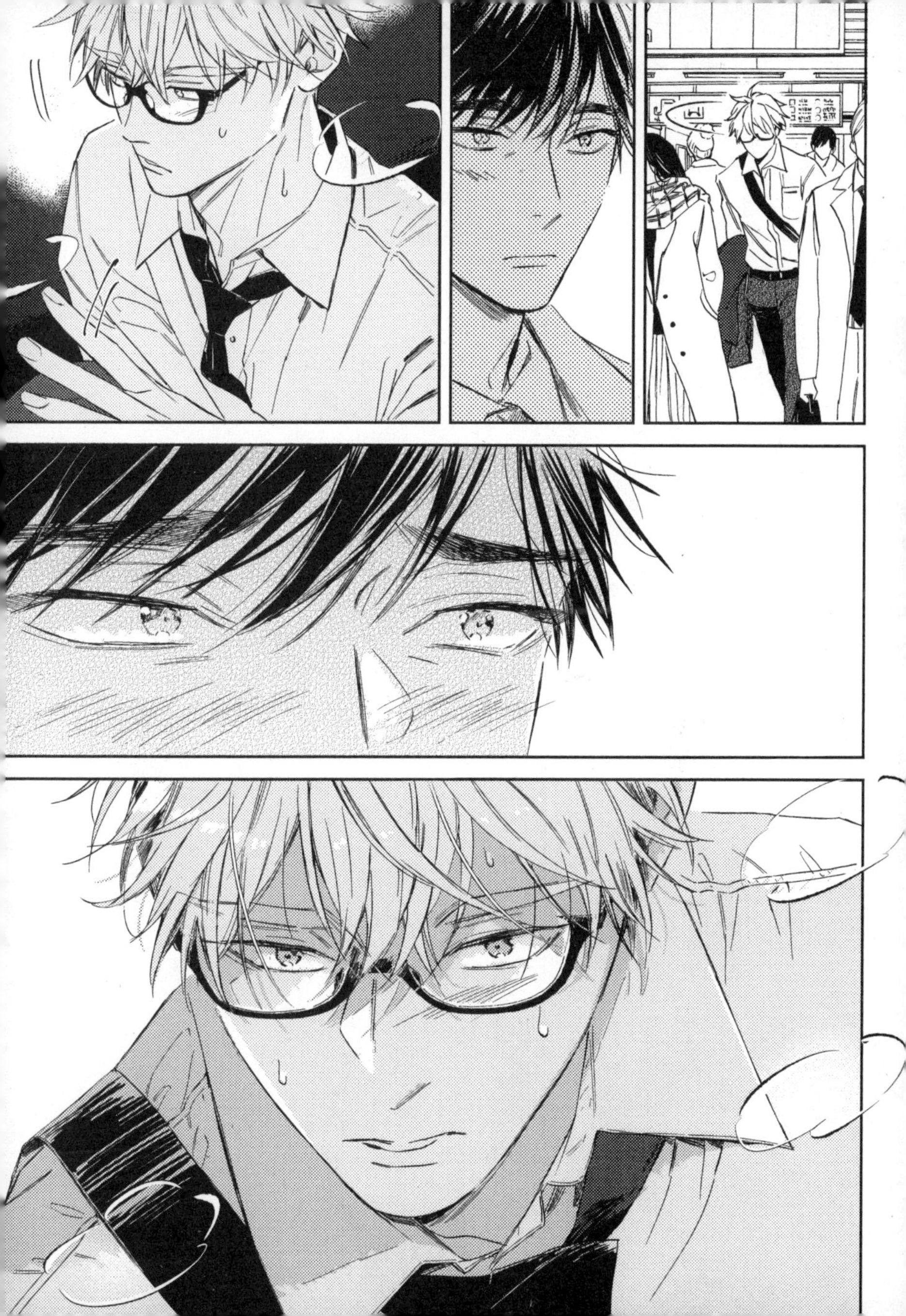

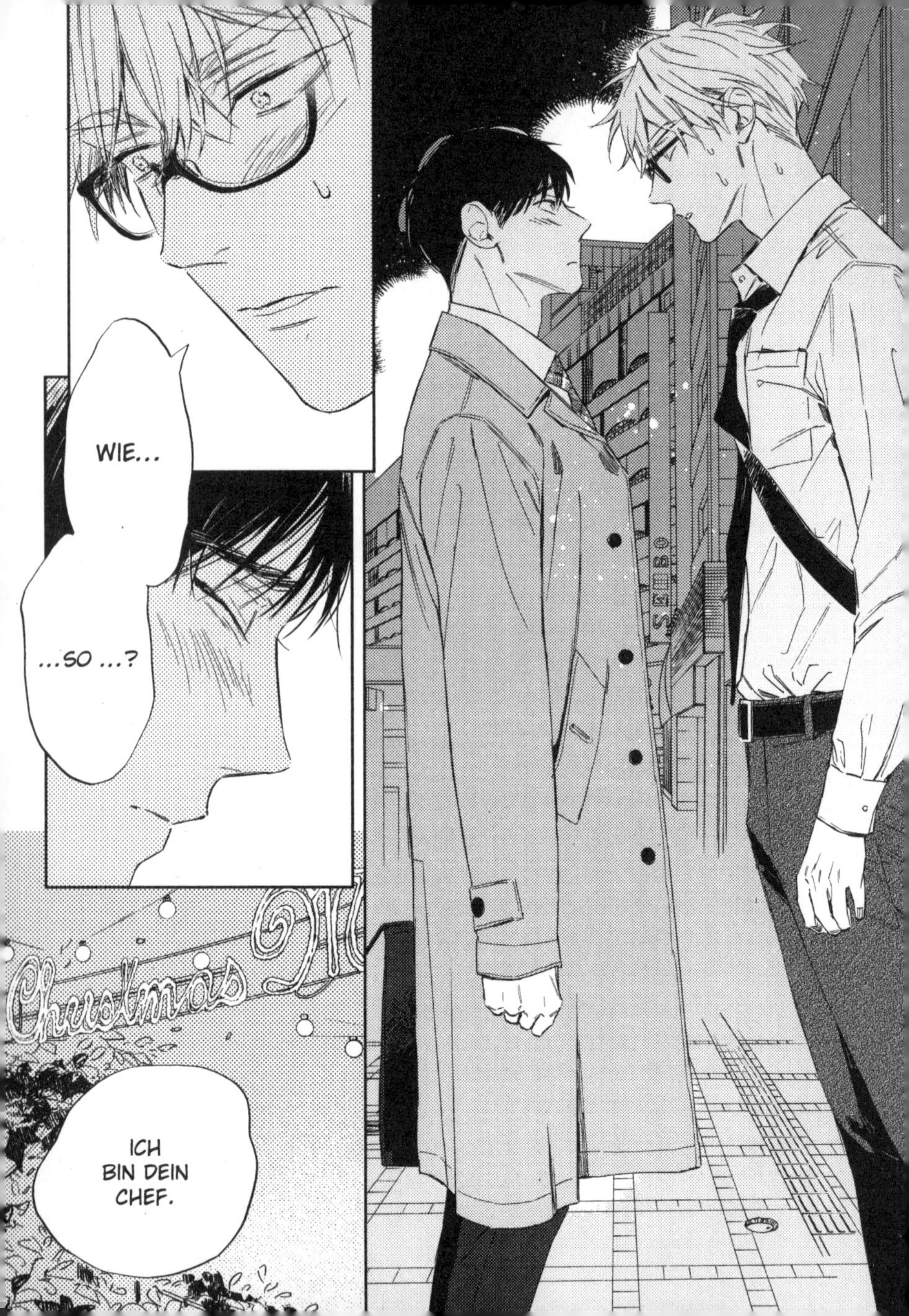
WIE...
...SO ...?
ICH BIN DEIN CHEF.

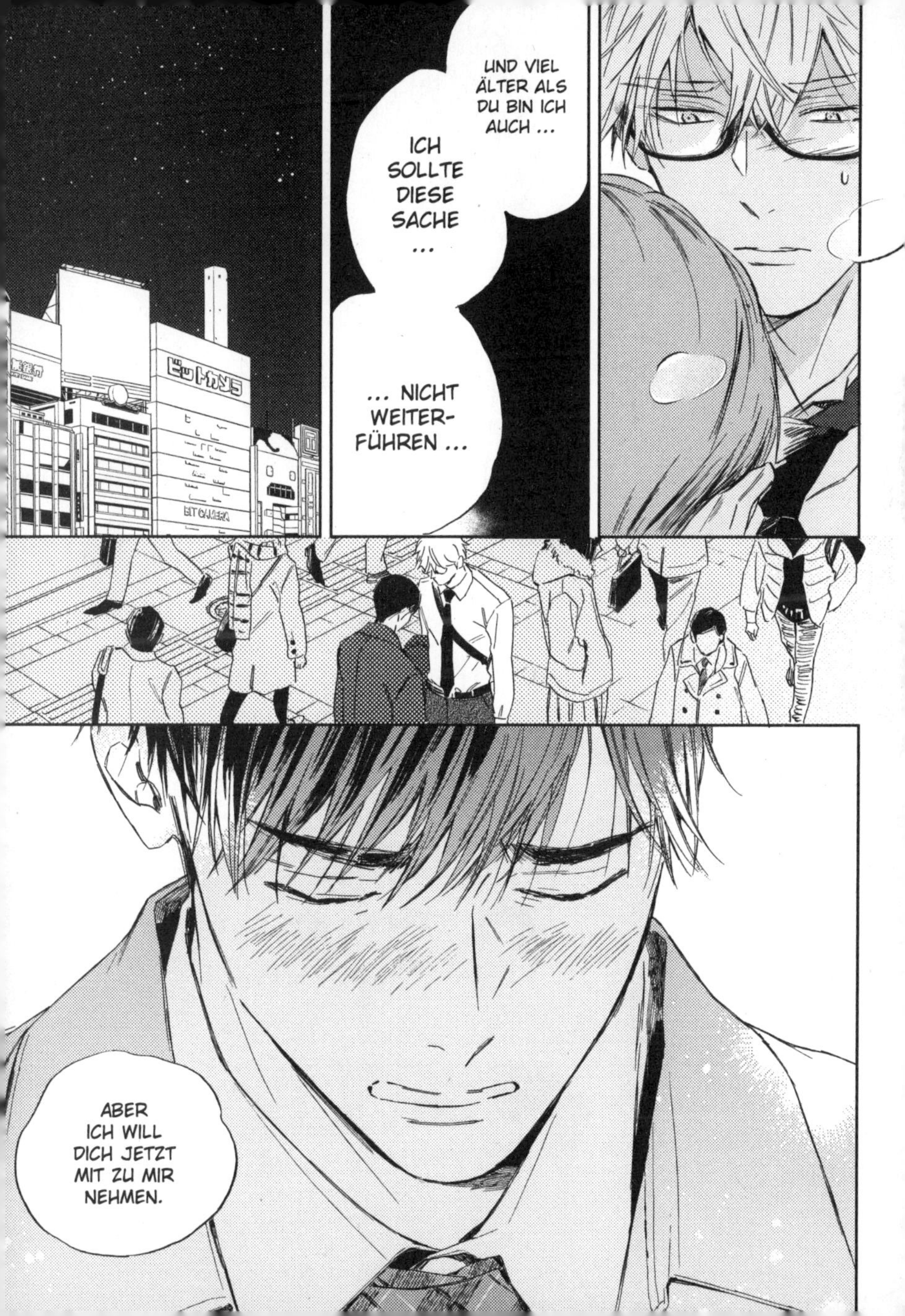
UND VIEL ÄLTER ALS DU BIN ICH AUCH …
ICH SOLLTE DIESE SACHE …
… NICHT WEITER-FÜHREN …
ビットカメラ
BIT CAMERA
ABER ICH WILL DICH JETZT MIT ZU MIR NEHMEN.

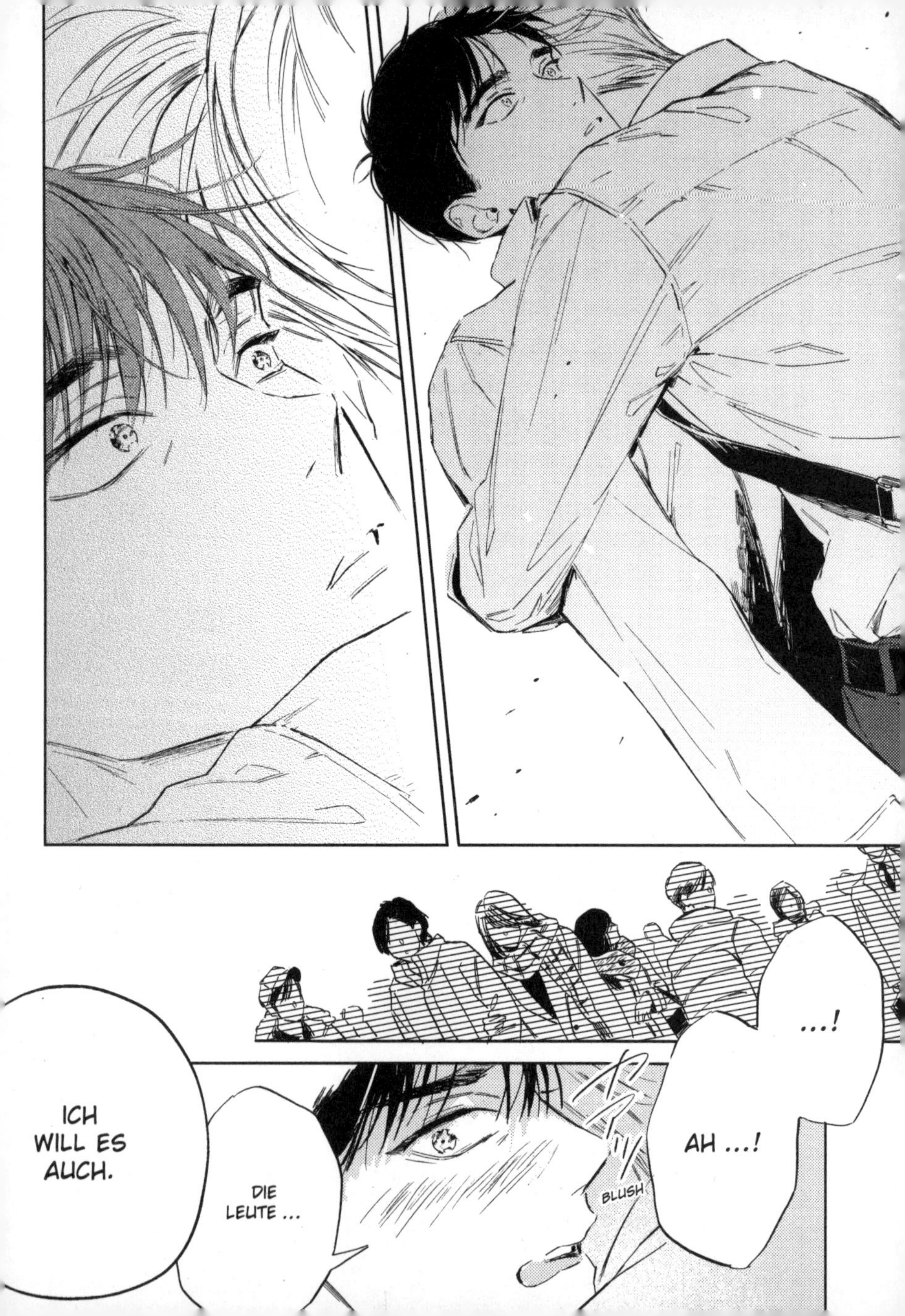
...!
AH ...!
BLUSH
DIE LEUTE ...
ICH WILL ES AUCH.

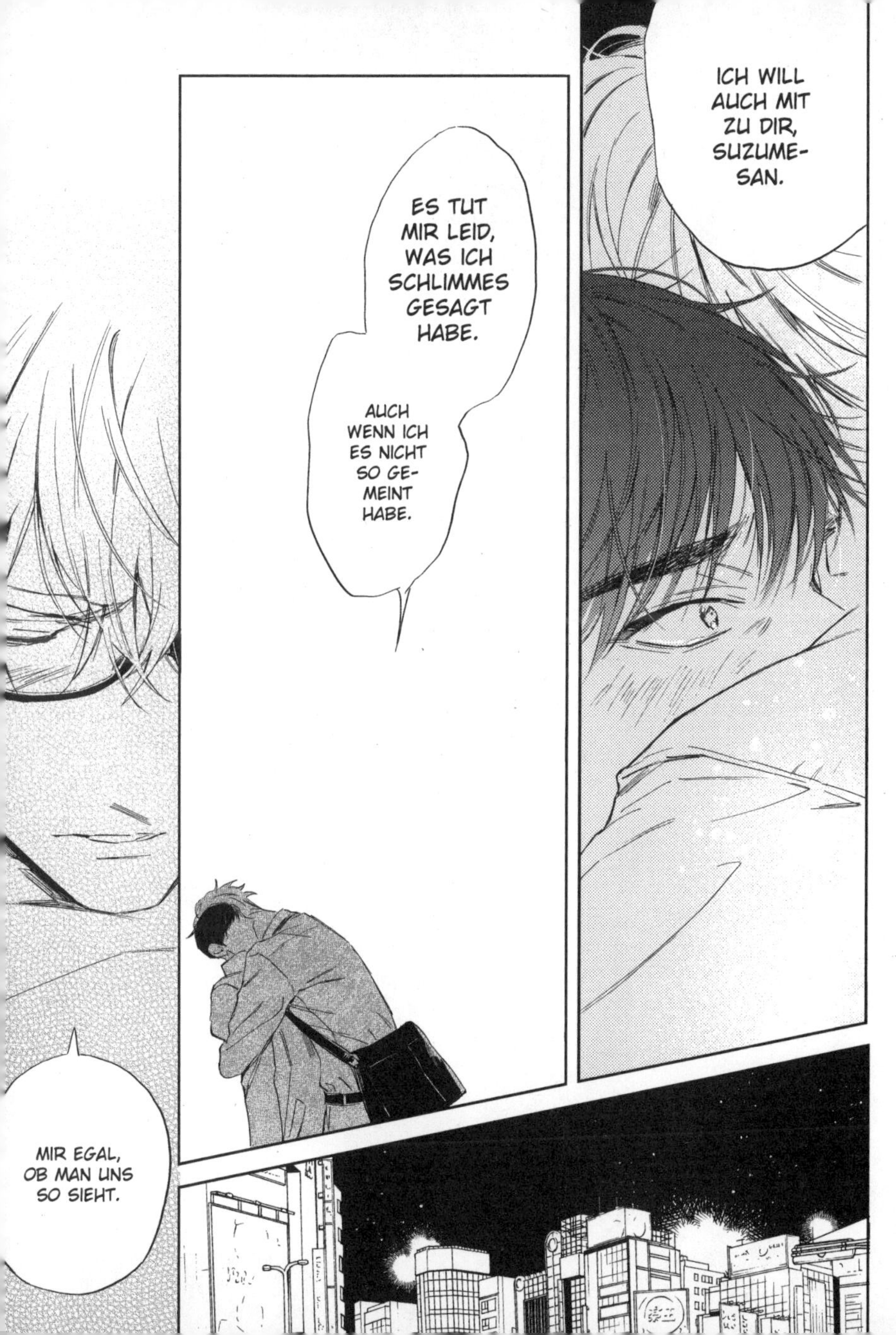
ICH WILL AUCH MIT ZU DIR, SUZUME-SAN.
ES TUT MIR LEID, WAS ICH SCHLIMMES GESAGT HABE.
AUCH WENN ICH ES NICHT SO GE-MEINT HABE.
MIR EGAL, OB MAN UNS SO SIEHT.

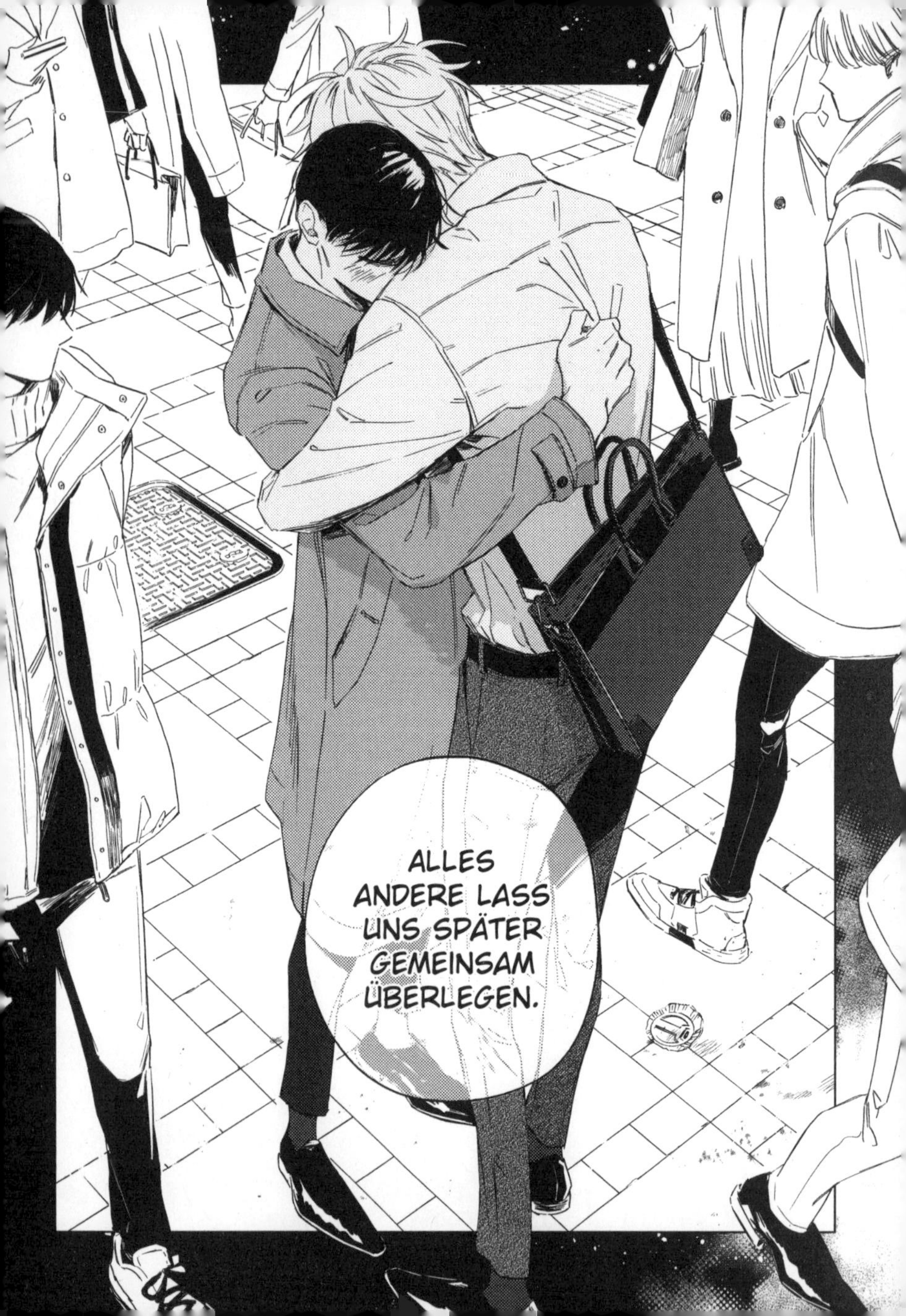
ALLES
ANDERE LASS
UNS SPÄTER
GEMEINSAM
ÜBERLEGEN.

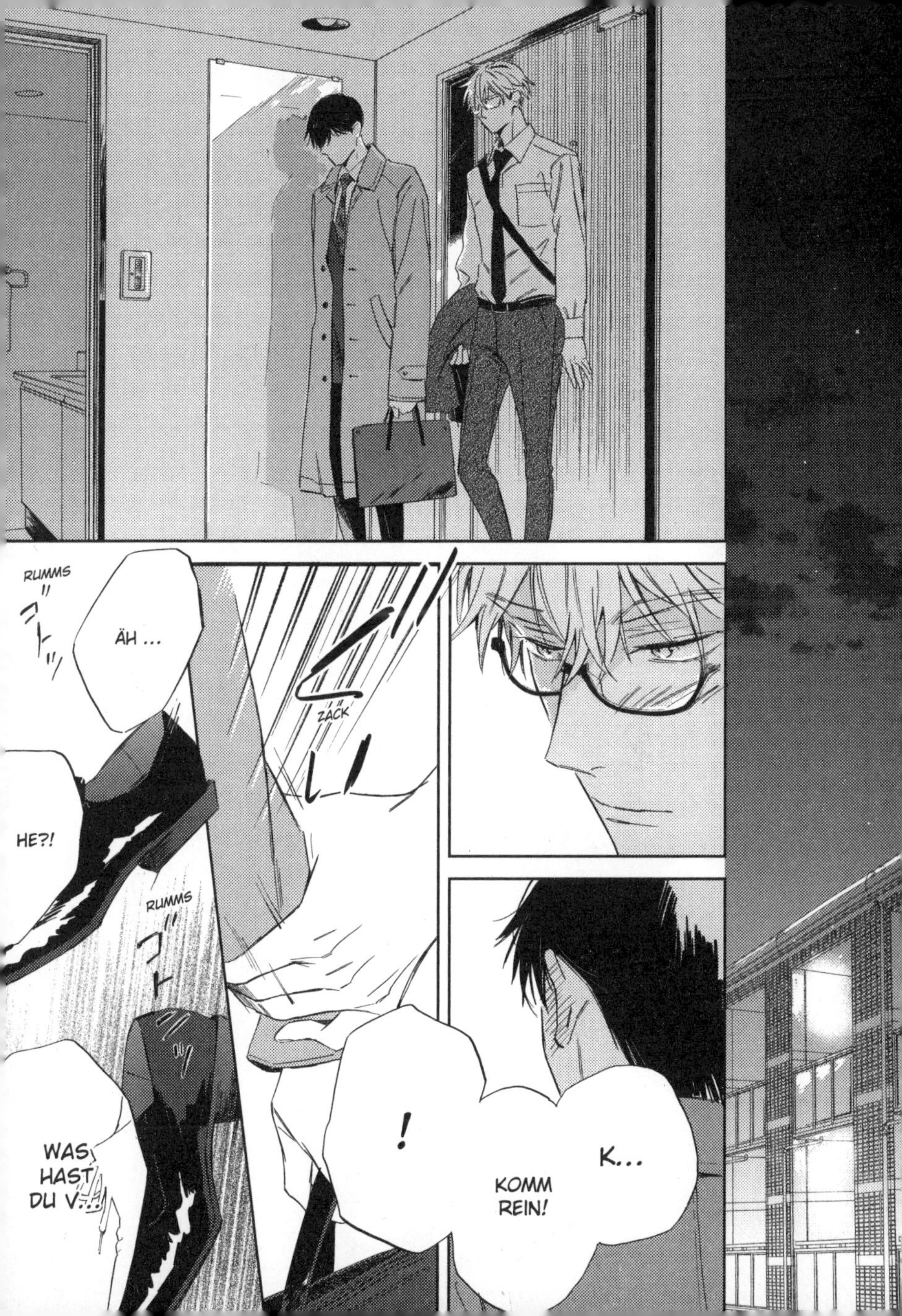
ZACK
!
K…
KOMM REIN!
RUMMS
ÄH …
HE?!
RUMMS
WAS HAST DU V…!

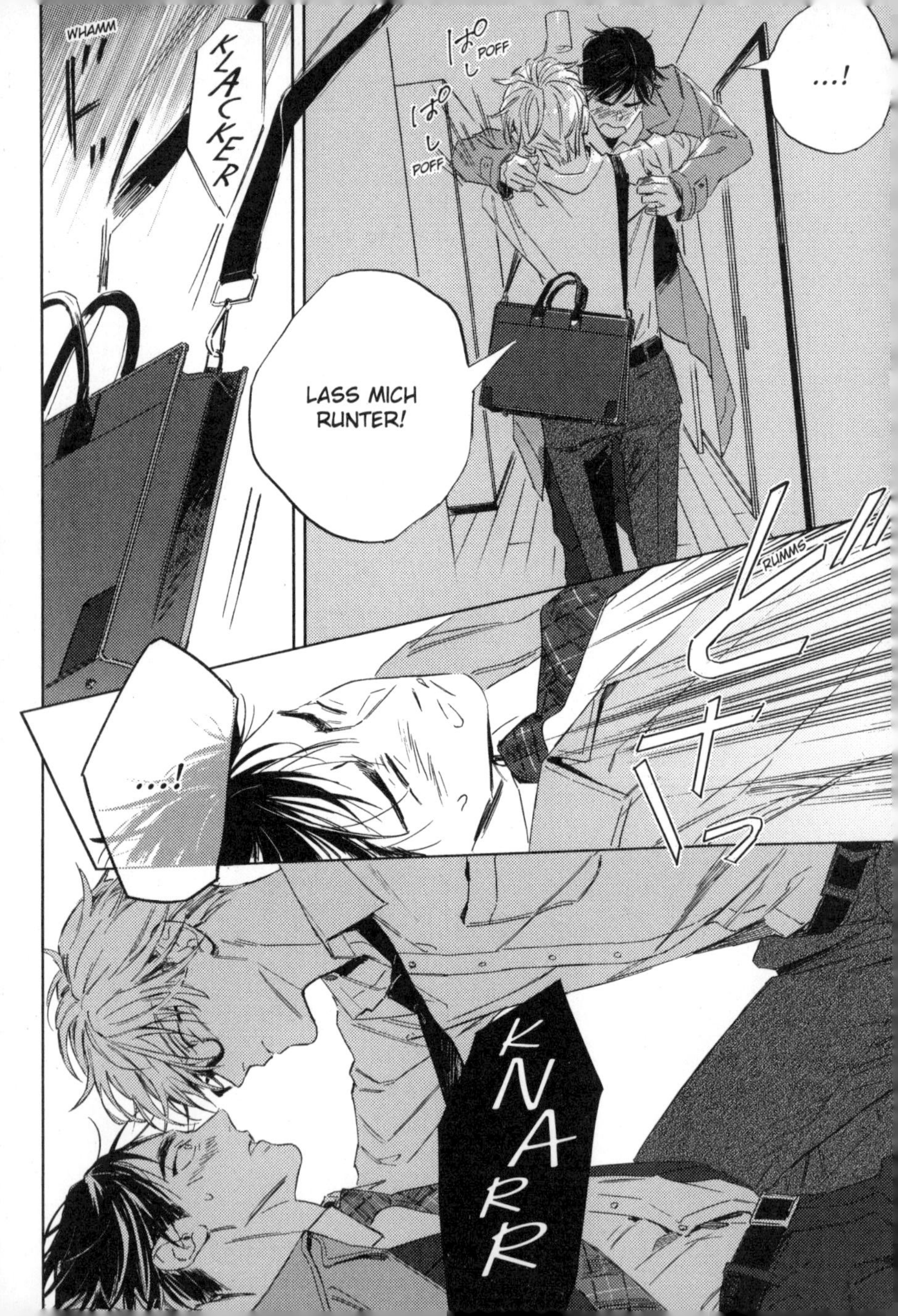
...!
POFF
POFF
LASS MICH RUNTER!
WHAMM
KLACKER
RUMMS
...!
KNARR

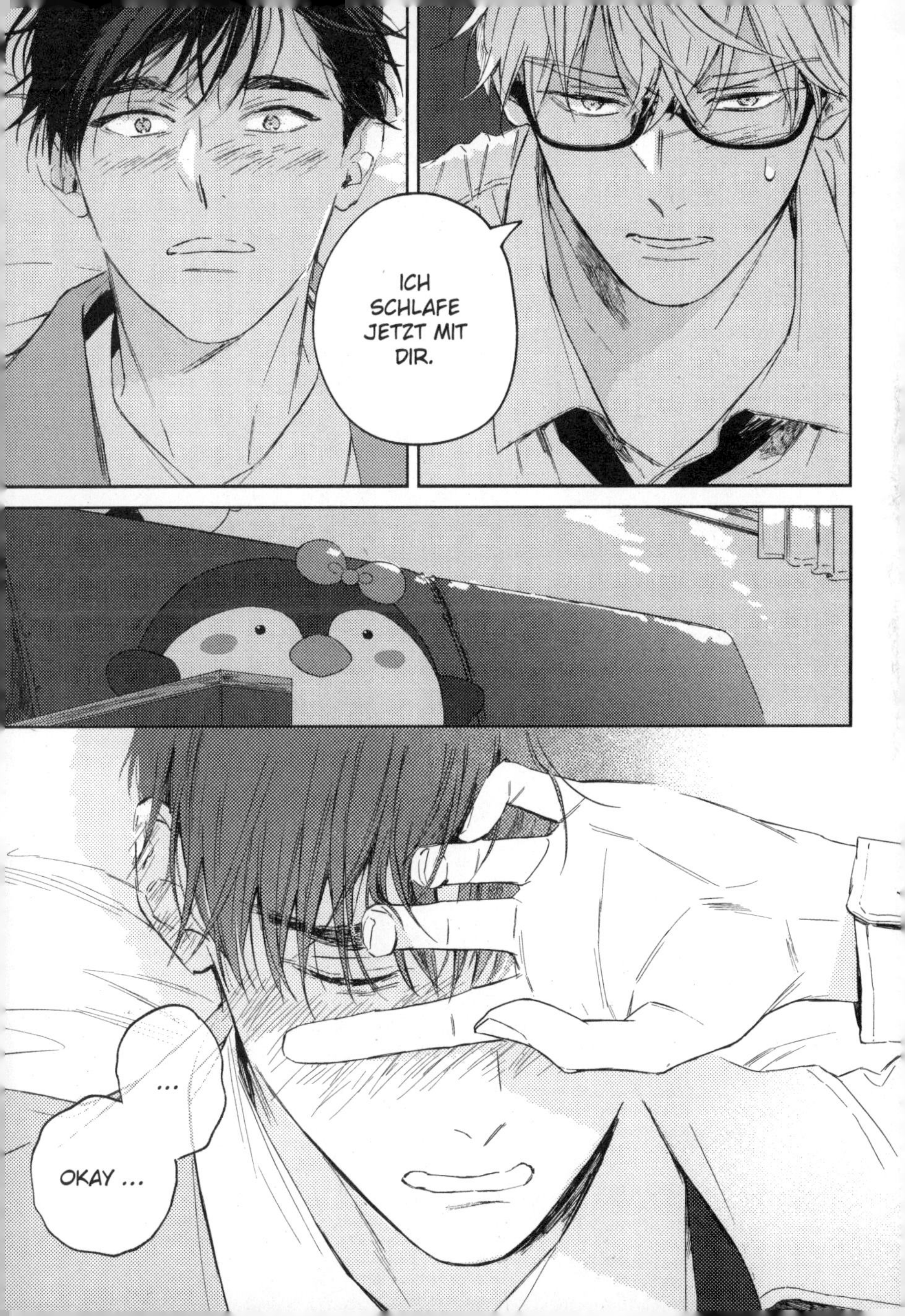

ICH SCHLAFE JETZT MIT DIR.
...
OKAY ...

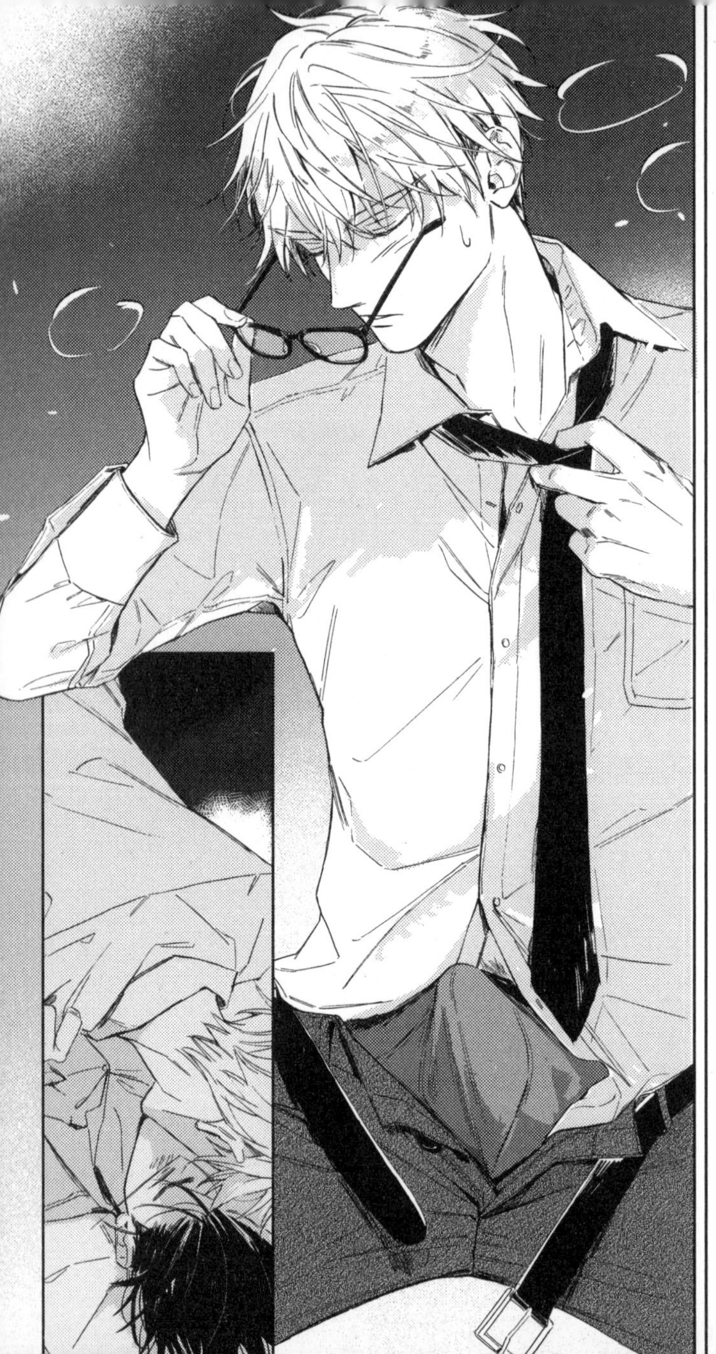

ICH WILL ES AUCH.

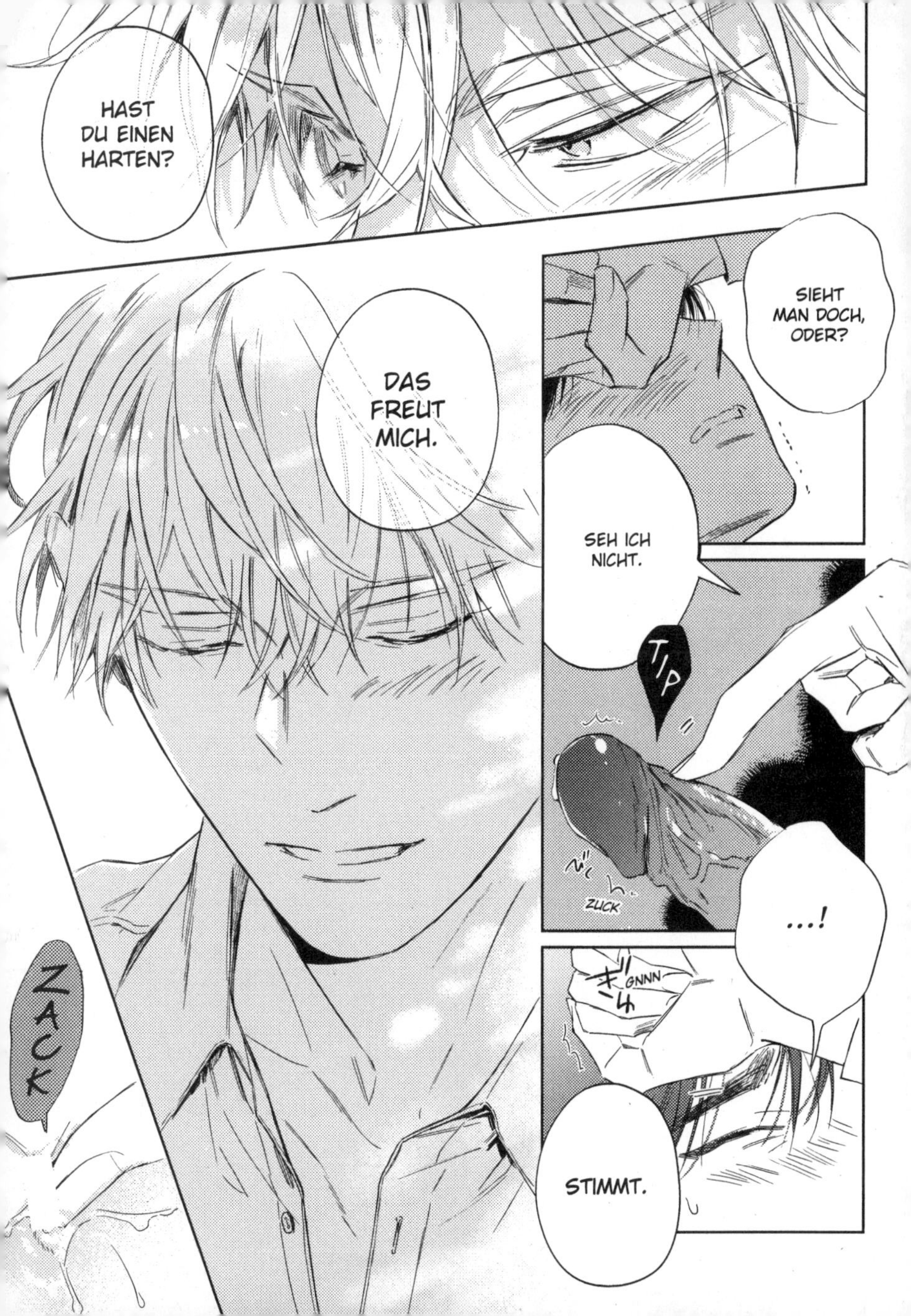
HAST DU EINEN HARTEN?
SIEHT MAN DOCH, ODER?
SEH ICH NICHT.
TIP
ZUCK
...!
GNNN
STIMMT.
DAS FREUT MICH.
ZACK

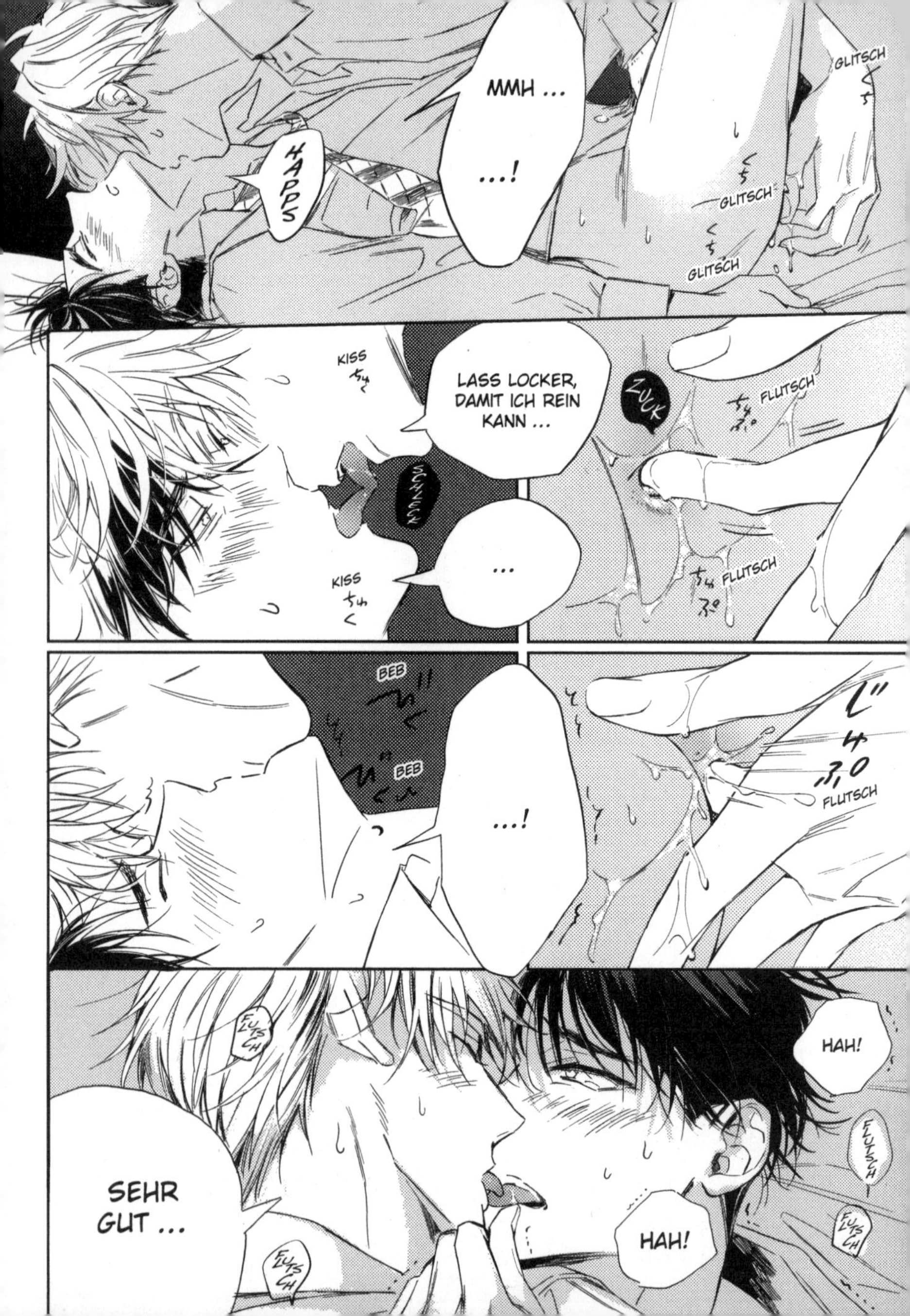

MMH ...
...!
HAPPS
GLITSCH
GLITSCH
GLITSCH
LASS LOCKER, DAMIT ICH REIN KANN ...
KISS
ZUCK
FLUTSCH
SCHLECK
...
KISS
FLUTSCH
BEB
BEB
...!
FLUTSCH
HAH!
FLUTSCH
SEHR GUT ...
HAH!
FLUTSCH
FLUTSCH
FLUTSCH

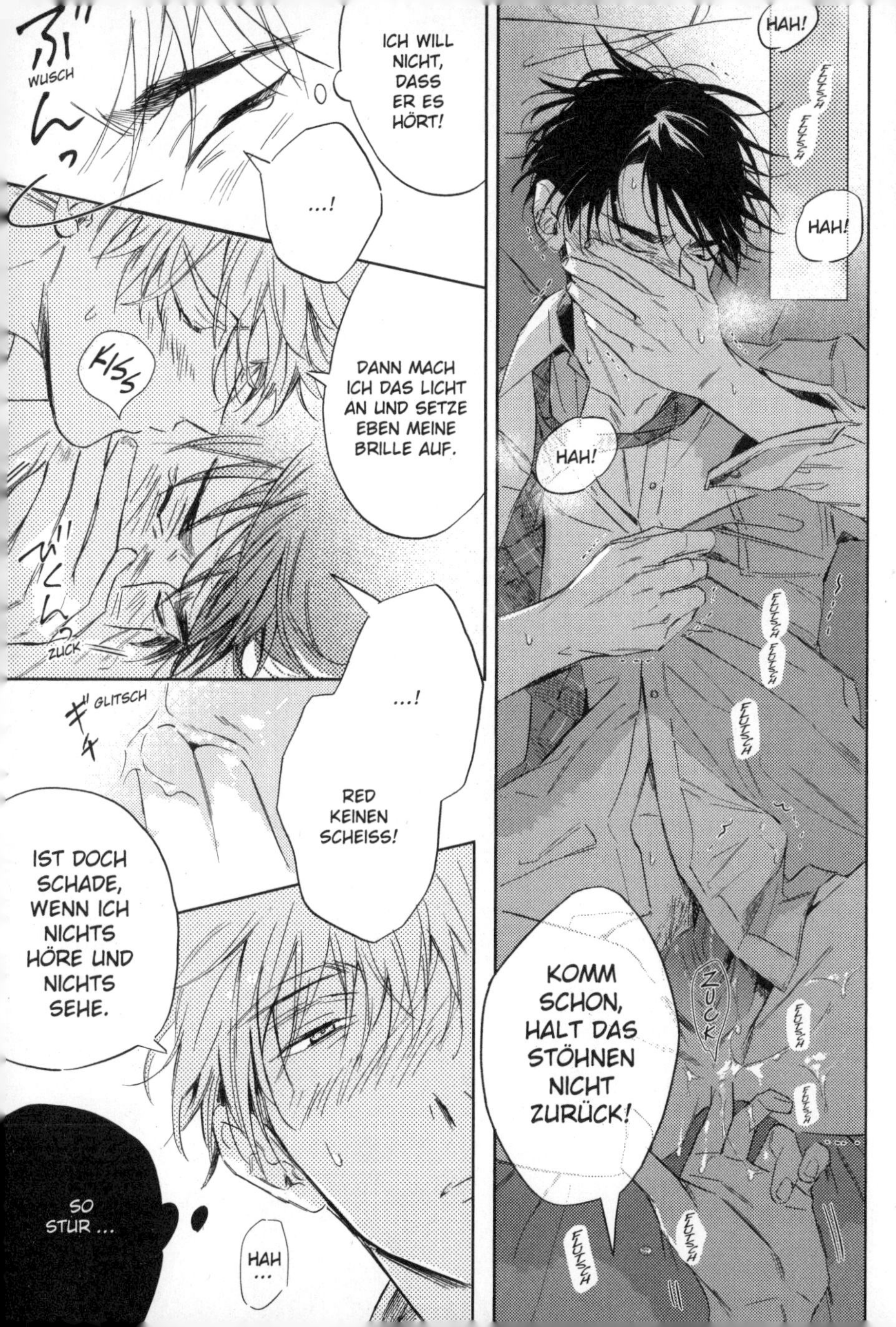
HAH!
FLUTSCH
FLUTSCH
HAH!
HAH!
FLUTSCH FLUTSCH
FLUTSCH
KOMM SCHON, HALT DAS STÖHNEN NICHT ZURÜCK!
ZUCK
FLUTSCH
FLUTSCH
FLUTSCH
FLUTSCH
ICH WILL NICHT, DASS ER ES HÖRT!
WUSCH
...!
KISS
DANN MACH ICH DAS LICHT AN UND SETZE EBEN MEINE BRILLE AUF.
ZUCK
...!
GLITSCH
RED KEINEN SCHEISS!
IST DOCH SCHADE, WENN ICH NICHTS HÖRE UND NICHTS SEHE.
SO STUR ...
HAH ...

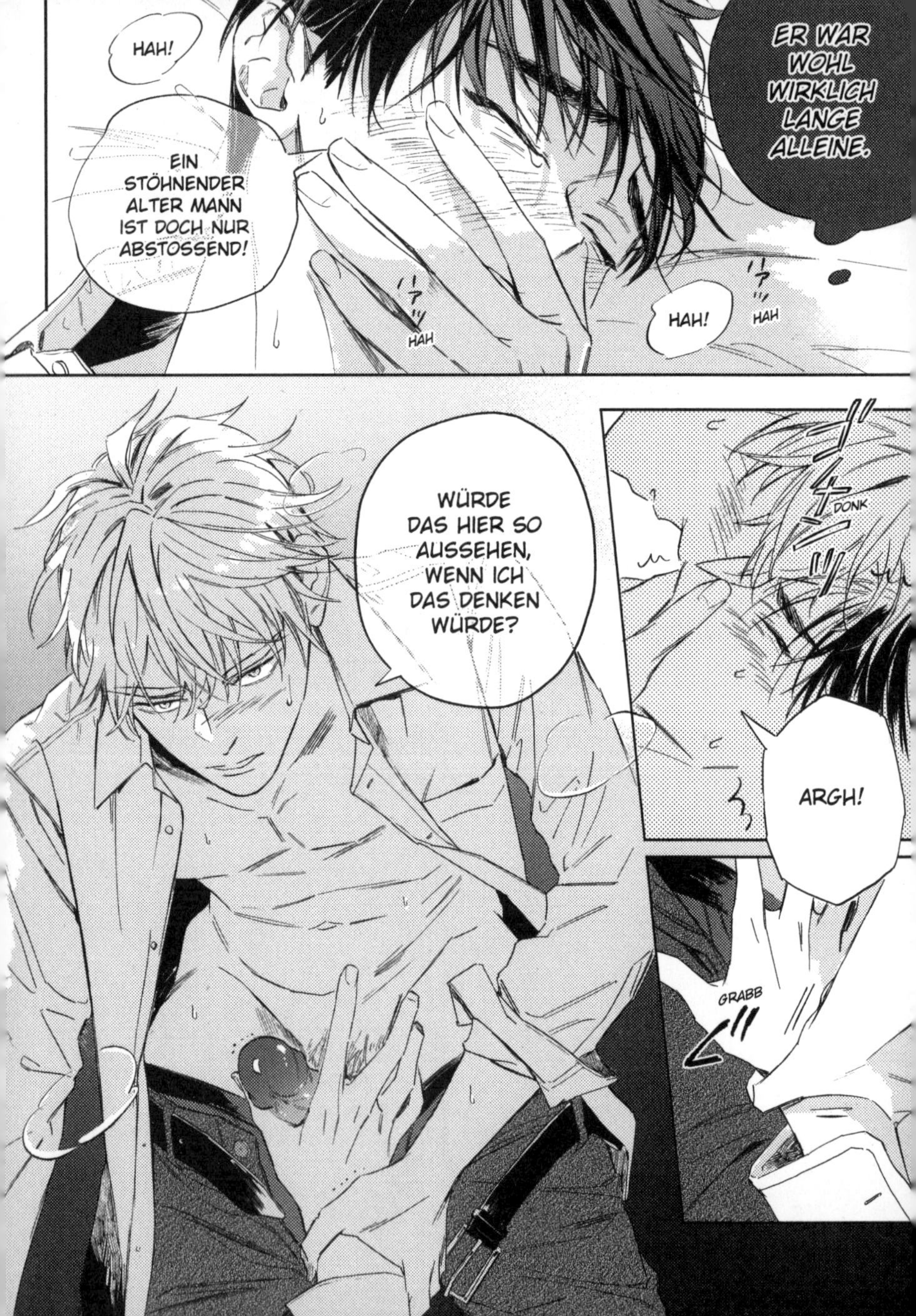
ER WAR WOHL WIRKLICH LANGE ALLEINE.
HAH!
EIN STÖHNENDER ALTER MANN IST DOCH NUR ABSTOSSEND!
HAH
HAH!
HAH
DONK
ARGH!
WÜRDE DAS HIER SO AUSSEHEN, WENN ICH DAS DENKEN WÜRDE?
GRABB

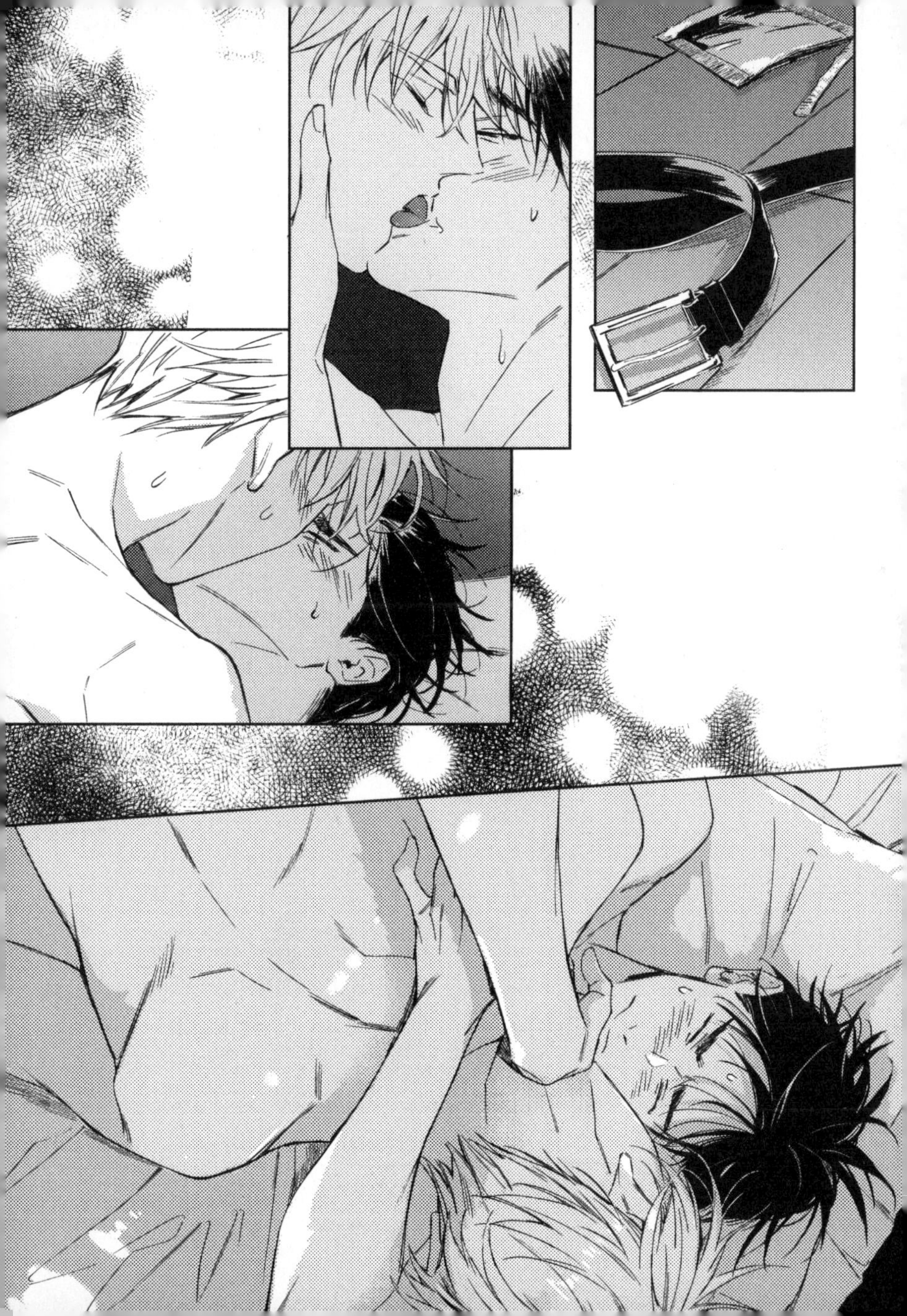

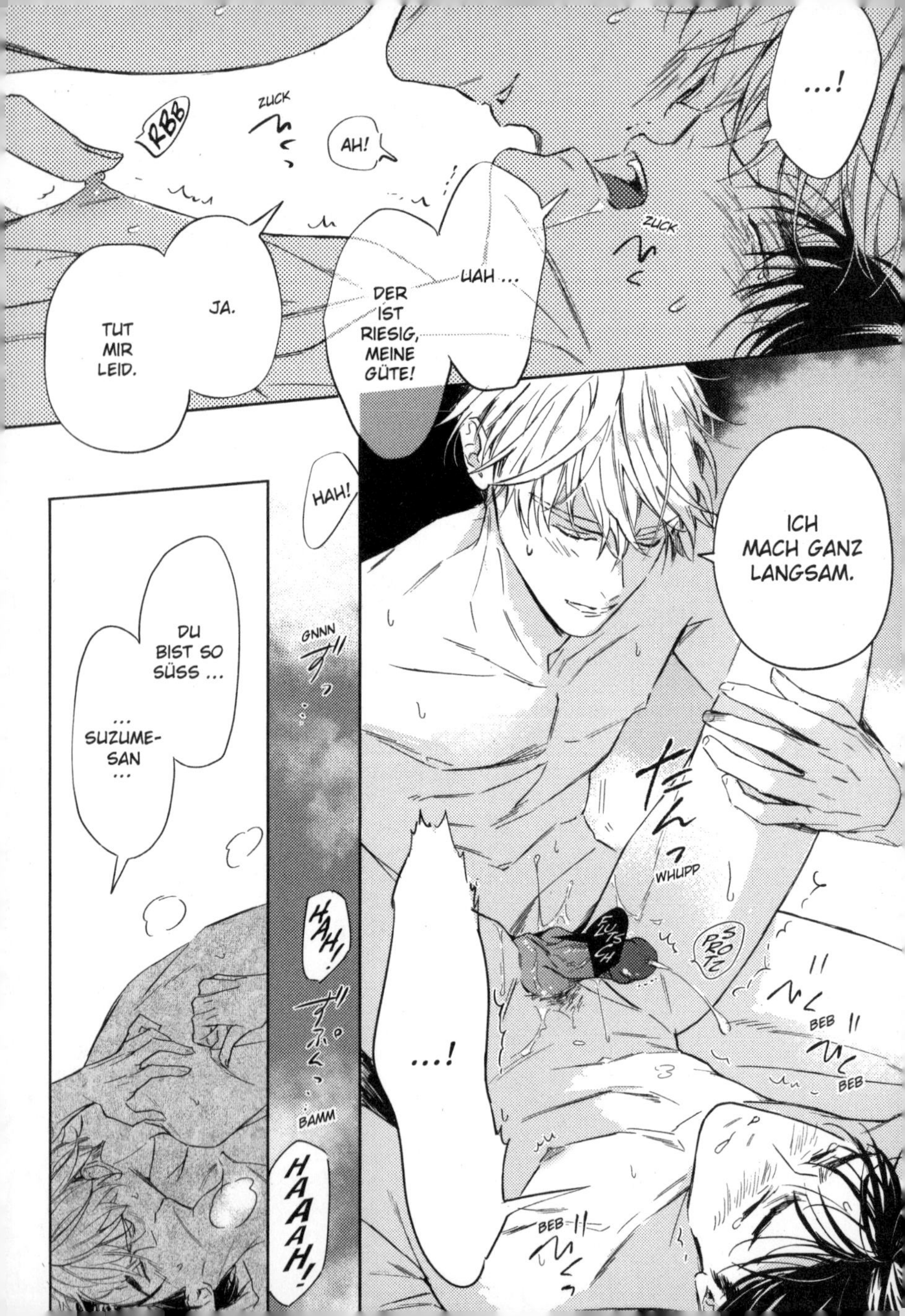
...!
ZUCK
UAH ...
DER IST RIESIG, MEINE GÜTE!
AH!
ZUCK
RBB
JA.
TUT MIR LEID.
ICH MACH GANZ LANGSAM.
WHUPP
FLUTSCH
SPROTZ
BEB
BEB
...!
BEB
HAH!
GNNN
HAH!
BAMM
HAAAAH!
DU BIST SO SÜSS ...
... SUZUME-SAN ...

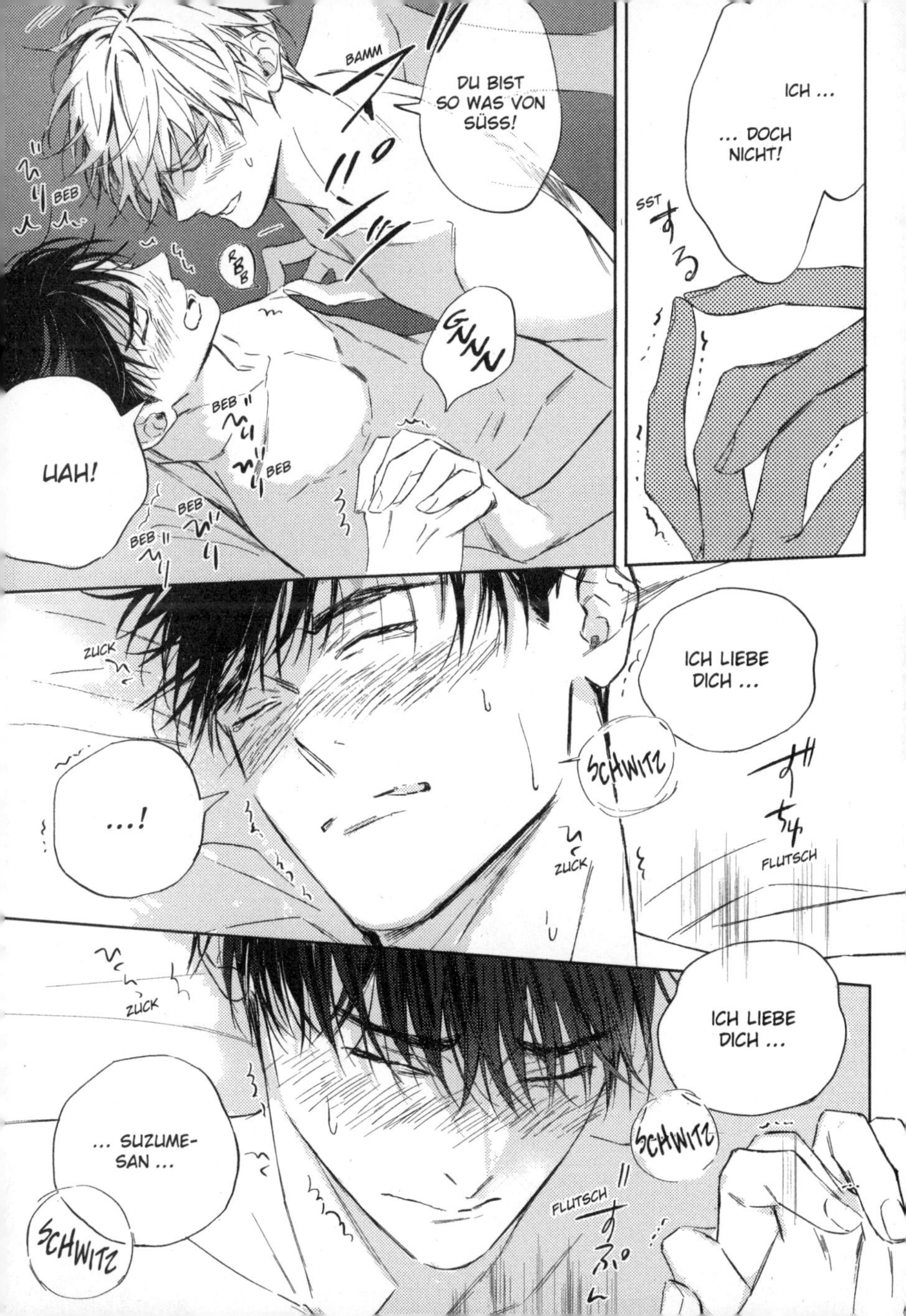

ICH …
… DOCH NICHT!
SST
DU BIST SO WAS VON SÜSS!
BAMM
BEB
RBB
GNNN
BEB
BEB
BEB
BEB
UAH!
ICH LIEBE DICH …
SCHWITZ
FLUTSCH
ZUCK
ZUCK
…!
ICH LIEBE DICH …
SCHWITZ
ZUCK
… SUZUME-SAN …
SCHWITZ
FLUTSCH

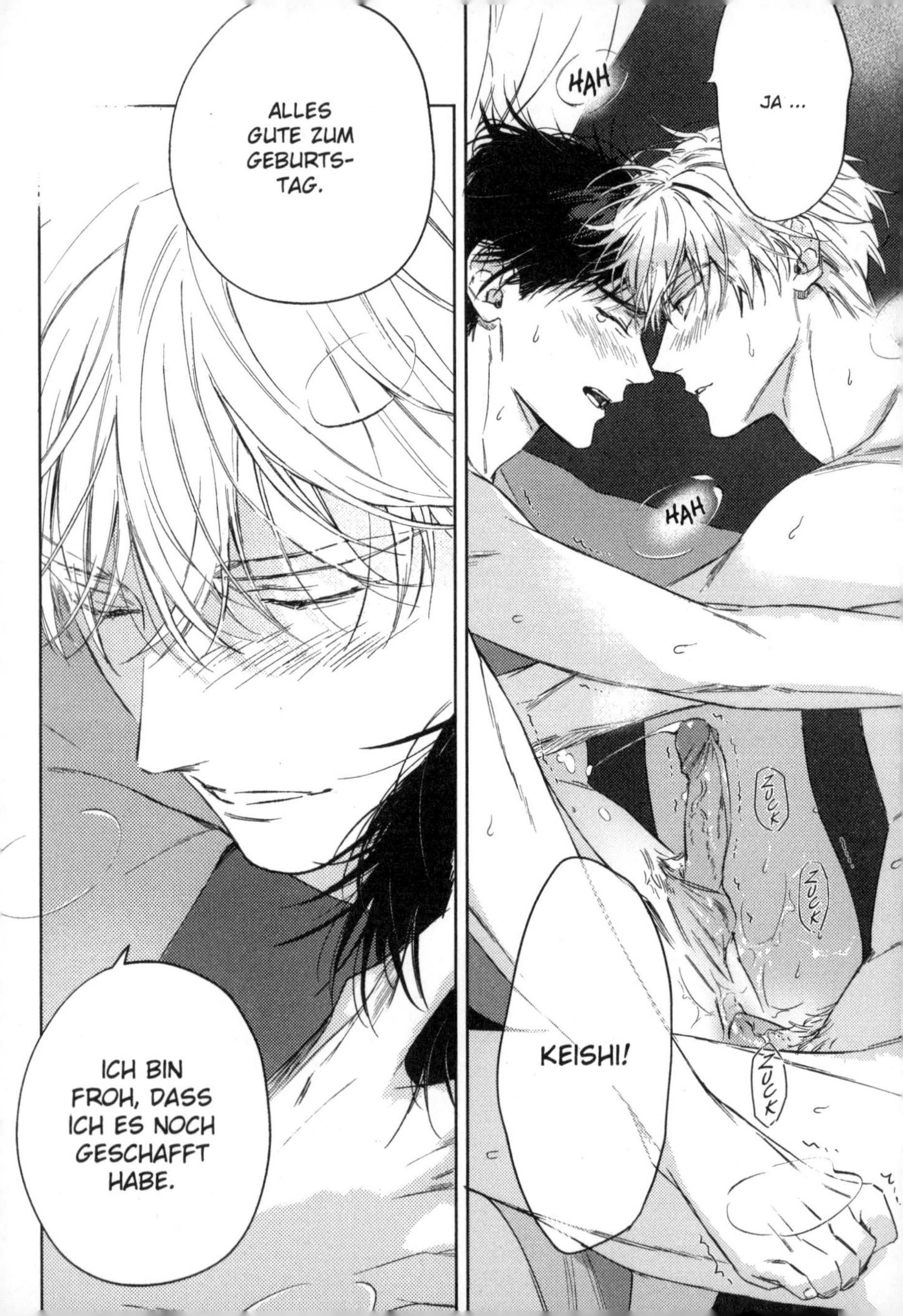
HAH
JA ...
HAH
ZUCK
ZUCK
ZUCK
KEISHI!
ALLES GUTE ZUM GEBURTS-TAG.
ICH BIN FROH, DASS ICH ES NOCH GESCHAFFT HABE.

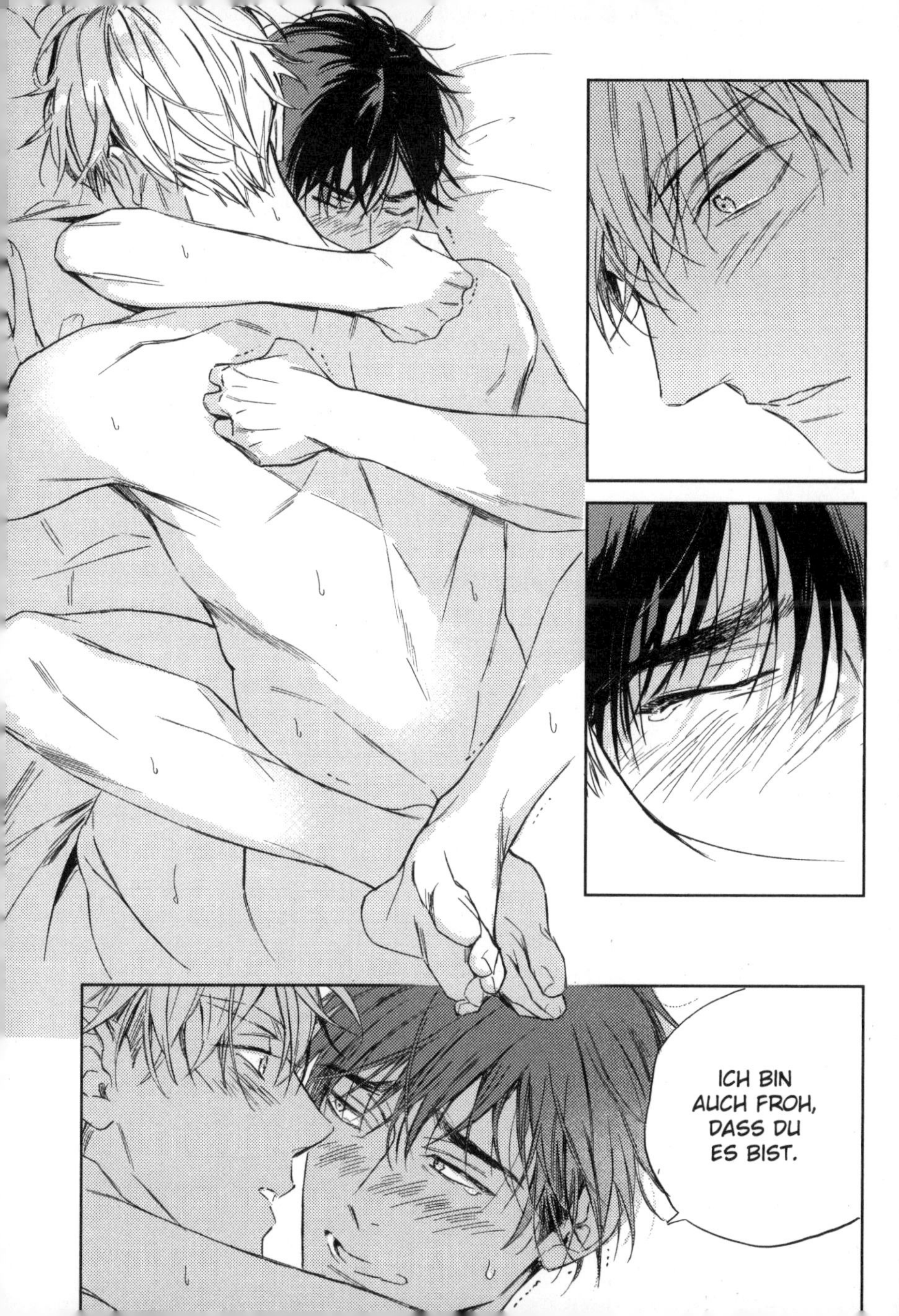
ICH BIN
AUCH FROH,
DASS DU
ES BIST.

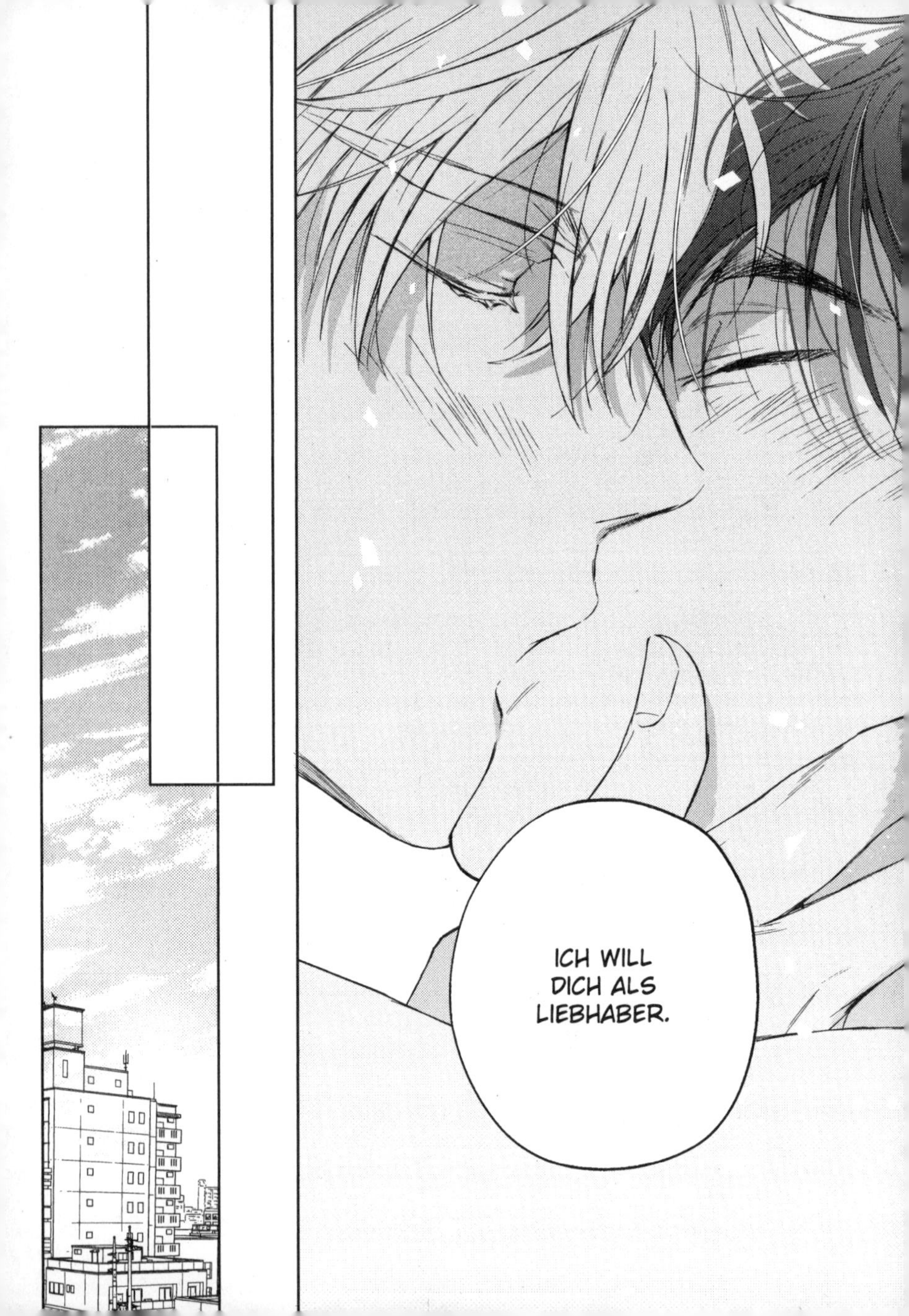
ICH WILL
DICH ALS
LIEBHABER.

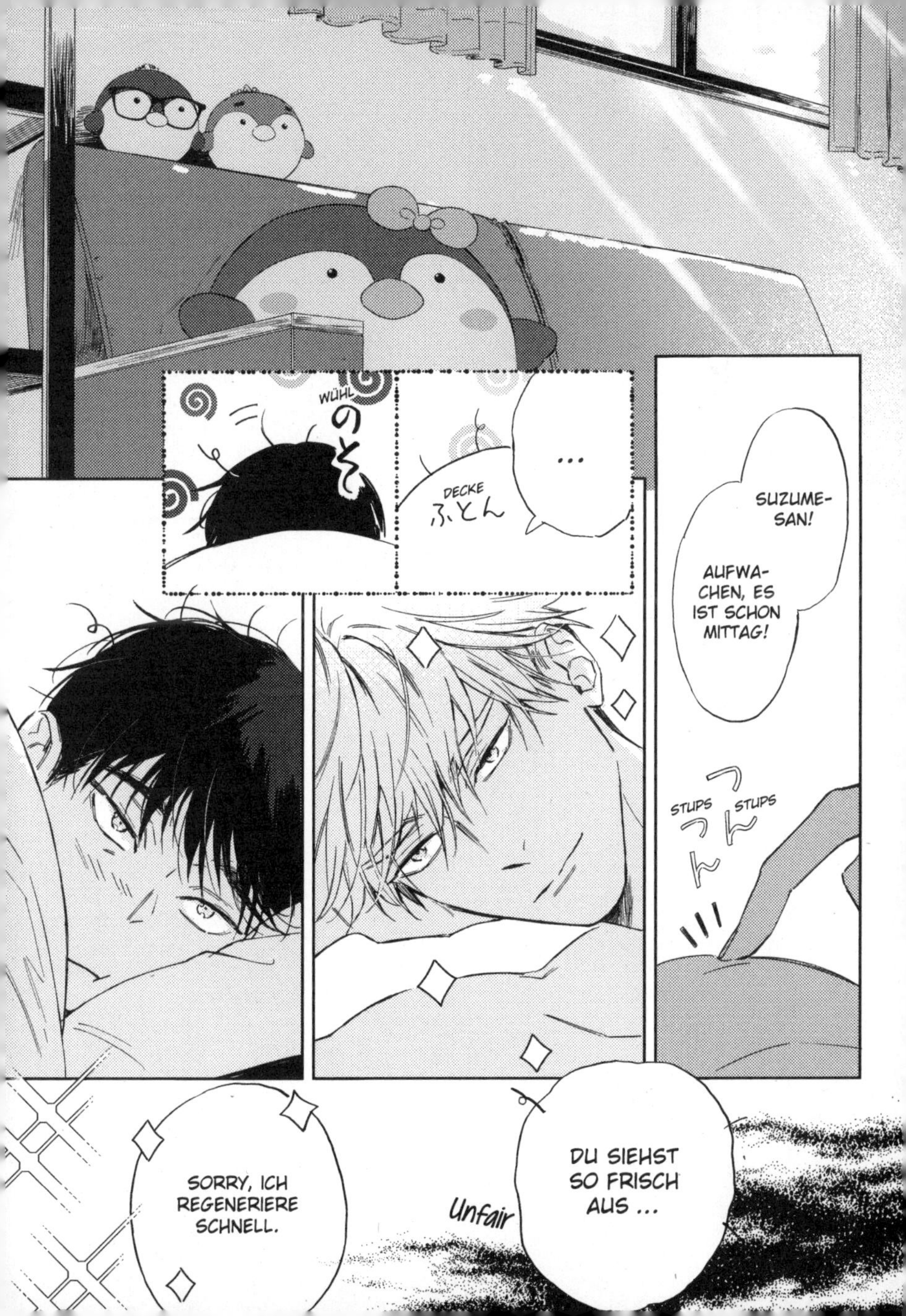

WÜHL
のそ
DECKE
ふとん
...
SUZUME-SAN!
AUFWACHEN, ES IST SCHON MITTAG!
STUPS
STUPS
つん
つん
DU SIEHST SO FRISCH AUS ...
Unfair
SORRY, ICH REGENERIERE SCHNELL.

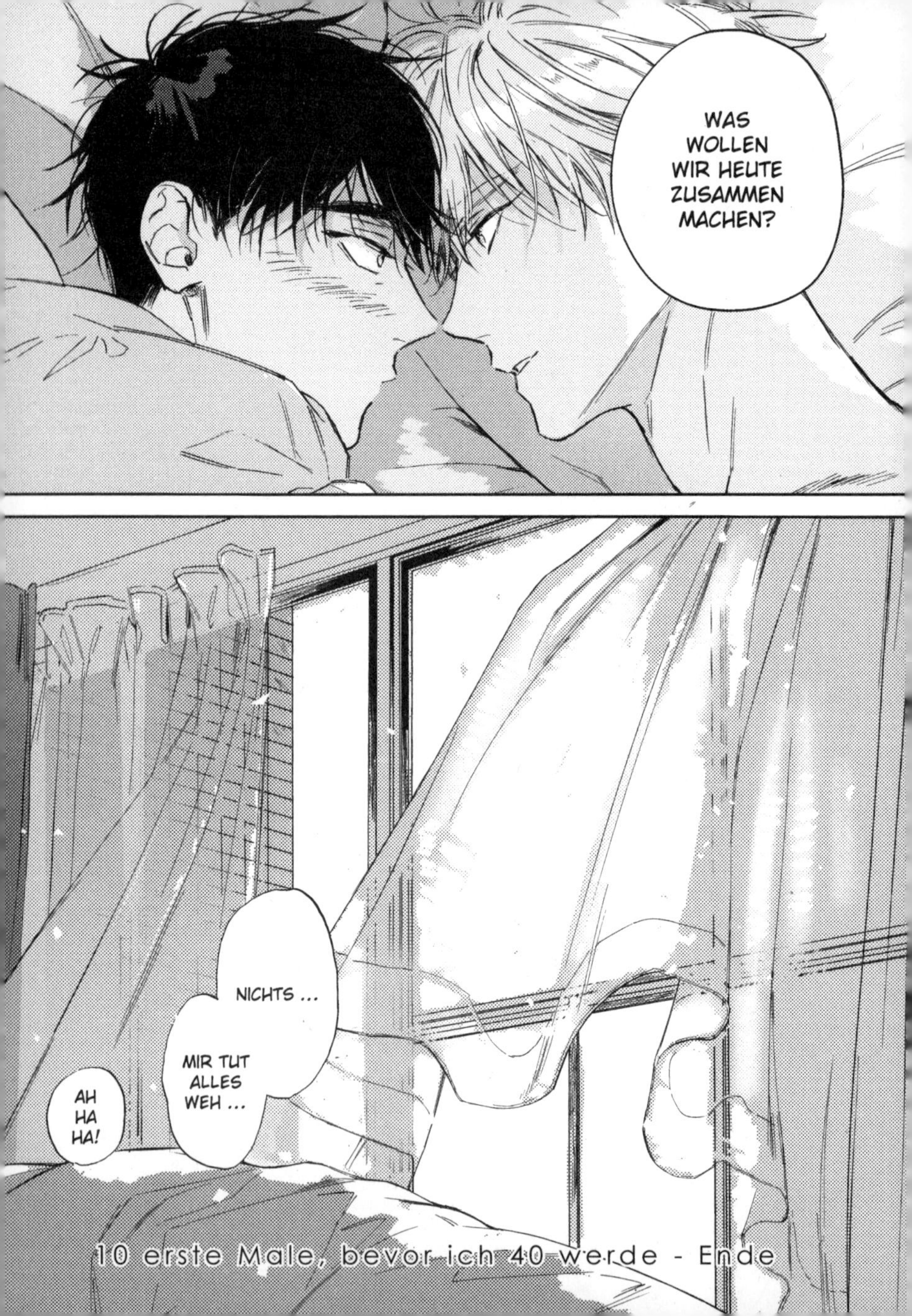
WAS WOLLEN WIR HEUTE ZUSAMMEN MACHEN?
NICHTS …
MIR TUT ALLES WEH …
AH HA HA!
10 erste Male, bevor ich 40 werde - Ende

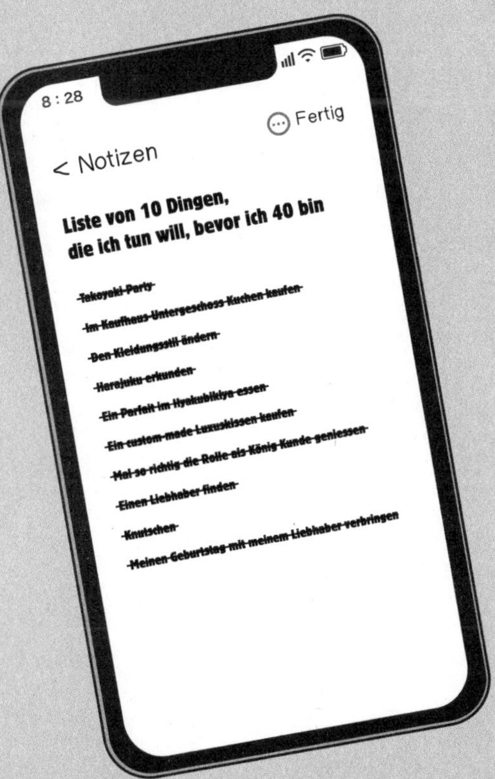
8:28
Fertig
< Notizen
Liste von 10 Dingen,
die ich tun will, bevor ich 40 bin
~~Takoyaki-Party~~
~~Im Kaufhaus-Untergeschoss Kuchen kaufen~~
~~Den Kleidungsstil ändern~~
~~Harajuku erkunden~~
~~Ein Parfait im Hyakubikiya essen~~
~~Ein custom-made Luxuskissen kaufen~~
~~Mal so richtig die Rolle als König Kunde geniessen~~
~~Einen Liebhaber finden~~
~~Knutschen~~
~~Meinen Geburtstag mit meinem Liebhaber verbringen~~

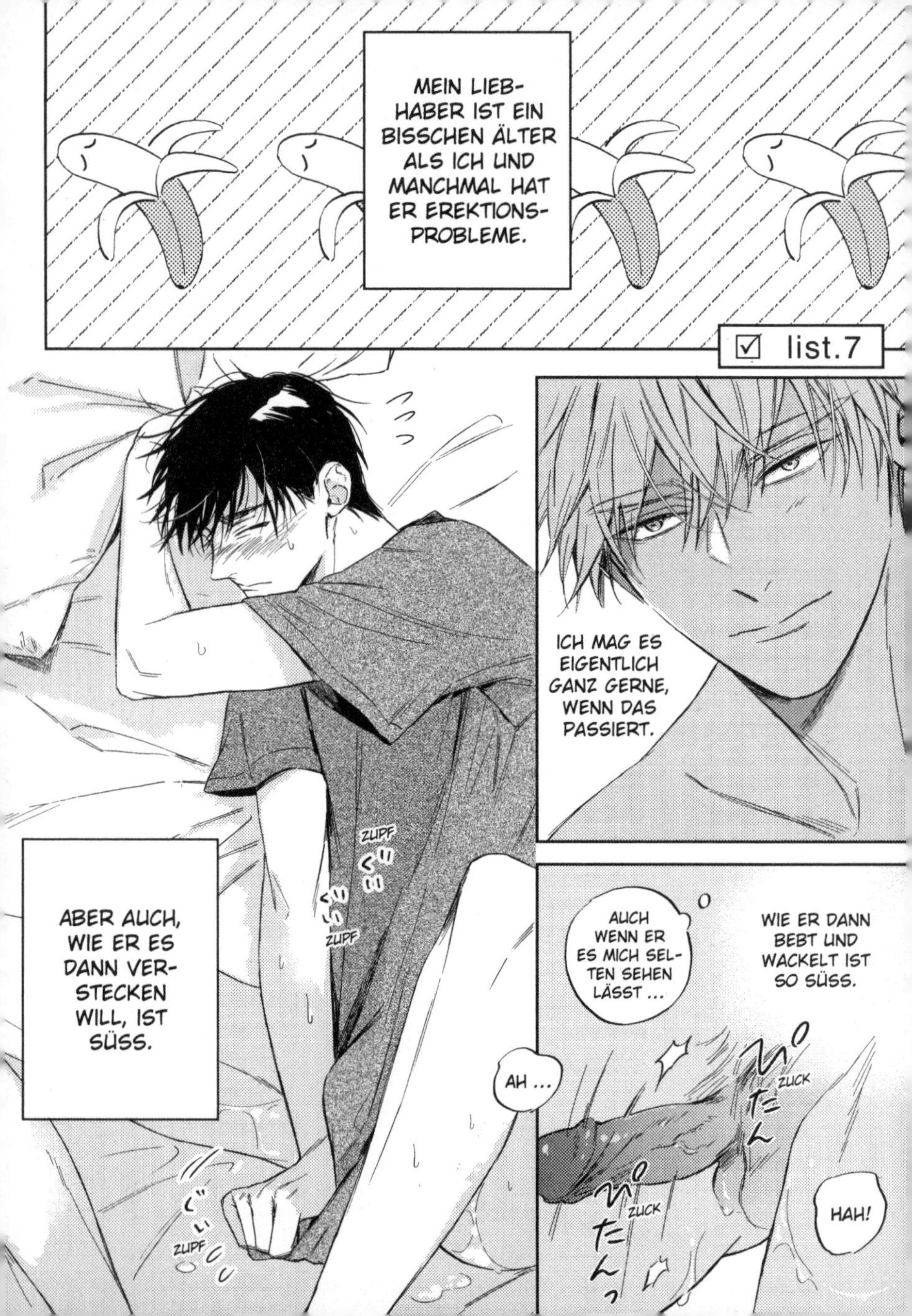
MEIN LIEBHABER IST EIN BISSCHEN ÄLTER ALS ICH UND MANCHMAL HAT ER EREKTIONSPROBLEME.
☑ list.7
ICH MAG ES EIGENTLICH GANZ GERNE, WENN DAS PASSIERT.
WIE ER DANN BEBT UND WACKELT IST SO SÜSS.
AUCH WENN ER ES MICH SELTEN SEHEN LÄSST ...
ZUCK
ZUCK
HAH!
AH ...
ZUPF
ZUPF
ABER AUCH, WIE ER ES DANN VERSTECKEN WILL, IST SÜSS.
ZUPF

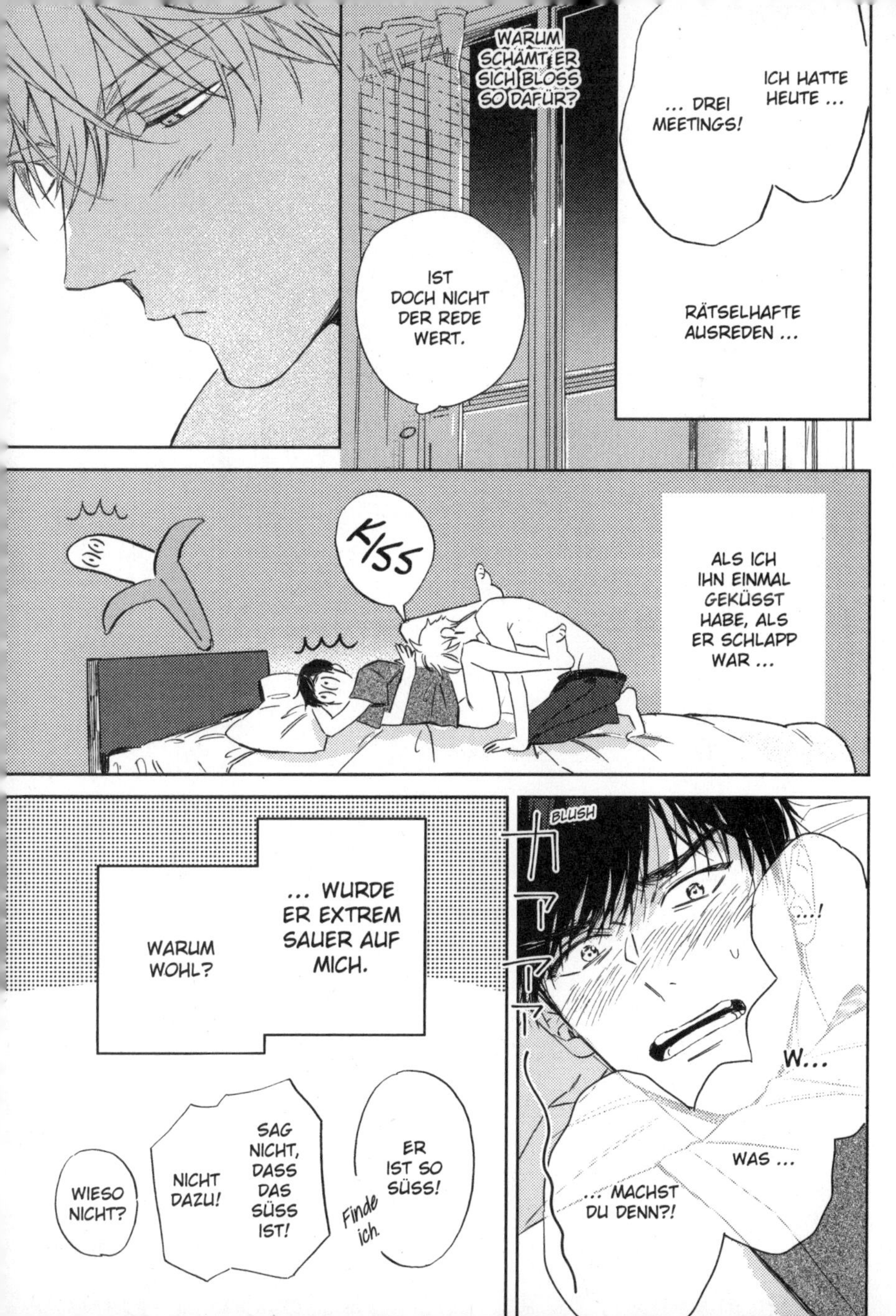
ICH HATTE HEUTE …
… DREI MEETINGS!
RÄTSELHAFTE AUSREDEN …
WARUM SCHÄMT ER SICH BLOSS SO DAFÜR?
IST DOCH NICHT DER REDE WERT.
ALS ICH IHN EINMAL GEKÜSST HABE, ALS ER SCHLAPP WAR …
KISS
BLUSH
…!
W…
WAS …
… MACHST DU DENN?!
… WURDE ER EXTREM SAUER AUF MICH.
WARUM WOHL?
ER IST SO SÜSS!
Finde ich.
SAG NICHT, DASS DAS SÜSS IST!
NICHT DAZU!
WIESO NICHT?

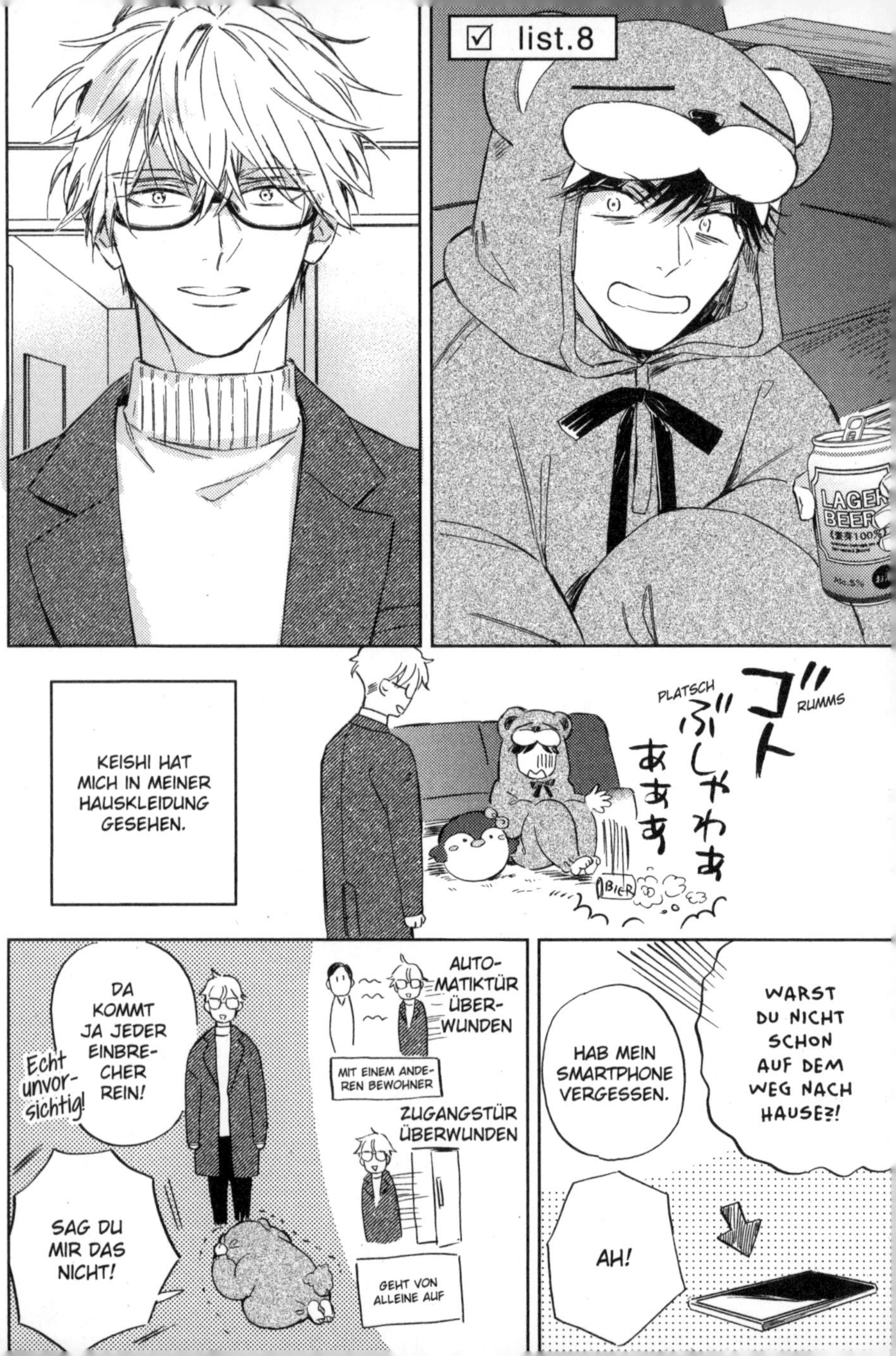

☑ list.8

ゴト RUMMS
ぶしゃわあああ PLATSCH
BIER

KEISHI HAT MICH IN MEINER HAUSKLEIDUNG GESEHEN.

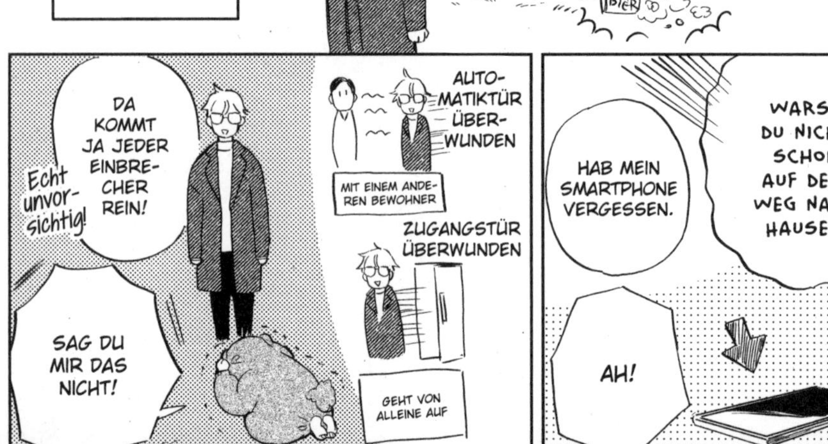

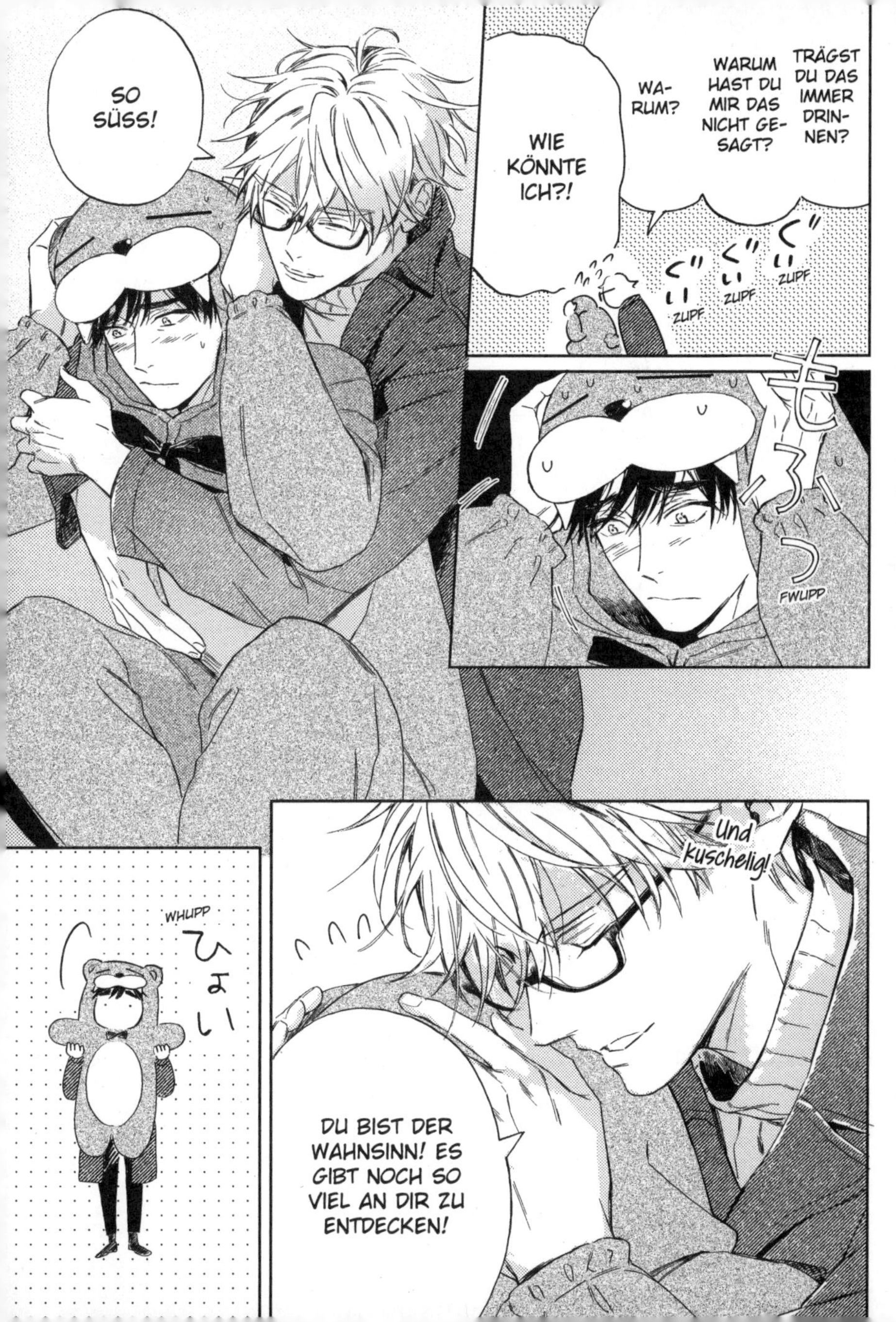
TRÄGST DU DAS IMMER DRINNEN?
WARUM HAST DU MIR DAS NICHT GESAGT?
WARUM?
WIE KÖNNTE ICH?!
ぐい ZUPF
ぐい ZUPF
ぐい ZUPF
もふっ FWUPP
SO SÜSS!
Und kuschelig!
DU BIST DER WAHNSINN! ES GIBT NOCH SO VIEL AN DIR ZU ENTDECKEN!
ひょい WHUPP

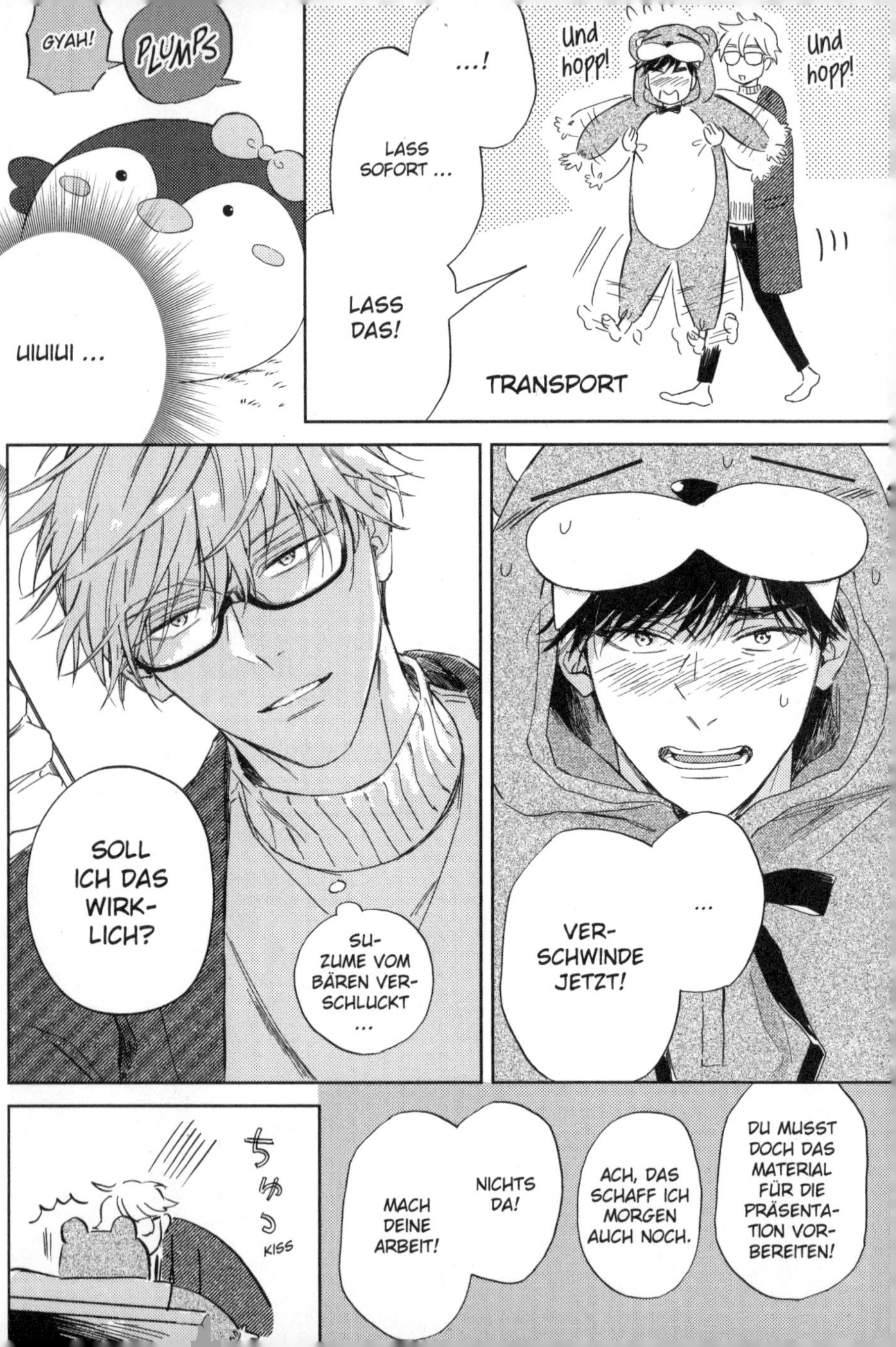

Und hopp!
Und hopp!
...!
LASS SOFORT ...
LASS DAS!
TRANSPORT
GYAH!
PLUMPS
UIUIUI ...

...
VERSCHWINDE JETZT!
SOLL ICH DAS WIRKLICH?
SUZUME VOM BÄREN VERSCHLUCKT ...

DU MUSST DOCH DAS MATERIAL FÜR DIE PRÄSENTATION VORBEREITEN!
ACH, DAS SCHAFF ICH MORGEN AUCH NOCH.
NICHTS DA!
MACH DEINE ARBEIT!

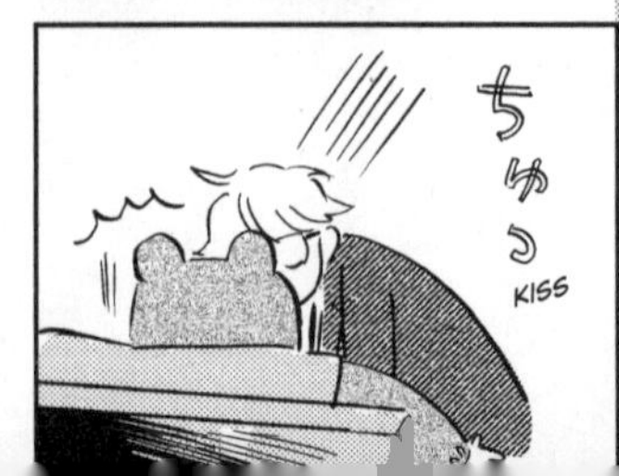

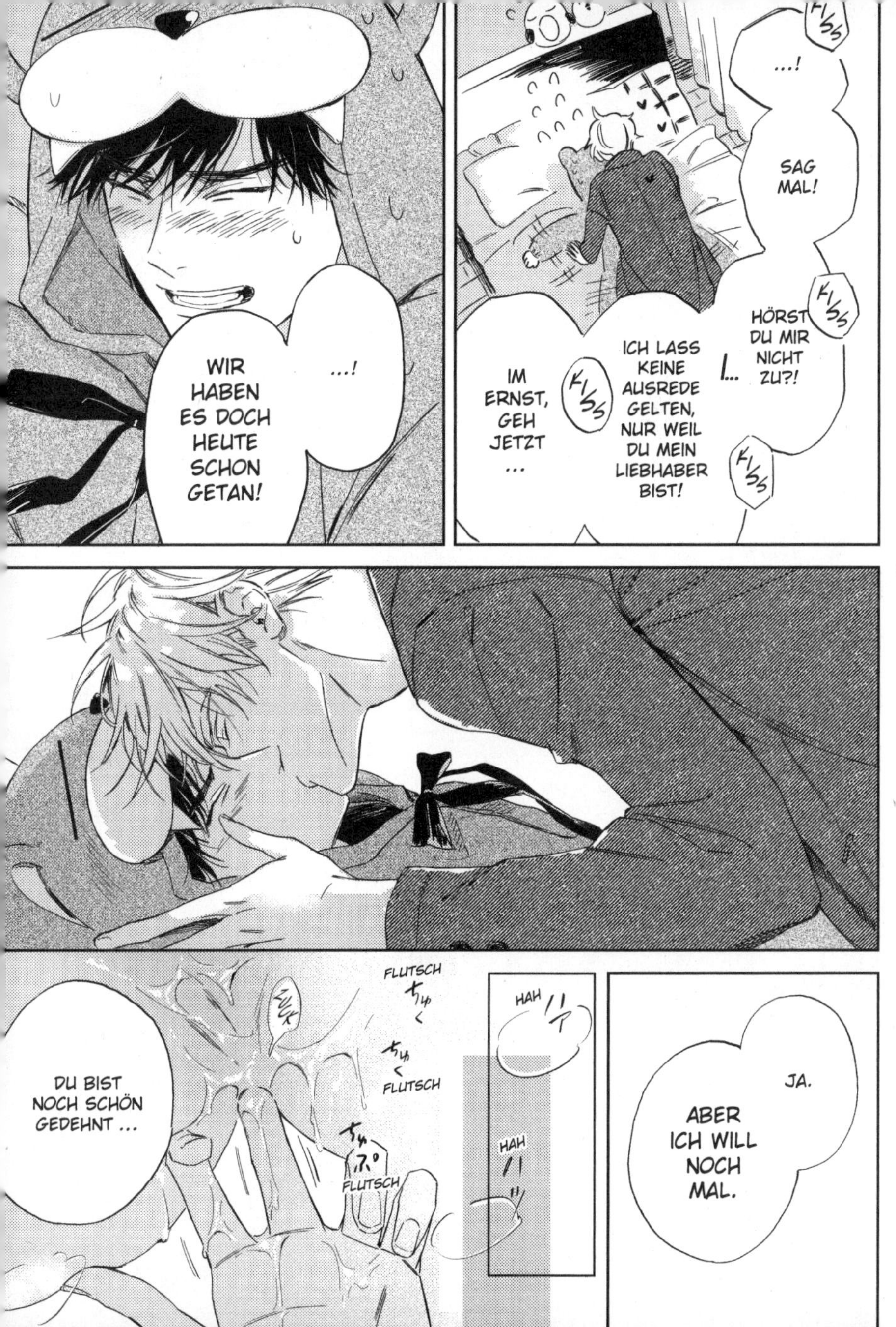
KISS
...!
SAG MAL!
KISS
HÖRST DU MIR NICHT ZU?!
KISS
I...
ICH LASS KEINE AUSREDE GELTEN, NUR WEIL DU MEIN LIEBHABER BIST!
KISS
IM ERNST, GEH JETZT ...
...!
WIR HABEN ES DOCH HEUTE SCHON GETAN!
JA.
ABER ICH WILL NOCH MAL.
HAH
HAH
FLUTSCH
FLUTSCH
FLUTSCH
DU BIST NOCH SCHÖN GEDEHNT ...

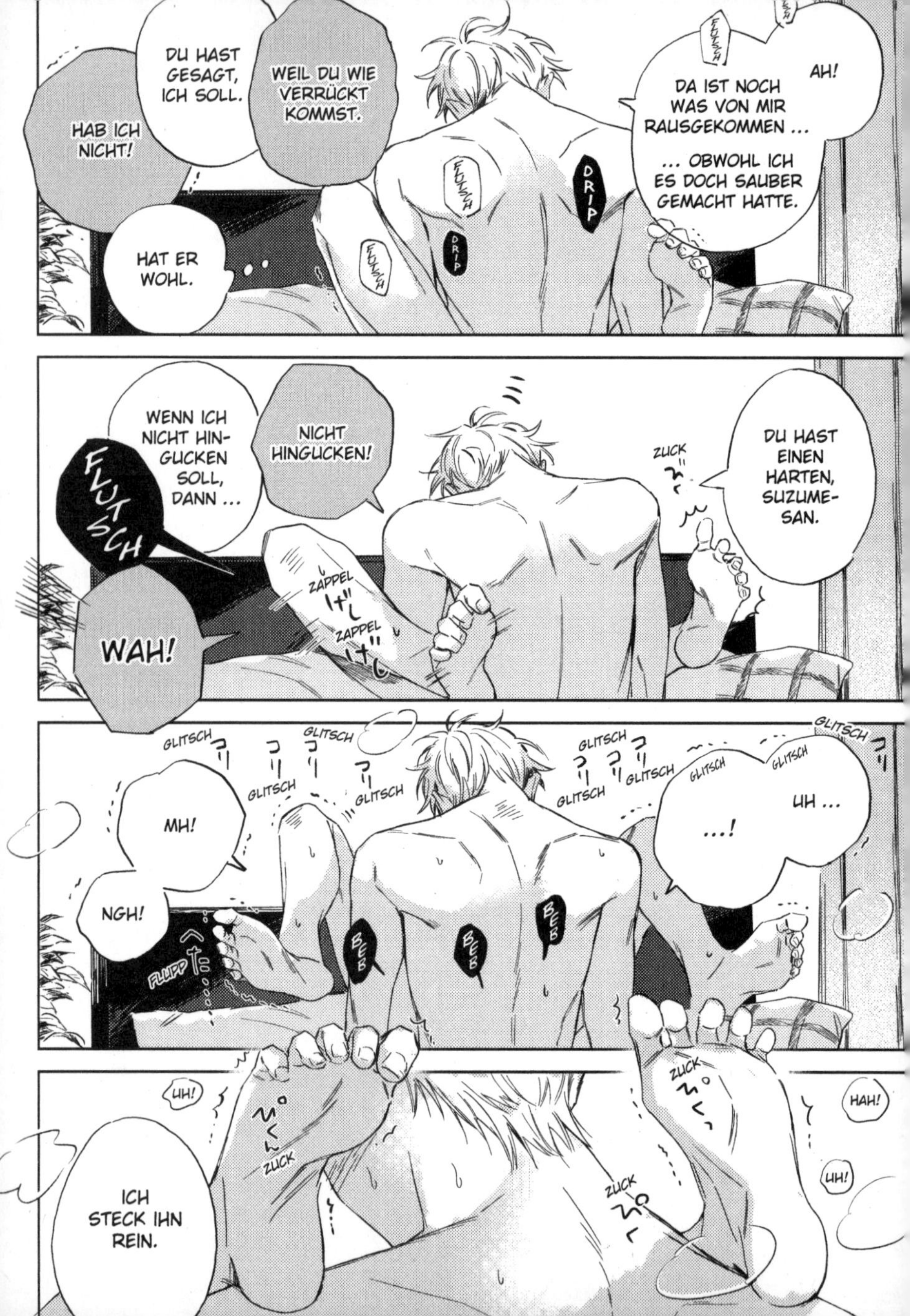
FLUTSCH
AH!
DA IST NOCH WAS VON MIR RAUSGEKOMMEN …
… OBWOHL ICH ES DOCH SAUBER GEMACHT HATTE.
DRIP
FLUTSCH
DRIP
FLUTSCH
WEIL DU WIE VERRÜCKT KOMMST.
DU HAST GESAGT, ICH SOLL.
HAB ICH NICHT!
HAT ER WOHL.
DU HAST EINEN HARTEN, SUZUME-SAN.
ZUCK
NICHT HINGUCKEN!
WENN ICH NICHT HIN-GUCKEN SOLL, DANN …
FLUTSCH
ZAPPEL
ZAPPEL
WAH!
GLITSCH
GLITSCH
GLITSCH
GLITSCH
GLITSCH
GLITSCH
UH …
…!
GLITSCH
GLITSCH
GLITSCH
GLITSCH
MH!
NGH!
BEB
BEB
BEB
FLUPP
HAH!
ZUCK
UH!
ZUCK
UH!
ZUCK
ICH STECK IHN REIN.

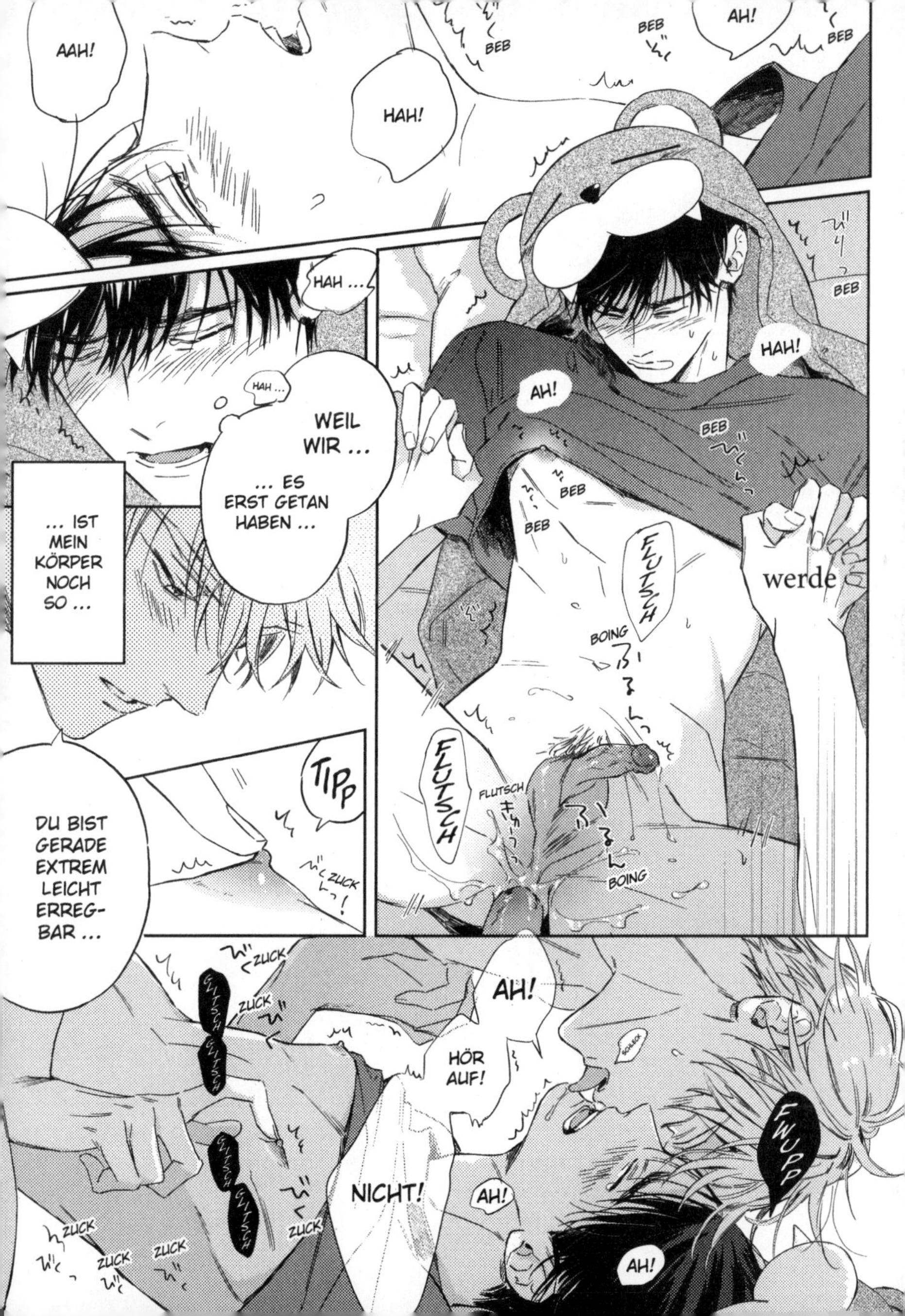
AH!
BEB
BEB
AAH!
HAH!
HAH …
HAH!
AH!
BEB
HAH …
WEIL WIR …
… ES ERST GETAN HABEN …
BEB
BEB
… IST MEIN KÖRPER NOCH SO …
werde
FLUTSCH
BOING
FLUTSCH
FLUTSCH
BOING
TIPP
ZUCK
DU BIST GERADE EXTREM LEICHT ERREG-BAR …
AH!
HÖR AUF!
FWUPP
ZUCK
ZUCK
NICHT!
AH!
AH!
ZUCK
ZUCK
ZUCK
ZUCK

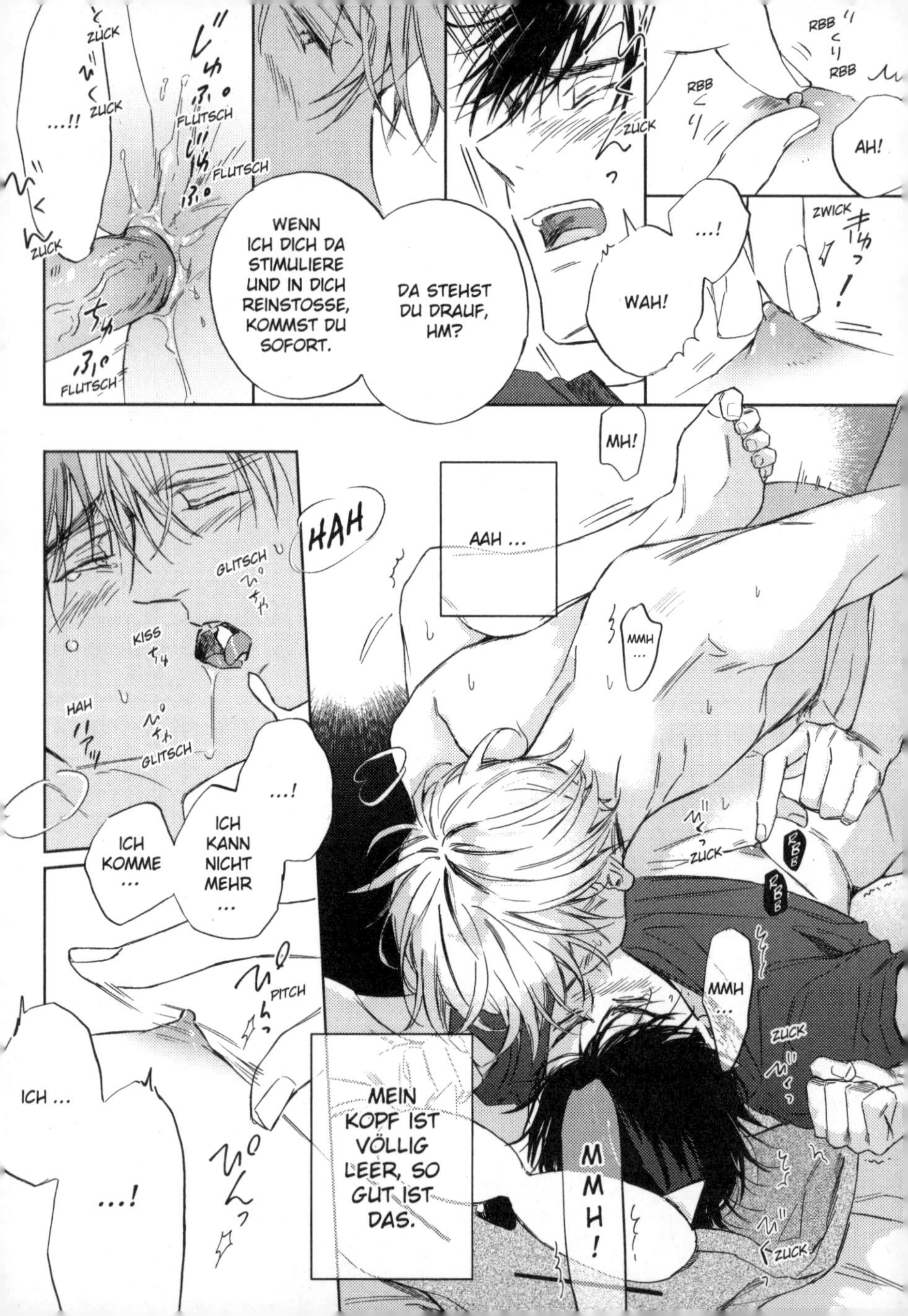
RBB
RBB
RBB
AH!
ZWICK
...!
WAH!
DA STEHST DU DRAUF, HM?
WENN ICH DICH DA STIMULIERE UND IN DICH REINSTOSSE, KOMMST DU SOFORT.
ZUCK
ZUCK
ZUCK
FLUTSCH
FLUTSCH
...!!
ZUCK
FLUTSCH
MH!
AAH ...
MMH ...
ZUCK
RBB
RBB
MMH ...
ZUCK
MEIN KOPF IST VÖLLIG LEER, SO GUT IST DAS.
MMH!
ZUCK
HAH
GLITSCH
KISS
HAH
GLITSCH
...!
ICH KANN NICHT MEHR ...
ICH KOMME ...
PITCH
ICH ...
...!

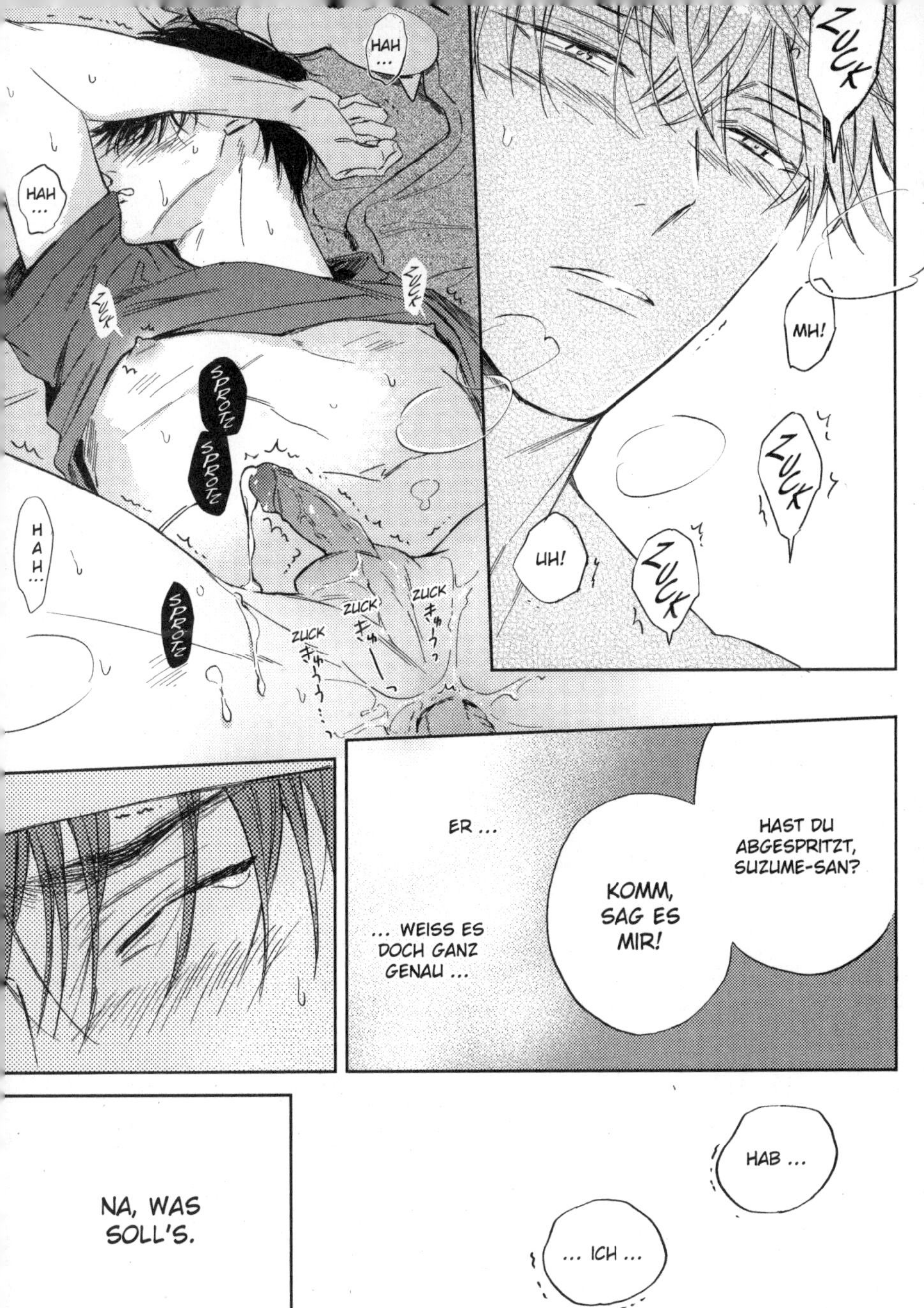
ZUCK
MH!
ZUCK
UH!
ZUCK
HAH ...
HAH ...
ZUCK
ZUCK
SPROTZ
SPROTZ
HAH ...
SPROTZ
ZUCK
ZUCK
ZUCK
HAST DU ABGESPRITZT, SUZUME-SAN?
KOMM, SAG ES MIR!
ER ...
... WEISS ES DOCH GANZ GENAU ...
HAB ...
... ICH ...
NA, WAS SOLL'S.

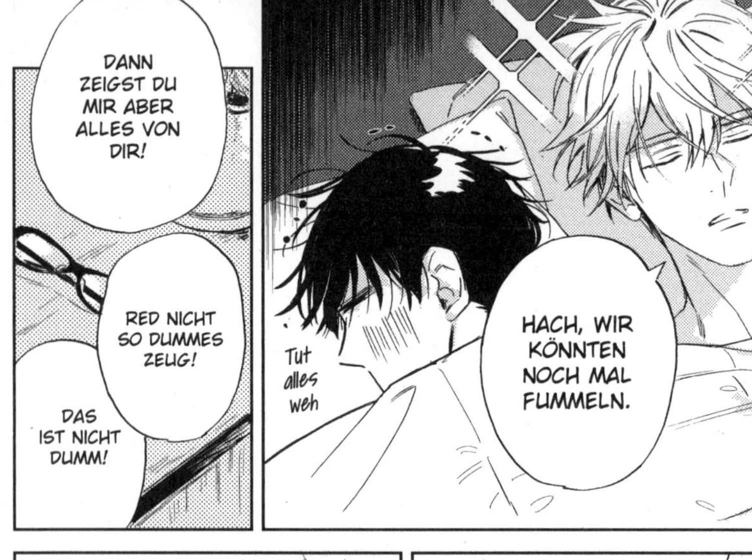


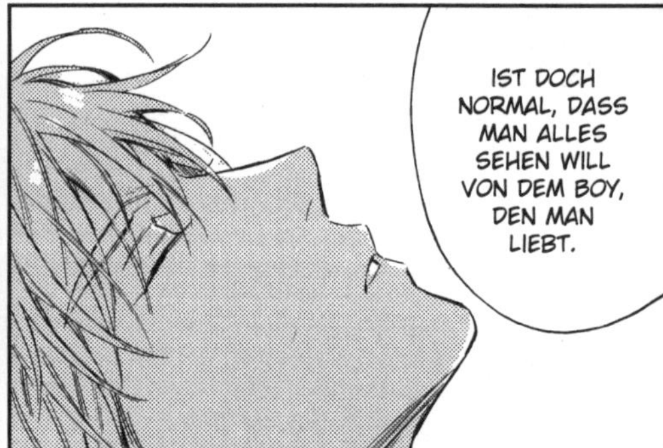


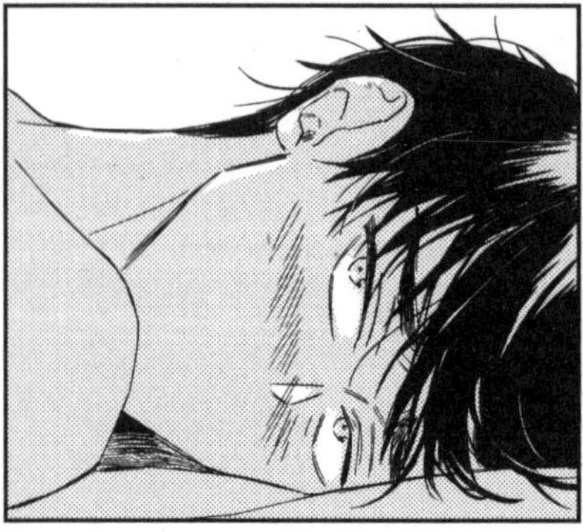

SAG NICHT „BOY", ICH BIN EIN ALTER SACK!

DAS ALTER SPIELT DOCH DA KEINE ROLLE.

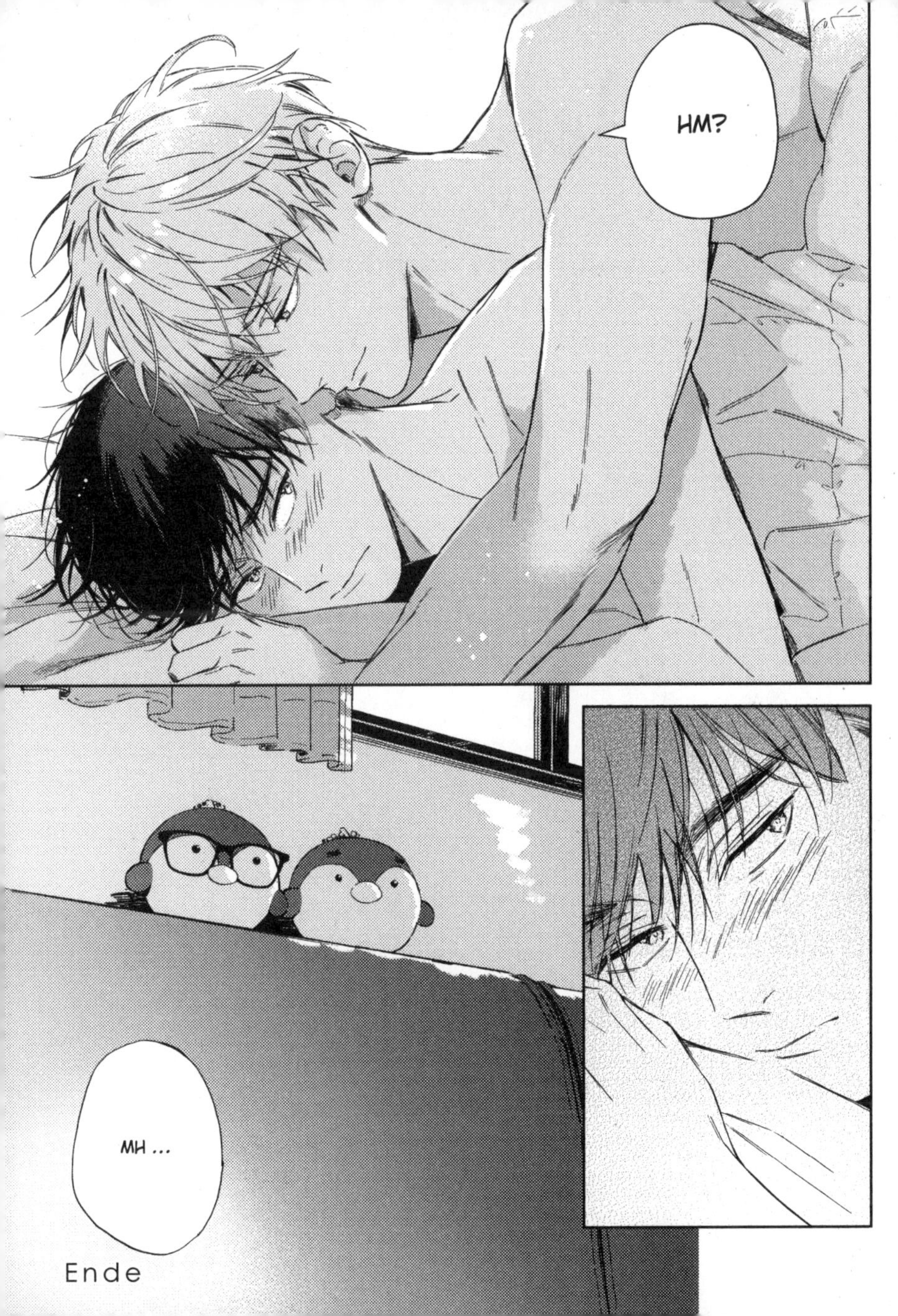
HM?
MH ...
Ende

# Achtung!

Dieser Comic wird wie im Original gelesen:
**von rechts nach links**,
also fangt einfach von der anderen Seite des Buches an
und stürzt euch in die Welt von

10 erste Male,

bevor ich 40 werde

**10 ERSTE MALE, BEVOR ICH 40 WERDE** erscheint bei **PANINI MANGA**, Schloßstraße 76, D-70176 Stuttgart. 10 ERSTE MALE, BEVOR ICH 40 WERDE wird unter Lizenz in Deutschland von PANINI Verlags-GmbH veröffentlicht. Druck: LEGO PRINT S.p.A. Anzeigenverkauf: BLAUFEUER VERLAGSVERTRETUNGEN GmbH, info@blaufeuer.com. Es gelten die Anzeigenpreise gemäß der Mediadaten 2024. Direkt-Abos auf **www.paninimanga.de**. Geschäftsführer **Hermann Paul**, Publishing Director Europe **Marco M. Lupoi**, Finanzen/Logistik **Felix Bauer**, Marketing Director **Holger Wiest**, Marketing **Dr. Rebecca Haar**, **Jessica Langer**, Vertrieb **Alexander Bubenheimer**, PR/Presse **Steffen Volkmer**, Publishing Manager **Lisa Pancaldi**, Redaktion **Stephanie Jakob**, **Matthias Korn**, **Philipp Nakata**, **Daniela Uhlmann**, Übersetzung **Dorothea Klepper**, Proofreading **Jan Lukas Kuhn**, grafische Gestaltung **Rudy Remitti**, **Nicola Spano**, Art Director **Alessandro Gucciardo**, Redaktion Panini Comics **Elisa Panzani**, **Ludovica Ungari**, Repro/Packager **Alessandro Nalli** (coordinator), **Anna Boselli**, **Mario Da Rin Zanco**, **Valentina Esposito**, **Luca Ficarelli**, **Simone Guidetti**, **Linda Leporati**, **Fabio Melatti**.  **ISBN** 978-3-7416-3809-1

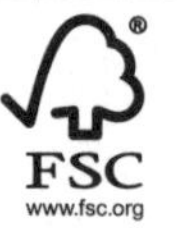


Digitale Ausgaben: ISBN 978-3-7569-0674-1 (.pdf) / ISBN 978-3-7569-0675-8 (.epub) / ISBN 978-3-7569-0673-4 (.mobi)

1. Auflage

**Bibliografische Information der Deutschen Nationalbibliothek**
Die Deutsche Nationalbibliothek verzeichnet diese Publikation in der Deutschen Nationalbibliografie; detaillierte bibliografische Daten sind im Internet über dnb.d-nb.de abrufbar.